Inhalt

Das Buch

»Über Erziehungsfragen reden die Betroffenen, die Kinder, am wenigsten mit. Einige holen das als Erwachsene nach, und dann kann ein so aufschlußreiches, für Erzieher wichtiges Buch herauskommen wie ›Kindheiten‹, autobiographische Äußerungen von namhaften Persönlichkeiten... Die gewesenen Kinder, die zu unterschiedlichen Berühmtheiten heranwuchsen, rechnen eigentlich kaum mit ihren Erziehern ab, frappierend ist allein die subjektiv gesehene Schilderung, wie man sich als Erziehungsobjekt fühlt. So ist eine sehr nachdenkenswerte Dokumentation entstanden..., die unmittelbar deutlich macht, wie Kinder als jeweils eigene Persönlichkeiten begriffen und behandelt sein wollen. Ob Chaplin im Armenhaus oder Wilhelmine von Preußen im Königsschloß aufwuchs, ob Pjotr Jakir in der Zelle des Jugendlagers oder Pu Yi im Kaiserpalast zu Peking – das sind gleichermaßen Extreme der Unfreiheit, der schmerzlichen Fremdbestimmung. Der Erzieher A. S. Neill konnte nicht lernen, und Fontane wurde durch den unkonventionellen Unterricht seines Vaters besonders stark motiviert, Sartre vergrub sich im Lexikon und Barrault spielte den Clown – problemlos war keine dieser Kindheiten, und es mag manchem Erzieher ein Trost sein, daß die Schützlinge trotz oft mittelalterlicher Methoden in Einschüchterung und Prügelstrafe es zu etwas gebracht haben. Erzieher können aber aus diesen ›authentischen‹ Zeugnissen auch entnehmen, daß es pädagogische Rezepte für ganz verschiedene Menschenkinder eigentlich nicht geben kann.« (Westermanns Monatshefte)

Die Autoren

Wilhelmine von Preußen, Jean-Jacques Rousseau, Giacomo Casanova, François-René de Chateaubriand, Clemens Brentano, Friedrich Hebbel, Theodor Fontane, Peter Kropotkin, Alice Gräfin Kessler, Sonja Kowalewski, Misia Sert, Harry Graf Kessler, Bertrand Russell, Sidonie-Gabrielle Colette, Alexander Sutherland Neill, Charles Chaplin, Valeska Gert, Ilja Ehrenburg, Walter Benjamin, Lady Diana Cooper, Jean-Paul Sartre, Klaus Mann, Pu Yi, Simone de Beauvoir, Jean-Louis Barrault, Peter Jakir.

Kindheiten
Gesammelt aus
Lebensberichten

Herausgegeben von Ursula Voß mit
einem Vorwort von Gabriel Laub

Deutscher
Taschenbuch
Verlag

1. Auflage Juni 1979
7. Auflage März 1988: 45. bis 50. Tausend
Deutscher Taschenbuch Verlag GmbH & Co. KG,
München
© 1974 Gertraud Middelhauve Verlag, Köln
ISBN 3-7876-1210-6
Umschlaggestaltung: Celestino Piatti
Satz: IBV Lichtsatz KG, Berlin
Druck und Bindung: C. H. Beck'sche Buchdruckerei,
Nördlingen
Printed in Germany · ISBN 3-423-01459-8

VORWORT
DIE KINDHEIT IST EIN MÄRCHEN

Wie bekannt, lesen die Menschen am liebsten darüber, was sie selbst gesehen, erfahren, erlebt haben. Zuschauer eines Fußballspiels oder einer Theaterpremiere suchen am nächsten Tag in der Zeitung ungeduldig den Bericht oder die Kritik. Man will sich seine eigenen Eindrücke bestätigen lassen. Man will sich über eine Auffassung ärgern, die nicht mit der eigenen übereinstimmt. Oder aber man wartet auf das geschriebene Wort, um sich erst dann ein Urteil über das Erlebte zu machen, weil man sich auf das eigene Urteilsvermögen nicht verläßt.

Die Kindheit ist also ein ideales Thema. Jeder Erwachsene war ein Kind – dies ist eine der unzähligen Ausnahmen von der Regel, daß es keine Regel ohne Ausnahme gibt. Wer wird sich nicht dafür interessieren zu erfahren, ob die anderen die Kindheit ähnlich wie er verlebt und empfunden haben oder ganz anders? Zumal Ursula Voß Erinnerungen von Autoren ausgewählt hat, die berühmt sind oder es in ihrer Zeit waren. Sie sind alle entweder schon tot oder nicht mehr jung. Man kann also die Rechnung ihrer Kinderjahre nachprüfen, da man das Ergebnis kennt.

Gibt es sie aber – die Kindheit? Was ist das? »Kindheit« ist ein Stichwort, ein Sesam-Schlüssel für poetische Klischees von unbekümmerten Jahren des uneingeschränkten Glücks. Denn der Mensch betrügt niemanden so gerne wie sich selbst. Und er hat sich dafür einen schönen und wirksamen Trick ausgedacht – man siedelt die Utopie in jenen Landschaften an, die garantiert unerreichbar sind. Die Kindheit ist so eine Landschaft, denn es gibt keinen Weg, in sie zurückzukehren.

»Wie glücklich man doch in diesem Alter ist!« Diesen Satz findet man in den Erinnerungen der Prinzessin Wilhelmine von Preußen. Dabei war die Kindheit der Prinzessin ein einziger Alptraum, voller psychischer und selbst physischer Qualen, mit jenen vergleichbar, die die kleinen Helden von Dickens erlitten haben.

Vor zweieinhalbtausend Jahren sprach der chinesische Philosoph Yang Tschu von der »ohnmächtigen Kindheit«, die er auf das gleiche Niveau mit dem »gebrechlichen Greisenalter« stellte. Man staunt bei der Lektüre dieses Buches, wie oft die Autoren, die doch in der Mehrzahl aus gebildeten und materiell gutsituierten Familien stammen, sich an Demütigungen, Enttäuschungen, Mangel an Verständnis seitens der geliebten Erwachsenen erinnern. Und an die große allumfassende Angst, die sie in Tagträume trieb.

Und doch erinnert sich fast jedes ehemalige Kind gerne an die Kinderjahre, schürft aus dem Schacht des Gedächtnisses Goldkörnchen des Glücks. Man denkt an seine Kindheit wenn nicht mit sentimentaler Nostalgie, so doch mindestens mit Genugtuung, daß man sie so gut überstanden hat. Ähnlich erinnern sich ehemalige Soldaten an die Kriegsjahre. Die Ähnlichkeit ist keine zufällige. Es sind die Kinder- und die Kriegsjahre, in denen man besonders intensiv lebt. Das Kind und der Soldat, beide kommen in eine Situation, die für sie neu, unbekannt, unheimlich, gefährlich ist. Es sind Jahre, in denen es darum geht, Mensch zu werden, beziehungsweise Mensch zu bleiben. Man kann auf die Menschheit und auf das Menschsein schimpfen, soviel man will, wir sollen uns jedoch nichts vormachen – man ist gerne Mensch.

Das Buch heißt zu Recht »Kindheiten« – der Plural sagt selbst, daß es *die* Kindheit nicht gibt. Es ist schon ein Unterschied, ob man als Prinz im 18. Jahrhundert oder als Proletarier-Kind im zwanzigsten geboren wurde. In einem ist jedoch die Situation aller Kinder einheitlich – in ihrer abhängigen gesellschaftlichen Stellung. Ob kleiner Kaiser wie Pu Yi oder Armenhausbewohner wie Charlie Chaplin – abgesehen von der Freier-Kosaken-Bande der Straßenkinder, die in dem Buch keinen Vertreter haben – sind sie alle kraft ihres Kindseins Untertanen. Merkwürdigerweise Chaplin viel weniger als Pu Yi, Wilhelmine von Preußen oder Fürst Kropotkin.

Denn die Kinder, die wir Erwachsenen ach so lieben, die »Blumen des Lebens«, wie Gorkij sagte, sind unser Werk- und Spielzeug, Schachfiguren oder Hindernisse unserer Lebenspläne. Wir sind ja ihre Schöpfer, und als überhebliche, gleichgültige Götter schieben wir sie ab, oder als liebende und sorgfältige versuchen wir sie nach unseren Vorstellungen zu modellieren. Die autobiographischen Erzählungen und Selbstanalysen, die Ursula Voß in diesem Buch versammelt hat, umfassen einen Zeitraum von zweieinhalb Jahrhunderten, viele Länder und diverse gesellschaftliche Schichten – die Situation bleibt jedoch immer und überall konstant. Und sie wird sich in absehbarer Zeit nicht ändern, denn es ist unsere Pflicht, unsere Kinder auf das Leben vorzubereiten, und wir können es nicht besser.

Wir sind alle – ohne Ausnahme – ehemalige Kinder. Die meisten von uns erinnern sich recht gut an ihre Kinderjahre, an jede große kleine Freude und an jeden kleinen großen Schmerz – warum verstehen wir unsere Kinder so wenig, auch wenn wir sie lieben? »Die Erwachsenen, mit denen ich in Berührung kam, bewiesen eine bemerkenswerte Unfähigkeit, die Heftigkeit kindlicher Gemütsbewegungen zu begreifen«, schreibt Bertrand Russell. Diese Klage ist das Leitmotiv der Erinnerungen, ob schon Sofja Kowalewski darüber erzählt, daß die angehimmelte Mutter ihr Zärtlichkeitsbedürfnis nicht bemerkte und der geliebte Vater sinnlose Strafen erteilte, weil er glaubte, Strenge sei bei Kindererziehung unerläßlich; ob Alexander Sutherland Neill von seinem Vater spricht, der Lehrer war und keine Kinder mochte.

Woher kommt diese Stumpfheit der Erwachsenen? Wie werden wir, ehemalige Kinder, zu Verrätern der eigenen Vergangenheit? Ist das ein innerer Abwehrmechanismus, der uns davor bewahrt, unser eigenes Leben ganz wegzugeben, in dem unserer Kinder aufzugehen? Ist dies ein Teil des Konkurrenzkampfes mit der kommenden Generation, deren siegreichen Aufstieg wir nicht verhindern können? Oder ist das ein instinktiver, unbewußter Bestandteil des allgemeinen Erziehungsplanes – man muß ja die Kinder auch darauf vorbereiten, daß ihre Umgebung sie nicht immer verstehen wird, daß sie nicht das Zentrum des Universums sind? Friedrich Hebbel schreibt in seinen Erinnerungen: »Schon in der Kleinkinderschule finden sich alle Elemente beisammen, die der reifere Mensch in potenzierterem Maße später in der Welt antrifft. Die Brutalität, die Hinterlist, die gemeine Klugheit, die Heuchelei, alles ist vertreten...« In diesem Sinne ist auch die besondere Härte der Erziehung, die Kindern der Herrschenden zuteil wird, verständlich: Sie werden es im Leben nicht mit einfachen Menschen zu tun haben, sondern mit Höflingen, Politikern, Machtintriganten und mit zu allem entschlossenen Konkurrenten.

Wenn die Kinder uns nicht verstehen, ist es nur verständlich: Sie haben noch zu wenig Erfahrungen, und sie waren noch nicht in unserer Situation, wie wir in der ihren waren. Die meisten Kinder träumen davon, so schnell wie möglich erwachsen zu werden. Mein Sohn dagegen sagte mir, als er etwa sieben war, daß er lieber immer ein Kind wäre, weil die Erwachsenen soviel Arbeit und Sorgen haben. Auch dies sind utopische beziehungsweise antiutopische Vorstellungen, aus dem gleichen Teig wie unsere Kinderglück-Sage. Denn der Erwachsene freut sich auch wie ein Kind, wenn er vom Leben einen Bonbon kriegt, und kennt wie ein Kind die Tränen der Ohnmacht, wenn er mit bloßem Kopf gegen eine Mauer rennt. Ich fürchte jedoch, daß die Kinder uns besser kennen als wir sie.

Es gibt ja eine ganze Wissenschaft, die Pädagogik – tausende Wissenschaftler, die sich bemühen, Kinder zu verstehen und anderen

Erwachsenen verständlich zu machen. Ich bin gespannt, was Leute, die sich bemühen, eigene oder fremde Kinder nach dem neuesten Stand der pädagogischen Theorie zu erziehen, dieser ansehnlichen Ansammlung von Kindheiten entnehmen werden. Diese Menschen, die hier über sich selbst erzählen, haben es alle »zu etwas gebracht«. Erzogen wurden sie aber nach ganz unterschiedlichen Methoden. Man hat mit ihnen absichtlich oder unfreiwillig pädagogische Experimente gemacht – je nach der gültigen Mode oder nach den Möglichkeiten der Eltern. Fontanes Vater unterrichtete seinen Sohn in historischen Anekdoten. Neill »konnte nicht lernen« und wurde später zum berühmten Erzieher. Rousseaus Vater las mit seinem Sohn ernste geschichtliche Werke. Die Erzieherin von Sofja Kowalewski verbot ihr, Romane zu lesen. Sartre wurde in der Umgebung von Büchern geboren und will in dieser Umgebung sterben. Als Kind hat er aus Wissensgier das Lexikon von A bis Z gelesen, das ersetzte ihm die Natur. Chateaubriand nennt als seine »ersten Lehrmeister... die Wellen, die Winde, die Einsamkeit«. Peter Kropotkin erhielt eine gute Bildung, obwohl sein Lehrer mittelalterliche Methoden pflegte: Auswendiglernen und Abschreiben. Ach, es ist einfach, allgemeingültige pädagogische Rezepte zu verfassen – solange man sie nicht mit dem Leben vergleicht. Dazu noch einmal Chateaubriand: »Wäre meine Intelligenz besser entwickelt worden, wenn man mich eher zum Lernen angehalten hätte? Ich bezweifle es... In Wahrheit ist kein Erziehungssystem als solches dem anderen vorzuziehen... Gesril wurde in dem gleichen Haus, in dem man mich auszankte, verwöhnt: Wir sind beide Ehrenmänner und liebevolle und ehrerbietige Söhne geworden. Gerade das, was man für schlecht hält, stärkt unter Umständen die Fähigkeiten der Kinder, und das, was einem gut erscheint, unterdrückt eben jene Fähigkeiten.«

Zeugnisse über Kinder aus zweieinhalb Jahrhunderten tragen natürlich nicht nur zur Erhellung des Phänomens »Kindheit« bei. Es sind eben Zeugen der Geschichte, viel lebendiger als gelehrte Traktate, weil es menschliche Dokumente sind. Sie geben den Epochen Farbe, zeigen Unterschiede – zum Beispiel ein für uns groteskes Detail: Bertrand Russell durfte als Kind kein Obst essen, man dachte damals, Obst sei schädlich für Kinder. Und sie zeigen Ähnlichkeiten. Wie zwischen den grausamen Verhältnissen am Hof des letzten chinesischen Kaisers, wo ein kleiner Junge mit dem Kaisertitel einen alten Mann zwang – nur so aus Jux –, Unrat zu essen, und den grausamen Verhältnissen in der »sozialistischen« Sowjetrepublik, wo der vierzehnjährige Peter Jakir, Sohn eines verhafteten und hingerichteten sowjetischen Heerführers, als politischer »Verbrecher« eingekerkert wird.

Ich mochte schon immer Dokumente lieber als zusammenfassende und theoretisierende Werke: Man kann selbst Schlüsse ziehen. Dabei handelt es sich in diesem Fall keineswegs um trockene Dokumente, denn Memoiren sind Literatur. Es ist ein echtes Lesebuch mit reicher Stilpalette. Neben bekannten Schriftstellern wie Fontane, Colette, Sartre, Simone de Beauvoir entdeckt man als gute Autoren Schauspieler wie Jean-Louis-Barrault und Charlie Chaplin, eine Mathematikerin wie Sofja Kowalewski. Man wird wieder daran erinnert, was für ein präziser Beobachter, renaissancekluger und -klarer, witziger und spritziger Schriftsteller Giacomo Casanova war, der zu Unrecht nur als Liebhaber berühmt ist.

Ursula Voß, die in diesem Buch Passagen zum Thema »Kindheit« aus 26 Büchern zusammengebracht hat, hat dem Leser viel Zeit gespart. Einen Teil von dieser Zeit werden manche Leser wieder verlieren, allerdings mit Vergnügen, wenn sie einige Originale aufsuchen.

Gabriel Laub

Mein Großvater gewann mich bald sehr lieb. Mit anderthalb Jahren war ich bereits viel weiter als andre Kinder, ich sprach ziemlich deutlich, und mit zwei Jahren ging ich allein. Die neckischen Streiche, die ich machte, unterhielten diesen guten Fürsten, der sich mit mir ganze Tage lang belustigte. [...]

Die Gesundheit des Königs wie des Kronprinzen wurde von Tag zu Tag kräftiger und zerstreute alle die schmeichlerischen Ideen, die Grumbkow und andere sich wegen deren baldigen Ablebens gemacht hatten; sie beschlossen nun, dem entgegenzuarbeiten. Die Sache war gefährlich, es stand dabei nichts Geringeres als ihr Leben auf dem Spiele, und sie erwarteten nur eine vorteilhafte Gelegenheit, um ihre schändliche Absicht auszuführen. Diese Gelegenheit bot sich, so gut sie sich's nur wünschen konnten, dar. Es gab seit langer Zeit eine Seiltänzergesellschaft in Berlin, welche deutsche Komödien auf einem recht artigen Theater aufführte, das auf dem Neumarkt errichtet war. Der König fand viel Vergnügen daran und verfehlte nie, dahin zu gehen. Diesen Ort wählten sie zur Szene ihrer verworfenen Tragödie. Es handelte sich nun nur darum, meinen Bruder dahin zu locken, um beide Opfer ihrem abscheulichen Ehrgeiz zugleich zu schlachten. Es sollte, um allen Verdacht von ihnen abzuwenden, zugleich Feuer an das Theater und Schloß gelegt und der König und mein Bruder während der Unordnung, welche der Brand hervorbringen mußte, erwürgt werden. Da das Haus, worin man spielte, nur hölzern war, sehr enge Ausgänge hatte und stets so gefüllt ward, daß man sich nicht rühren konnte, so erleichterte dies ihr Vorhaben. Ihre Partei war so stark, daß sie sicher waren, sich während der Abwesenheit des Markgrafen von Schwedt, der sich noch in Italien befand, der Regentschaft zu bemächtigen, da der Fürst von Anhalt, der die Armee befehligte und von ihr sehr geliebt ward, über diese gebieten konnte. Man kann annehmen, daß Manteufel aus Abscheu über diese gräßliche Verschwörung sie der Frau von Blatspiel entdeckte und ihr den Tag, an welchem sie stattfinden sollte, anzeigte. Ich erinnere mich noch sehr wohl. Grumbkow drängte ihn sehr, meinen Bruder unter dem Vorwande, seine düstere Neigung zu verbannen und ihn durch Vergnügungen zu zerstreuen, in die Komödie zu führen. Es war Mittwoch; der folgende Freitag war zur Ausführung ihres Plans bestimmt. Der König, der ihre Gründe haltbar fand, stimmte ein. Frau von Blatspiel, welche zugegen war und ihre Absicht kannte, schauderte. Da sie nicht länger schweigen konnte, so flößte sie der Königin Angst ein, ohne ihr jedoch zu sagen, wovon die Rede sei, und riet ihr um jeden Preis, es zu verhindern, daß mein Bruder dem Könige folge. Die Königin, die den furchtsamen Sinn meines Bruders kannte, erregte ihm einen panischen Schrecken vor dem Schauspiel und machte ihm so große Angst, daß er weinte, sooft man davon sprach. Als der Freitag endlich da war, befahl mir die Königin unter vielen Liebkosungen, den König zu unterhalten, daß er die für die Komödie bestimmte Stunde vergesse, und setzte hinzu, daß, wenn es mir nicht gelinge und der König meinen Bruder mitnehmen wolle, ich schreien, weinen und womöglich ihn zurückhalten sollte. Um noch mehr Eindruck auf mich zu machen, sagte sie mir, daß es sich um mein und meines Bruders Leben handle. Ich spielte meine Rolle so gut, daß es halb sieben ward, ohne daß der König es bemerkte. Als er sich aber plötzlich darauf besann, stand er auf und ging schon, seinen Sohn an der Hand führend, nach der Türe zu. Als dieser sich zu sträuben und ein schreckliches Geschrei zu machen anfing, suchte der König, darüber verwundert, ihn durch Güte fortzubringen; als er aber sah, daß er damit nichts ausrichte und das arme Kind nicht mit ihm gehen wolle, wollte er ihn schlagen. Die Königin widersetzte sich dem, aber der König nahm ihn beim Arme und wollte ihn mit Gewalt fortbringen. Da warf ich mich zu seinen Füßen und umarmte diese unter Tränenströmen. Die Königin stellte sich vor die Tür und bat ihn dringend, diesen Abend im Schlosse zu bleiben. Der König, über dieses seltsame Benehmen erstaunend, wollte die Ursache davon wissen. Die Königin wußte nicht, was sie ihm antworten sollte. Dieser von Natur so mißtrauische Fürst vermutete aber, daß irgendeine Verschwörung gegen ihn dabei im Spiele sei. [...]

So endete das Jahr 1718. Ich komme nun zu dem folgenden, wo ich in die Welt zu treten und zugleich Unannehmlichkeiten zu erdulden begann. Der König blieb während des größten Teils des Winters in Berlin und brachte seine Zeit damit hin, alle Abende in die Assembleen zu gehen, welche in der Stadt gegeben wurden. Den ganzen Tag über war die Königin im Zimmer des Königs, der es so wollte, eingeschlossen und hatte keine andere Gesellschaft als meinen Bruder und mich. Wir speisten mit ihr zu Abend, und niemand war dabei als Madame Kamken, ihre Oberststhofmeisterin, und Frau von Blatspiel. Die Königin hatte die erstere dieser Damen aus Hannover mitgebracht, und ob sie gleich große Verdienste besaß, hatte diese doch kein Vertrauen zu ihr. Meine Mutter lebte stets in tödlicher Schwermut, und man fürchtete selbst für ihre Gesundheit, um so mehr, als sie schwanger war. Sie kam jedoch glücklich mit einer Prinzessin nieder, welche Sophie Dorothea genannt wurde. Das traurige Leben, das sie führte, trug zu dieser Schwermut bei. Sie fand sich seit dem Verluste ihres Günstlings ganz isoliert. Vergebens hatte sie jemanden gesucht, dem sie ihre Gunst zuwenden könnte, aber ob sich gleich Damen von großem Verdienste an ihrem Hofe befanden, so fühlte sie sich doch zu keiner hingezogen. Dies zwang sie, gegen alle Politik ihre Zuflucht zu mir zu nehmen, aber ehe sie mir ihr Herz öffnete, wollte sie einen gewissen Verdacht ergründen, den sie gegen meine Amme und einige ihr gemachte Mitteilungen hegte. Als ich eines Tags allein bei ihr war und sie liebkoste, fing sie an mit mir zu scherzen und fragte mich, ob ich nicht Lust habe, mich bald zu vermählen. Ich antwortete ihr, daß ich daran nicht dächte und noch zu jung sei. »Aber wenn es nun sein müßte«, erwiderte sie, »wen würdest du wählen, den Markgrafen von Schwedt oder den Herzog von Glocester?« – »Ob mir gleich die Letti stets sagt«, antwortete ich, »daß ich den Markgrafen von Schwedt heiraten würde, so kann ich ihn doch nicht ausstehen. Er findet nur Vergnügen daran, aller Welt Böses zu erzeigen, ich würde also den Herzog von Glocester lieber haben.« – »Aber«, sagte die Königin, »woher weißt du, daß der Markgraf so bös ist?« – »Von meiner guten Amme«, entgegnete ich. Sie richtete noch mehrere ähnliche Fragen in bezug auf die Letti an mich. Dann fragte sie mich, ob es nicht wahr sei, daß diese mich nötige, ihr alles zu sagen, was in den Zimmern des Königs und der Königin vorgehe. Ich stockte und wußte nicht, was ich darauf antworten sollte, sie bearbeitete mich aber von allen Seiten so, daß ich ihr es endlich eingestand. Die Mühe, die sie sich hatte geben müssen, mir dieses Geständnis zu erpressen, brachte ihr eine gute Meinung von meiner Verschwiegenheit bei. [...]

So jung ich auch noch war, stellte ich doch über alles, was ich erfahren hatte, vielfache Betrachtungen an. Ob ich gleich der Letti Partei genommen hatte, bemerkte ich doch aus mehreren Umständen, daß das, was die Königin gesagt, wahr sei. Ich war sehr in Verlegenheit, wie ich mich diesen Abend aus der Sache ziehen sollte, da ich die Letti wie das Feuer fürchtete, denn sie schlug und mißhandelte mich sehr oft.

So wie ich in meinem Zimmer war, fragte mich dieses Mädchen wie gewöhnlich nach den Neuigkeiten des Tages. Ich saß mit ihr auf einem Tritte von zwei Stufen in der Fensterbrüstung. Ich antwortete ihr, daß mir die Königin diktiert habe. Damit begnügte sie sich nicht und legte mir so viele Fragen vor, daß sie mich in Verlegenheit setzte. Sie war zu fein, um nicht zu sehen, daß man mir meine Lektion aufgegeben, und um dieses zu erfahren, verschwendete sie alle nur mögliche Liebkosungen an mich. Als sie jedoch sah, daß sie durch Güte bei mir nichts ausrichte, geriet sie in eine furchtbare Wut, gab mir mehrere Schläge auf den Arm und stieß mich von dem Tritt herunter. Meine Gewandtheit beschützte mich, nicht Arm oder Bein zu brechen. Ich kam mit einigen blauen Flecken davon.

Dieser Auftritt wiederholte sich am nächsten Tage, aber mit größerer Heftigkeit. Sie warf mir einen Leuchter an den Kopf, der mich fast getötet hätte. Mein ganzes Gesicht war blutig. Auf mein Geschrei kam meine Bonne Mermann hinzu, die mich den Klauen dieser Megäre entriß. Sie wusch ihr tüchtig den Kopf und drohte ihr, das Vorgefallene der Königin anzuzeigen, wenn sie nicht anders sich gegen mich benehme. Die Letti bekam Furcht. Mein Gesicht war ganz zerschunden, und sie wußte nicht, wie sie sich dabei helfen sollte. Sie verbrauchte eine Menge kopfschmerzenstillendes Wasser, das man die ganze Nacht über auf mein armes Gesicht legte, und ich gab tags darauf bei der Königin vor, daß ich gefallen sei.

Der ganze Winter ging so vorüber. Ich hatte keinen Tag mehr Ruhe, und mein armer Rücken wurde alle Tage bearbeitet. Dafür schmeichelte ich mich immer mehr bei der Königin ein, so daß sie nichts mehr vor mir verborgen hielt. Sie bat den König, ihr zu erlauben, mich zu sich zu nehmen. Der König willigte mit Vergnügen darein und wünschte auch Gleiches für meinen Bruder. Wir machten unsern ersten Ausflug im Monat Juni, den die Königin und der König in Charlottenburg zubrachten, einem prachtvollen Lustschloß unweit Berlin. Die Letti reiste nicht mit dahin, und Frau von Kamken ward mit meiner Leitung beauftragt. Ich habe schon erwähnt, daß diese Dame außerordentliche Verdienste hatte, aber ob sie gleich stets in der großen Welt gewesen war, so hatte sie doch das Benehmen derselben sich nicht angeeignet. Sie konnte für eine wackere Dame vom Lande gelten, voll Vernunft, aber ohne Geist. Sie war sehr fromm, und ich mußte zwei bis drei Stunden hintereinander beten, was mir viel Langeweile machte. Dann sagte ich den Katechismus auswendig her und lernte ebenso die Psalmen, aber ich war dabei so zerstreut, daß ich täglich gescholten wurde.

Der König feierte meinen Geburtstag, gab mir sehr schöne Geschenke, und abends war Ball. Ich trat in mein elftes Jahr. Mein Verstand war für mein Alter ziemlich voraus, und ich fing an, Betrachtungen anzustellen. Von Charlottenburg gingen wir nach Wusterhausen. Dort erhielt die Königin noch am Abend ihrer Ankunft eine Stafette aus Berlin, durch welche man ihr meldete, daß mein zweiter Bruder die Ruhr bekommen habe. Diese Nachricht erweckte viel Unruhe. Der König und die Königin würden in die Stadt geeilt sein, hätten sie sich nicht vor Ansteckung gefürchtet. Am folgenden Morgen zeigte ihnen eine neue Stafette an, daß meine zweite Schwester Friederike von derselben Krankheit befallen worden. Dieses Übel herrschte damals in Berlin gleich der Pest. Die meisten Personen starben am dreizehnten Tage daran. Man barrikadierte sogar die Häuser, worin die Ruhr wütete, um deren Mitteilung zu hindern. Die Königin war noch nicht am Ende ihrer Leiden. Der König wurde einige Tage darauf auch gefährlich krank, an derselben Kolik, die er einige Jahre zuvor in Brandenburg gehabt hatte.

Ich habe nie so viel gelitten als während der Zeit seines Unwohlseins. Die Hitze war außerordentlich und so heftig, wie sie nur in Italien sein kann. Das Zimmer, wo der König lag, war ganz verschlossen und ein fürchterliches Feuer darin. So jung ich auch noch war, mußte ich doch den ganzen Tag dort zubringen. Man hatte mir meinen Platz neben dem Kamin angewiesen. Ich glich einer Person im hitzigen Fieber, und mein Blut war so erregt, daß mir die Augen fast aus dem Kopf traten. Vor Hitze konnte ich nicht schlafen. Der Lärm, den ich die Nacht über machte, erweckte Frau von Kamken. Um mich zu beruhigen, gab sie mir Psalmen zu lernen auf, und als ich ihr dagegen vorstellen wollte, daß mein Kopf dazu nicht ungestört genug sei, zankte sie mich aus und sagte der Königin, ich besäße keine Gottesfurcht. Ein neuer Verweis, den ich schlucken mußte. Endlich unterlag ich allen diesen Anstrengungen und Unannehmlichkeiten und bekam ebenfalls die Ruhr. Meine treue Mermann meldete es sogleich der Königin, die es nicht glauben wollte, und ob ich gleich schon krank war, so zwang sie mich doch noch, auszugehen, und wollte dieser Mitteilung erst dann glauben, als ich aufs Äußerste gebracht war.

Sterbend schaffte man mich nach Berlin. Die Letti empfing mich oben an der Treppe. »Ach, Prinzessin, sind Sie da?« rief sie. »Haben Sie viele Schmerzen? Sind Sie sehr krank? Sie müssen sich wenigstens schonen, denn Ihr Bruder ist eben heut früh verschieden, und Ihre Schwester wird wohl den Tag nicht überleben.« Diese traurigen Nachrichten betrübten mich sehr, aber ich war so niedergedrückt, daß ich nicht so empfänglich dafür war, als ich's zu jeder andern Zeit würde gewesen sein. Acht Tage lang kämpfte ich mit dem Tode. Am Schlusse des neunten fing mein Übel an sich zu mindern, aber ich erholte mich nur sehr langsam. Der König und meine Schwester genasen schneller. Die schlechte Art und Weise der Letti verzögerte meine Wiederherstellung. Sie mißhandelte mich am Tage und hinderte mich des Nachts am Schlafen, da sie wie ein Grenadier schnarchte.

Unterdessen kam die Königin nach Berlin, und ob ich gleich noch sehr schwach war, befahl sie mir doch, auszugehen. Sie nahm mich sehr freundlich auf, sah aber die Letti kaum an. Dieses Mädchen, das außer sich war, sich so mißachtet zu sehen, rächte sich dafür an mir. Fuß- und Fauststöße waren mein tägliches Brot; es gab gar keine Schimpfwörter, deren sie sich nicht gegen die Königin bediente. Sie nannte sie gewöhnlich die große Eselin. Das ganze Gefolge derselben hatte ihre Spitznamen, so wie sie. Frau von Kamken hieß die dicke Kuh, Fräulein von Sonsfeld das dumme Tier und so weiter. Dies war die vortreffliche Moral, die sie mich lehrte. Ich ward böse und grämte mich so sehr, daß die Galle mir endlich ins Blut trat und ich acht Tage nach meinem Ausgang die Gelbsucht bekam. Zwei Monate lang behielt ich sie und genas nur von dieser Krankheit, um in eine andere, viel gefährlichere zu verfallen. Sie fing mit einem hitzigen Fieber an, das zwei Tage darauf zu Scharlach ward. Ich lag im steten Delirium, und mein Übel nahm am fünften Tage so zu, daß man mir nur einige Stunden Leben schenkte. Der König und die Königin gaben die Sorge für ihre eigene Erhaltung auf aus Zärtlichkeit gegen mich. Der eine wie die andere besuchten mich um Mitternacht und fanden mich bewußtlos. Man sagte mir nachher, sie wären in der größten Verzweiflung gewesen. Sie gaben mir unter tausend Tränen ihren Segen, und nur mit Gewalt brachte man sie wieder von meinem Bette fort. Ich war in eine Art von Lethargie gefallen. Die Mühe, die man sich gab, mich wieder zu mir zu bringen, und meine gute Konstitution riefen mich ins Leben zurück. Mein Fieber minderte sich gegen Morgen, und zwei Tage nachher war ich außer Gefahr. Hätte man mich doch in Frieden hier sterben lassen, ich wäre sehr glücklich gewesen. Aber ich war dazu bestimmt, ein Gewebe von Unannehmlichkeiten zu ertragen, wie der schwedische Prophet mir das Prognostikon gestellt hatte. Sobald ich nur etwas sprechen konnte, kam der König zu mir. Er war so erfreut, mich außer Gefahr zu finden, daß er mir befahl, mir eine Gnade von ihm zu erbitten. »Ich will dir ein Vergnügen machen«, sagte er zu mir, »und dir alles bewilligen, was du begehrst.« Ich besaß Ehrgeiz; ich war böse darüber, daß ich noch wie ein Kind behandelt wurde, entschloß mich also gleich und bat ihn, mich von nun an wie eine erwachsene Person zu behandeln und die Kinderkleider ausziehen zu lassen. Er lachte herzlich über meine Idee. »Nun denn«, sagte er, »du sollst zufriedengestellt werden, und ich verspreche dir, daß du nicht mehr im Kinderkleide erscheinen sollst.« Ich habe nie eine größere Freude gehabt. Ich hätte bald darüber einen Rückfall bekommen, und man hatte alle nur mögliche Mühe, meine erste Erregung zu mäßigen. Wie glücklich man doch in diesem Alter ist! Die geringste Kleinigkeit unterhält und erfreut uns. Der König hielt Wort, und trotz der Hindernisse, welche die Königin dagegen aufstellte, befahl er ihr ausdrücklich, mir den Manteau anlegen zu lassen. Erst 1720 konnte ich mein Zimmer wieder verlassen. Ich war vollkommen glücklich, aus den Kinderkleidern getreten zu sein. Ich stellte mich in meinem neuen Anzug vor meinen Spiegel, um mich zu betrachten, und hielt mich nicht für gleichgültig. Ich studierte alle meine Bewegungen und Haltungen, um das Ansehen einer erwachsenen Person zu haben; mit einem Wort, ich war mit meiner kleinen Figur sehr zufrieden. Mit triumphierender Miene ging ich zur Königin hinunter, wo ich auf eine sehr freundliche Aufnahme rechnete. Wie Cäsar war ich gekommen und kehrte wie Pompejus zurück. Schon von weitem schrie die Königin, sobald sie mich erblickte, laut auf: »Ach du mein Gott! wie sie aussieht. Das ist doch wahrhaftig ein allerliebstes kleines Figürchen! Sie sieht einem Zwerg wie ein Tropfen Wasser dem anderen ähnlich!« Ich blieb bestürzt stehen, meine kleine Eitelkeit war sehr gedemütigt, und vor Verdruß traten mir Tränen in die Augen. Im Grunde hätte die Königin nicht ganz unrecht gehabt, wenn sie es bei dem kleinen Stich hätte bewenden lassen, den sie mir gegeben, aber sie schmälte mich noch überdies heftig aus, daß ich mich an den König gewendet, um mir eine Gnade zu erbitten. Sie sagte mir, daß sie das durchaus nicht wolle, daß sie mir befohlen, mich nur an sie anzuschließen, und daß, wenn ich mich je wieder an den König wendete, was es auch immer betreffe, sie mich ihren ganzen Unwillen fühlen lassen werde. Ich entschuldigte mich, so gut ich konnte, und bezeigte mich so demütig gegen sie, daß sie mir endlich verzieh.

Bis jetzt habe ich den heftigen Charakter der Letti genugsam geschildert, aber ich kann einen Umstand nicht unerwähnt lassen, der, obgleich an sich kindisch, doch andere nach sich zog. Vor den Fenstern meines Zimmers befand sich eine offene Galerie von Holz, welche die Verbindung mit den beiden Flügeln des Schlosses bildete. Diese Galerie war stets voll Unreinlichkeiten, was in meinen Zimmern einen unerträglichen Gestank verursachte. Die Nachlässigkeit Eversmanns, des Bettmeisters des Schlosses, war schuld daran. Dieser Mann war der Günstling des Königs, der das Unglück hatte, stets nur deren schlechte zu besitzen. Dieser hier war ein wahrer Satansgesell, der nur daran Vergnügen fand, Böses zu tun, und bei allen Kabalen und Intrigen die Hände mit im Spiele hatte. Die Letti hatte ihn mehrere Male bitten lassen, diese Galerie reinigen zu lassen, ohne daß er es der Mühe wert erachtete. Die Geduld ging ihr endlich aus;

sie ließ ihn also eines Morgens holen und fing damit an, ihn auszuschelten. Er erwiderte darauf, und sie zankten sich so heftig, daß sie sich bei den Haaren würden gepackt haben, wäre nicht zum Glück für sie Frau von Rukul dazugekommen, die sie auseinanderbrachte. Eversmann schwor, sich dafür zu rächen, und fand schon am andern Tage Gelegenheit. Er sagte dem Könige, daß die Letti meiner Erziehung keine Aufmerksamkeit widme, die Mätresse des Obersten Forcade und Herrn Fournerets sei, mit denen sie sich den ganzen Tag einschließe, daß ich nichts mehr lerne, und der König, um die Wahrheit dieses Anführens zu prüfen, mich nur zu examinieren brauche. [...]

Meine ganze Lebensweise wurde verändert; meine Lehrstunden fingen um 8 Uhr früh an und dauerten bis 8 Uhr abends; ich hatte keine Zwischenzeit als die Stunden des Mittag- und Abendessens, die auch noch unter Zurechtweisungen verstrichen, welche die Königin mir machte. Wenn ich wieder in mein Zimmer kam, begann die Letti die ihren. Die Wut, in welcher sie war, niemand mehr bei sich sehen zu dürfen, fiel auf mich zurück. Es gab keinen Tag, wo sie nicht die Kraft ihrer furchtbaren Fauststöße an meinem armen Leibe exerzierte. Ich weinte die ganze Nacht durch, ich befand mich in ununterbrochener Verzweiflung, hatte keinen Augenblick Erholung und ward ganz abgestumpft. Meine Lebendigkeit verschwand, und ich war mit einem Worte unkenntlich an Leib und Geist. [...]

Der Anfang des Jahres 1721 war ebenso unglücklich für mich wie das vorhergehende. Mein Märtyrertum blieb dasselbe. Die Letti wollte sich wegen der abschlägigen Antwort rächen, welche die Königin ihr gegeben hatte, und da sie fest entschlossen war, mich zu verlassen, so sollte ich noch einige Andenken zurückbehalten, die mich auf immer an sie erinnerten. Ich glaube, daß sie, wenn sie mir Arme und Beine hätte zerbrechen können, es getan haben würde, aber die Furcht vor Entdeckung hinderte sie daran. Sie tat also, was sie nur konnte, um mir das Gesicht zu verderben, und gab mir solche Faustschläge auf die Nase, daß ich manchmal wie ein Ochs daraus blutete.

Während dieser Zeit kam eine zweite Antwort auf einen andern Brief, den sie an Milady d'Arlington geschrieben hatte, an. Diese Dame schrieb ihr, sie solle nur nach England kommen, wo sie ihr ihren Schutz anbiete und das Wort gebe, ihr eine Pension zu verschaffen. Die Letti wiederholte also ihr Entlassungsgesuch bei der Königin. Der Brief, den sie ihr deshalb schrieb, war noch beleidigender als der frühere. »Ich weiß wohl«, schrieb sie, »daß Ew. Majestät nicht gestimmt sein wird, mir die Vorzüge zu gewähren, auf die ich

Ansprüche mache. Mein Entschluß ist gefaßt. Ich ersuche Sie, mir meine Entlassung zu bewilligen. Ich will fort aus einem barbarischen Lande, wo ich weder Verstand noch Vernunft gefunden habe, um meine Tage unter einem glücklichen Klima zu beschließen, wo das Verdienst belohnt wird und der Herrscher sich nicht bloß damit abgibt, Bettelkerls von Offizieren auszuzeichnen, wie dies hier der Gebrauch ist, und Leute von Geist zu verachten.« Frau von Rukul war gegenwärtig, als die Königin diesen Brief erhielt. Diese teilte ihn ihr mit und kannte sich nicht mehr vor Zorn. »O mein Gott«, sagte ihr diese Dame, »lassen Sie doch dieses Geschöpf gehen, das ist das größte Glück, das der Prinzessin geschehen kann. Das arme Kind leidet Märtyrerqualen, und ich fürchte, man wird sie Ihnen eines Tages mit zerbrochenen Rippen bringen, denn sie wird wie Gips geschlagen und läuft jeden Tag Gefahr, ein Glied zu brechen. Die Mermann könnte das Ew. Majestät besser sagen als irgend jemand.« Die Königin ließ also, darüber erstaunt, meine gute Amme holen. Diese bestätigte alles, was Frau von Rukul ihr gesagt hatte, und fügte nur hinzu, daß sie es nicht gewagt, sie eher davon in Kenntnis zu setzen, weil die Letti sie durch das große Ansehen, in welchem bei der Königin zu stehen sie sich gerühmt, und durch die Drohungen, daß sie sie werde fortjagen lassen, eingeschüchtert habe. Nun stand die Königin nicht länger an, den bewußten Brief dem Könige zu geben. Dieser war so außer sich darüber, daß er in der ersten Aufregung die Letti nach Spandau geschickt haben würde, hätte die Königin es nicht verhindert. Diese war jetzt verlegen über die Wahl der Person, welcher sie mich anvertrauen sollte. Doch schlug sie zwei Damen dem Könige vor (ich habe nie erfahren, wer sie waren), dieser aber verweigerte eine wie die andere und ernannte Fräulein von Sonsfeld für diese Stelle. Diese Wohltat meines Vaters kann ich nicht genug anerkennen. Fräulein von Sonsfeld ist aus einem sehr angesehenen Hause, das mit allem, was es Großes im Königreich gibt, verwandt ist; ihre Vorfahren haben sich durch ihre Dienste und die hohen Stellen, welche sie bekleidet, ausgezeichnet. Eine erhabenere Feder als die meine würde nur schwach ihr Bild entwerfen können. Im Laufe dieser Memoiren wird ihr Charakter näher hervortreten. Man kann ihn für einzig halten; er ist ein Verein von Tugenden und Gefühlen; Geist, Festigkeit und Großmut begleiten in reichem Maße das anmutigste Benehmen. Eine edle Höflichkeit erwirkt ihr Vertrauen und Ehrerbietung, und mit allen diesen Vorzügen verbindet sie ein sehr liebenswürdiges Äußeres, das sich bis in ein sehr hohes Alter erhalten hat. Sie war Ehrendame bei der Königin Charlotte, meiner Großmutter, gewesen und nahm dieselbe Stelle am Hofe der

Königin, meiner Mutter, ein. Da sie sich nie hatte verheiraten wollen, hatte sie die glänzendsten Partien ausgeschlagen. Als sie zu mir kam, war sie vierzig Jahre alt. Ich liebe und ehre sie wie meine Mutter; sie ist noch bei mir, und allem Anscheine nach wird uns nur der Tod trennen.

Die Königin konnte sie nicht leiden, daher sie sich lange mit dem Könige stritt, aber endlich genötigt war nachzugeben, weil sie ihm keine triftigen Gründe gegen diese Wahl anführen konnte. Mein Bruder, der bei dieser Unterredung zugegen war, teilte mir alles das mit, da die Königin mir ein Geheimnis daraus machte. Sie staunte sehr, mich ganz in Tränen zu finden, als sie in ihr Zimmer zurückkam. »Aha!« sagte sie zu mir, »ich sehe wohl, daß dein Bruder geplaudert hat und du schon weißt, wovon die Rede ist. Du bist sehr albern, dich zu betrüben, hast du denn noch nicht Schläge genug bekommen?« Ich flehte sie an, die Ungnade der Letti rückgängig zu machen, sie antwortete mir aber, daß ich mich darein ergeben müsse und daß die Sache nicht mehr zu ändern sei. In diesem Augenblick trat Fräulein von Sonsfeld, nach welcher sie geschickt hatte, ein; sie nahm sie bei der einen und mich bei der andern Hand, und so führte sie uns zum König.

Dieser sagte der Sonsfeld eine Menge angenehmer Dinge und kündigte ihr zuletzt die Anstellung an, welche er ihr geben wolle. Sie antwortete dem König mit Ehrerbietung und bat ihn, sie der Annahme dieses Postens zu entheben, sich mit ihrer Unfähigkeit dazu entschuldigend. Der König versuchte alle Mittel und bewirkte nur endlich durch Drohungen, daß sie sein Anerbieten annahm. Er gab ihr einen Rang und alle Arten von Vorteilen sowohl für sie als ihre Familie. Sie wurde am dritten Pfingstfeiertag als meine Gouvernante angestellt. Über das Unglück der Letti war ich außerordentlich betrübt, ihre Entlassung wurde ihr auf eine sehr harte Art erteilt. Der König ließ ihr durch die Königin sagen, daß, wenn es seiner Absicht nach gegangen wäre, er sie würde nach Spandau geschickt haben, daß sie sich nicht mehr unterstehen solle, sich vor ihm sehen zu lassen, und er ihr acht Tage gebe, um den Hof und sein Land zu verlassen. Ich tat, was ich konnte, sie zu trösten und ihr meine Freundschaft zu bezeigen.

Ich besaß damals noch sehr wenig, doch gab ich ihr an Schmuck, Kostbarkeiten und Geld für 5000 Taler an Wert, das nicht gerechnet, was sie von der Königin erhielt. Sie besaß aber trotz dessen die Bosheit, mich durchaus von allem zu entblößen, und am Tage nach ihrer Abreise hatte ich kein Kleid anzuziehen, da dieses Mädchen alles mitgenommen hatte. Die Königin mußte mich wieder vom Kopf bis zu den Füßen ausstatten. Bald gewöhnte ich mich unter meine neue Herrschaft. Fräulein von Sonsfeld fing damit an, meine Stimmung und meinen Charakter zu studieren. Sie bemerkte, daß ich außerordentlich eingeschüchtert sei; ich zitterte, wenn sie ernsthaft ward, und hatte nicht den Mut, ihr ohne zu stocken zwei Worte hintereinander zu sagen. Sie stellte der Königin vor, man müsse sich Mühe geben, mich zu zerstreuen und mich außerordentlich sanft behandeln, um mir Mut einzuflößen; ich sei sehr gelehrig, und durch mein Ehrgefühl würde sie mit mir machen, was sie wolle. Die Königin überließ ihr meine Erziehung ganz. Sie sprach täglich mit mir von gleichgültigen Gegenständen und suchte mir Gefühle einzuflößen, die Gelegenheit dazu von dem hernehmend, was vorging. Ich beschäftigte mich mit Lesen, was bald meine Lieblingsbeschäftigung war. Die Nacheiferung, welche sie mir einflößte, ließ mich Geschmack an meinen anderen Studien gewinnen. Ich lernte Englisch, Italienisch, Geschichte, Geographie, Philosophie und Musik. In kurzer Zeit machte ich reißende Fortschritte. Ich war aufs Lernen so erpicht, daß man genötigt war, meine zu große Begier zu mäßigen.

Ich fühlte, ehe ich dachte; das ist das gemeinsame Los der Menschheit. Ich erfuhr es mehr als ein andrer. Ich weiß nicht, was ich bis zu meinem fünften oder sechsten Jahre tat. Ich weiß nicht, wie ich lesen lernte; ich erinnere mich nur meiner ersten Lektüre und ihrer Wirkung auf mich. Von dieser Zeit datiere ich ohne Unterbrechung das Bewußtsein meiner selbst. Meine Mutter hatte Romane hinterlassen. Wir, mein Vater und ich, begannen sie nach unsern Abendmahlzeiten zu lesen. Zuerst handelte es sich nur darum, mich im Lesen durch unterhaltende Bücher zu üben; aber bald wurde das Interesse so lebhaft, daß wir abwechselnd unaufhörlich lasen und die Nächte damit verbrachten. Wir konnten nie vor Beendigung des Bandes aufhören. Manchmal sagte mein Vater, wenn er morgens die Schwalben hörte, ganz beschämt: »Wir wollen zu Bett gehen. Ich bin noch ein größeres Kind als du.« Durch diese gefährliche Methode eignete ich mir nicht nur in kurzer Zeit eine außerordentliche Gewandtheit im Lesen und Auffassen an, sondern auch ein für mein Alter einziges Verständnis der Leidenschaften. Ich hatte noch keine Vorstellung von den Dingen, als mir schon alle Gefühle bekannt waren. Ich hatte nichts begriffen, aber alles gefühlt. Diese unklaren Vorstellungen, die sich mir nach und nach aufdrängten, schadeten der Vernunft nicht, die ich noch nicht hatte; aber sie bildeten die meine auf eine andre Weise und gaben mir vom menschlichen Leben wunderliche und romanhafte Begriffe, die Erfahrung und Überlegung niemals bei mir haben beseitigen können. Die Romane hatten wir mit dem Sommer 1719 ausgelesen. Der folgende Winter brachte uns etwas anderes. Da die Bibliothek meiner Mutter erschöpft war, nahmen wir unsere Zuflucht zu den Büchern, die uns aus der Erbschaft ihres Vaters zugefallen waren. Glücklicherweise gab es darunter gute Bücher; das konnte auch nicht anders sein, denn diese Bibliothek war zwar durch einen Prediger und dazu einen gelehrten, worauf man damals Gewicht legte, aber doch durch einen Mann von Geschmack und Geist zusammengebracht worden. Die Geschichte der Kirche und des Kaiserreichs von Le Sueur, die Abhandlung Bossuets über die allgemeine Geschichte, die berühmten Männer von Plutarch, die Geschichte von Venedig von Nani, die Verwandlungen Ovids, La Bruyère, die Welten von Fontenelle, seine Totengespräche und einige Bände Molières wurden in das Kabinett meines Vaters gebracht, und ich las sie ihm täglich während seiner Arbeit vor. Ich fand einen seltenen und bei diesem Alter vielleicht einzigartigen Geschmack daran. Plutarch vor allem wurde meine Lieblingslektüre. Die Freude, mit der ich ihn immer wieder las, heilte mich ein wenig von den Romanen, und ich zog bald Agesilaos, Brutus, Aristides dem Orondates, Artamenes und Juba vor. Durch diese interessante Lektüre und die Unterhaltungen, die sie zwischen meinem Vater und mir hervorrief, bildete sich der freie, republikanische Geist, der unbezähmbare, stolze Charakter, der, unfähig, Joch und Knechtschaft zu ertragen, mich zeit meines Lebens gequält hat, und das noch meist in Lagen, die am wenigsten ihm einen Aufschwung zu geben geeignet waren. Unaufhörlich mit Rom und Athen beschäftigt, sozusagen in stetem Verkehr mit ihren großen Männern, selbst als Bürger einer Republik geboren und Sohn eines Vaters, dessen stärkste Leidenschaft die Vaterlandsliebe war, entflammte mich sein Beispiel. Ich hielt mich für einen Griechen oder Römer. Ich wurde die Person, deren Leben ich las. Die Erzählung der Züge von Ausdauer und Unerschrockenheit, die mich ergriffen hatte, ließ meine Augen erglänzen und meine Stimme kräftiger hallen. Als ich eines Tags bei Tisch die Geschichte des Scaevola erzählte, erschrak man, als ich aufsprang und die Hand über ein Kohlenbecken hielt, um seine Tat darzustellen.

Ich hatte einen Bruder, der sieben Jahre älter als ich war. Er erlernte das Gewerbe meines Vaters. Infolge der übermäßigen Liebe, die man mir bezeugte, wurde er ein wenig vernachlässigt, was ich nicht billige. Seine Erziehung verriet diese Vernachlässigung. Er ergab sich vor der Zeit einem ausschweifenden Leben. Man gab ihn zu einem andern Meister; dort verübte er aber die gleichen Streiche, die er im väterlichen Haus gespielt hatte. Ich sah ihn fast nicht, ich kann kaum sagen, daß ich ihn gekannt habe; aber ich hörte nicht auf, ihn zärtlich zu lieben, und er liebte mich so, wie ein ungezogener Junge etwas lieben kann. Ich erinnere mich, daß ich einmal, als mein Vater ihn streng und zornig züchtigte, mich heftig zwischen beide warf, ihn eng umschloß und so mit meinem Körper deckte. So erhielt ich die ihm zugedachten Schläge und behauptete mich so hartnäckig in dieser Stellung, daß mein Vater ihn endlich begnadigen mußte, durch meine Schreie und Tränen entwaffnet oder um mich nicht mehr zu mißhandeln als ihn. Endlich geriet mein Bruder auf solche Abwege, daß er flüchtete und ganz verschwand. Einige Zeit später erfuhr man, daß er in Deutschland war. Er schrieb nicht ein einziges Mal. Man erhielt auch keine Nachrichten mehr von ihm, und so bin ich der einzige Sohn geblieben.

Wenn dieser arme Junge nachlässig erzogen wurde, stand es nicht so bei seinem Bruder, und die Kinder von Königen hätten nicht mit größerem Eifer behütet werden können als ich während meiner ersten Jahre, angebetet von meiner Umgebung und, was viel seltener ist, immer als geliebtes, aber nicht als verzogenes Kind behandelt. Nicht ein einziges Mal bis zu meinem Abschied vom väterlichen Hause hat man mich allein mit den andern Kindern auf die Straße laufen lassen. Niemals hatte man in mir einen jener phantastischen Einfälle zu unterdrücken oder zu befriedigen, die man der Natur zuschreibt, während sie doch nur aus der Erziehung entspringen. Ich hatte die Fehler meines Alters. Ich war ein Schwätzer, ein Leckermaul, log auch manchmal. Ich hatte Früchte, Bonbons, Eßwaren gestohlen, aber nie fand ich Freude daran, andern ein Übel oder Schaden zu tun, andre zu beschuldigen und arme Tiere zu quälen. Ich erinnere mich jedoch, einmal den Kochtopf einer unsrer Nachbarinnen namens Frau Clot verunreinigt zu haben, während sie der Predigt beiwohnte. Ich gestehe selbst, daß ich in Erinnerung daran noch lachen muß, weil Frau Clot, sonst eine gute Frau, die grämlichste Alte war, die ich in meinem Leben kennengelernt habe. Das ist die kurze und wahrhafte Geschichte all meiner kindlichen Missetaten.

Wie hätte ich auch schlecht werden können, wenn ich unter den Augen nur Beispiele der Sanftmut und um mich die besten Menschen der Welt hatte? Mein Vater, meine Tante, meine Wärterin, meine Verwandten, unsre Freunde, unsre Nachbarn, meine ganze Umgebung gehorchte mir zwar nicht, liebte mich aber, und ich liebte sie gleichfalls. Es geschah so wenig, meinen Willen anzustacheln oder zu durchkreuzen, daß sein Vorhandensein mir gar nicht zum Bewußtsein kam. Ich kann schwören, daß ich, bis zu einer Dienstleistung unter einem Herrn, nicht gewußt habe, was eine Laune ist. Außer der Zeit, die ich bei meinem Vater mit Lesen und Schreiben verbrachte, und der, da meine Wärterin mich spazierenführte, war ich stets bei meiner Tante, sah ihr beim Sticken oder hörte ihr beim Singen zu, indem ich neben ihr saß oder stand, und war zufrieden. Ihre Munterkeit, ihre Sanftmut, ihr angenehmes Gesicht haben mir so starke Eindrücke hinterlassen, daß ich noch ihre Miene, ihren Blick, ihre Haltung sehe. Ich erinnere mich ihrer liebkosenden Worte, ich könnte sagen, wie sie gekleidet und frisiert war, ohne daß ich die beiden Locken vergäße, die ihre schwarzen Haare an den Schläfen nach der damaligen Mode bildeten.

Ich bin überzeugt, daß ich ihr den Geschmack oder vielmehr die Leidenschaft für die Musik verdanke, die sich in mir erst lange nachher entwickelt hat. Sie wußte eine erstaunliche Menge Melodien und Lieder, die sie mit einer dünnen, aber sehr anmutigen Stimme sang.

Die Heiterkeit der Seele dieses ausgezeichneten Mädchens hielt von ihr und ihrer Umgebung Träumerei und Traurigkeit fern. Der Reiz, den ihr Gesang für mich hatte, war so groß, daß mir nicht nur mehrere ihrer Lieder stets im Gedächtnis geblieben sind, sondern daß heute, wo ich es verloren habe, solche, die ich seit meiner Kindheit völlig vergessen hatte, je älter ich werde, wieder lebhafter in der Erinnerung auftauchen und auf mich einen unbeschreiblichen Zauber üben. Sollte man es glauben, daß ich alter Schwätzer, von Sorgen und Kummer zernagt, mich manchmal dabei ertappe, zu weinen wie ein Kind, wenn ich diese kleinen Lieder mit gebrochener und zitternder Stimme singe? Eins vor allem ist darunter, dessen Melodie mir wieder ganz ins Gedächtnis zurückgekommen ist. Aber die zweite Hälfte des Textes ist mir trotz aller Mühe nicht eingefallen, obwohl ich mich der Reime dunkel entsinne. Der Anfang und was ich noch behalten habe, lautet:

> Tircis, ich mag nicht hören
> Länger unter der Rüster
> Deine Schalmei.
> Es geht schon ein Geflüster
> Von unsrer Liebelei.
> ------- Schäfer
> ------- begehrlich
> ------- gefährlich;
> Und immer unter der Rose der Dorn.

Ich frage mich, worin der rührende Reiz liegt, den mein Herz bei diesem Lied empfindet. Es ist eine Seltsamkeit, die ich nicht begreife, aber es ist mir ganz unmöglich, es zu Ende zu singen, ohne durch meine Tränen gehindert zu werden. Ich habe hundertmal geplant, nach Paris zu schreiben, um mich nach den andern Worten zu erkundigen, wenn sie dort noch jemand kennen sollte. Aber ich bin fast sicher, daß das Vergnügen, das ich empfinde, wenn ich mir dies Lied ins Gedächtnis zurückrufe, zum Teil schwinden würde, wenn ich den Beweis hätte, daß es auch andre als meine arme Tante Suzon gesungen haben.

So waren meine ersten Neigungen bei meinem Eintritt ins Leben; so begann sich in mir jenes zugleich stolze und zärtliche Herz zu bilden und zu offenbaren, jener weichliche und doch unbändige Charakter, der, stets zwischen Schwäche und Mut, Trägheit und Tugend schwankend, mich bis zum Ende in Widerspruch mit mir gesetzt hat und verursachte, daß Enthaltsamkeit und Genuß, Vergnügen und Mäßigung mir in gleicher Weise entschwunden sind.

Diese Erziehungsweise wurde durch ein Ereignis unterbrochen, dessen Folgen mein ganzes übriges Leben beeinflußt haben. Mein Vater hatte mit einem Herrn Gautier, Hauptmann der französischen Armee und mit einem Staatsrat verschwägert, einen Streit. Diesem Gautier, einem frechen, feigen Menschen, war dabei die Nase blutig geschlagen worden, und nun klagte er, um sich dafür zu rächen, meinen Vater an, im Stadtgebiet den Degen gezogen zu haben. Mein Vater, den man ins Gefängnis setzen wollte, bestand darauf, daß man nach dem Gesetz den Ankläger ebenso wie ihn dahin brächte. Da er das nicht durchsetzen konnte, verließ er lieber Genf und machte sich für sein übriges Leben heimatlos, als daß er in einem Punkt nachgab, wo ihm Ehre und Freiheit gefährdet schienen.

Ich blieb unter dem Schutz meines Onkels Bernard zurück, der damals bei den Festungsbauten von Genf beschäftigt war. Seine ältere Tochter war tot, aber er hatte einen Sohn im selben Alter wie ich. Wir wurden beide nach Bossey zum Pfarrer Lambercier in Kost und Wohnung gegeben, um dort mit dem Latein auch all den nichtigen Kram zu lernen, der unter dem Namen Erziehung verstanden wird. Zwei auf dem Lande verbrachte Jahre milderten etwas meine römische Schroffheit und gaben mir wieder Kindlichkeit. In Genf, wo man mir nichts aufgab, arbeitete und las ich. Es war fast meine einzige Unterhaltung. In Bossey machte mir die Arbeit Lust zum Spiel, bei dem ich mich erholte. Das Landleben war für mich so neu, daß ich nicht müde werden konnte, mich seiner zu erfreuen. Ich fand daran einen so lebhaften Geschmack, daß er sich niemals verloren hat. Die Erinnerung an die glücklichen Tage, die ich dort verbrachte, hat in jedem Alter bis zu dem, das mich dorthin zurückführte, die Sehnsucht nach ihm und seinen Freuden in mir wachgehalten. Herr Lambercier war ein sehr vernünftiger Mann, der, ohne unsern Unterricht zu vernachlässigen, uns mit Aufgaben nicht übermäßig belastete. Ein Beweis für die Vernünftigkeit seiner Lehrmethode ist, daß ich trotz meiner Abneigung gegen Zwang doch nie mich unlustig meiner Unterrichtsstunden erinnerte und daß ich, wenn ich auch nicht viel von ihm lernte, doch, was ich lernte, ohne Mühe lernte und nichts davon vergessen habe.

Die Einfachheit dieses Landlebens schenkte mir ein Gut von unschätzbarem Werte, indem sie mein Herz der Freundschaft öffnete. So lange hatte ich wohl edle, aber nur eingebildete Gefühle gekannt. Die Gewohnheit, friedlich zusammenzuleben, verband mich zärtlich mit meinem Vetter Bernard. In kurzer Zeit hegte ich für ihn zärtlichere Gefühle, als ich sie je für meinen Bruder verspürt hatte, Gefühle, die nie erloschen sind. Er war ein großer, sehr dünner, sehr schwächlicher Knabe, ebenso sanft von Gemüt wie schwach am Körper, der die Vorliebe, die man für ihn als Sohn meines Vormundes im Haus hatte, nicht zu sehr mißbrauchte. Unsre Arbeiten, unsre Vergnügungen, unser Geschmack waren die gleichen. Wir waren allein, wir waren im selben Alter, und jeder von uns bedurfte eines Kameraden. Uns zu trennen, war soviel wie uns vernichten. Obwohl wir nur wenig Gelegenheit hatten, uns unsre Zuneigung zu bezeigen, so war sie doch sehr groß, und wir konnten nicht nur nicht einen Augenblick getrennt leben, sondern uns auch nicht vorstellen, daß wir je getrennt würden. Wir waren alle beide mit Freundlichkeit leicht zu lenken, gefällig, wenn man keinen Zwang gegen uns üben wollte, und stets über alles im Einverständnis. Wenn die Gunst, in der er bei unsern Erziehern stand, ihm einen gewissen Einfluß auf mich verschaffte, solange wir in ihrem Gesichtskreis uns befanden, so war es umgekehrt, wenn wir allein waren, so daß dadurch das Gleichgewicht wiederhergestellt wurde. In unsern Unterrichtsstunden sagte ich ihm, wenn er stockte, seine Lektion vor; wenn meine Aufgabe beendet war, half ich ihm bei der seinigen, und bei unsern Vergnügungen war ich mit meinem lebhafteren Temperament stets der Anführer. Kurz, unsre beiden Charaktere vertrugen sich so gut, und die Freundschaft, die uns verband, war so echt, daß in den mehr als fünf Jahren, wo wir fast unzertrennlich waren, in Bossey wie in Genf, wir uns zwar, wie ich gestehen muß, oft schlugen, daß man aber nie nötig hatte, uns auseinanderzubringen, daß keine unsrer Streitigkeiten länger als eine Viertelstunde währte und wir uns auch nicht einmal gegenseitig verklagten. Diese Bemerkungen mögen kindisch sein, aber sie bieten ein Beispiel, das vielleicht einzig ist, solange es Kinder gibt.

Die Lebensweise in Bossey gefiel mir so gut, daß sie bei längerer Dauer meinen Charakter vollkommen bestimmt hätte. Die zärtlichen, liebevollen, friedlichen Gefühle bildeten seinen Grund. Ich glaube, daß nie ein Wesen unsrer Art von Natur weniger eitel als ich war. Ich erhob mich in der Begeisterung zu erhabnen Bewegungen, aber ich fiel bald in meine Schlaffheit zurück. Von allen geliebt zu werden, die mir nahten, war mein heißester Wunsch. Ich war sanft, mein Vetter auch; ebenso unsre Erzieher. Zwei ganze Jahre war ich weder Zeuge noch Opfer einer heftigen Gemütsbewegung. Alles nährte in meinem Herzen die Anlagen, die es von der Natur erhielt. Ich kannte keine größere Wonne, als jedermann mit mir und allem zufrieden zu sehen. Ich werde es nie vergessen, daß mich in der Kirche bei der Katechismuslehre, wenn ich einmal steckenblieb, nichts mehr verwirrte als die Zeichen der Unruhe und des Ärgers auf dem

Gesicht des Fräuleins Lambercier. Das allein bekümmerte mich mehr als die Scham, öffentlich meine Unwissenheit zu zeigen, wenn mir auch das sehr naheging; denn obwohl ich für Lob wenig empfänglich war, war ich es doch stets sehr für Beschämung, und ich kann hier sagen, daß die Erwartung des Tadels von Fräulein Lambercier mir weniger Unruhe verursachte als die Furcht, sie zu betrüben.

Indes mangelte es ihr im Notfall ebensowenig wie ihrem Bruder an Strenge. Aber da diese fast stets gerechte Strenge nie zu weit ging, betrübte sie mich wohl, machte mich aber nicht störrisch. Es war mir peinlicher, zu mißfallen, als gestraft zu werden, und das Zeichen der Unzufriedenheit war mir grausamer als die Strafe selbst. Es fällt mir schwer, dies genauer auseinanderzusetzen, aber es muß sein. Welch andre Methoden würde man bei der Jugend anwenden, wenn man besser die entfernteren Wirkungen derjenigen sähe, die man stets ohne Unterschied und oft unvorsichtig anwendet! Die große Lehre, die man einem ebenso gewöhnlichen wie verderblichen Beispiel entnehmen kann, bestimmt mich, es anzuführen.

Da Fräulein Lambercier für uns die Liebe einer Mutter hatte, nahm sie sich auch die Gewalt einer solchen und übte sie manchmal so, daß sie uns, wenn wir es verdient hatten, züchtigte, wie eine Mutter mit den Kindern tut. Ziemlich lange ließ sie es bei der Drohung bewenden, und diese Androhung einer mir ganz neuen Bestrafung erschien mir sehr schrecklich; aber nach ihrer Ausführung fand ich sie weniger furchtbar, als sie mir die Erwartung vorgestellt hatte, und was noch wunderlicher ist, diese Züchtigung flößte mir noch größere Neigung für die ein, die sie mir erteilt hatte. Es bedurfte sogar der ganzen Wahrheit dieser Neigung und meiner vollen natürlichen Sanftmut, um mich davon abzuhalten, eine gleiche Behandlung abermals zu suchen, indem ich sie mit Recht herausforderte. Denn ich hatte dem Schmerz, der Schande selbst, eine Sinnlichkeit beigemischt gefunden, die mir mehr Lust als Furcht gemacht hatte, sie abermals durch die gleiche Hand zu erfahren. Es ist wahr, daß, da sich ohne Zweifel hierbei ein frühzeitiger geschlechtlicher Instinkt bekundete, mir die gleiche Züchtigung von der Hand ihres Bruders durchaus nicht angenehm erschienen wäre. Bei seinem Charakter aber war nicht zu fürchten, daß er seine Schwester bei Erteilung der Strafe vertreten werde, und wenn ich es doch vermied, eine Züchtigung zu verdienen, so war es einzig aus Furcht, Fräulein Lambercier zu ärgern. Denn so groß ist in mir die Herrschaft der Zuneigung und selbst der auf der Sinnlichkeit beruhenden, daß sie für diese immer Gesetz war.

Der Rückfall, den ich vermied, ohne ihn zu fürchten, erfolgte doch ohne mein Verschulden, das heißt gegen meinen Willen, und ich nutzte ihn, wie ich sagen kann, in voller Gewissensruhe. Aber dies zweite Mal war auch das letzte, denn Fräulein Lambercier hatte offenbar an irgendeinem Zeichen bemerkt, daß die Züchtigung ihren Zweck verfehle, und erklärte, sie verzichte darauf, auch ermüde es sie zu sehr. Wir hatten bis dahin in ihrem Zimmer geschlafen und im Winter manchmal sogar in ihrem Bett. Zwei Tage darauf mußten wir in einem andern Zimmer schlafen, und ich hatte nun die Ehre, auf die ich gern verzichtet hätte, von ihr als großer Knabe behandelt zu werden.

Wer sollte glauben, daß diese Züchtigung eines Kindes, mit acht Jahren von der Hand einer Dreißigjährigen empfangen, über meine Neigungen, meine Begierden, meine Leidenschaften, über mich selbst für den Rest meines Lebens entschieden hat, und das genau in einer Weise, der entgegengesetzt, die natürlich daraus folgen mußte? Zur selben Zeit, als meine Sinne entzündet wurden, veränderten sich meine Begierden so sehr, daß sie beschränkt auf das, was ich empfunden hatte, nie den Trieb fühlten, etwas andres zu suchen. Trotz eines fast seit meiner Geburt sinnlich erhitzten Blutes hielt ich mich von aller Befleckung bis zu dem Alter rein, wo die kältesten und am langsamsten reifenden Naturen sich erschließen. Lange gepeinigt, ohne zu wissen wovon, verschlang ich mit glühenden Augen die schönen Mädchen; meine Phantasie rief sie mir unaufhörlich zurück, einzig um sie nach meiner Weise tätig zu sehen und aus ihnen ebenso viele Fräulein Lambercier zu machen. [...]

Indem ich so bis zu den ersten Eindrücken meines Gefühlslebens zurückgehe, finde ich Elemente, die, manchmal dem Scheine nach unvereinbar, doch sich verbunden haben, um gewaltsam eine einheitliche und einfache Wirkung hervorzubringen, und wieder andre finde ich, die, scheinbar die gleichen, durch das Zusammentreffen gewisser Umstände so verschiedene Verwicklungen herbeigeführt haben, daß man nie auf die Vermutung kommen könnte, daß unter ihnen ein Zusammenhang bestehe. Wer würde zum Beispiel glauben, daß einer der kräftigsten Antriebe meiner Seele auf die gleiche Quelle zurückgeht, aus der Wollust und Sinnlichkeit in mein Blut geflossen sind? Ich will den Gegenstand, von dem ich eben sprach, noch nicht verlassen, und man wird sehen, wie ein ganz verschiedener Eindruck sich daraus ergeben hat.

Ich lernte eines Tags in dem an die Küche stoßenden Zimmer meine Aufgabe. Die Magd hatte die Kämme des Fräuleins Lambercier auf die Kaminplatte zum Trocknen gelegt. Als sie sie wieder holen wollte, fand sich, daß an einem derselben eine ganze Reihe Zähne ausgebrochen war. Wer konnte daran schuld sein? Kein andrer als ich war ins Zimmer getreten. Man fragt mich; ich leugne, den Kamm berührt zu haben. Herr und Fräulein Lambercier sind einig in ihrem Verdacht, ermahnen mich, dringen in mich, drohen mir; ich bleibe hartnäckig. Aber der überzeugende Beweis war zu stark, er siegte über alle meine Beteuerungen, obwohl es das erstemal war, daß man mich auf einer so kecken Lüge betraf. Man nahm die Sache ernst, sie verdiente es auch. Die Bosheit, die Lüge, die Hartnäckigkeit schienen gleicherweise der Bestrafung wert, aber diesmal vollzog sie nicht Fräulein Lambercier an mir. Man schrieb meinem Onkel Bernard; er kam. Mein armer Vetter hatte sich ein andres, nicht weniger schweres Verbrechen zuschulden kommen lassen; die gleiche Züchtigung wurde über uns beide verhängt. Sie war schrecklich. Wenn man das Heilmittel in dem Übel selbst suchen und meine verderbten Sinne hätte ein für allemal abtöten wollen, hätte man es nicht besser anstellen können. Auch ließen mich diese meine Sinne lange zufrieden.

Man konnte mir das geforderte Geständnis nicht entreißen. Mehrere Male vorgenommen und furchtbar mißhandelt, war ich unerschütterlich. Ich war entschlossen, sogar den Tod auf mich zu nehmen. Selbst die Gewalt mußte dem teuflischen Starrsinn eines Kindes weichen, denn nicht anders nannte man meine Festigkeit. Endlich entrann ich aus dieser grausamen Prüfung, zerfetzt, aber triumphierend.

Seit diesem Vorfall sind fast fünfzig Jahre vergangen, und ich habe keine Furcht, heute von neuem für die gleiche Tat bestraft zu werden. Nun wohl, angesichts des Himmels erkläre ich, daß ich daran unschuldig war, daß ich den Kamm weder zerbrochen noch auch nur berührt hatte, daß ich mich nicht der Kaminplatte genähert, daß ich auch nicht einmal daran gedacht hatte. Man frage mich nicht, wie der Schaden entstanden sei; ich weiß es nicht und kann es nicht begreifen. Was ich gewiß weiß, ist, daß ich daran unschuldig war.

Man denke sich einen im gewöhnlichen Leben schüchternen und lenksamen, aber feurigen, stolzen und in seinen Leidenschaften unzähmbaren Charakter, ein stets von der Stimme der Vernunft geleitetes, stets mit Sanftmut, Billigkeit, Freundlichkeit behandeltes Kind, das nicht einmal einen Begriff von der Ungerechtigkeit hatte und nun zum erstenmal eine so schreckliche von denjenigen Menschen erfährt, die es liebt und am meisten achtet. Welch ein Umsturz der Begriffe! Welche Verwirrung der Gefühle! Welche Umwälzung in seinem Herzen, in seinem Hirn, in seinem ganzen kindlichen Geistes- und Seelenleben! Ich sage, man denke sich das alles, wenn es möglich ist, denn ich selbst fühle mich nicht fähig, es zu entwirren und die geringste Spur von dem, was damals in mir vorging, zu verfolgen.

Ich hatte noch nicht Vernunft genug, um zu bemerken, wie der Schein mich verdammte, und um mich an die Stelle der andern zu setzen. Ich blieb auf der meinen, und alles, was ich fühlte, war die Härte einer furchtbaren Strafe für ein Verbrechen, das ich nicht begangen hatte. Der körperliche Schmerz, obwohl lebhaft, war mir wenig empfindlich, ich fühlte nur die Entrüstung, die Wut, die Verzweiflung. Mein Vetter, der in einem ziemlich ähnlichen Fall war und den man für einen unabsichtlichen Fehler wie für eine vorbedachte Tat bestraft hatte, erbitterte sich an meinem Beispiel und erhitzte sich sozusagen im Einklang mit mir. Das Bett miteinander teilend, umarmten wir uns unter krampfhaften Wutausbrüchen, wir waren am Ersticken, und wenn unsre jungen Herzen, ein wenig erleichtert, ihrem Zorn Luft machen konnten, richteten wir uns auf und begannen alle beide hundertmal mit unsrer ganzen Kraft zu schreien: »Carnifex! Carnifex!« [Henker]

Noch jetzt, während ich dies schreibe, fühle ich meinen Puls schneller schlagen. Jene Augenblicke werden mir stets gegenwärtig sein, wenn ich auch hunderttausend Jahre lebte. Dies erste Gefühl erlittener Gewalttätigkeit und Ungerechtigkeit blieb mir so tief in die Seele gegraben, daß alle Vorstellungen, die sich daran knüpfen, mir meine erste Erregung wiedergeben, und dies Gefühl, das ursprünglich nur mich berührte, hat in sich solche Kraft gewonnen und sich so von jedem persönlichen Interesse gelöst, daß mein Herz bei dem Anblick oder der Erzählung jeder ungerechten Handlung, wen auch immer sie betreffe und wo immer sie verübt werde, aufflammt, als ob ich selbst unter ihr zu leiden hätte. Wenn ich von den Grausamkeiten eines wilden Tyrannen, den fein ausgedachten Schandtaten eines schurkischen Priesters lese, würde ich mich gern aufmachen, um diese Elenden zu erdolchen, sollte ich auch hundertmal darüber zugrunde gehen. Ich bin oft in Schweiß geraten, indem ich laufend oder mit Steinwürfen einen Hahn, eine Kuh, einen Hund oder irgend sonst ein Tier verfolgte, das ich ein andres quälen sah, nur weil es sich stärker fühlte. Diese Erregung kann mir angeboren sein, und ich glaube, daß sie es ist; aber die unauslöschliche Erinnerung an die erste Ungerechtigkeit, die ich erduldete, war zu lange und zu tief damit verbunden, als daß sie nicht dadurch noch sehr verstärkt worden wäre.

Damit hatte die Heiterkeit meiner Kindheit ein Ende. Von diesem

Augenblick an hörte ich auf, ein reines Glück zu genießen, und ich fühle selbst heute, daß die Erinnerung an die Reize meiner Kindheit hier endet. Wir blieben noch einige Monate in Bossey. Wir lebten dort, wie man uns den ersten Menschen darstellt, noch im Paradiese, aber wir hatten keinen Genuß mehr davon. Es war scheinbar noch die gleiche Lage, aber in Wirklichkeit ein ganz andres Sein. Anhänglichkeit, Achtung, Vertraulichkeit, Innigkeit hatten aufgehört, die Zöglinge mit ihren Erziehern zu verknüpfen; wir betrachteten sie nicht mehr wie Götter, die in unsern Herzen lasen. Wir schämten uns weniger, Böses zu begehen, und fürchteten mehr, verklagt zu werden. Wir begannen heimlich zu sein, uns aufzulehnen, zu lügen. Alle Laster unsres Alters verdarben unsre Unschuld und verunstalteten unser Spiel. Selbst das Land verlor in unsern Augen den Reiz der Sanftmut und Einfachheit, der zum Herzen geht, es erschien uns öde und düster; es hatte sich wie mit einem Schleier verhüllt, der uns seine Schönheiten verbarg. Wir hörten auf, unsre kleinen Gärten, unsre Pflanzen, unsre Blumen zu pflegen. Wir gewöhnten uns ab, die Erde aufzuscharren und vor Freude zu schreien, wenn wir den Keim des Samenkorns, das wir ausgestreut hatten, entdeckten. Wir wurden dieses Lebens überdrüssig, man ward unser überdrüssig. Mein Onkel nahm uns weg, wir trennten uns von Herrn und Fräulein Lambercier, unser gegenseitig satt, und bedauerten diese Trennung nur wenig.

Fast dreißig Jahre sind seit meinem Scheiden von Bossey vergangen, ohne daß ich des Aufenthalts dort in angenehmer Weise durch ein wenig zusammenhängende Erinnerungen gedacht hätte; seit ich aber über die reifen Jahre hinaus bin und mich dem Alter nähere, fühle ich, wie diese Erinnerungen, während die andern verblassen, erwachen und sich meinem Gedächtnis mit Zügen einprägen, deren Reiz und Kraft mit jedem Tage wächst, gerade als suchte ich, während das Leben mir schon entschwindet, es in seinen Anfängen wieder zu fassen. Die geringsten Geschehnisse jener Zeit erfreuen mich nur deshalb, weil sie aus jener Zeit sind. Ich erinnere mich aller Einzelheiten, der Örtlichkeiten, Personen und Stunden. Ich sehe die Magd oder den Knecht im Zimmer beschäftigt, eine Schwalbe ins Fenster fliegen, eine Fliege sich auf meine Hand setzen, während ich meine Aufgabe lernte. Ich sehe die ganze Einrichtung des Zimmers, in dem wir uns aufhielten, das Zimmer des Herrn Lambercier auf der rechten Seite, einen Stich, auf dem alle Päpste dargestellt waren, ein Barometer, einen großen Kalender, Himbeeren, die aus einem sehr hochliegenden Garten auf der Rückseite des Hauses das Fenster beschatteten und manchmal ins Zimmer ragten. Ich weiß wohl, daß dem Leser nicht viel daran liegt, das alles zu wissen, aber mir liegt daran, es ihm zu sagen. Warum sollte ich mich scheuen, ihm ebenso alle kleinen Anekdoten dieses glücklichen Alters zu erzählen, deren Erinnerung mir noch jetzt lebhafte Freude bereitet! Vor allem fünf oder sechs... Wir wollen uns einigen. Ich schenke euch fünf; aber eine bedinge ich mir aus, eine einzige, wenn ihr sie mich so weitläufig wie möglich erzählen laßt, damit ich um so länger meine Freude habe.

Wenn es mir nur um die eure zu tun wäre, könnte ich die wählen, wie Fräulein Lambercier am Rande einer Wiese unglücklich zu Fall kam und ihr Hinterteil sich in vollem Umfang vor dem vorüberfahrenden König von Sardinien zeigte. Aber das mit dem Nußbaum auf der Terrasse ist viel amüsanter für mich, da ich dabei eine Rolle spielte, während ich bei jenem Purzelbaum nur Zuschauer war. Ich gestehe auch, daß ich nicht das kleinste Wort fand, um mich über einen Unfall lustig zu machen, der, obschon komisch an sich, mich doch um deretwillen betrübte, die ich wie eine Mutter liebte.

So hört, ihr neugierigen Leser der großen Geschichte von dem Nußbaum auf der Terrasse, das schreckliche Trauerspiel, und erwehrt euch eines Schauders, wenn ihr könnt!

Vor dem Hoftor links beim Eingang lag eine Terrasse, auf der man oft nachmittags saß, die aber keinen Schatten hatte. Um ihr diesen zu geben, ließ Herr Lambercier dort einen Nußbaum pflanzen. Das Einpflanzen dieses Baums erfolgte mit Feierlichkeit, die beiden Pensionäre waren seine Paten, und während die Grube zugeworfen wurde, hielten wir unter dem Gesang von Triumphliedern jeder den Baum mit einer Hand. Um ihn zu bewässern, machte man um seinen Fuß eine Art Becken. Eifrige Zuschauer dieses Besprengens, bestärkten wir, mein Vetter und ich, uns mit jedem Tag mehr in dem sehr natürlichen Gedanken, daß es schöner wäre, einen Baum auf der Terrasse zu pflanzen als eine Fahne auf eine Bresche, und wir beschlossen, uns diesen Ruhm zu verschaffen, ohne ihn mit irgend jemandem zu teilen.

Zu diesem Zwecke schnitten wir ein Steckreis von einer jungen Weide und pflanzten es auf der Terrasse, acht oder zehn Fuß von dem majestätischen Nußbaum. Wir vergaßen nicht, um unsern Baum auch eine Grube zu machen; es war nun schwer, sie zu füllen, denn das Wasser kam aus ziemlicher Ferne, und man ließ uns nicht hinlaufen, um welches zu holen. Aber wir brauchten es durchaus für unsre Weide. Wir wandten alle möglichen Listen an, um ihr während einiger Tage Wasser zu verschaffen, und das gelang uns so gut, daß wir sie ausschlagen und kleine Blätter treiben sahen, deren Wachstum wir alle Stunden maßen, überzeugt, daß sie, obschon noch nicht einen Fuß hoch, uns bald Schatten geben würde.

Da uns unser Baum völlig beschäftigte und zu jeder Arbeit, jedem Lernen unfähig machte, so daß wir wie geistesabwesend waren und man uns, da man nicht wußte, was wir hatten, kürzer als sonst hielt, sahen wir den verhängnisvollen Augenblick kommen, wo das Wasser uns fehlte, und waren in der Erwartung, unsern Baum vor Trokkenheit eingehen zu sehen, trostlos. Endlich gab uns die Not, die Mutter der Erfindsamkeit, einen Gedanken, um den Baum und uns vor einem gewissen Tode zu bewahren, nämlich, unter der Erde eine Rinne zu machen, die heimlich der Weide einen Teil des Wassers zuführte, mit dem der Nußbaum getränkt wurde. Obwohl wir dies Unternehmen mit Feuereifer betrieben, glückte es uns anfangs nicht. Wir hatten das Gefälle so schlecht angelegt, daß das Wasser nicht lief. Die Erde stürzte ein und verstopfte die Rinne, die Öffnung füllte sich mit Schlamm, alles ging verkehrt. Nichts machte uns mutlos: Labor omnia vincit improbus. Wir legten unsre Leitung und unser Bassin tiefer, um das Wasser in Fluß zu bringen. Wir schnitten aus Schachtelböden kleine schmale Bretter, von denen die einen flach und hintereinandergelegt, die andern zu beiden Seiten im Winkel für unsre Leitung einen dreieckigen Kanal bildeten. Wir brachten vor der Öffnung kleine, dünne Holzstücke nebeneinander an, die, eine Art Gitter oder Geflecht bildend, den Schlamm und die Steine zurückhielten, ohne des Wassers Lauf zu hemmen. Wir bedeckten sorglich unser Werk mit Erde und traten sie fest, und an dem Tag, wo alles fertig war, erwarteten wir in höchster Hoffnung und Furcht die Stunde des Begießens. Nach Jahrhunderten des Harrens kam sie endlich; Herr Lambercier fand sich wie gewöhnlich ebenfalls ein, um diesem Akt beizuwohnen, währenddessen wir uns beide hinter ihm hielten, um unsern Baum zu decken, dem er glücklicherweise den Rücken wandte.

Kaum war der erste Eimer Wasser ausgegossen, als wir schon etwas in unsre Grube laufen sahen. Bei diesem Anblick verließ uns die Klugheit, wir begannen Freudenschreie auszustoßen, so daß Herr Lambercier sich umwandte, und das war schade, denn es hatte ihm großes Vergnügen gemacht, zu sehen, wie gut die Erde um den Nußbaum war und wie gierig sie sein Wasser einsog. Betroffen darüber, das Wasser sich in zwei Rinnsale teilen zu sehen, schreit er seinerseits auf, blickt um sich, bemerkt den Schelmenstreich, läßt sich schnell eine Hacke bringen, führt einen Schlag, läßt zwei oder drei Stücke von unsern Brettchen auffliegen und, aus vollem Halse schreiend: »Eine Wasserleitung! Eine Wasserleitung!« führt er nach allen Seiten unbarmherzige Schläge, deren jeder uns mitten ins Herz traf. In einem Augenblick waren die Brettchen, die Leitung, das Bassin, die Weide, war alles zerstört, alles aufgewühlt, ohne daß er während dieses schrecklichen Vorgangs ein andres Wort hervorgebracht hätte als jenen Ausruf, den er fortwährend wiederholte. »Eine Wasserleitung!« schrie er, alles zerschlagend. »Eine Wasserleitung! Eine Wasserleitung!«

Man glaubt vielleicht, daß das Abenteuer schlecht für die kleinen Architekten endete. Man täuscht sich; alles war damit aus. Herr Lambercier sagte uns kein Wort des Tadels, machte uns kein finsteres Gesicht und sprach zu uns nicht mehr davon. Etwas später hörten wir ihn sogar bei seiner Schwester aus vollem Halse lachen, denn das Lachen des Herrn Lambercier hörte man weithin; und was noch erstaunlicher ist, wir waren nach dem ersten Schrecken selbst nicht sehr betrübt. Wir pflanzten übrigens einen andern Baum und riefen uns oft die Katastrophe des ersten ins Gedächtnis, indem wir einander mit Nachdruck zuriefen: »Eine Wasserleitung! Eine Wasserleitung!« Bis dahin hatte ich hin und wieder Anwandlungen von Stolz gehabt, wenn ich Aristides oder Brutus war. Jetzt regte sich zum erstenmal bei mir eine ausgesprochene Eitelkeit. Daß wir mit unsern Händen eine Wasserleitung hatten bauen, ein Steckreis in Konkurrenz mit einem großen Baum setzen können, erschien mir als die höchste Staffel des Ruhms. Mit zehn Jahren beurteilte ich das richtiger als Cäsar mit dreißig.

Die Erinnerung an diesen Nußbaum und die kleine Geschichte, die sich daran knüpft, ist mir so gut im Gedächtnis geblieben oder in dieses zurückgekommen, daß einer meiner angenehmsten Pläne auf meiner Reise nach Genf 1754 der war, Bossey aufzusuchen, um die Denkmale der Spiele meiner Kindheit wiederzusehen und vor allem den lieben Nußbaum, der damals schon ein drittel Jahrhundert alt sein mußte. Ich war aber dauernd so umlagert, so wenig Herr meiner selbst, daß ich keinen Augenblick zur Befriedigung meines Wunsches finden konnte. Es ist wenig Wahrscheinlichkeit, daß diese Gelegenheit je für mich wiederkehrt. Indes habe ich mit der Hoffnung nicht den Wunsch verloren und bin fast überzeugt, daß, wenn ich je bei meiner Rückkehr nach diesen geliebten Stätten dort noch meinen teuren Nußbaum vorfände, ich ihn mit meinen Tränen tränken würde.

Kommen wir zum Beginn meiner Existenz als denkendes Wesen. In den ersten Augusttagen des Jahres 1733 setzte mein Erinnerungsvermögen ein. Ich war also acht Jahre und vier Monate alt. Ich erinnere mich an nichts, was mit mir vorher geschehen sein mag. Hier nun die Geschichte selbst.

Ich stand in der Ecke eines Zimmers, zur Wand gebeugt, stützte meinen Kopf und starrte auf das Blut, das mir reichlich aus der Nase floß und auf den Boden tropfte. Marzia, meine Großmutter, deren Liebling ich war, kam mir zu Hilfe, wusch mir das Gesicht mit kühlem Wasser, ließ mich, ohne daß jemand etwas davon wußte, in eine Gondel steigen und brachte mich nach Murano, einer dichtbesiedelten Insel, etwa eine halbe Stunde von Venedig entfernt.

Nach Verlassen der Gondel gingen wir in eine elende Hütte; dort saß eine alte Frau auf einem zerlumpten Bett und hielt eine schwarze Katze auf dem Arm, während weitere fünf oder sechs Katzen um sie herumschlichen. Sie war eine Hexe. Die beiden alten Frauen führten miteinander ein langes Gespräch, in dem es wohl um mich ging. Nach dieser Unterredung in friaulischer Sprache erhielt die Hexe von meiner Großmutter einen Silberdukaten; dann öffnete sie eine Truhe, hob mich auf, setzte mich hinein und schloß sie mit den Worten, ich solle keine Angst haben. Gerade damit hätte sie mir Furcht eingejagt, wenn ich etwas klarer im Kopf gewesen wäre; aber ich war ganz benommen. Ich verhielt mich ruhig und drückte mein Schnupftuch an die Nase, weil ich blutete, ganz unberührt von dem Lärm, den ich von draußen vernahm. Ich hörte abwechselnd Lachen und Weinen, dann Schreien, Singen und Schläge auf der Truhe. Mir war das alles gleichgültig. Endlich holte man mich heraus; das Bluten hörte auf. Da überhäufte mich das sonderbare Weib mit tausend Zärtlichkeiten, kleidete mich aus, legte mich auf das Bett, verbrannte allerlei Räucherwerk, fing den Rauch in einem Tuch auf, wickelte mich darin ein, murmelte einige Zaubersprüche, wickelte mich dann wieder aus und gab mir fünf sehr wohlschmeckende Stücke Konfekt. Gleich darauf rieb sie mir die Schläfen und den Nacken mit einer Salbe ein, die einen köstlichen Duft ausströmte, und zog mich wieder an. Sie sagte mir, das Bluten werde von nun an immer schwächer auftreten, vorausgesetzt, daß ich keinem Menschen erzählte, was sie zu meiner Heilung getan habe; sie drohte mir andererseits, ich würde mein ganzes Blut verlieren und sterben, falls ich es wagte, irgend-

wem ihre Geheimnisse zu verraten. Nachdem sie mir das eingeschärft hatte, kündigte sie mir für die kommende Nacht den Besuch
einer lieblichen Dame an, von der mein künftiges Glück abhinge,
wenn ich die Kraft aufbrächte, niemandem von diesem Besuch etwas
zu erzählen. Dann brachen wir auf und kehrten nach Hause zurück.

Kaum lag ich im Bett, schlief ich schon ein, ohne überhaupt noch
an den schönen Besuch zu denken, den ich erhalten sollte; aber als
ich einige Stunden später aufwachte, sah ich, oder glaubte zu sehen,
wie eine wunderschöne Frau, in weitem Reifrock und in prächtige
Stoffe gehüllt, vom Kamin herabstieg. Auf dem Haupt trug sie eine
mit Edelsteinen übersäte Krone, aus denen Funken zu sprühen
schienen. Langsam und majestätisch trat sie mit holder Miene näher
und setzte sich auf mein Bett. Sie zog einige kleine Kästchen aus einer
Tasche, leerte sie über meinem Kopf aus und murmelte dazu Sprü-
che. Dann hielt sie mir noch eine lange Rede, von der ich nichts verstand, küßte mich und verschwand, wie sie gekommen war. Ich
schlief wieder ein.

Als meine Großmutter am nächsten Morgen an mein Bett trat, um
mich anzuziehen, gebot sie mir als erstes Schweigen. Sie drohte mir
mit dem Tode, wenn ich auszuplaudern wagte, was ich in der Nacht
erlebt haben mußte. Diese Drohung, von der einzigen Frau ausgesprochen, die unbegrenzten Einfluß auf mich besaß und die mich
dazu erzogen hatte, allen ihren Anordnungen blindlings zu gehor-
chen, bewirkte erst, daß ich mich an die Erscheinung erinnerte und
sie nun gleichsam versiegelt im verborgensten Winkel meines erwachenden Gedächtnisses bewahrte. Übrigens fühlte ich mich auch gar
nicht versucht, die Sache irgend jemandem mitzuteilen. Weder
wußte ich, ob man sie überhaupt interessant finden würde, noch,
wem ich sie hätte erzählen sollen. Meine Krankheit machte mich
sauertöpfisch und ganz ungesellig. Jedermann bedauerte und mied
mich zugleich; man glaubte, ich würde nicht lange leben. Mein Vater
und meine Mutter sprachen nie mit mir.

Nach der Fahrt nach Murano und dem nächtlichen Besuch der Fee
überfiel mich zwar noch Nasenbluten, aber immer seltener; und
mein Gedächtnis entwickelte sich nun stetig. Binnen weniger als einem Monat lernte ich lesen. Es wäre lächerlich, meine Heilung jenen
beiden Narreteien zuzuschreiben; doch wäre es auch unrecht zu be-
haupten, sie könnten nicht dazu beigetragen haben. Was die Erscheinung der schönen Fee betrifft, so habe ich sie zeit meines Lebens für einen Traum gehalten, falls es nicht ein eigens für mich
veranstalteter Mummenschanz war; doch die Heilmittel gegen besonders schwere Krankheiten findet man nicht immer in Apotheken.

Täglich beweist uns irgendein Phänomen unsere Unwissenheit. Ich glaube, daß deshalb auch nichts so selten ist wie ein Gelehrter, dessen Geist völlig frei von Aberglauben wäre. Es hat nie auf Erden wirkliche Zauberer gegeben; aber ihre Macht hat zu allen Zeiten durch jene bestanden, denen sie geschickt einzureden vermochten, sie seien tatsächlich Zauberer. »Somnio, nocturnos lemures portentaque Thessala rides« (Im Traum lachst du über nächtliche Geister und thessalische Ungeheuer). Häufig werden Dinge Wirklichkeit, die vorher nur in der Einbildung bestanden, und folglich ist es möglich, daß manche Wirkungen, die man dem Glauben zuschreibt, nicht immer Wunder sind. Sie sind es nur für die, die dem Glauben unbegrenzte Macht einräumen.

Das zweite Ereignis, das mich betrifft und an das ich mich erinnere, hat sich drei Monate nach meiner Fahrt nach Murano, sechs Wochen vor dem Tod meines Vaters, zugetragen. Ich teile es dem Leser mit, um ihm einen Begriff von der Entwicklung meines Charakters zu geben.

Eines Tages, gegen Mitte November, befand ich mich mit meinem zwei Jahre jüngeren Bruder Francesco im Zimmer meines Vaters und schaute ihm aufmerksam bei optischen Versuchen zu.

Auf einem Tisch hatte ich einen großen runden, mit Facetten geschliffenen Kristall entdeckt, und als ich ihn vor die Augen hielt, erblickte ich zu meinem Entzücken alle Gegenstände vervielfacht. Da ich mich unbeobachtet sah, nutzte ich die Gelegenheit und steckte ihn in die Tasche.

Drei oder vier Minuten später stand mein Vater auf, um den Kristall zu holen; da er ihn nicht fand, meinte er, einer von uns müsse ihn an sich genommen haben. Mein Bruder beteuerte, er wisse nichts davon, und auch ich, obwohl ich der Schuldige war, sagte das gleiche. Er drohte, er werde unsere Taschen durchsuchen, und kündigte dem Lügner Hiebe mit dem Riemen an. Ich tat zunächst so, als suchte ich den Kristall in allen Winkeln des Zimmers, und ließ ihn dann geschickt in die Rocktasche meines Bruders gleiten. Ich ärgerte mich sofort über mich selbst, denn es wäre leicht für mich gewesen, so zu tun, als hätte ich ihn gerade irgendwo gefunden; aber der üble Streich war schon geschehen. Mein Vater, dem bei unserem vergeblichen Suchen die Geduld ausging, sah in unseren Taschen nach, fand den Kristall bei dem Unschuldigen und verabreichte ihm die angedrohte Strafe. Drei oder vier Jahre später war ich so dumm, meinem Bruder gegenüber zu prahlen, ich hätte ihm diesen Streich gespielt. Er hat es mir nie verziehen und jede Gelegenheit benutzt, um sich dafür zu rächen.

Als ich bei einer Generalbeichte dem Pater diese Sünde mit all ihren Begleitumständen bekannte, bereicherte ich dabei mein Wissen um etwas, das mir Vergnügen bereitete. Der Beichtvater war ein Jesuit. Er sagte mir, da ich Giacomo hieße, hätte ich durch diese Tat nur die Bedeutung meines Namens bestätigt, denn »Jacob« bedeute auf hebräisch »Überlister«. Aus diesem Grunde habe Gott den Namen des Erzvaters Jakob in »Israel« geändert, das heißt der »Seher«. Jakob hatte seinen Bruder Esau überlistet.

Sechs Wochen nach dieser Begebenheit wurde mein Vater von einem eitrigen Geschwür im Innern des Ohres befallen, das ihn binnen acht Tagen ins Grab brachte. Zambelli, der Arzt, gab dem Kranken zuerst stopfende Mittel, glaubte aber dann, er könne seinen Fehler mit Bibergeil gutmachen, das meinen Vater unter Krämpfen sterben ließ. Der Abszeß öffnete sich durch das Ohr eine Minute nach seinem Tod und verschwand, nachdem er meinen Vater umgebracht hatte, als sei bei ihm nun nichts mehr weiter auszurichten. Mein Vater stand im besten Mannesalter von sechsunddreißig Jahren. Er starb betrauert vom Publikum und besonders vom Adel, der ihn über seinen Stand hinaus achtete, sowohl wegen seines Benehmens als auch wegen seiner physikalischen Kenntnisse. Zwei Tage vor seinem Hinscheiden wollte er uns alle an seinem Bett sehen, im Beisein seiner Frau und auch der Signori Grimani, adliger Venezianer, um diesen nahezulegen, unsere Gönner zu werden.

Nachdem er uns seinen Segen gegeben hatte, verlangte er von meiner Mutter, die in Tränen zerfloß, sie solle schwören, keines ihrer Kinder für die Bühne zu erziehen, die auch er nie betreten hätte, wenn ihn nicht eine unselige Leidenschaft dazu getrieben hätte. Sie leistete ihm den verlangten Eid, und die drei Patrizier bürgten für dessen Unverletzbarkeit. Die Umstände halfen ihr, das ihm gegebene Versprechen zu halten.

Da meine Mutter damals im sechsten Monat schwanger war, wurde sie bis nach Ostern vom Theaterspielen befreit. So schön und jung sie war, verweigerte sie doch ihre Hand allen, die um sie warben. Ohne den Mut zu verlieren, fühlte sie sich imstande, uns großzuziehen. Sie glaubte, sich vor allem um mich kümmern zu müssen, nicht etwa aus besonderer Liebe zu mir, sondern wegen meiner Krankheit, die mich so mitnahm, daß man nicht wußte, was man mit mir anfangen sollte. Ich war sehr schwach, hatte keinen Appetit, war unfähig, mich mit irgend etwas ernsthaft zu beschäftigen, und sah stumpfsinnig drein. Die Ärzte stritten sich über die Ursache meiner Krankheit. »Er verliert jede Woche zwei Pfund Blut«, meinten sie, »und er kann doch nur sechzehn bis achtzehn haben. Wie kann es dann zu einer so übermäßigen Blutbildung kommen?« Der eine meinte, mein ganzer Milchsaft werde zu Blut; ein anderer behauptete, die Luft, die ich einatme, müsse bei jedem Atemzug in meinen Lungen das Blut um einiges vermehren, und aus diesem Grunde hielte ich auch den Mund ständig offen. Alles das habe ich sechs Jahre später von Signor Baffo, einem guten Freund meines Vaters, erfahren.

Er war es auch, der in Padua den berühmten Arzt Macop um Rat fragte; dieser teilte ihm seine Ansicht schriftlich mit. In diesem Schreiben, das ich noch besitze, steht, unser Blut sei eine elastische Flüssigkeit, die mehr oder weniger dicht sein könne, nie aber ihre Menge verändern würde, und meine Blutungen kämen gewiß nur von der Dickflüssigkeit des Stoffes. Dieser schaffe sich auf natürlichem Wege Erleichterung, um den Kreislauf zu entlasten. Ich wäre bereits tot, wenn die Natur, die ja leben wolle, sich nicht selbst geholfen hätte. Er schloß daraus, daß die Ursache dieser Dickflüssigkeit in der Luft zu suchen sei, die ich atmete. Man müsse mir eine Luftveränderung verschaffen oder sich mit dem Gedanken vertraut machen, mich zu verlieren. Seiner Ansicht nach war die Dicke meines Blutes auch die Ursache des stumpfsinnigen Ausdrucks, den mein Gesicht zeigte.

So gab also Signor Baffo, ein großartiges Genie, ein Dichter der schlüpfrigsten Art, aber doch groß und einzigartig, den Anstoß zu dem Entschluß, mich nach Padua in Pension zu geben; ihm verdanke ich folglich mein Leben. Er ist zwanzig Jahre später gestorben, als letzter einer alten Patrizierfamilie; aber seine Gedichte werden trotz ihrer Zoten seinen Namen niemals untergehen lassen. Die venezianischen Staatsinquisitoren werden wohl mit ihrer frommen Gesinnung zu seiner Berühmtheit beigetragen haben. Indem sie seine Schriften verfolgten, machten sie diese zu Kostbarkeiten. Sie hätten wissen müssen: »Spreta exolescunt« (Verächtliches gerät in Vergessenheit). Sobald der weise Spruch des Professors Macop gebilligt worden war, übernahm es Abate Grimani, in Padua eine gute Pension für mich zu finden; dabei war ihm ein Chemiker aus seinem Bekanntenkreis behilflich, der in dieser Stadt wohnte. Er hieß Ottaviani und war zugleich auch Antiquar. Binnen weniger Tage war die Pension gefunden, und am 2. April 1734, dem Tage, an dem ich mein neuntes Lebensjahr vollendete, brachte man mich auf der Brenta mit dem Burchiello nach Padua. Wir schifften uns nach dem Abendessen zwei Stunden vor Mitternacht ein.

Der Burchiello sieht wie ein kleines schwimmendes Haus aus. Das Schiff besteht aus einem großen Raum mit je einer kleinen Kajüte an beiden Enden sowie Schlafstellen für die Bediensteten an Bug und Heck. Der Raum ist ein längliches Rechteck, das mit Segeltuch überspannt ist; ringsum sind verglaste Fenster mit Läden. Die kleine Reise dauerte acht Stunden. Außer meiner Mutter begleiteten mich Abate Grimani und Signor Baffo. Sie ließ mich bei sich in der großen Kabine schlafen, während die beiden Freunde im kleinen Nebenraum übernachteten.

Sobald es tagte, stand meine Mutter auf und öffnete ein Fenster gegenüber meinem Bett. Die Strahlen der aufgehenden Sonne trafen mein Gesicht und ließen mich die Augen aufschlagen. Das Bett war so niedrig, daß ich das Land nicht sehen konnte. Ich erblickte durch das Fenster nur die Wipfel der Bäume, mit denen die Ufer des Flusses durchweg gesäumt sind. Das Schiff schwamm dahin, doch mit einer so gleichmäßigen Bewegung, daß ich davon nichts spüren konnte. Deshalb setzten mich die Bäume, die rasch vor meinen Augen vorbeizogen, in Erstaunen. »Ach, liebe Mutter!« rief ich, »was ist denn los? Die Bäume wandern ja!«

In diesem Augenblick kamen die beiden Herren herein, und als sie mich so verdutzt sahen, fragten sie, was mich denn so beschäftige. »Wie kommt es«, fragte ich zurück, »daß die Bäume wandern?«

Sie lachten; meine Mutter aber seufzte und sagte mitleidig zu mir: »Das Schiff bewegt sich und nicht die Bäume. Zieh dich jetzt an.«

Ich begriff augenblicklich, wie diese Erscheinung zustande kam, und mit meinem erwachenden und ganz unvoreingenommenen Verstand dachte ich folgerichtig weiter. »Dann ist es also möglich«, sagte ich zu ihr, »daß sich auch die Sonne nicht bewegt, sondern daß wir es sind, die von Westen nach Osten wandern.« Meine gute Mutter jammerte über soviel Dummheit, und Signor Grimani beklagte meinen Unverstand; ich stand ganz verstört und traurig da und war dem Weinen nahe. Nur Signor Baffo gab mir wieder neuen Mut. Er kam auf mich zu, küßte mich zärtlich und sagte: »Du hast recht, mein Kind, die Sonne bewegt sich nicht. Verliere nicht den Mut, bilde dir stets dein eigenes Urteil, und laß die andern ruhig lachen.«

Meine Mutter fragte ihn, ob er verrückt sei, daß er mir solche Sachen beibringe; doch der Philosoph antwortete ihr nicht einmal und fuhr fort, mir eine meinem unverbildeten und einfachen Verstand angepaßte Theorie darzulegen. Das war die erste wirkliche Freude, die ich in meinem Leben genoß. Ohne Signor Baffo hätte dieser Augenblick genügt, um mein Urteilsvermögen empfindlich zu treffen; die Leichtgläubigkeit aus Feigheit hätte sich eingeschlichen. Das Ungeschick der beiden andern hätte sicherlich in mir eine Fähigkeit abgestumpft, von der ich nicht weiß, ob sie mich sehr weit gebracht hat; aber ich weiß, daß ich nur ihr das ganze Glück verdanke, das ich genieße, wenn ich mit mir selbst allein bin.

Wir kamen am frühen Morgen in Padua bei Ottaviani an, dessen Frau mich sehr zärtlich begrüßte. Ich erblickte fünf oder sechs Kinder, darunter ein achtjähriges Mädchen namens Maria und ein anderes von sieben Jahren, das Rosa hieß und bildhübsch war. [...]

Ottaviani führte uns sogleich in das Haus, wo ich in Pension bleiben sollte. Es war nur fünfzig Schritte von seiner Wohnung entfernt, bei Santa Maria in Vanzo, der Pfarrkirche von San Michele, und gehörte einer alten Slawonierin, die den ersten Stock an Signora Mida, die Frau eines slawonischen Obersten, vermietet hatte. Man öffnete vor ihren Augen meinen kleinen Koffer und gab ihr ein Verzeichnis über dessen Inhalt. Hierauf zahlte man ihr sechs Zechinen für sechs Monate Pension im voraus. Für diese geringe Summe sollte sie mich beköstigen, für meine Wäsche sorgen und mich in der Schule unterrichten lassen. Man überhörte ihren Einwand, das reiche nicht aus. Man umarmte mich, schärfte mir ein, ihren Anordnungen stets zu folgen, und ließ mich gleich dort. So also entledigte man sich meiner Person.

Ich war halbtot, als ich zur Welt kam. Das Tosen der Wellen, durch einen Sturm aufgepeitscht, der die Herbstnachtgleiche ankündigte, verhinderte, daß man meine Schreie vernahm: Man hat mir diese Einzelheiten oft erzählt; ihre Traurigkeit ist mir nie aus dem Gedächtnis geschwunden. Es gibt keinen Tag, an dem ich – über die Vergangenheit nachsinnend – nicht in Gedanken den Felsen wiedersehe, auf dem ich geboren bin, das Zimmer, in dem meine Mutter mir das Leben schenkte, den Sturm höre, dessen Brausen mich in meinen ersten Schlaf wiegte, den unglückseligen Bruder sehe, der mein Taufpate war. Der Himmel schien diese verschiedenen Umstände zu vereinen, um mir ein Abbild meines Geschicks in die Wiege zu legen.

Kaum hatte ich den Schoß meiner Mutter verlassen, da erlebte ich bereits mein erstes Exil; man verbannte mich nach Plancouët, ein hübsches, zwischen Dinan, Saint-Malo und Lamballe gelegenes Dorf. Der einzige Bruder meiner Mutter, der Comte de Bedée, hatte bei diesem Dorf das Schloß Monchoix erbaut.

Meine seit langem verwitwete Großmutter wohnte mit ihrer Schwester, Mademoiselle de Boisteilleul, in einem durch eine Brücke von Plancouët getrennten Weiler, den man die Abtei nannte nach einer Unserer Lieben Frau von Nazareth geweihten Benediktiner-Abtei. Da meine Amme mich nicht nähren konnte, gab eine andere arme Christin mir ihre Brust. Sie empfahl mich der Schutzherrin des Weilers, Unserer Lieben Frau von Nazareth, und gelobte, daß ich zu deren Ehren bis zu meinem siebenten Jahre Blau und Weiß tragen sollte. Ich war erst ein paar Stunden am Leben, schon hatte die Last der Zeit mir ihre Siegel auf die Stirn gedrückt. Weshalb ließ man mich nicht sterben? Nach dem Ratschluß Gottes wurde einem anonymen und unschuldigen Wunsche stattgegeben, meine Tage zu erhalten, die ein eitler Ruhm bedrohen sollte.

Nach drei Jahren brachte man mich wieder nach Saint-Malo; sieben Jahre zuvor hatte mein Vater die Herrschaft von Combourg zurückerworben. Er wollte wieder in den Besitz der Güter kommen, auf denen seine Ahnen gelebt hatten.

Ich wurde für die königliche Marine bestimmt: Die Abneigung gegen den Hof war jedem Bretonen, und zumal meinem Vater, selbstverständlich. Die Aristokratie unserer Stände bestärkte ihn in diesem Gefühl.

Als ich wieder nach Saint-Malo kam, war mein Vater in Combourg, mein Bruder im Gymnasium von Saint-Brieuc; meine vier Schwestern lebten bei meiner Mutter.

Alle Zuneigung meiner Mutter war auf den ältesten Sohn gerichtet; nicht daß sie ihre anderen Kinder nicht gern gehabt hätte; aber sie hegte für den jungen Comte de Combourg eine blinde Vorliebe. Ich hatte zwar, es ist wahr, als Knabe und als der jüngste, als der Chevalier – so nannte man mich – einige Privilegien gegenüber meinen Schwestern. Meine übrigens sehr geistreiche und tugendsame Mutter war durch gesellschaftliche Anforderungen und religiöse Pflichten vollkommen in Anspruch genommen.

Zu Hause verbreitete sie eine mürrische Atmosphäre, eine Unrast und einen rechnerischen Geist, die uns anfangs hinderten, ihre bewundernswerten Eigenschaften zu erkennen. Bei aller Ordnung wuchsen ihre Kinder ohne Ordnung auf, bei aller Großzügigkeit erweckte sie den Anschein von Geiz, bei aller Herzensgüte murrte sie ständig: Mein Vater war der Schrecken, meine Mutter die Geißel der Dienstboten.

Aus dieser Eigenart meiner Eltern entwickelten sich die ersten Gefühle, die ich empfand. Ich klammerte mich an die Frau, die mich betreute, ein treffliches Geschöpf, La Villeneuve genannt.

Lucile, die vierte meiner Schwestern, war zwei Jahre älter als ich. Da sie die jüngste der Schwestern war, bestanden ihre Gewänder nur aus dem, was die älteren abgelegt hatten. Sie war ein kleines, hageres Mädchen, zu groß für ihr Alter, mit schüchternem Ausdruck, ein Wesen, dem das Sprechen schwerfiel und das nichts zu lernen vermochte.

Niemand hätte in der schmächtigen Lucile die Talente und die Schönheit vermutet, die sie eines Tages entfalten sollte. Man übergab sie mir wie ein Spielzeug; doch mißbrauchte ich meine Überlegenheit nicht; statt ihr meinen Willen aufzuzwingen, wurde ich ihr Verteidiger. Jeden Morgen schickte man mich mit ihr zusammen zu den Schwestern Couppart, zwei schwarzgekleideten alten und buckligen Weibern, die den Kindern Lesen beibrachten. Lucile las sehr schlecht, ich las noch schlechter. Man zankte sie aus; ich kratzte die Schwestern und fuhr ihnen mit den Nägeln ins Gesicht; darauf Beschwerden bei meiner Mutter, und schon galt ich als ein Nichtsnutz, ein Aufsässiger, ein Faulpelz, ein Esel schließlich. Diese Vorstellungen setzten sich im Kopf meiner Eltern fest: Mein Vater sagte, die Chevaliers de Chateaubriand seien allesamt Tagediebe, Trunkenbolde und Streithammel gewesen. Meine Mutter seufzte und grollte beim Anblick meiner liederlichen Kleidung. So klein ich noch war, die Behauptung meines Vaters empörte mich; wenn meine Mutter dann ihre Vorwürfe mit dem Lob meines Bruders krönte, den sie einen Cato, einen Helden nannte, war ich sehr geneigt, tatsächlich alles Böse zu tun, was man von mir zu erwarten schien.

Am Strand des offenen Meeres, zwischen dem Schloß und dem Fort Royal, versammelten sich die Kinder; dort wuchs ich als Gefährte der Wellen und des Windes heran; gegen die Stürme zu kämpfen, mit den Wellen zu spielen, die sich vor mir zurückzogen oder vor mir her dem Ufer zueilten, war eine der ersten Freuden, die ich genoß. Ein weiteres Vergnügen bestand darin, aus dem Sand Bauten aufzuführen, die meine Kameraden Backöfen nannten. Ich habe seither oft geglaubt, Schlösser für die Ewigkeit zu bauen, Schlösser, die viel rascher zusammenfielen als meine Sandburgen.

Da meine Zukunft unwiderruflich festgelegt war, überließ man meine Kindheit dem Müßiggang. Etwas Zeichnen, ein paar Kenntnisse in der englischen Sprache, der Hydrographie und der Mathematik schienen für die Ausbildung eines von vornherein zum rauhen Seemannsberuf bestimmten Knaben mehr als ausreichend.

Ich wuchs ohne Unterricht im Kreise der Familie auf; wir bewohnten nicht mehr das Haus, in dem ich geboren war: Meine Mutter wohnte in einem Stadthaus an der Place Saint-Vincent. Die Straßenjungen wurden meine besten Freunde; mit ihnen trieb ich mich auf dem Hof und den Treppen des Hauses herum. Ich ähnelte ihnen ganz und gar; ich sprach ihre Sprache; ich übernahm ihre Haltung und ihren Lebensstil; ich war angezogen wie sie, ebenso zerlumpt und abgerissen; meine Hemden hingen in Fetzen, meine Strümpfe waren immer durchlöchert; ich trug ausgetretene Schuhe, die mir bei jedem Schritt von den Füßen fielen; häufig verlor ich meinen Hut, manchmal sogar meine Jacke. Mein Gesicht war stets verschmutzt, zerkratzt und zerschlagen; meine Hände rabenschwarz. Meine ganze Erscheinung war derart absonderlich, daß meine Mutter mitten in ihren Zornausbrüchen lachen mußte und ausrief: »Oh, wie häßlich er ist!«

Dennoch habe ich stets die Reinlichkeit, ja sogar die Eleganz geliebt. Des Nachts versuchte ich, meine Lumpen in Ordnung zu bringen. Die gute Villeneuve und meine Lucile halfen mir, meine Kleider wieder auszubessern, um mir Strafen und Beschimpfungen zu ersparen. Ihre Näharbeiten dienten indes nur dazu, meinen Aufzug noch sonderbarer zu gestalten. Besonders verzweifelt war ich, wenn ich so abgerissen inmitten von Kindern erschien, die sich auf ihre neuen Gewänder und ihre Eleganz etwas zugute taten.

Meine Landsleute hatten etwas Eigentümliches, das an Spanien erinnerte. Familien aus Saint-Malo hatten sich in Cádix niedergelassen; Familien aus Cádix wohnten in Saint-Malo. Die Insellage, der Deich, die Architektur, die Häuser, die Zisternen, die granitenen Mauern von Saint-Malo gaben dem Ort ein ähnliches Aussehen wie Cádix: Als ich jene Stadt kennenlernte, fühlte ich mich an Saint-Malo erinnert.

Die Einwohner von Saint-Malo, die des Abends in ihre Stadtmauern eingeschlossen sind, bildeten eine einzige große Familie. An bestimmten Tagen des Jahres trafen sich die Bewohner von Stadt und Land auf Märkten, die man Assemblées nannte und die auf den Inseln und auf den Forts um Saint-Malo herum abgehalten wurden. Bei Ebbe begab man sich zu Fuß, bei Flut zu Schiff dorthin. Die Menge der Matrosen und Bauern, die Planwagen, die Karawanen von Pferden, Eseln und Mauleseln, der Wettstreit der Händler, die am Ufer aufgeschlagenen Zelte, die Prozessionen von Mönchen und Bruderschaften, die sich mit ihren Fahnen und Kreuzen einen Weg durch die Menge bahnten, die Schaluppen, die mit Rudern und Segeln hin und her kreuzten, die Schiffe, die in den Hafen einfuhren oder vor Anker gingen, die Geschützsalven, das Dröhnen des Glockengeläuts: All das erfüllte diese Zusammenkünfte mit Lärm, Bewegung und Abwechslung.

Ich war bei diesen Festen der einzige, der an der allgemeinen Freude keinen Anteil hatte. Ich erschien dort ohne Geld, von dem ich mir Spielzeug oder Kuchen hätte kaufen können. Um mich der Verachtung, die die Armut bewirkt, zu entziehen, setzte ich mich abseits von der Menge neben jene Wasserlachen, die das Meer in den Felsenlöchern zurückläßt und immer wieder auffüllt. Dort vergnügte ich mich, indem ich dem Flug der Seevögel und Möwen zuschaute, in die blaue Ferne starrte, Muscheln sammelte und dem Geräusch der Wellen zwischen den Klippen lauschte. Abends zu Hause war ich auch nicht glücklicher. Vor bestimmten Speisen hatte ich einen Widerwillen; man zwang mich, sie zu essen; ich warf dem Diener La France einen flehenden Blick zu, und er nahm mir, sobald mein Vater den Kopf wandte, geschickt den Teller weg. Hinsichtlich des Feuers herrschte die gleiche Strenge; es war mir verboten, mich dem Kamin zu nähern. Welch ein weiter Abstand zwischen diesen strengen Eltern und den verwöhnten Kindern von heute!

Doch wenn ich Leiden erdulden mußte, die der heutigen Jugend unbekannt sind, so genoß ich dafür einige Freuden, von denen diese nichts weiß.

Heute kennt man die religiösen und familiären Feste nicht mehr, bei denen das ganze Land und der Gott dieses Landes sich zu freuen schienen; Weihnachten und Neujahr, die Heiligen Drei Könige, Ostern, Pfingsten, Sankt Johannis waren für mich Tage höchsten Glücks. Vielleicht hat der Einfluß des heimatlichen Felsens auf meine Gefühle und auf meine Studien eingewirkt.

Wenn sich im Winter zur Abendandacht die Kathedrale füllte, wenn alte Matrosen auf den Knien beteten, junge Frauen und Kinder mit kleinen Kerzen in ihren Gebetbüchern lasen, wenn die Menge bei der Erteilung des Segens im Chor das Tantum ergo sang, wenn zwischen diesen Gesängen die weihnachtlichen Stürme gegen die Scheiben der Basilika bliesen und die Gewölbe des Schiffes erbeben ließen, durchdrang mich ein starkes religiöses Gefühl.

So wie ein Seemann nach Verlassen dieser Festlichkeit, gestärkt gegen die Unbilden der Nacht, sich auf hohe See begab, während ein anderer auf die erleuchtete Kuppel der Kirche zusteuernd in den Hafen zurückkehrte, so waren die Religion und die Gefahren stets gegenwärtig, und ihre Abbilder stellten in meinem Geiste eine Einheit dar. Kaum war ich geboren, hörte ich schon vom Sterben reden: Am Abend zog ein Mann mit einem Horn von Straße zu Straße und mahnte die Christen, für einen ihrer dahingegangenen Brüder zu beten. Fast alle Jahre gingen vor meinen Augen Schiffe unter, und wenn ich mich am Strand tummelte, schwemmte das Meer mir die Leichen fremder, fern von ihrem Vaterland verstorbener Männer vor die Füße. Wie die Hl. Monika zu ihrem Sohn sagte Madame de Chateaubriand zu mir: Nihil longe est a Deo [Gott ist nichts fern]. Man hatte meine Erziehung der göttlichen Vorsehung anheimgestellt: Sie hat mir keine Lehre erspart.

Der Heiligen Jungfrau geweiht, kannte und liebte ich meine Beschützerin: Ihr Bild, das die gute Villeneuve einen halben Sou gekostet hatte, war mit vier Stecknadeln über meinem Bett angeheftet. Das erste, was ich auswendig lernte, war ein Matrosenlied, das also begann:

Maria, Heilige Jungfrau,
Auf dich ich fest vertrau;
Sei du mir Schutz und Schild,
Wenn es zu kämpfen gilt!
Bewahr durch deine Gnaden
Du mich vor Sündenschaden.
Hat meinen Erdentagen
Die letzte Stund geschlagen,
Hilf mir durch frommes Sterben
Das Himmelreich erwerben.

Ich habe dieses Lied später bei einem Schiffbruch singen hören. Noch heute sage ich diese armseligen Reime mir mit demselben Vergnügen vor wie die Verse Homers; eine Madonna mit einer gotischen Krone in einem blauen mit Silberfransen verzierten Kleid erfüllt mich mit tieferer Frömmigkeit als eine Heilige Jungfrau von Raffael.

Wenn dieser »friedvolle Meerstern« doch wenigstens die Wirrnisse meines Lebens hätte beschwichtigen können! Aber schon in meiner Kindheit sollte ich beunruhigt werden; gleich dem Dattelbaum Arabiens wurde mein Wipfel, kaum dem Felsen entsprossen, schon vom Winde niedergebeugt.

Im zweiten Stock des Hauses, das wir bewohnten, lebte ein Edelmann namens Gesril: Er hatte einen Sohn und zwei Töchter. Dieser Sohn wurde ganz anders erzogen als ich; ein verwöhnter Knabe. Was immer er anstellte, stets fand man es reizend; er fühlte sich erst richtig wohl, wenn es Schlägerei gab, und besonders, wenn er Streitigkeiten anzetteln konnte, bei denen er sich als Schiedsrichter aufwarf. Da er den Kindermädchen, die die Kinder spazierenführten, manch böse Streiche zu spielen pflegte, machte man großes Aufheben von seinen Eulenspiegeleien, die man zu schwärzesten Verbrechen aufbauschte. Der Vater lachte über alles, und Joson wurde dann nur um so mehr gehätschelt. Gesril wurde mein engster Freund und übte einen unglaublichen Einfluß auf mich aus: Ich entwickelte mich rasch unter einem solchen Lehrmeister, obwohl mein Charakter dem seinen vollkommen entgegengesetzt war. Ich liebte die einsamen Spiele, ich suchte mit niemandem Streit: Gesril war ganz versessen auf wilde Vergnügen und jubilierte inmitten der wüstesten Prügeleien. Wenn irgendein Bürschlein mich ansprach, sagte Gesril zu mir: »Und das duldest du?« Bei diesem Wort glaubte ich meine Ehre angegriffen und sprang dem dreisten Burschen ins Gesicht: Dabei spielten dann Körperkräfte und Alter keine Rolle. Als Zuschauer beim Kampf klatschte mein Freund mir Beifall, tat jedoch nichts, mir beizustehen. Zuweilen stellte er aus allen Herumtreibern, die er finden konnte, eine Armee auf, teilte die Rekruten ein, und wir bekämpften einander am Strand.

Ein anderes von Gesril erfundenes Spiel schien noch weit gefährlicher: Wenn Flut war und der Sturm blies, peitschten die Wellen oft bis an die großen Türme hinauf. Zwanzig Fuß über dem Fundament eines dieser Türme führte ein granitener, enger, glitschiger Laufsteg entlang; es ging nunmehr darum, den Augenblick zwischen zwei Wellen wahrzunehmen und die gefährliche Stelle zu überschreiten, bevor die Flut sich brach und den Turm überspülte. Dann nahte gurgelnd ein Wasserberg, der einen, wenn man sich auch nur eine Minute verspätete, entweder mitreißen oder gegen die Mauer schleudern konnte. Es gab keinen, der dieses Abenteuer nicht wagte, doch habe ich einige Kinder blaß werden sehen, bevor sie sich dazu anschickten.

Gesrils Hang, die anderen zu Mutproben anzustacheln, bei denen er Zuschauer blieb, könnte einen auf den Gedanken bringen, es habe ihm in der Folge an Mut gefehlt; doch hat er auf einer kleineren Bühne das Heldentum des Regulus in den Schatten gestellt: Zu seinem Ruhm fehlte ihm nur Rom und Titus Livius. Nachdem er Marineoffizier geworden war, nahm er an dem Gefecht von Quiberon teil. Da die Engländer nach beendeter Schlacht noch immer die republikanische Armee beschossen, stürzte Gesril sich in die Flut, näherte sich den Schiffen, forderte die Engländer auf, das Feuer einzustellen und schilderte ihnen das Elend der Emigranten und deren Kapitulation. Man wollte ihn retten, indem man ihm ein Seil zuwarf und ihn beschwor, an Bord zu steigen: »Ich bin Gefangener auf Ehrenwort«, schrie er aus den Fluten und kehrte schwimmend wieder ans Land zurück: Er wurde zusammen mit Sombreuil und seinen Gefährten erschossen.

Gesril war mein erster Freund; da wir beide in unserer Kindheit falsch beurteilt wurden, zogen wir uns im Bewußtsein unseres Wertes instinktiv gegenseitig an.

Zwei Abenteuer setzten diesem ersten Teil meiner Geschichte ein Ende und riefen eine bemerkenswerte Veränderung in dem System meiner Erziehung hervor.

Eines Sonntags befanden wir uns zur Zeit der Flut am Strande nahe beim Sankt-Thomas-Tor. Am Fuße des Schlosses waren längs des Deiches dicke Pfähle, die die Mauern vor dem Sturm schützen sollten, in den Sand eingerammt. Wir kletterten gewöhnlich auf diese Planken hinauf, um die ersten Wellen der Flut unter uns herankommen zu sehen. Wie üblich waren die Plätze eingenommen. Mehrere kleine Mädchen mischten sich unter die Jungen. Ich saß an der dem Meer zugekehrten Außenseite und hatte nur noch ein hübsches kleines Mädchen vor mir, Hervine Magon, die vor Vergnügen lachte und vor Furcht weinte. Gesril saß am anderen Ende, dem Lande zu. Die Flut nahte, es stürmte; schon schrien die Kindermädchen und die Diener: »Kommt herunter!« Gesril wartet eine große Welle ab; als sie sich unter die Planken wälzt, gibt er dem Kind neben sich einen Stoß; dieses fällt auf ein anderes, dieses auf das nächste, die ganze Reihe kippt um wie ein Kartenhaus, aber jeder wird von seinem Nachbarn gestützt, nur das kleine Mädchen, das am äußersten Ende saß und auf das ich gestoßen wurde, schwankte, da es von niemandem abgestützt wurde, und fiel herunter. Der Strom riß sie mit. Alsbald erhoben sich tausend Schreie; sämtliche Kindermädchen schürzten die Röcke und eilten ins Meer. Jede ergriff ihren Schützling und versetzte ihm einen Klaps. Hervine wurde herausgefischt; sie behauptete, François habe sie heruntergestoßen. Die Kindermädchen stürzten sich auf mich, doch ich entwischte ihnen und verbarrikadierte mich eilig im Keller unseres Hauses. Die weibliche Armee verfolgte mich; glücklicherweise waren mein Vater und meine Mutter ausgegangen. Die Villeneuve verteidigt wacker die Tür und ohrfeigt die feindliche Vorhut. Gesril, der eigentliche Urheber des Unheils, leistet mir Beistand: Er steigt mit seinen beiden Schwestern in die Wohnung hinauf und schüttet ganze Eimer voll Wasser und Bratäpfel auf die Angreiferinnen herab. Beim Einbruch der Dunkelheit hoben sie die Belagerung auf; aber die Neuigkeit verbreitete sich in der Stadt, und der neunjährige Chevalier de Chateaubriand galt nunmehr als ein Wüstling, ein Überbleibsel jener Seeräuber, von denen der Hl. Aaron seinen Felsen gesäubert hatte.

Und nun das zweite Abenteuer:

Ich ging mit Gesril nach Saint-Servan, ein durch den Handelshafen von Saint-Malo getrennter Vorort. Wollte man ihn bei Ebbe erreichen, überquerte man kleine Wasserläufe auf schmalen Brücken aus Steinplatten, die dann von der Flut überspült wurden. Die uns begleitenden Diener waren weit zurückgeblieben. Auf einer jener Brücken bemerken wir zwei uns entgegenkommende Schiffsjungen. Gesril sagt zu mir: »Sollen wir diese Kerle vorbeigehen lassen?« Und alsbald ruft er ihnen zu: »Ins Wasser, ihr Enten!« Jene, die als echte Schiffsjungen keinen Spaß verstanden, kommen auf uns zu. Gesril weicht zurück. Wir stellen uns am andern Ende der Brücke auf, klauben Steine zusammen und werfen sie den Schiffsjungen an den Kopf. Sie stürzen sich auf uns, zwingen uns zum Nachgeben, bewaffnen sich ihrerseits mit Kieselsteinen und drängen uns kämpfend bis zu unserem Hilfskorps, das heißt bis zu unseren Dienern zurück. Ein Stein hatte mich zwar nicht wie Horatius am Auge, wohl aber am Ohr getroffen, und zwar so hart, daß mein linkes Ohr zur Hälfte abgerissen herunterhing.

Ich dachte nicht an meine Wunde, sondern an meine Heimkehr. Wenn mein Freund mit zerrissenem Gewand und mit blaugeschlagenem Auge zu Hause seine Erlebnisse berichtete, wurde er bedauert, verhätschelt und umgekleidet. Ich dagegen mußte in solchem Falle auf schwere Strafe gefaßt sein. Die Wunde, die ich hatte, war gefährlich, aber niemals hätte La France mich überreden können, nach Hause zu gehen, so erschrocken war ich. Ich verbarg mich im zweiten Stock des Hauses bei Gesril, der mir den Kopf mit einem Handtuch umwickelte. Dieses Handtuch setzte seine Phantasie in Bewegung. Es war für ihn eine Mitra; er verwandelte mich in einen Bischof, und ich mußte mit ihm und seinen Schwestern die Messe singen, bis es Zeit zum Abendbrot war. Nun war der Pontifex gezwungen hinabzusteigen; das Herz klopfte mir. Erstaunt über mein blutiges und entstelltes Gesicht, sagte mein Vater kein Wort zu mir; meine Mutter schrie auf. La France berichtete den traurigen Fall und entschuldigte mich; ich wurde indes nicht weniger hart zurechtgewiesen. Mein Ohr wurde verbunden, und Monsieur und Madame de Chateaubriand beschlossen, mich möglichst bald von Gesril zu trennen.

Das also sind Darstellungen aus meiner frühesten Jugend. Ich weiß nicht, ob die harte Erziehung, die ich erhielt, im Prinzip gut ist, aber sie wurde von meinen Angehörigen ohne böse Absicht und als natürliche Folge ihrer Gemütsart angewandt. Ganz gewiß hat sie dazu beigetragen, meine Gedankenwelt anders zu gestalten als die anderer Menschen, und noch gewisser hat diese Erziehung mir dadurch, daß sie für mein frühes Alter Unsicherheit, Unvorhersehbares, aber auch Freude bedeutete, einen melancholischen Zug eingeprägt.

Wäre meine Intelligenz besser entwickelt worden, wenn man mich eher zum Lernen angehalten hätte? Ich bezweifle es: Die Wellen, die Winde, die Einsamkeit, die meine ersten Lehrmeister waren, entsprachen vielleicht meinen natürlichen Anlagen weit eher; vielleicht verdanke ich diesen rauhen Schulmeistern einige Vorzüge, die mir sonst verschlossen geblieben wären. In Wahrheit ist kein Erziehungssystem als solches dem anderen vorzuziehen: Lieben die Kinder heute ihre Eltern mehr, weil sie sie duzen und nicht mehr fürchten? Gesril wurde in dem gleichen Haus, in dem man mich auszankte, verwöhnt: Wir sind beide Ehrenmänner und liebevolle und ehrerbietige Söhne geworden. Gerade das, was man für schlecht hält, stärkt unter Umständen die Fähigkeiten der Kinder, und das, was einem gut erscheint, unterdrückt eben jene Fähigkeiten. Bei Gott ist alles wohlgetan: Die göttliche Vorsehung leitet uns, wenn sie uns dazu ausersehen hat, auf dem Welttheater eine Rolle zu spielen. [...]

Meine Mutter hatte stets den Wunsch gehabt, daß mir eine humanistische Ausbildung zuteil würde. Der Seemannsstand, zu dem man mich bestimmt hatte, entspräche, meinte sie, »vielleicht doch nicht meinem Geschmack«. Es schien ihr also in jedem Falle ratsam, mir die Möglichkeit zu schaffen, eine andere Laufbahn einzuschlagen. Ihre Frömmigkeit bewog sie zu der Hoffnung, ich würde mich der Kirche weihen. Sie schlug daher vor, mich in ein Gymnasium zu geben, wo ich Mathematik, Zeichnen, Fechten und Englisch lernen sollte. Von Latein und Griechisch sagte sie nichts, aus Furcht, meinen Vater zu erschrecken. Aber sie war entschlossen, es mich gleichfalls lernen zu lassen. Mein Vater billigte den Vorschlag: Man kam überein, daß ich das Gymnasium in Dol besuchen sollte. Diese Stadt wurde ausgesucht, weil sie an der Straße von Saint-Malo nach Combourg lag. [...]

Wenn man sagt, Unglück kommt niemals allein, so kann man das auch von den Leidenschaften sagen: Sie kommen gemeinsam, ganz wie die Musen oder wie die Furien. Mit dem Gefühl, das mich zu verwirren begann, erwachte in mir die Ehre, der Überschwang der Seele, der das Herz inmitten der Korruption unverdorben erhält, ein sozusagen wiederherstellendes Prinzip, das neben einem verschlingenden Prinzip steht, als unerschöpfliche Quelle all der Wundertaten, welche die Liebe der Jugend abfordert, und der Opfer, welche sie ihr auferlegt.

Wenn das Wetter schön war, pflegten die Zöglinge am Donnerstag und am Sonntag ins Freie zu gehen. Man führte uns häufig zum Mont-Dol, auf dessen Gipfel sich einige galloromanische Ruinen befanden; von dieser Anhöhe aus schweift der Blick über das Meer und über die Sümpfe, wo des Nachts Leuchtkäfer umherschwirren, Zauberlichter, wie sie heute in unseren Lampen glühen. Ein anderes Ziel waren die Wiesen rings um ein Eudistenseminar. Eude, der Bruder des Historikers Mézerai, war der Gründer dieser Kongregation.

An einem Maitag hatte uns der Abbé Egault zu diesem Seminar geführt. Man ließ uns beim Spielen große Freiheit, aber es war ausdrücklich verboten, auf die Bäume zu klettern. Nachdem der Präfekt uns auf einen grasbewachsenen Weg geleitet hatte, entfernte er sich, um sein Brevier zu beten. Der Weg war mit Ulmen gesäumt: Ganz oben im Wipfel der höchsten schimmerte ein Elsternnest. Wir waren entzückt, und voll der lebhaftesten Begier, dieser herrlichen Beute habhaft zu werden, zeigten wir einander die auf ihren Eiern sitzende Vogelmutter. Doch wer würde dieses Wagnis auf sich nehmen? Der Befehl war so streng, der Präfekt so nahe, der Baum so hoch! Alle Hoffnungen richteten sich auf mich; ich kletterte wie eine Katze. Ich zögere, dann aber siegt der Geltungsdrang. Ich ziehe mir die Jacke aus, umschlinge die Ulme und beginne hinaufzuklettern. Der Stamm war ohne Äste bis zum zweiten Drittel seiner Höhe, wo sich eine Gabel bildete, deren einer Ast das Nest trug.

Meine unter dem Baum versammelten Kameraden klatschen zu meinen Anstrengungen Beifall; sie beobachten mich, schauen in die Richtung, aus der der Präfekt kommen könnte, zittern vor Freude in der Hoffnung auf die Eier, sterben vor Furcht in Erwartung der Strafe. Ich komme dem Nest näher. Die Elster fliegt davon. Ich raube die Eier, ich stecke sie in mein Hemd und steige wieder herab. Unglücklicherweise lasse ich mich zwischen die Astgabel gleiten und bleibe dort rittlings sitzen. Da der Baum beschnitten war, konnte ich meine Füße weder rechts noch links aufstützen, um mich emporzuziehen und wieder nach außen zu kommen: So blieb ich fünfzig Fuß über dem Boden in der Luft hängen.

Plötzlich ertönt ein Schrei: »Da kommt der Präfekt!« Und alsbald bin ich, wie es üblich ist, von meinen Freunden verlassen. Ein einziger, er wurde »der Bucklige« genannt, versuchte mir beizustehen. Doch wurde er genötigt, auf sein großherziges Unternehmen zu verzichten. Es gab nur ein Mittel, aus meiner mißlichen Lage herauszukommen, nämlich mich mit den Händen an eine der beiden Zinken dieser Gabel zu hängen und nun zu versuchen, den Baumstamm unterhalb der Gabel mit den Beinen zu umklammern. Unter Lebensgefahr führte ich dieses Manöver durch. Trotz aller meiner Bedrängnis hatte ich meinen Schatz nicht losgelassen; ich hätte besser daran getan, ihn von mir zu werfen, wie ich seither soviel anderes von mir geworfen habe. Den Stamm heruntergleitend rieb ich mir die Hände blutig, verstauchte mir die Beine und die Brust und zerquetschte die geraubten Eier. Das sollte mich zugrunde richten. Der Präfekt hatte mich nicht auf der Ulme gesehen. Geschickt verbarg ich meine Wunden vor ihm, aber es gab keine Möglichkeit, die leuchtende Goldfarbe, mit der ich beschmiert war, seinen Blicken zu entziehen. »Nun denn, Monsieur«, sagte er zu mir, »Sie werden die Peitsche bekommen.«

Hätte dieser Mann mir verkündet, er habe die Strafe in eine Todesstrafe umgewandelt, hätte ich es freudig begrüßt. Die Vorstellung der Beschämung war mit einer naturhaften Erziehung nicht in Einklang zu bringen; der Gedanke, vor einem menschlichen Wesen erröten zu müssen, erregte in mir zu allen Zeiten meines Lebens einen solchen Abscheu, daß ich lieber die schlimmste Marter erduldet hätte.

Empörung stieg in meinem Herzen auf; nicht im Tone eines Kindes, sondern wie ein Mann sagte ich dem Abbé Egault, daß weder er noch irgendein anderer jemals die Hand gegen mich erheben dürfe. Diese Antwort reizte ihn, er nannte mich einen Rebellen und versprach, ein Exempel zu statuieren. »Wir werden ja sehen«, erwiderte ich und begab mich zum Ballspiel mit einer Kaltblütigkeit, die ihn in Erstaunen versetzte.

Wir kehrten ins Gymnasium zurück; der Präfekt ließ mich in sein Zimmer kommen und befahl mir, mich zu unterwerfen. Meine Gefühlserregung machte einem Tränenstrom Platz. Ich rief dem Abbé beschwörend ins Gedächtnis, daß er mich Latein gelehrt habe, daß ich sein Schüler sei, sein Jünger, sein Kind; er möge davon abstehen, seinen Schüler zu entehren und mich in den Augen meiner Gefährten zu erniedrigen: Er könne mich bei Wasser und Brot einsperren, mir die Erholungsstunden streichen, mir Aufgaben diktieren, ich wäre ihm dankbar für diese Gnade und würde ihn dafür nur um so mehr lieben. Ich fiel vor ihm auf die Knie, ich umklammerte seine Hände und flehte ihn an, mich um Jesu Christi willen zu verschonen. Er blieb taub gegen meine Bitten. Voller Zorn erhob ich mich und versetzte ihm einen so heftigen Tritt gegen das Schienbein, daß er einen Schrei ausstieß. Humpelnd rennt er zur Tür, schließt sie zweimal ab und kommt auf mich zu. Ich verschanze mich hinter seinem Bett; er verpaßt mir über das Bett weg einige kräftige Hiebe, ich wickle mich in die Decke ein, und um mich zum Kampf zu ermutigen, rufe ich laut: Macte animo, generose puer! [Welch ein begabter Junge und mit Geist!]

Diese Gelehrsamkeit eines Abc-Schützen brachte meinen Feind wider Willen zum Lachen; er bot Waffenstillstand an. Wir schlossen einen Vertrag, ich willigte ein, mich dem Schiedsspruch des Schulleiters zu unterwerfen. Ohne mir recht zu geben, wollte mir der Schulleiter die Strafe, gegen die ich mich gewehrt hatte, erlassen. Als der treffliche Priester mir den Freispruch verkündete, küßte ich den Ärmel seiner Soutane mit solchem Überschwang und mit solcher Dankbarkeit, daß er sich nicht enthalten konnte, mir seinen Segen zu geben. So endete der erste Kampf, den mir die Ehre einbrachte, jene Ehre, die das Idol meines Lebens geworden ist und der ich so manches Mal Ruhe, Freude und Vermögen geopfert habe.

Vaduz ist mir noch jetzt das Land aller Schätze, Geheimnisse und Kleinodien, und dort ist mir das Thule, wo der König den liebsten Becher, ehe er starb, in die Flut hinabgeworfen. Da ich als ein Knabe in dem Kontor den gelehrten Rabbi Gedalia Schnapper mit dem unvergleichlichen Abarbanel Meyer auf Tod und Leben, so daß man mehrmals Wasser auf sie gießen mußte, um sie auseinanderzubringen, über die Lage eines wunderbaren Landes disputieren hörte, welches der Fluß Sabbathion umfließt, der die ganze Woche ein unzugängliches Steinmeer ist und nur am Sabbat seine Wogen bewegt, floh ich auf den Speicher in die Einsiedelei eines leeren Zuckerfasses und beweinte die Blindheit der Menschen, welche nicht fühlten, daß jenes Land notwendig das Ländchen Vaduz sein müsse. Alle Wundergebirge der Geschichte, Fabel- und Märchenwelt, Himalaja, Meru, Albordi, Kaf, Ida, Olymp und der gläserne Berg lagen mir im Ländchen Vaduz. Alle seltsamen, merkwürdigen und artigen Dinge, von den Reichskleinodien bis zum Nürnberger Guckgläschen à 4 kr., in dem Erbsen, Goldblättchen und blauer Streusand, unter einem Vergrößerungsglas geschüttelt, alle Schätze der Welt darstellen, schienen mir aus Vaduz zu sein. In der sogenannten Schachtelkammer des Hauses voll abenteuerlichen Gerümpels war mir das Archiv von Vaduz, ja das goldne Zeichen über unserem Haustor selbst schien mir aus diesem gelobten Ländchen, als es in wirrer Zeit den Kopf verloren, zu uns emigriert. Auf der Galerie aber, einem schon vornehmeren Bewahrungsraum, war mir die Schatz- und Kunstkammer. Hier war das Arsenal verflossener Christfeste, hier wurden die Dekorationen und Maschinerien der Weihnachtskrippen bewahrt; hier stand eine Prozession allerliebster kleiner Wachspüppchen, alle geistlichen Stände, alle Mönche und Nonnen vom Papste bis zum Eremiten, nach der Wirklichkeit gekleidet, und gleich neben ihnen das Modell eines Kriegsschiffes. O Schatzkammer von Vaduz, was botest du alles dar. Vor allem aber entzückte mich ein kunstreicher Besatz von den Braut- und Festkleidern meiner Großmutter. Nie kann ich die Bauschen und Puffen von Seide und Spitzen vergessen, gleich Berg und Tal eines Feenlandes, gleich den Zaubergärten der Armida von den Gewinden feiner, allerliebster bunter Seidenblümchen labyrinthisch durchirrt. – Ich will dir es nur gestehen, liebes Großmütterchen, oft, wenn ich so glücklich war, den Galerieschlüssel zu erwischen, stellte ich mich krank, um sonntags nicht mit den Eltern nach Gockelsruh oder auf die stille Mühle fahren zu müssen, und sperrte mich dann, wenn alle andern weg waren, zwischen diesen Herrlichkeiten ein. Das Kriegsschiff war mir zu hölzern, klapperig und wirr mit den vielen Strikken, Flaschenzügen und Segeln, und man konnte auch nicht zu dem Kapitän in die Kajüte hinein, man sah ihn nur durch ein Fensterchen am Tisch vor einer Landkarte und dem Kompaß unbeweglich sitzen. Ich konnte nichts mit dem Schiffe anfangen, es war kein Wasser da. – Die Prozession der geistlichen Wachspüppchen war so delikat und zerbrechlich, daß ich sie kaum anzuschauen wagte; wäre sie von buntem Zuckerwerke gewesen, so wäre sie vielleicht Gefahr gelaufen, durch meinen Geschmack zu erbleichen, aber in ihrer jetzigen Beschaffenheit stand sie unter den Kanonen des Kriegsschiffes sicher vor mir. – Jene biegsamen, unzerbrechlichen Zaubergärten von Seidendrahtblümchen aber, welche ich höchstens ein wenig zerbog, legte ich um mich her und saß dazwischen, die drei Pomeranzen, das grüne Vögelchen, das tanzende Wasser von Gozzi lesend, und glaubte mich selbst einen verschäferten Prinzen, der voll Sehnsucht seine Lämmer in den Tälern dieses Paradieses weidete und nach Erlösung seufzte. Ich glaubte mich dann mit diesen Zaubergärten mitten in Vaduz, wo mir das Paradies wie Lindaraxas Gärtchen mitten in dem Alhambra eingeschlossen lag. – Da lebte ich eine Märchenwelt, die über der Wirklichkeit wie ein Sternhimmel über einer Froschpfütze lag. Man nannte diese ungemein artigen Blumenverzierungen mit vollem Recht agréments, Anmutigkeiten, Lieblichkeiten. Als man diese Anmutigkeiten nicht mehr trug, benützte man ihre Überbleibsel, kleine Heiligenbilder oder Wachskindchen damit zu umgeben, und nannte diese, unter einem Glase bewahrt, Paradieschen, welche die Kinder mit großer Lust betrachteten, sich fest einbildend, Adam und Eva seien einst mit allen Geschöpfen in solcher Herrlichkeit herumspaziert. Weil nun jeder Mensch wohl fühlt, daß er das Paradies verloren hat und sich daher irgendein Surrogat erschaffen, sich mit irgendeinem Schmuck, einer Krone u. dgl. verkleiden, verschönern möchte, machten sich von je die Töchter der Menschen, naiv genug, solche kleine Gärten aus vergänglichen Dingen, wozu aller Putz der Frauen und die kleinen Adonisgärtchen gehören, die bei dem Adonisfeste um Sonnenwende prunkend umhergetragen und dann in den Strom geworfen wurden; so auch machen sich gern die Kinder aus dergleichen Überresten von Flittern irgendeine glitzernde Zusammenstellung unter einem Stückchen Glas, hinter einem Türchen von Papier und zeigen einander für eine Stecknadel diese Herrlichkeit. [...]

Längere Zeit hielt ich mich und eine meiner Schwestern für die

privatisierenden Besitzer von Vaduz, und wir erzählten uns jeden
Morgen die Tugenden, welche wir in den Träumen der letzten Nacht
an Land und Leuten inkognito ausgeübt hatten. Unsere Verdienste
häuften sich dermaßen, daß wir sie in Bataillone einteilen und außer
den Revuen in den Feldbau entlassen mußten. Es reicht hin, wenn
ich sage, daß wir die Akazienbäume, den Erdmandel-Kaffee, den
Schlüsselblumen-Champagner, die Übung des Körpers durch Tanzen für alle drei christlichen Religionsparteien, das Gichtpapier, die
Toleranzpomade, die Beruhigungs-Schals à 2 fl. 24 kr., die Käpp-
chen aus Freundschaft à 12 kr., die Kuhpocken, die Kunst, ein guter
Jüngling, ein edles Mädchen zu werden, und Elise, das Weib, wie
es sein soll, und alles, wie es sein soll und nie sein wird, und die was-
serdichten Lobzettel in Vaduz einführten. Unsere Geldsorten
schnitten wir aus Goldpapier. Unsere Gnadengeschenke bestanden
aus Abschnitten von Zuckerpapier, welches noch die Fußtapfen der
darauf gebackenen Biskuits trug. – So machten wir alles und vor allem uns höchst glücklich. – Da nun eine Kaiserkrönung nahte und
oft von den Reichskleinodien und allerlei Belehnungen gesprochen
wurde, dachten wir uns auch Reichskleinodien von Vaduz aus. Wir
regierten inkognito, die Kleinodien mußten also versteckt getragen
werden. Nie hatte ich etwas Blinkenderes gesehen als die Epauletts
eines ungarischen Magnaten, und so verfertigte ich dann aus Goldpapier und allerlei Flittern Achselbänder als die Reichskleinodien
von Vaduz, die ich versteckt unter meiner Weste tragen konnte. Da
nun alle Reichskleinodien eine sehr alte Geschichte haben und ich
keine ältere Geschichte von Kleinodien wußte, als daß Abrahams
Knecht der Rebekka Armringe angelegt, so ließ ich die Reichskleinodien von Vaduz die Schulterbänder der Rebekka sein; und
weil die ältern Geschwister, wenn ich mich bei dem Bilder-An-
schauen ihnen über die Schultern lehnte, mehrmals gesagt: »Du
meinst wohl, du seist der Kaiser, daß du mich belehnen willst?«, so
nannte ich auch diese Schulterbänder die Lehnskleinode von Vaduz. – Aber kein Glück besteht auf Erden! – und jetzt, liebes Großmütterchen, ist endlich die Zeit gekommen, da ich dich mit dem Ursprung vieler Tränen bekannt machen kann, welche ich aller Welt
zum Rätsel vergossen habe. – Ich träumerischer Knabe hielt mich bei
der Kaiserkrönung für nichts mehr und nichts weniger als den ver-
kannten privatisierenden Regenten von Vaduz und würde es nach
jener größten Ungerechtigkeit, daß der Hauptmann von Kapernaum
noch immer nicht Major geworden ist, für die allergrößte gehalten
haben, wenn beim Ritterschlag nach der Frage: »Ist kein Dalberg
da?« nicht die Frage gefolgt sein würde: »Ist kein edler Dynast von

Vaduz da, daß er das Lehnskleinod auf seine Schultern emp-
fange?« – So standen meine Hoffnungen, als nun am Vorabende ihrer
Erfüllung mich ein alter Diener des Hauses, Herr Schwab, der
Buchhalter, an dessen Originalitäts-Staketen alle Reben, Geißblatt-
und Bohnenlauben unsrer Phantasie hinangerankt waren, enttäuschte. [...]

Dieser mir ewig treue Herr Schwab also stellte mich bei der Kaiserkrönung sehr ernsthaft zur Rede und ermahnte mich, im stillen
meine Ansprüche auf das Ländchen Vaduz fallen und Gras über
diese kahlen Phantasien wachsen zu lassen, wenn ich nicht wolle auf
die Mehlwaage gesetzt werden, denn unter den vielen bei der Krö-
nung anwesenden Potentaten sei auch ein Fürst Liechtenstein, und
dieser sei der wahre Besitzer des Ländchens Vaduz, welches nebst
der Herrschaft Schellenberg seit 1719 das Fürstentum Liechtenstein
ausmache. Er ermahne mich im guten, meine seltsamen Prätentionen
aufzugeben, denn das Fürstentum müsse jährlich einen Reichsma-
trikularanschlag von 19 fl. und 18 Rtl. 60 kr. zu einem Kammerziele
bezahlen, da werde es um so schlechter mit meiner Sparbüchse aussehen, als ich ihm ja ohnedies noch 6 kr. Briefporto schuldig sei. –
Da diese Ermahnungen mich noch immer nicht zu einem schönen
Bilde der Resignation machen konnten, mußte mir der größte Geo-
graph der Familie den Artikel Vaduz aus Hübners Zeitungslexikon
vorlesen, wo alles Obige gedruckt stand; wobei es mich am tiefsten
kränkte, die Lage meiner Ländereien so veröffentlicht zu hören. –
Mir war als einem, dem das Paradies und das Butterbrot mit der fet-
ten Seite auf die Erde gefallen sind. – Aber ich erkannte alles nicht
an – ich hielt mich zäh und kraus und erwiderte: »Das Papier ist ge-
duldig und läßt viel auf sich drucken, was darum doch nicht wahr
ist.« – Meine Hartnäckigkeit machte den Geographen sehr bedenklich, so daß er mir im Katechismus zeigte, der anerkannten Wahrheit
hartnäckig zu widerstreben sei eine unverzeihliche Sünde. Das
machte mich sehr wirr, und ich war lange Zeit gar traurig, als habe
sich das Paradies in meinen Händen in ein goldenes Wart ein Weilchen und ein silbernes Nichtschen in einem niemaligen Büchschen
verwandelt. – Da man mich nun oft mit dem Verlust von Vaduz
aufzog, und es mir sogar unter den verlornen Sachen im Wochen-
blättchen vorlas, sagte die Hausfreundin, die Frau Rat, mir mitleidig
ins Ohr: »Laß dich nicht irrmachen, glaub du mir, dein Vaduz ist
dein und liegt auf keiner Landkarte, und alle Frankfurter Stadtsolda-
ten und selbst die Geleitsreiter mit dem Antichrist an der Spitze
können dir es nicht wegnehmen; es liegt, wo dein Geist, dein Herz
auf die Weide geht:

Wo dein Himmel, ist dein Vadutz,
Ein Land auf Erden ist dir nichts nutz.

Dein Reich ist in den Wolken und nicht von dieser Erde, und sooft es sich mit derselben berührt, wird's Tränen regnen. – Ich wünsche einen gesegneten Regenbogen. Bis dahin baue deine Feenschlösser nicht auf die schimmernden Höhen unter den Gletschern, denn die Lawinen werden sie verschütten, nicht auf die wandelbaren Herzen der Menschen unter den Klätschern, denn die Launen werden sie verwüsten, nein, baue sie auf die geflügelten Schultern der Phantasie.« – So war mir nun von meiner Herrschaft in Vaduzt nichts geblieben als die Reichskleinodien auf den Schultern der Phantasie, die mir wie links und rechts bald Friede und Freude gaben, als sei ich glücklich wie Salomo, bald so viel Kummer und Hunger, daß ich den Ugolino beneidete.

FRIEDRICH HEBBEL

Mein Vater war im Hause sehr ernster Natur, außer demselben munter und gesprächig; man rühmte an ihm die Gabe, Märchen zu erzählen, es vergingen aber viele Jahre, ehe wir sie mit eigenen Ohren kennenlernten. Er konnte es nicht leiden, wenn wir lachten und uns überhaupt hören ließen; dagegen sang er an den langen Winterabenden, in der Dämmerung, gern Choräle, auch wohl weltliche Lieder und liebte es, wenn wir mit einstimmten. Meine Mutter war äußerst gutherzig und etwas heftig; aus ihren blauen Augen leuchtete die rührendste Milde, wenn sie sich leidenschaftlich aufgeregt fühlte, fing sie zu weinen an. Ich war ihr Liebling, mein zwei Jahre jüngerer Bruder der Liebling meines Vaters. Der Grund war, weil ich meiner Mutter glich und mein Bruder meinem Vater zu gleichen schien, denn es war, wie sich später zeigte, keineswegs der Fall. Meine Eltern lebten im besten Frieden miteinander, solange sich Brot im Hause befand; wenn es mangelte, was im Sommer selten, im Winter, wo es an Arbeit fehlte, öfter vorkam, ergaben sich zuweilen ängstliche Szenen. Ich kann mich der Zeit nicht erinnern, wo mir diese, obgleich sie nie ausarteten, nicht fürchterlicher als alles gewesen wären, und eben darum darf ich sie nicht mit Stillschweigen übergehen. Eines Auftritts anderer Art erinnere ich mich aus meiner frühesten Kindheit; es ist der erste, dessen ich gedenke, er mag in mein drittes Jahr fallen, wenn nicht noch ins zweite. Ich darf ihn erzählen, ohne mich an dem mir heiligen Andenken meiner Eltern zu versündigen, denn wer in ihm etwas Besonderes sieht, der kennt die unteren Stände nicht. Mein Vater wurde, wenn er seinem Handwerk nachging, meistens bei den Leuten, bei denen er arbeitete, beköstigt. Dann aßen wir zu Hause, wie alle Familien, um die gewöhnliche Zeit zu Mittag. Mitunter mußte er sich aber gegen eine Entschädigung im Tagelohn selbst die Kost halten. Dann wurde das Mittagessen verschoben und zur Abwehr des Hungers um zwölf Uhr nur ein einfaches Butterbrot genossen. Es war in dem kleinen Haushalt, der keine doppelte Hauptmahlzeit vertrug, eine billige Einrichtung. An einem solchen Tag buk meine Mutter Pfannkuchen, sicher mehr, um uns Kinder zu erfreuen, als um ein eigenes Gelüst zu stillen. Wir verzehrten sie mit dem größten Appetit und versprachen, dem Vater am Abend nichts davon zu sagen. Als er kam, waren wir bereits zu Bett gebracht und lagen im tiefen Schlaf. Ob er gewohnt sein mochte, uns noch auf den Beinen zu finden, und aus dem Gegenteil den Verdacht schöpfte, daß gegen die Hausordnung gefehlt worden sei, weiß ich nicht; genug, er weckte mich auf, liebkoste mich, nahm mich auf den Arm und fragte mich, was ich gegessen habe. »Pfannkuchen!« erwiderte ich schlaftrunken. Hierauf hielt er es der Mutter vor, die nichts zu entgegnen hatte und ihm sein Essen auftrug, mir aber einen unheilverkündenden Blick zuwarf. Als wir am nächsten Tag wieder allein waren, gab sie mir nach ihrem Ausdruck mit der Rute eine eindringliche Lektion im Stillschweigen. Zu anderen Zeiten schärfte sie mir wieder die strengste Wahrheitsliebe ein. Man sollte denken, diese Widersprüche hätten schlimme Folgen haben können. Es war nicht der Fall und wird nie der Fall sein, denn das Leben bringt noch ganz andere, und die menschliche Natur ist auch auf diese eingerichtet. Eine Erfahrung machte ich aber allerdings, die ein Kind besser spät macht oder niemals, nämlich die, daß der Vater zuweilen dies wolle und die Mutter das. Daß ich in frühster Kindheit wirklich gehungert hätte, wie später, erinnre ich mich nicht, wohl aber, daß die Mutter sich zuweilen mit dem Zusehen begnügen mußte und gern begnügte, wenn wir Kinder aßen, weil wir sonst nicht satt geworden wären.

Der Hauptreiz der Kindheit beruht darauf, daß alles, bis zu den Haustieren herab, freundlich und wohlwollend gegen sie ist, denn daraus entspringt ein Gefühl der Sicherheit, das bei dem ersten Schritt in die feindselige Welt hinaus entweicht und nie zurückkehrt. Besonders in den unteren Ständen ist dies der Fall. Das Kind spielt nicht vor der Tür, ohne daß die benachbarte Dienstmagd, die zum Einkaufen oder Wasserschöpfen über die Straße geschickt wird, ihm eine Blume schenkt; die Obsthändlerin wirft ihm aus ihrem Korb eine Kirsche oder eine Birne zu, ein wohlhabender Bürger wohl gar eine kleine Münze, für die es sich eine Semmel kaufen kann; der Fuhrmann knallt vorüberkommend mit seiner Peitsche, der Musikant entlockt seinem Instrument im Gehen einige Töne, und wer nichts von allem tut, der fragt es wenigstens nach seinem Namen und Alter oder lächelt es an. Freilich muß es reinlich gehalten sein. Dieses Wohlwollen wurde auch mir und meinem Bruder in reichlichem Maße zuteil, besonders von den Mitbewohnern unseres Hauses, den vorzugsweise sogenannten Nachbarn, die uns fast ebensoviel galten als die Mutter und mehr als der strenge Vater. Im Sommer hatten sie ihre Arbeit und konnten sich nur wenig mit uns abgeben, da war es aber auch nicht notwendig, denn wir spielten von früh bis spät, von der Betzeit bis zur Bettzeit, im Garten und hatten an den Schmetterlingen Gesellschaft genug. Aber im Winter, bei Regen und Schnee, wo wir aufs Haus beschränkt waren, ging fast alles, was uns unterhielt und erheiterte, von ihnen aus. [...]

In meinem vierten Jahre wurde ich in eine Klippschule gebracht. Eine alte Jungfer, Susanna mit Namen, hoch und männerhaft von Wuchs, mit freundlichen blauen Augen, die wie Lichter aus einem graublassen Gesicht hervorschimmerten, stand ihr vor. Wir Kinder wurden in dem geräumigen Saal, der zur Schulstube diente und ziemlich finster war, an den Wänden herumgepflanzt, die Knaben auf der einen Seite, die Mädchen auf der andern; Susannas Tisch, mit Schulbüchern beladen, stand in der Mitte, und sie selbst saß, ihre weiße tönerne Pfeife im Munde und eine Tasse Tee vor sich, in einem Respekt einflößenden urväterlichen Lehnstuhl dahinter. Vor ihr lag ein langes Lineal, das aber nicht zum Linienziehen, sondern zu unserer Abstrafung benutzt wurde, wenn wir mit Stirnerunzeln und Räuspern nicht länger im Zaum zu halten waren; eine Tüte voll Rosinen, zur Belohnung außerordentlicher Tugenden bestimmt, lag daneben. Die Klapse fielen jedoch regelmäßiger als die Rosinen, ja die Tüte war, so sparsam Susanna auch mit dem Inhalt umging, zuweilen völlig leer, wir lernten daher Kants kategorischen Imperativ zeitig genug kennen. An den Tisch wurde groß und klein von Zeit zu Zeit herangerufen, die vorgerückteren Schüler zum Schreibunterricht, der Troß, um seine Lektion aufzusagen und, wie es nun kam, Schläge auf die Finger mit dem Lineal oder Rosinen in Empfang zu nehmen. Eine unfreundliche Magd, die sich hin und wieder sogar einen Eingriff ins Strafamt erlaubte, ging ab und zu und ward von dem jüngsten Zuwachs mitunter auf äußerst unerfreuliche Weise in Anspruch genommen, weshalb sie scharf darüber wachte, daß er nicht zu viel von den mitgebrachten Süßigkeiten zu sich nahm. Hinter dem Hause war ein kleiner Hof, an den Susannas Gärtchen stieß; auf dem Hof trieben wir in den Freistunden unsre Spiele, das Gärtchen wurde vor uns verschlossen gehalten. Es stand voll Blumen, deren phantastische Gestalten ich noch im schwülen Sommerwind schwanken sehe; von diesen Blumen brach Susanna uns bei guter Laune wohl hin und wieder einige ab, jedoch erst dann, wenn sie dem Welken nahe waren; früher raubte sie den sauber angelegten und sorgfältig gejäteten Beeten, zwischen denen sich Fußsteige hinzogen, die kaum für die hüpfenden Vögel breit genug schienen, nichts von ihrem Schmuck. Susanna verteilte ihre Geschenke übrigens sehr parteiisch. Die Kinder wohlhabender Eltern erhielten das Beste und durften ihre oft unbescheidenen Wünsche laut aussprechen, ohne zurechtgewiesen zu werden; die Ärmeren mußten mit dem zufrieden sein, was übrigblieb, und bekamen gar nichts, wenn sie den Gnadenakt nicht stillschweigend abwarteten. Das trat am schreiendsten zu Weihnacht hervor. Dann fand eine große Verteilung von Kuchen und Nüssen statt, aber in treuster Befolgung der Evangeliumsworte: Wer da hat, dem wird gegeben! Die Töchter des Kirchspielschreibers, einer gewaltigen Respektsperson, die Söhne des Arztes usw. wurden mit halben Dutzenden von Kuchen, mit ganzen Tüchern voll Nüsse beladen; die armen Teufel dagegen, deren Aussichten für den heiligen Abend im Gegensatz zu diesen ausschließlich auf Susannas milder Hand beruhten, wurden kümmerlich abgefunden. Der Grund war, weil Susanna auf Gegengeschenke rechnete, auch wohl rechnen mußte, und von Leuten, die nur mit Mühe das Schulgeld aufzubringen wußten, keine erwarten durfte. Ich wurde nicht ganz zurückgesetzt, denn Susanna erhielt im Herbst regelmäßig von unserem Birnbaum ihren Tribut, und ich genoß ohnehin meines »guten Kopfs« wegen vor vielen eine Art von Vorzug, aber ich empfand den Unterschied doch auch und hatte besonders viel von der Magd zu leiden, die mir das Unschuldigste gehässig auslegte, das Ziehen eines Taschentuchs z. B. einmal als ein Zeichen, daß ich es gefüllt haben wolle, was mir die glühendste Schamröte auf die Wangen und die Tränen in die Augen trieb. Sobald Susannas Parteilichkeit und die Ungerechtigkeit ihrer Magd mir ins Bewußtsein traten, hatte ich den Zauberkreis der Kindheit überschritten. Es geschah sehr früh.

Noch jetzt sind mir aus dieser Schulstube zwei Momente lebhaft gegenwärtig. Ich erinnere mich zunächst, daß ich dort von der Natur und dem Unsichtbaren, den der ahnende Mensch hinter ihr vermutet, den ersten furchtbaren Eindruck empfing. Das Kind hat eine Periode, und sie dauert ziemlich lange, wo es die ganze Welt von seinen Eltern, wenigstens von dem immer etwas geheimnisvoll im Hintergrund stehenbleibenden Vater abhängig glaubt und wo es sie ebensogut um schönes Wetter wie um ein Spielzeug bitten könnte. Diese Periode nimmt natürlich ein Ende, wenn es zu seinem Erstaunen die Erfahrung macht, daß Dinge geschehen, welche den Eltern so unwillkommen sind wie ihm selbst die Schläge, und mit ihr entweicht ein großer Teil des mystischen Zaubers, der das heilige Haupt der Erzeuger umfließt, ja es beginnt erst, wenn sie vorüber ist, die eigentliche menschliche Selbständigkeit. Mir öffnete ein fürchterliches Gewitter, das mit einem Wolkenbruch und einem Schloßenfall verbunden war, die Augen über diesen Punkt. Es war ein schwüler Sommernachmittag, einer von denen, welche die Erde ausdörren und alle ihre Kreaturen rösten. Wir Kinder saßen träge und gedrückt mit unseren Katechismen oder Fibeln auf den Bänken umher, Susanna selbst nickte schlaftrunken ein und ließ uns die Späße und Neckereien, durch die wir uns wach zu erhalten suchten, nachsichtig

hingehen, nicht einmal die Fliegen summten, bis auf die ganz kleinen, die immer munter sind, als auf einmal der erste Donnerschlag
erscholl und im wurmstichigen Gebälk des alten, ausgewohnten
Hauses schmetternd und krachend nachdröhnte. In desperatester
Mischung, wie es eben nur bei Gewittern des Nordens vorkommt,
folgte nun ein Schloßengeprassel, welches in weniger als einer Minute an der Windseite alle Fensterscheiben zertrümmerte, und gleich
darauf, ja dazwischen, ein Regenguß, der eine neue Sündflut einzu-
leiten schien. Wir Kinder, erschreckt auffahrend, liefen schreiend
und lärmend durcheinander, Susanna selbst verlor den Kopf, und
ihrer Magd gelang es erst, die Läden zu schließen, als nichts mehr
zu retten, sondern der bereits hereingebrochenen Überschwem-
mung zur Erhöhung des allgemeinen Entsetzens und zur Vermeh-
rung der eingerissenen Verwirrung nur noch die ägyptische Finsternis beizugesellen war. In den Pausen zwischen dem einen
Donnerschlag und dem anderen faßte Susanna sich zwar notdürftig
wieder und suchte ihre Schützlinge, die sich, je nach ihrem Alter,
entweder an ihre Schürze gehängt hatten oder für sich mit geschlossenen Augen in den Ecken kauerten, nach Kräften zu trösten und
zu beschwichtigen; aber plötzlich zuckte wieder ein bläulich flam-
mender Blitz durch die Ladenritzen, und die Rede erstarb ihr auf den
Lippen, während die Magd, fast so ängstlich wie das jüngste Kind,
heulend aufkreischte: »Der liebe Gott ist bös!«, und wenn es wieder
finster im Saal wurde, pädagogisch-griesgrämlich hinzusetzte: »Ihr
taugt auch alle nichts!« Dies Wort, aus so widerwärtigem Munde es
auch kam, machte einen tiefen Eindruck auf mich, es nötigte mich,
über mich selbst und über alles, was mich umgab, hinaufzublicken,
und entzündete den religiösen Funken in mir. Aus der Schule ins väterliche Haus zurückgeholt, fand ich auch dort den Greuel der Ver-
wüstung vor; unser Birnbaum hatte nicht bloß seine jungen Früchte,
sondern auch seinen ganzen Blätterschmuck verloren und stand kahl
da wie im Winter; ja ein sehr ergiebiger Pflaumenbaum, der nicht
nur uns selbst, sondern noch obendrein den halben Ort und wenigstens unsere ziemlich weitläufige Gevatterschaft zu versorgen
pflegte, war sogar um den reichsten seiner Äste gekommen und glich
in seiner Verstümmelung einem Menschen mit gebrochenem Arm.
War es nun schon für die Mutter ein leidiger Trost, daß unser
Schwein jetzt auf acht Tage mit leckerer Kost versehen sei, so wollte
er mir ganz und gar nicht eingehen, und kaum die reichlich umher-
liegenden Glasscherben, aus denen sich auf die leichteste Weise von
der Welt durch Unterklebung mit feuchter Erde die trefflichsten
Spiegel machen ließen, boten für die unwiederbringlichen Herbst-

freuden einigen Ersatz. Jetzt aber begriff ich's auf einmal, warum mein Vater des Sonntags immer in die Kirche ging und warum ich nie ein reines Hemd anziehen durfte, ohne dabei: »Das walte Gott!« zu sagen; ich hatte den Herrn aller Herren kennengelernt, seine zornigen Diener, Donner und Blitz, Hagel und Sturm, hatten ihm die Pforten meines Herzens weit aufgetan, und in seiner vollen Majestät war er eingezogen. Es zeigte sich auch kurz darauf, was innerlich mit mir vorgegangen war, denn als der Wind eines Abends wieder mächtig in den Schornstein blies und der Regen stark aufs Dach klopfte, während ich zu Bett gebracht wurde, verwandelte sich das eingelernte Geplapper meiner Lippen plötzlich in ein wirkliches ängstliches Gebet, und damit war die geistige Nabelschnur, die mich bis dahin ausschließlich an die Eltern gebunden hatte, zerrissen, ja es kam gar bald so weit, daß ich mich bei Gott über Vater und Mutter zu beklagen anfing, wenn ich ein Unrecht von ihnen erfahren zu haben glaubte.

Weiter knüpft sich an diese Schulstube mein erster und vielleicht bitterster Martergang. Um deutlich zu machen, was ich sagen will, muß ich etwas ausholen. Schon in der Kleinkinderschule finden sich alle Elemente beisammen, die der reifere Mensch in potenzierterem Maße später in der Welt antrifft. Die Brutalität, die Hinterlist, die gemeine Klugheit, die Heuchelei, alles ist vertreten, und ein reines Gemüt steht immer so da wie Adam und Eva auf dem Bilde unter den wilden Tieren. Wieviel hiervon der Natur, wieviel der ersten Erziehung oder vielmehr der Verwahrlosung von Haus aus beizumessen ist, bleibe hier unentschieden: Die Tatsache unterliegt keinem Zweifel. Das war denn auch in Wesselburen der Fall. Von dem rohen Knaben an, der die Vögel bei lebendigem Leibe rupfte und den Fliegen die Beine ausriß, bis zu dem fixfingrigen Knirps herunter, der seinen Kameraden die buntpapiernen Merkzeichen aus der Fibel stahl, war jede Spezies vorhanden, und das Schicksal, das die besser gearteten und darum zum Leiden verdammten Mitschüler den jungen Sündern zuweilen im Zorn prophezeiten, wenn sie eben Gegenstand ihrer Foppereien oder ihrer Heimtücke geworden waren, ging an mehr als einem buchstäblich in Erfüllung. Der Auswurf hat immer insoweit Instinkt, daß er weiß, wen sein Stachel am ersten und am schärfsten trifft, und so war denn ich den boshaften Anzapfungen eine Zeitlang am meisten ausgesetzt. Bald stellte sich einer, als ob er sehr eifrig im Katechismus läse, den er dicht vors Gesicht hielt, raunte mir aber übers Blatt weg allerlei Schändlichkeiten ins Ohr und fragte mich, ob ich noch dumm genug sei, zu glauben, daß die Kinder aus dem Brunnen kämen und daß der Storch sie heraufhole.

Bald rief ein anderer mir zu: »Willst du einen Apfel haben, so nimm ihn dir aus meiner Tasche, ich habe einen für dich mitgebracht!« Und wenn ich das tat, so schrie er: »Susanna, ich werde bestohlen!« und leugnete sein Wort ab. Ein Dritter bespuckte wohl gar sein Buch, fing dann zu heulen an und behauptete mit frecher Stirn, ich habe es getan. War ich nun solchen Vexationen fast allein preisgegeben, teils, weil ich sie am empfindlichsten aufnahm und teils, weil sie wegen meiner großen Arglosigkeit am besten bei mir glückten, so gab es dagegen auch andere, die sich alle ohne Ausnahme gefallen lassen mußten. Dazu gehörten vorzugsweise die Prahlereien einiger hochaufgeschossener Rangen, die uns übrigen in Jahren beträchtlich voraus waren, aber trotzdem noch auf der Abc-Bank saßen und von Zeit zu Zeit die Schule schwänzten. Sie hatten an und für sich nichts davon als doppelte und dreifache Langeweile, denn nach Hause durften sie nicht kommen, und Spielkameraden fanden sie nicht; es blieb ihnen daher nichts übrig, als sich hinter einen Zaun hinzuducken oder in einem ausgetrockneten Wassergraben zu lauern, bis die Erlösungsstunde schlug, und sich dann, als ob sie gewesen wären, wo sie sein sollten, auf dem Heimgang unter uns zu mischen. Aber sie wußten sich zu entschädigen und sich den Spaß nachträglich zu bereiten, wenn sie wieder in die Schule kamen und uns ihre Abenteuer berichteten. Da war einmal der Vater ganz dicht am Zaun vorbeigegangen, das spanische Rohr, womit er sie durchzuwalken pflegte, in der Hand, und hatte sie doch nicht bemerkt; da war ein anderes Mal die Mutter, vom Spitz begleitet, an den Graben gekommen, der Hund hatte sie aufgeschnüffelt, die Mutter sie entdeckt, und die Lüge, daß sie von Susanna selbst hergeschickt seien, um ihr Kamillenblumen zu pflücken, ihnen doch noch durchgeholfen. Dabei brüsteten sie sich, wie alte Soldaten, die den verwunderten Rekruten ihre Heldentaten erzählen, und die Applikation lautete stets: »Wir riskieren Peitsche und Stock, ihr höchstens die Rute, und dennoch wagt ihr nichts!«

Dies war verdrießlich, und um so mehr, da sich die Wahrheit nicht ganz in Abrede stellen ließ; als daher der Sohn eines Altflickers einst mit zerbläutem Rücken zur Schule kam und uns mitteilte, sein Vater habe ihn ertappt und ihn derb mit dem Knieriemen gezüchtigt, er werde es nun aber nur um so öfter probieren, denn er sei kein Hase, beschloß auch ich, meine Courage zu zeigen, und das noch denselben Nachmittag. Ich ging also, als meine Mutter mich zur gewohnten Stunde, mit zwei saftigen Birnen für den Durst ausgerüstet, fortschickte, nicht zu Susanna, sondern verkroch mich mit klopfendem Herzen und ängstlich rückwärts spähend in dem Holzschuppen unseres Nachbarn, des Tischlers, von seinem Sohn, der viel älter war als ich und schon mit in der Werkstatt hantierte, dazu aufgemuntert und dabei unterstützt. Es war sehr heiß und mein Schlupfwinkel so dunkel als dumpf; die beiden Birnen hielten nicht lange vor, auch aß ich sie nicht ohne Gewissensbisse, und eine im Hintergrund mit ihren Jungen kauernde alte Katze, die bei der geringsten meiner Bewegungen grimmig knurrte, trug nicht auf die angenehmste Weise zu meiner Zerstreuung bei. Die Sünde führte ihre Strafe unmittelbar mit sich, ich zählte alle viertel und halbe Stunden der Uhr, deren Schläge gellend und, wie es mir vorkam, drohend vom hohen Turm zu mir herüberdrangen, ich ängstete mich ab, ob ich auch wohl unbemerkt aus dem Schuppen wieder herauskommen werde, und ich dachte nur sehr selten und äußerst flüchtig an den Triumph, den ich morgen zu feiern hoffte. Es war bereits ziemlich spät, da trat meine Mutter in den Garten und ging, vergnügt und fröhlich um sich blickend, zum Brunnen, um Wasser zu schöpfen. Sie kam fast an mir vorbei, und mir stockte schon davon der Atem, aber wie ward mir erst, als der Vertraute meines Geheimnisses sie plötzlich fragte, ob sie auch wohl wisse, wo Christian sei, und auf ihre stutzend abgegebene Antwort: »Bei Susanna!« halb schalkhaft, halb schadenfroh versetzte: »Nein! nein! bei der Katze!« und ihr blinzelnd und zwinkernd mein Versteck zeigte. Ich sprang, vor Wut außer mir, hervor und stieß nach dem lachenden Verräter mit dem Fuß, meine Mutter aber, das ganze Gesicht eine Flamme, setzte ihren Eimer beiseite und packte mich bei Armen und Haaren, um mich noch in die Schule zu bringen. Ich riß mich los, ich wälzte mich auf dem Boden, ich heulte und schrie, aber alles war umsonst, sie schleppte mich, viel zu empört darüber, in ihrem überall gepriesenen stillen Liebling einen solchen Missetäter zu entdecken, um auf mich zu hören, mit Gewalt fort, und mein fortgesetztes Widerstreben hatte keine andere Folge, als daß alle Fenster an der Straße aufgerissen wurden und alle Köpfe herausschauten. Als ich ankam, wurden meine Kameraden gerade entlassen, sie rotteten sich aber um mich herum und überhäuften mich mit Spott und Hohn, während Susanna, die einsehen mochte, daß die Lektion zu streng war, mich zu begütigen suchte. Seit jenem Tage glaube ich zu wissen, wie dem Spießrutenläufer zumute ist.

Mein Vater war, um einen seiner Lieblingsausdrücke zu gebrauchen, beständig in der »Bredouille«, sah sich finanziell immer beunruhigt und gedachte deshalb der nun anbrechenden, zwischen Ostern 1826 und Johanni 1827 liegenden kurzen Epoche bis zu seinem Lebensausgange mit besonderer Vorliebe. Denn es war die einzige Zeit für ihn gewesen, wo die »Bredouille« geruht hatte.

Über dieses fünfvierteljährige glückliche Interim habe ich zunächst zu berichten.

Wir verlebten diese Zwischenzeit in einer in Nähe des Rheinsberger Tores gelegenen Mietswohnung, einer geräumigen, aus einer ganzen Flucht von Zimmern bestehenden Beletage. Beide Eltern waren denn auch, was häusliche Bequemlichkeit angeht, mit dem Tausche leidlich zufrieden, ebenso die Geschwister, die für ihre Spiele Platz die Hülle und Fülle hatten. Nur ich konnte mich nicht zufrieden fühlen und habe das Mietshaus bis diesen Tag in schlechter Erinnerung. Es war nämlich ein Schlächterhaus, was nie mein Geschmack war. Durch den langen dunklen Hof hin zog sich eine Rinne, drin immer Blut stand, während am Ende des einen Seitenflügels an einer schräg gestellten, breiten Leiter ein in der Nacht vorher geschlachtetes Rind hing. Glücklicherweise war ich nie Zeuge der entsprechenden Vorgänge, mit Ausnahme der Schweineschlachtung. Da ließ sich's mitunter nicht vermeiden. Ein Tag ist mir noch deutlich im Gedächtnis. Ich stand auf dem Hausflur und sah durch die offenstehende Hintertür auf den Hof hinaus, wo gerade verschiedene Personen, quer ausgestreckt, über dem schreienden Tier lagen. Ich war vor Entsetzen wie gebannt, und als die Lähmung endlich gewichen war, machte ich, daß ich fortkam, und lief die Straße hinunter durchs Tor auf den »Weinberg« zu, ein bevorzugtes Vergnügungslokal der Ruppiner. Ehe ich aber daselbst ankam, nahm ich, um zu verschnaufen, eine Rast auf einem niedrigen Erdhügel. Den ganzen Vormittag war ich fort. Bei Tische hieß es dann: »Um Himmels willen, Junge, wo warst du denn so lange?« Ich erzählte nun ehrlich, daß ich vor dem Anblick unten auf dem Hofe die Flucht ergriffen und auf halbem Wege nach dem Weinberge hin auf einem Erdhügel gerastet und meinen Rücken an einen zerbröckelten Pfeiler gelehnt hätte. »Da hast du ja ganz gemütlich auf dem Galgenberge gesessen«, lachte mein Vater. Mir aber war, als lege sich mir schon der Strick um den Hals, und ich bat, von Tisch aufstehen zu dürfen.

Um eben diese Zeit kam ich in die Klippschule, was nur in der Ordnung war, denn ich ging in mein siebentes Jahr. Der Lehrer, der Gerber hieß, machte von seinem Namen weiter keinen Gebrauch und war überhaupt sehr gut. Ich zeigte mich auch gelehrig und machte Fortschritte; meine Mutter hielt es aber doch für ihre Pflicht, hier und da, namentlich im Lesen, nachzuhelfen, und so stand ich jeden Nachmittag an ihrem kleinen Nähtisch und las ihr aus dem ›Brandenburgischen Kinderfreund‹, einem guten Buche mit nur leider furchtbaren Bildern, allerlei kleine Geschichtchen vor. Ich machte das wahrscheinlich ganz erträglich, denn gut lesen und schreiben können, beiläufig etwas im Leben sehr Wichtiges, ist eine Art Erbgut in der Familie; meine Mutter war aber nicht leicht zufriedenzustellen und ging außerdem davon aus, daß loben und anerkennen den Charakter verdürbe, was ich übrigens auch heute noch nicht für richtig halte. Bei dem kleinsten Fehler zeigte sie die »rasche Hand«, über die sie überhaupt verfügte. Von Laune war dabei keine Rede; sie verfuhr vielmehr lediglich nach dem Prinzip: »nur nicht weichlich«. Ein Schlag zuviel konnte nie schaden, und ergab sich, daß ich ihn eigentlich nicht verdient hatte, so galt er als Ausgleich für all die Dummheiten, die nur zufällig nicht zur Entdeckung gekommen waren. »Nur nicht weichlich.« Dies ist gewiß ein sehr guter Grundsatz, und ich mag ihn nicht tadeln, trotzdem er mir nichts geholfen und zu meiner Abhärtung nichts beigetragen hat; aber wie man sich auch dazu stellen möge, meine Mutter ging im Hartanfassen dann und wann etwas zu weit. Ich hatte lange blonde Locken, weniger zu meiner eigenen, als zu meiner Mutter Freude; denn um diese Locken in ihrer angeblichen Schönheit zu erhalten, wurde ich den andauerndsten und gelegentlich schmerzhaftesten Kämmprozeduren unterworfen, dem Kämmen mit dem sogenannten engen Kamm. Wäre ich damals aufgefordert worden, mittelalterliche Marterwerkzeuge zu nennen, so hätte der »enge Kamm« mit obenan gestanden. Eh nicht Blut kam, eh war die Sache nicht vorbei; anderen Tages wurde die kaum geheilte Stelle wieder mit verdächtigem Auge angesehen, und so folgte der einen Quälerei die andere. Freilich, wenn ich, was möglich, es dieser Prozedur verdanken sollte, daß ich immer noch einen bescheidenen Bestand von Haaren habe, so habe ich nicht umsonst gelitten und bitte reumütig ab. Neben dieser sorglichen Behandlung der Kopfhaut stand eine gleich fürsorgliche des Teints. Aber auch diese Fürsorge lief auf Anwendung zu scharf einschneidender Mittel hinaus. Wenn bei Ostwind oder starker Sonnenhitze die Haut aufsprang, hatte meine Mutter das unfehlbare Heilmittel der Zitronenscheibe zur Hand. Es half auch immer. Aber Coldcream oder ähnliches wäre mir doch lieber gewesen und hätt' es wohl auch getan. Übrigens verfuhr die Mama mit gleicher Unerbittlichkeit gegen sich selbst, und wer mutig in die Schlacht vorangeht, darf auch Nachfolge fordern.

Ich wurde, wie schon erwähnt, während der Zeit, wo wir die Mietswohnung innehatten, sieben Jahre alt, gerade alt genug, um allerlei zu behalten, weiß aber doch herzlich wenig aus jener Zeit. Nur zweier Ereignisse erinnere ich mich, wobei wahrscheinlich eine starke Farbenwirkung auf mein Auge mein Gedächtnis unterstützte. Das eine dieser Ereignisse war ein großes Feuer, bei dem die vor dem Rheinsberger Tore gelegenen Scheunen abbrannten. Es war aber, wie ich gleich vorweg zu bemerken habe, nicht der Scheunenbrand selbst, der sich mir einprägte, sondern eine sich unmittelbar vor meinen Augen abspielende Szene, zu der das Feuer, dessen Schein ich nicht mal sah, nur die zufällige Veranlassung gab. Meine Eltern befanden sich an jenem Tage bei einem kleinen Diner, ganz am entgegengesetzten Ende der Stadt. Als die Tischgesellschaft von der Nachricht, daß alle Scheunen in Feuer stünden, überrascht wurde, stand es für meine Mutter, die eine sehr nervöse Frau war, sofort fest, daß ihre Kinder mit verbrennen müßten oder mindestens in schwerer Lebensgefahr schwebten, und von dieser Vorstellung ganz und gar beherrscht, stürzte sie von der Tafel fort die lange Friedrich-Wilhelm-Straße hinunter und trat, ohne Hut und Mantel und das Haar von dem stürmisch eiligen Gange halb aufgelöst, in das große Frontzimmer unserer Wohnung, darin wir, aus den Betten geholt und mit Decken zugedeckt, schon auf Kissen und Fußbänken umhersaßen. Unserer ansichtig werdend, schrie sie vor Glück und Freude laut auf und brach dann ohnmächtig zusammen. Als im nächsten Augenblicke verschiedene Personen, darunter auch die Wirtsleute, mit Lichtern in der Hand herzukamen, empfing das Gesamtbild, das das Zimmer darbot, eine grelle Beleuchtung, am meisten das dunkelrote Brokatkleid meiner Mutter und das schwarze Haar, das drüberfiel, und dies Rot und Schwarz und die flackernden Lichter drum herum, das alles blieb mir bis diese Stunde. [...]

Mein Vater saß gern an seinem Sekretär und hing mehr oder weniger an jedem Kasten und Schubfach desselben; ein besonders intimes Verhältnis aber unterhielt er zu einem hinter einem kleinen Säulenvortempel verborgenen Geheimfach, drin er, wenn ihm die Verhältnisse dies gerade gestatteten, sein Geld aufbewahrte. Lag es indessen ungünstiger, mit andern Worten: war der Kasten leer, so hörte derselbe nicht auf, ein Gegenstand seiner beinahe liebkosenden Betrachtungen zu sein. Er entfernte dann den Vortempel, und in das

Nichts, das sich dahinter auftat, mit einem gewissen humoristischer. Ernst hineinlugend, hielt er eine seiner Ansprachen. Ich war oft dabei zugegen. »Sieh, mein Sohn, ich kann in diese dunkle Leere nicht ohne Bewegung blicken. Erst vor ein paar Tagen hab' ich mir zusammengerechnet, wieviel da wohl schon gelegen hat, und es summte sich hoch auf und hatte was Tröstliches für mich.« All dies, während er drüber lachte, war doch auch wieder ganz ernsthaft gemeint; er richtete sich wirklich an der Vorstellung auf, was da alles schon mal gelegen hatte. Das Gascognische in ihm schlug immer wieder durch.

Der Sekretär mit der quietschenden Klappe war, um es noch einmal zu sagen, ein Lieblingsplatz meines Vaters, aber der bevorzugteste war doch das große kissenreiche Schlafsofa, das zwischen dem Ofen mit den roten Glasurtropfen und der alten Gehäusewanduhr stand. Diese Wanduhr ist jetzt in meinem Besitz. Mein Großvater und mein Vater sind bei ihrem Schlage gestorben, und ich will dasselbe tun. Über dem mit buntem Wollstoff überzogenen Sofa aber hing das noch nicht erwähnte Prachtstück aus der Erbschaft meines Großvaters, ein nach dem bekannten Bilde des Malers Cunningham gefertigter großer Kupferstich, der die Unterschrift führte: Frédéric le Grand retournant à Sanssouci après les manœuvres de Potsdam, accompagné de ses généraux. Wie oft habe ich vor diesem Bilde gestanden und dem alten Zieten unter seiner Husarenmütze ins Auge gesehen, vielleicht meinen Lieblingshelden in ihm vorahnend. Unter diesem Frédéric-le-Grand-Bilde aber und eingebettet in die Seegraskissen, hielt mein Vater, der zu seinen vielen Prachteigenschaften auch die eines immer tüchtigen Schläfers hatte, seine Nachmittagsruhe, bei der er die Zeit nie ängstlich maß und sich oft erst erhob, wenn die Dunkelstunde schon da war. »Papa schläft wieder bis in die Nacht hinein.« Ich wurde dann, wenn gute Tage, d. h. Friedenszeiten waren, abgeschickt, ihn zu wecken, was ich immer gerne tat, weil er dabei nicht bloß von besonders guter Laune, sondern sogar von einer ihm sonst gar nicht eignen Zärtlichkeit gegen mich war. Ich mußte mich dann zu ihm setzen, und er plauderte mit mir, weit über meinen Kopf weg, über allerhand merkwürdige Sachen, die mich, vielleicht gerade deshalb, entzückten. Ich komme weiterhin auf diese wunderlichen und mir für mein Leben verbliebenen Gespräche zurück.

Ja, das waren glückliche Stunden. Aber es kamen auch andere. Dann wurde ich nicht hineingeschickt, um ihn zu wecken, sondern ging aus eigenem Antriebe, um nach ihm zu sehen. Er lag dann auch ausgestreckt auf dem Sofa, aber auf seinen Arm gestützt, und sah

durch das Gezweig eines vor dem Fenster stehenden schönen Nuß-
baumes in das über den Nachbarhäusern liegende Abendrot. Ein
paar Fliegen summten um ihn her, sonst war alles still, vorausgesetzt,
daß nicht gerade der Kohlenprovisor an seinem Mörser stand und
stampfte. Wenn ich dann an das Sofa herantrat und seine Hand streichelte, sah ich, daß er geweint hatte. Dann wußte ich, daß wieder
eine »große Szene« gewesen war, immer infolge von phantastischen
Rechnereien und geschäftlichen Unglaublichkeiten, um derentwil-
len man ihm doch nie böse sein konnte. Denn er wußte das alles und
gab seine Schwächen mit dem ihm eignen Freimut zu. Wenigstens
später, wenn wir über alte Zeiten mit ihm redeten. Aber damals war
das anders, und ich armes Kind stand, an der Tischdecke zupfend,
verlegen neben ihm und sah, tief erschüttert, auf den großen, starken
Mann, der seiner Bewegung nicht Herr werden konnte. Manches
war Bitterkeit, noch mehr war Selbstanklage. Denn bis zu seiner
letzten Lebensstunde verharrte er in Liebe und Verehrung zu der
Frau, die unglücklich zu machen sein Schicksal war. [...]
 Als wir Johanni 27 in dem Hause mit dem Riesendach und der
hölzernen Dachrinne, darin mein Vater bequem seine Hand legen
konnte, glücklich untergebracht waren, meldete sich alsbald auch die
Frage: »Was wird nun aus den Kindern? In welche Schule schicken
wir sie?« Wäre meine Mutter schon mit zur Stelle gewesen, so hätte
sich wahrscheinlich ein Ausweg gefunden, der, wenn nicht aufs Lernen, so doch auf das »Standesgemäße« die gebührende Rücksicht
genommen hätte. Da meine Mama jedoch, wie schon erzählt, einer
Nervenkur halber in Berlin zurückgeblieben war, so lag die Ent-
scheidung bei meinem Vater, der schnell mit der Sache fertig war und
sich in einem seiner Selbstgespräche mutmaßlich dahin resolvierte,
»die Stadt hat nur *eine* Schule, die Stadtschule, und da diese Stadtschule die einzige ist, so ist sie auch die beste«. Gesagt, getan; und
ehe eine Woche um war, war ich Schüler der Stadtschule. Nur wenig
ist mir davon in Erinnerung geblieben; eine große Stube mit einer
schwarzen Tafel, stickige Luft trotz immer offenstehender Fenster
und zahllose Jungens in Fries- und Leinwandjacken, ungekämmt
und barfüßig oder aber in Holzpantoffeln, die einen furchtbaren
Lärm machten. Es war sehr traurig. Ich verknüpfte jedoch damals,
wie leider auch später noch, mit »in die Schule gehen« so wenig an-
genehme Vorstellungen, daß mir der vorgeschilderte Zustand, als ich
seine Bekanntschaft machte, nicht als etwas besonders Schreckliches
erschien. Ich ging eben davon aus, daß das so sein müsse. Als aber,
gegen den Herbst hin, meine Mutter eintraf und mich mit den Holz-
pantoffeljungens aus der Schule kommen sah, war sie außer sich und

warf einen ängstlichen Blick auf meine Locken, denen sie, in dieser Gesellschaft, nicht mehr recht trauen mochte. Sie hatte dann eines ihrer energischen Zwiegespräche mit meinem Vater, dem wahrscheinlich gesagt wurde, »er habe mal wieder bloß an sich gedacht«, und denselben Tag noch erfolgte meine Abmeldung bei dem uns schräg gegenüber wohnenden Rektor Beda. Dieser nahm die Abmeldung nicht übel, erklärte vielmehr meiner Mutter, »er habe sich eigentlich gewundert...«. All das war nun soweit ganz gut; berechtigte Kritik war geübt und ihr gemäß verfahren worden, aber als es nun galt, etwas Besseres an die Stelle zu setzen, wußte auch meine Mutter nicht aus noch ein. Lehrkräfte schienen zu fehlen oder fehlten wirklich, und da sich, bei der Kürze der Zeit, noch keine Beziehungen zu den guten Familien der Stadt ermöglicht hatten, so wurde beschlossen, mich vorläufig wild aufwachsen zu lassen und ruhig zu warten, bis sich etwas fände. Um mich aber vor Rückfall in dunkelste Nacht zu bewahren, sollte ich täglich eine Stunde bei meiner Mutter lesen und bei meinem Vater einige lateinische und französische Vokabeln lernen, dazu Geographie und Geschichte.

»Wirst du das auch können, Louis?« hatte meine Mutter gefragt.

»Können? Was heißt können! Natürlich kann ich es. Immer das alte Mißtrauen.«

»Es ist noch keine 24 Stunden, daß du selber voller Zweifel warst.«

»Da werd' ich wohl keine Lust gehabt haben. Aber, wenn es darauf ankommt, ich verstehe die Pharmacopoea borussica so gut wie jeder andere, und in meiner Eltern Haus wurde französisch gesprochen. Und das andere, davon zu sprechen, wäre lächerlich. Du weißt, daß ich da zehn Studierte in den Sack stecke.«

Und wirklich, es kam zu solchen Stunden, die sich, wie schon hier erwähnt werden mag, auch noch fortsetzten, als eine Benötigung dazu nicht mehr vorlag, und so sonderbar diese Stunden waren, so hab' ich doch mehr dabei gelernt als bei manchem berühmten Lehrer. Mein Vater griff ganz willkürlich Dinge heraus, die er von lange her auswendig wußte oder vielleicht auch erst am selben Tage gelesen hatte, dabei das Geographische mit dem Historischen verquickend, natürlich immer so, daß seine bevorzugten Themata schließlich dabei zu ihrem Rechte kamen. Etwa so.

»Du kennst Ost- und Westpreußen?«

»Ja, Papa; das ist das Land, wonach Preußen Preußen heißt und wonach wir alle Preußen heißen.«

»Sehr gut, sehr gut; ein bißchen viel Preußen, aber das schadet nichts. Und du kennst auch die Hauptstädte beider Provinzen?«

»Ja, Papa; Königsberg und Danzig.«

»Sehr gut. In Danzig bin ich selber gewesen und beinahe auch in Königsberg – bloß es kam was dazwischen. Und hast du mal gehört, wer Danzig nach tapferer Verteidigung durch unsern General Kalkreuth doch schließlich eroberte?«

»Nein, Papa.«

»Nun, es ist auch nicht zu verlangen; es wissen es nur wenige, und die sogenannten höher Gebildeten wissen es nie. Das war nämlich der General Lefèvre, ein Mann von besonderer Bravour, den Napoleon dann auch zum Duc de Dantzic ernannte, mit einem c hinten. Darin unterscheiden sich die Sprachen. Das alles war im Jahre 1807.«

»Also nach der Schlacht bei Jena?«

»Ja, so kann man sagen; aber doch nur in dem Sinne, wie man sagen kann, es war nach dem Siebenjährigen Krieg.«

»Versteh' ich nicht, Papa.«

»Tut auch nichts. Es soll heißen, Jena lag schon zu weit zurück; es würde sich aber sagen lassen: Es war nach der Schlacht bei Preußisch-Eylau, eine furchtbar blutige Schlacht, wo die russische Garde beinahe vernichtet wurde und wo Napoleon, ehe er sich niederlegte, zu seinem Liebling Duroc sagte: ›Duroc, heute habe ich die sechste europäische Großmacht kennengelernt, la boue.‹«

»Was heißt das?«

»La boue heißt der Schmutz. Aber man kann auch noch einen stärkeren deutschen Ausdruck nehmen, und ich glaube fast, daß Napoleon, der, wenn er wollte, etwas Zynisches hatte, diesen stärkeren Ausdruck eigentlich gemeint hat.«

»Was ist zynisch?«

»Zynisch … ja, zynisch … es ist ein oft gebrauchtes Wort, und ich möchte sagen, zynisch ist soviel wie roh und brutal. Es wird aber wohl noch genauer zu bestimmen sein. Wir wollen nachher im Konversationslexikon nachschlagen. Es ist gut, über dergleichen unterrichtet zu sein, aber man braucht nicht alles gleich auf der Stelle zu wissen.«

So verliefen die Geographiestunden, immer mit geschichtlichen Anekdoten abschließend. Am liebsten jedoch fing er gleich mit dem Historischen an oder doch mit dem, was ihm Historie schien. Ich muß dabei noch einmal, aber nun auch wirklich zum letzten Male, seiner ausgesprochenen Vorliebe für alle Ereignisse samt den dazugehörigen Personen, die zwischen der Belagerung von Toulon und der Gefangenschaft auf St. Helena lagen, Erwähnung tun. Auf diese Personen und Dinge griff er immer wieder zurück. Seine Lieblinge hab' ich schon in einem früheren Kapitel genannt, obenan Ney und Lannes, aber einen, der seinem Herzen vielleicht noch näher stand, hab' ich doch bei jener ersten Aufzählung zu nennen vergessen, und dieser eine war Latour d'Auvergne, von dem er mir schon in unsern Ruppiner Tagen allerlei Geschichten erzählt hatte. Das wiederholte sich jetzt. Latour d'Auvergne, so hieß es in diesen seinen Erzählungen, habe den Titel geführt: »le premier grenadier de France oder Erster Grenadier von Frankreich«, als welcher er, trotzdem er Generalsrang gehabt, immer in Reih und Glied, und zwar unmittelbar neben dem rechten Flügelmann der alten Garde gestanden habe. Als er dann aber in dem Treffen bei Neuburg gefallen sei, habe Napoleon angeordnet, daß das Herz des »Ersten Grenadiers« in eine Urne getan und bei der Truppe mitgeführt, sein Name Latour d'Auvergne aber bei jedem Appell immer aufs neue mit aufgerufen werde, wobei dann der jedesmalige Flügelmann Order gehabt habe, statt des »Ersten Grenadiers« zu antworten und Auskunft zu geben, wo er sei. Das war ungefähr das, was ich von meinem Vater her längst auswendig wußte; seine Vorliebe für diese Gestalt aber war so groß, daß er, wenn's irgend ging, immer wieder auf diese zurückkam und dieselben Fragen tat. Oder richtiger noch, immer wieder dieselbe Szene inszenierte. Denn es war eine Szene.

»Kennst du Latour d'Auvergne?« so begann er dann in der Regel.

»Gewiß. Er war le premier grenadier de France.«

»Gut. Und weißt du auch, wie man ihn ehrte, als er schon tot war?«

»Gewiß.«

»Dann sage mir, wie es war.«

»Ja, dann mußt du aber erst aufstehen, Papa, und Flügelmann sein; sonst geht es nicht.«

Und nun stand er auch wirklich von seinem Sofaplatz auf und stellte sich als Flügelmann der alten Garde militärisch vor mich hin, während ich selbst, Knirps der ich war, die Rolle des appellabnehmenden Offiziers spielte. Und nun, aufrufend, begann ich: »Latour d'Auvergne!«

»Il n'est pas ici«, antwortete mein Vater in tiefstem Baß.

»Où est-il donc?«

»Il est mort sur le champ d'honneur.«

Es kam vor, daß meine Mutter diesen eigenartigen Unterrichtsstunden beiwohnte – nur das mit Latour d'Auvergne wagten wir nicht in ihrer Gegenwart – und bei der Gelegenheit durch ihr Mienenspiel zu verstehen gab, daß sie diese ganze Form des Unterrichts, die mein Vater mit einem unnachahmlichen Gesichtsausdruck seine »sokratische Methode« nannte, höchst zweifelhaft finde. Sie hatte aber in ihrer in diesem Stück und auch sonst noch ganz konventionellen Natur total unrecht, denn um es noch einmal zu sagen, ich verdanke diesen Unterrichtsstunden, wie den daran anknüpfenden gleichartigen Gesprächen, eigentlich alles Beste, jedenfalls alles Brauchbarste, was ich weiß. Von dem, was mir mein Vater beizubringen verstand, ist mir nichts verlorengegangen und auch nichts unnütz für mich gewesen. Nicht bloß gesellschaftlich sind mir in einem langen Leben diese Geschichten hundertfach zugute gekommen, auch bei meinen Schreibereien waren sie mir immer wie ein Schatzkästlein zur Hand, und wenn ich gefragt würde, welchem Lehrer ich mich so recht eigentlich zu Dank verpflichtet fühle, so würde ich antworten müssen: meinem Vater, meinem Vater, der sozusagen gar nichts wußte, mich aber mit dem aus Zeitungen und Journalen aufgepickten und über alle möglichen Themata sich verbreitenden Anekdotenreichtum unendlich viel mehr unterstützt hat als alle meine Gymnasial- und Realschullehrer zusammengenommen. Was die mir geboten, auch wenn es gut war, ist so ziemlich wieder von mir abgefallen; die Geschichten von Ney und Rapp aber sind mir bis diese Stunde geblieben.

Diese, so sehr ich mich ihr verpflichtet fühle, doch immerhin etwas sonderbare väterliche Lehrmethode, der alles Konsequente und Logische fehlte, würde, da meine Mutter nur eben die Schwächen und nicht die Vorzüge derselben erkannte, sehr wahrscheinlich zu heftigen Streitigkeiten zwischen den beiden Eltern geführt haben, wenn meine kritikübende Mama dem Ganzen überhaupt eine tiefere Bedeutung beigelegt hätte. Das war aber nicht der Fall. Sie fand nur, daß meines Vaters Lehrart etwas vom Üblichen völlig Abweichendes sei, wobei nicht viel Reelles, d. h. nicht viel Examenfähiges herauskommen würde, worin sie auch vollkommen recht hatte. Da ihr selber aber alles Wissen sehr wenig galt, so belächelte sie zwar die »sokratische Methode«, sah aber keinen Grund, sich ernsthaft darüber zu ereifern. Es kam ihrer aufrichtigsten Überzeugung nach im Leben auf ganz andre Dinge an als auf Wissen oder gar Gelehrsamkeit, und diese andern Dinge hießen: gutes Aussehen und gute Manieren. Daß ihre Kinder sämtlich gut aussähen, war eine Art Glaubensartikel bei ihr, und daß sie gute Manieren entweder schon hätten oder sich aneignen würden, betrachtete sie als eine natürliche Folge des guten Aussehens. Es kam also nur darauf an, sich vorteilhaft zu präsentieren. Ernste Studien erschienen ihr nicht als Mittel, sondern umgekehrt als Hindernis zum Glück, zu *wirklichem* Glück, das sie von Besitz und Vermögen als unzertrennlich ansah. [...]

Ich schloß das vorletzte (fünfzehnte) Kapitel mit einem glücklichen Erziehungsakt meines Vaters; mit einem *nicht* glücklichen meiner Mutter habe ich dies neue Kapitel zu beginnen.

Weihnachten rückte heran, und schon die ganze Woche vorher hieß es: »Aber *dies*mal wird es eine Freude sein... so was Schönes«, und wenn ich dann mehr wissen wollte, setzte die gute Schröder hinzu: »Gerade, was du dir gewünscht hast... Die Mama ist viel zu gut; denn eigentlich seid ihr doch bloß Rangen.«

»Aber was ist es denn?«

»Abwarten.«

Und so, fieberhaft gespannt, sahen wir dem Heiligabend entgegen. Endlich war er da. Wie herkömmlich, verbrachten wir die Stunden vor der eigentlichen Bescherung in dem kleinen, nach dem Garten hinaus gelegenen Wohnzimmer meines Vaters, das absichtlich ohne Licht blieb, um dann den brennenden Weihnachtsbaum, den meine Mama mittlerweile zurechtmachte, desto glänzender erscheinen zu lassen. Mein Vater unterhielt uns während dieser Dunkelstunde, so gut er konnte, was ihm jedesmal blutsauer wurde. Denn wiewohl er unter Umständen, wie vielleicht nur allzuoft hervorgehoben, in reizendster Weise mit uns plaudern und uns durch freie Einfälle, die wir verstanden oder auch nicht verstanden, zu vergnügen wußte, so war er doch ganz unfähig, etwas einer bestimmten Situation Anzupassendes, also etwas für ihn mehr oder weniger Zwangsmäßiges, leicht und unbefangen zum besten zu geben. Sonst ein so glücklicher Humorist, konnte er den richtigen Ton bei solchen Gelegenheiten nie treffen. Am Weihnachtsabend trat dies immer sehr stark hervor. Er sagte dann wohl zu sich selbst, fast als ob er sich auf eine richtige Stimmung hin präpariere: »Ja, das ist nun also Weihnachten... An diesem Tage wurde der Heiland geboren... ein sehr schönes Fest...«, und hinterher wiederholte er all diese Worte auch wohl zu uns und sah uns dabei mit zurechtgemachter Feierlichkeit an. Aber eigentlich schwankte er bloß zwischen Verlegenheit und Gelangweiltsein, und wenn dann zuletzt die Klingel der Mama das Zeichen gab und wir nach dreimaligem Ummarsch um einen kleinen runden Tisch und unter Absingung eines an Plattheit nicht leicht zu übertreffenden Verses: »Heil, Heil, Heil, Heil, dreifacher Segen, strahl', o heller Lichterglanz, unsrem Fest entgegen« über den Flur fort in das Vorderzimmer einmarschierten, war er, mein Vater, womöglich noch froher und erlöster als wir, die wir bis dahin doch bloß vor Ungeduld gelitten hatten.

So war es auch an dem hier zu schildernden Weihnachtsabend wieder. Unser Einmarsch unter Absingung obiger Strophe war eben erfolgt, und verwirrt und befangen standen wir, auf den Baum starrend, um die Tafel herum, bis die Mama uns endlich bei der Hand nahm und sagte: »Aber nun seht euch doch an, was euch der heilige Christ beschert hat. Hier das« – und diese Worte richteten sich speziell an mich – »hier das unter der Serviette, das ist für dich und deinen Bruder. Nimm nur fort.« Und nun zögerten wir auch nicht länger und entfernten die Serviette. Was obenauf lag, weiß ich nicht mehr, vielleicht zwei große Pfefferkuchenmänner oder ähnliches, jedenfalls etwas, was uns enttäuschte. »Seht nur weiter«, und nun nahmen wir, wie uns geheißen, auch das zweite Tuch ab. Ah, das verlohnte sich. Da lagen gekreuzt zwei schöne Korbsäbel, also genau das (die gute Schröder hatte recht gehabt), was wir uns so sehnlich gewünscht hatten. Und so stürzten wir denn auf die Mama zu, ihr die Hände zu küssen. Aber sie wehrte uns ab und sagte auch diesmal wieder: »Seht nur weiter«, und in einem Aufregezustand ohnegleichen, denn was konnte es nach diesem Allerherrlichsten noch für uns geben, wurde nun auch die dritte Serviette fortgezogen. Aber, alle Himmel, was lag da! Ein aus weißem und rotem Leder geflochtener Kantschu, der damals, ich weiß nicht unter welcher sprachlichen Anlehnung, den Namen Peserik führte. Meine Mutter hatte erwartet, unsre Freude durch diese scherzhafte Behandlung des Themas gesteigert zu sehen. Aber nach der Freudenseite hin gingen meine Gedanken und Gefühle durchaus nicht. Ganz im Gegenteil. Ich war einfach außer mir und lief in den Garten hinaus, um da wieder zu mir selber zu kommen, was freilich nicht glücken wollte. Die Weihnachtsfreude war hin, war an einem gutgemeinten, aber verfehlten Scherz gescheitert. Hatte ich unrecht? Ich glaube, nein. Jedenfalls, wie ich die Sache vor 60 Jahren ansah, so sehe ich sie noch heute an. Es lag diesem Einfall eine volle Wesens- und Charakterverkennung zugrunde. Für andre hätte es vielleicht gepaßt, für mich nicht.

In diesem Alten Marschallviertel bin ich im Jahre 1842 geboren, und hier vergingen die ersten fünfzehn Jahre meines Lebens. Auch als unser Vater das Haus, in dem meine Mutter starb, verkauft und ein anderes erstanden hatte, und als er dieses wieder veräußerte und wir verschiedene Winter in gemieteten Häusern verlebten, bis er ein drittes, seinem Geschmacke entsprechendes fand, das keinen Steinwurf weit von der Kirche, in der er getauft war, lag, auch da blieben wir im Alten Marschallviertel, das wir nur im Sommer mit unserm Landsitze vertauschten.

Ein hohes, geräumiges Schlafzimmer, das eine Ecke des Hauses einnahm, ein weißes Bett darin, auf dem unsere Mutter ruht, dicht daneben unsere Kinderstühle und -tische und auf den sauber gedeckten Tischen Süßigkeiten und Eingemachtes in hübschem Glasgeschirr – dies alles zu einer ungewohnten Tagesstunde, in der man uns Kinder dorthin gebracht hat – das ist die erste unbestimmte Erinnerung meines Lebens.

Unsere Mutter lag todkrank an der Auszehrung darnieder, als sie erst fünfunddreißig Jahre zählte. Ehe sie auf immer von uns schied, wünschte sie uns noch einmal neben sich zu haben, uns zu liebkosen, sich an unserer Freude einen Augenblick selbst zu freuen, und hatte uns darum einen kleinen Schmaus neben ihrem Lager, das sie nicht mehr verlassen konnte, bereiten lassen. Noch sehe ich ihr bleiches, schmales Gesicht, ihre großen, dunkeln Augen vor mir. Sie schaute uns liebevoll an und forderte uns auf, zu essen und zu ihr aufs Bett zu klettern; dann brach sie auf einmal in Tränen aus und fing an zu husten, und man hieß uns fortgehen. Einige Zeit danach brachte man uns Kinder, das heißt, meinen Bruder Aleksandr und mich, aus dem großen Haus in ein kleines Hofgebäude. Obwohl die Aprilsonne noch mit ihren Strahlen die kleinen Zimmer füllte, sagte unsere deutsche Kinderfrau, Frau Burman, und unser russisches Kindermädchen, Uljana, wir sollten zu Bett gehen. Mit tränenüberströmten Gesichtern nähten sie uns schwarze, mit breiten weißen Fransen umsäumte Kittelchen. Wir konnten nicht schlafen. Das Unbekannte erschreckte uns, und wir horchten auf die Reden, die beide Frauen in gedämpftem Tone miteinander führten. Sie sagten etwas von unserer Mutter, das wir nicht verstanden. Da sprangen wir aus unsern Betten und fragten: »Wo ist Mama? Wo ist Mama?« Doch sie fingen nur an, herzbrechend zu seufzen, streichelten unser lockiges Haar und nannten uns »arme Waisen«, bis Uljana nicht länger an sich halten konnte und sagte: »Eure Mutter ist dorthin gegangen – in den Himmel zu den Engeln.«

»Wie in den Himmel? Warum?« fragte unsere kindliche Einbildungskraft, ohne eine Antwort zu erhalten.

Dies war im April 1846. Ich war erst dreieinhalb Jahre alt und mein Bruder Saša noch nicht fünf. Wo unsere älteren Geschwister, Nikolaj und Elena, waren, weiß ich nicht; vielleicht befanden sie sich schon außer dem Hause in Schulanstalten. Nikolaj zählte zwölf und Elena elf Jahre; sie hielten zusammen, und wir kannten sie nur sehr wenig. So blieben wir, Aleksandr und ich, in dem kleinen Hause und in den Händen von Frau Burman und von Uljana. Die gute alte Deutsche, die heimatlos und völlig allein in der weiten Welt dastand, suchte uns nach ihrer Weise die Mutter zu ersetzen. Sie zog uns auf, so gut sie konnte, kaufte uns von Zeit zu Zeit eine Kleinigkeit als Spielzeug und stopfte uns mit Gewürzküchlein voll, sooft ein anderer alter Deutscher, der mit diesen Leckerbissen handelte und der wahrscheinlich ebenso heimatlos und verlassen wie Frau Burman selbst war, in unser Haus kam. Unsern Vater sahen wir selten, und im übrigen gingen die beiden nächsten Jahre dahin, ohne einen dauernden Eindruck in meinem Gedächtnis zu hinterlassen. [...]

Vielfach wurden damals die Söhne vornehmer Moskauer von Franzosen unterrichtet, die nichts waren als Überbleibsel des großen napoleonischen Heeres. Auch Herr Poulain gehörte zu ihnen. Er hatte soeben die Erziehung des jüngsten Sohnes des Novellisten Zagoskin vollendet, und sein Schüler, Sergej, stand im Alten Marschallviertel in dem Rufe so vorzüglicher Ausbildung, daß unser Vater kein Bedenken trug, Herrn Poulain für das beträchtliche Jahresgehalt von 600 Rubeln anzustellen.

Herr Poulain kam also zu uns, begleitet von seinem Jagdhündchen Tresor, seiner Kaffeemaschine Napoleon und seinen französischen Lehrbüchern, und schwang nun sein Zepter über uns und über den zu unserm persönlichen Dienste bestimmten Leibeigenen Matvej. Sein Lehrplan war sehr einfach. Nachdem er uns geweckt hatte, bereitete er sich seinen Kaffee, den er in seinem Zimmer zu trinken pflegte. Während wir uns auf den Unterricht vorbereiteten, widmete er sich mit größter Sorgfalt seiner Toilette; er balsamierte und kämmte sein graues Haar, um die sich bemerkbar machenden kahlen Stellen zu verdecken, zog seinen Frack an, wusch und besprengte sich mit Kölnischem Wasser und geleitete uns dann die Treppe hinunter, um unsern Eltern den Morgengruß zu bieten. Unser Vater und die Stiefmutter saßen gewöhnlich beim Frühstück; wir näherten uns, sagten sehr förmlich unser »Bonjour, mon cher papa« und »Bonjour, ma chère maman« her und küßten ihnen die Hand. Herr Poulain machte eine höchst kunstgerechte und elegante Verbeugung und sprach dabei die Worte: »Bonjour, monsieur le prince« und »Bonjour, madame la princesse.« Damit war die Vorstellung zu Ende, wir entfernten uns ebenso feierlich, wie wir gekommen waren, und gingen wieder die Treppe hinauf. Diese Zeremonie wiederholte sich jeden Morgen.

Dann begann unsere Arbeit. Herr Poulain vertauschte seinen Frack mit einem Schlafrock, bedeckte sein Haupt mit einer Lederkappe, ließ sich in einem Armstuhl nieder und sprach: »Sagt eure Aufgaben her!«

Wir mußten auswendig hersagen, was in dem Buch von einem Nageleindruck bis zum nächsten stand. Herr Poulain hatte an Büchern mitgebracht: die Grammatik von Noel und Chapsal, ein für verschiedene Generationen von russischen Knaben und Mädchen denkwürdiges Buch, eine Sammlung französischer Dialoge, eine Weltgeschichte in einem Band und eine allgemeine Erdkunde, ebenfalls in einem Bande. Wir hatten die Sprachlehre, die Zwiegespräche, die Geschichte und die Erdkunde unserm Gedächtnis einzuprägen.

Die Sprachlehre mit ihren bekannten Sätzen »Was ist Sprachlehre?«, »Die Kunst, richtig zu sprechen und zu schreiben«, ging in Ordnung. Dagegen hatte das Geschichtsbuch unglücklicherweise eine Vorrede, in der alle Vorteile, die uns die Kenntnis der Geschichte gewährt, aufgezählt waren. Mit den ersten Sätzen ging es noch ziemlich glatt; wir sagten her: »Der Herrscher findet darin hochherzige Beispiele für die Regierung seiner Untertanen; der Heerführer lernt daraus die edle Kriegskunst.« Sobald wir aber an das Juristische kamen, ging alles schief. »Der Jurisprudenzbeflissene findet darin« – was aber der Rechtsgelehrte in der Geschichte findet, das konnten wir niemals erfassen. Das schreckliche Wort »Jurisprudenzbeflissene« verdarb alles; sobald wir so weit gekommen waren, stockten wir. »Auf deine Knie, gros pouff«, rief Poulain (das galt mir); »auf deine Knie, grand dada!« (das galt meinem Bruder), und da knieten wir dann tränenden Auges und unter fruchtlosem Bemühen, in unsern Kopf hineinzubringen, was das Buch vom Jurisprudenzbeflissenen mitteilte.

Ja, diese Vorrede hat uns viele Tränen gekostet! Wir waren schon mitten in der römischen Geschichte und legten, ganz wie Brennus, unsere Stöcke in Uljanas Waagschalen, wenn sie Reis abwog; wir sprangen nach Curtius' Vorbild zur Rettung des Vaterlandes von unserm Tisch und anderen Höhen: Aber Herr Poulain kam von Zeit zu Zeit immer wieder auf die Vorrede zurück, und immer wieder mußten wir um des Jurisprudenzbeflissenen willen niederknien. War es da ein Wunder, daß wir beide, mein Bruder und ich, später eine entschiedene Abneigung gegen die Rechtslehre empfanden?

Wer weiß, wie es mit der Erdkunde gegangen wäre, hätte Herrn Poulains Buch eine Vorrede gehabt. Aber zu unserm Glück waren die ersten zwanzig Seiten des Buches ausgerissen (Sergej Zagoskin hat uns, wie ich vermute, diesen wertvollen Dienst erwiesen), und so setzte unser Unterricht auf der einundzwanzigsten Seite ein, die mit den Worten anfing: »von den Flüssen, die Frankreich bewässern...«

Ich muß gestehen, daß es nicht immer beim Knien sein Bewenden hatte. In dem Lesezimmer fand sich auch eine Birkenrute, zu der Poulain griff, wenn es mit der Vorrede oder einem Zwiegespräch über Tugend und Anstand gar nicht mehr vorwärts wollte. Als aber einmal unsere Schwester Elena, die inzwischen das Katharinen-Fräuleinstift verlassen hatte und ein Zimmer unter dem unsrigen bewohnte, unser Schreien hörte, eilte sie, ganz in Tränen gebadet, in das Arbeitszimmer unseres Vaters und machte ihm bittere Vorwürfe, weil er uns ganz unserer Stiefmutter überantwortet hätte, die uns einem »abgedankten französischen Trommler« überließe. »Natürlich«, rief sie, »steht ihnen kein Mensch bei, aber ich kann es nicht mit ansehen, wie meine Brüder in dieser Weise von einem Trommler mißhandelt werden.«

Diesem unvermuteten Angriff konnte unser Vater nicht standhalten. Erst schalt er die Schwester, schließlich lobte er sie wegen ihrer schwesterlichen Anhänglichkeit. Fortan diente die Rute nur noch dazu, dem Jagdhunde Tresor die Regeln des Anstands beizubringen.

Kaum hatte sich aber Herr Poulain seiner schweren Lehrpflichten entledigt, so wurde er ein ganz anderer Mensch; anstatt eines grausamen Lehrers hatten wir nun einen munteren Kameraden an ihm. Nach dem zweiten Frühstück, das wir nach Beendigung des Unterrichts zu uns nahmen, machte er mit uns einen Ausgang, und dabei erzählte er uns fortwährend von allem möglichen, und wir schwatzten unaufhörlich. Obwohl wir in der Grammatik niemals über die ersten Regeln der Satzlehre hinauskamen, so lernten wir doch bald »richtig sprechen«, weil wir französisch *denken* lernten. Als wir aber ein Buch über Mythologie zur Hälfte nach seinem Diktat niedergeschrieben hatten, wobei er unsere Fehler an Hand des Buches verbesserte, ohne jemals einen Versuch zur Erklärung zu machen, warum ein Wort so oder so geschrieben werden müßte, hatten wir auch »richtig schreiben« gelernt.

Nach dem Mittagessen hatten wir bei unserm russischen Lehrer Unterricht. Es war dies ein Student an der Rechtsfakultät der Moskauer Universität, der uns in allen »russischen« Fächern: Sprachlehre, Rechnen, Geschichte usw., zu unterrichten hatte. Doch war damals von ernstlichem Lernen noch keine Rede. Immerhin diktierte er uns täglich eine Seite aus der russischen Geschichte, und auf diese praktische Weise lernten wir bald ein fehlerloses Russisch schreiben.

Unsere beste Zeit hatten wir sonntags, wo die ganze Familie außer uns Kindern bei der Generalin Timofeev zu Mittag speiste. Es traf sich manchmal, daß auch Herr Poulain und Herr Smirnov für den Tag Urlaub erhielten, und dann wurden wir Uljanas Obhut anvertraut. Nachdem wir hastig zu Mittag gegessen hatten, eilten wir in den großen Saal, in dem sich bald die jüngere Dienerschaft einfand. Alle möglichen Spiele, Blindekuh, Geier und Küchlein und dergleichen, wurden vorgenommen, bis auf einmal Tichon, das Hausfaktotum, mit seiner Violine erschien. Dann ging das Tanzen los, nicht das abgezirkelte und langweilige Tanzen unter Anleitung eines »auf Kautschukbeinen« schreitenden französischen Tanzmeisters, sondern ein freies, nicht lehrmäßiges Tanzen, wobei sich zwanzig Paare zwanglos herumdrehten. Das war aber nur die Einleitung zu dem noch lebhafteren, fast wilden Kosakentanze. Tichon reichte die Fiedel einem der älteren Männer und bewegte nun seine Beine in so wunderbarer und kunstvoller Weise, daß sich bald alle Saaltüren mit der gesamten Dienerschaft aus Küche und Stall füllten, die dem russischen Herzen so teuren Tanze zuschauen wollte.

Um neun Uhr fuhr die große Kutsche ab, um die Familie heimzuholen. Tichon rutschte mit der Bürste in der Hand auf dem Fußboden herum, um ihm seinen ursprünglichen Glanz wieder zu verleihen, und alles im Hause wurde in gehörige Ordnung gebracht. Und hätte man uns beide am nächsten Morgen dem schärfsten Kreuzverhör unterworfen, nicht ein Wort wäre uns entschlüpft über das, was am Abend vorher geschehen war. Niemals hätten wir einen von der Dienerschaft verraten und ebensowenig sie uns. Als wir, mein Bruder und ich, einmal sonntags allein im großen Saale spielten, rannten wir gegen ein Tischchen, auf dem eine kostbare Lampe stand, und diese fiel herunter und zerbrach. Sofort hielten die Diener eine Beratung. Niemandem fiel es ein, uns zu schelten; es wurde vielmehr beschlossen, Tichon sollte früh am nächsten Morgen auf die Gefahr hin, abgefaßt und bestraft zu werden, aus dem Hause zu schleichen suchen, zur Schmiedebrücke eilen und eine neue Lampe derselben Art kaufen. Sie kostete fünfzehn Rubel, für Leibeigene eine ungeheure Summe, doch sie wurde gekauft, und niemals bekamen wir wegen des Vorfalls ein Wort des Vorwurfs zu hören.

Denke ich jetzt daran zurück, und alle jene Bilder und Szenen treten wieder vor mein geistiges Auge, so fällt es mir auf, daß wir niemals beim Spielen rohe Worte hörten oder beim Tanzen etwas der Art zu sehen bekamen, wie es jetzt bereits Kinder in schlechten »Theatern« bewundern lernen. Im Dienerhause, wenn sie nur unter sich waren, gebrauchten unsere Leute sicher rohe Ausdrücke, aber wir waren Kinder, *ihre* Kinder, und das ließ sie alles Schlechte und Gemeine von uns fernhalten.

Damals wurde die Einbildungskraft der Kinder nicht wie jetzt durch eine wahllose Fülle von Spielzeug verwirrt und gelähmt. Wir hatten fast gar keins und waren so auf unsere eigene Erfindung angewiesen. Dazu kam, daß wir beide früh am Theater Geschmack fanden. Die Possen-Theater mit ihren Spitzbuben- und Raufschwänken machten keinen dauernden Eindruck auf uns, wir spielten selbst genug Räuber und Soldaten. Aber die große Ballettkünstlerin Fanny Elsler kam nach Moskau, und wir sahen sie. Wenn Vater eine Loge im Theater nahm, so suchte er sich eine der besten aus und kargte nicht mit dem Gelde, aber dann wollte er auch, daß sie von der ganzen Familie voll ausgenutzt würde. Obwohl ich damals noch klein war, erschien mir doch Fanny Elsler so anmutvoll, so leicht und so kunstvollendet in allen ihren Bewegungen, daß ich seitdem außerstande war, auch nur den geringsten Reiz einem Tanze abzugewinnen, der mehr in das Gebiet der Gymnastik als in das der Kunst gehört. [...]

Als ich im achten Lebensjahre stand, wurde in ganz unerwarteter Weise der nächste Schritt auf meiner Laufbahn getan. Genau weiß ich nicht mehr, bei welcher Veranlassung es geschah, aber wahrscheinlich war es am fünfundzwanzigsten Jahrestage der Thronbesteigung Nikolaus' I., zu dessen Feier in Moskau großartige Vorbereitungen getroffen wurden. Die kaiserliche Familie beabsichtigte, nach der alten Hauptstadt zu kommen, und der Moskauer Adel wollte aus Anlaß dieses Besuches und des Jubiläums einen prachtvollen Kostümball veranstalten, an dem auch Kinder teilnehmen sollten. Man beschloß, die ganze bunte Musterkarte von Völkern, die das russische Kaiserreich aufweist, sollte auf diesem Ball vertreten sein und den Herrscher begrüßen. In unserem Hause wie in allen Nachbarhäusern rüstete man sich aufs beste zur Feier. Für meine Stiefmutter war irgendeine auffallende russische Tracht in Arbeit. Unser Vater hatte als Militär natürlich in seiner Uniform zu erscheinen, aber wer von unsern Verwandten nicht im Heere diente, verwandte auf sein russisches, griechisches, kaukasisches oder mongolisches Kostüm nicht weniger Zeit und Interesse als die Damen selbst. Wenn der Moskauer Adel der kaiserlichen Familie einen Ball gibt, so muß etwas Außergewöhnliches geboten werden. Meinen Bruder Aleksandr und mich hielt man aber für zu jung, als daß wir bei einer so wichtigen Veranstaltung eine Rolle spielen könnten.

Und doch sollte ich dabei eine Rolle spielen. Unsere Mutter war eine vertraute Freundin von Frau Nasimov, der Gemahlin des Generals, der zu der Zeit, als man von der Aufhebung der Leibeigenschaft zu reden anfing, Gouverneur von Wilna war. Frau Nasimov, eine sehr schöne Frau, wurde mit ihrem zehnjährigen Sohne zum Balle erwartet und sollte als persische Fürstin in einem überaus schönen Kostüm erscheinen; dementsprechend war für ihren Sohn als persischen Prinzen ein außerordentlich reiches, mit einem juwelenstrotzenden Gürtel geschmücktes Gewand angefertigt worden. Aber der Knabe wurde kurz vor dem Feste krank, und Frau Nasimov dachte, eines von den Kindern ihrer Busenfreundin würde der beste Ersatz für ihren Sohn sein. So wurden Aleksandr und ich in ihr Haus geholt, um das Prinzenkleid anzuprobieren. Es erwies sich aber für Aleksandr, der viel größer war als ich, als zu kurz, während es mir gerade paßte, und darum sollte ich nun den persischen Prinzen vorstellen.

Die gewaltige Halle des Moskauer Adelshauses wimmelte von Gästen. Jedes von uns Kindern erhielt eine Standarte, die an ihrer Spitze das Wappen einer der sechzig Provinzen des russischen Reiches trug. Auf meiner schwebte ein Adler über einem blauen Meere, das Wappen des Gouvernements Astrachan am Kaspischen Meere. Zuerst stellte man uns im Hintergrunde des großen Saales auf, dann schritten wir langsam in zwei Reihen auf die erhöhte Plattform zu, auf der der Kaiser mit seiner Familie stand. Als wir dort angekommen waren, marschierten wir nach rechts und links und standen nun in einer langen Reihe vor der Plattform, worauf wir, auf ein gegebenes Zeichen, alle Standarten vor dem Kaiser senkten. Die Verhimmelung des Selbstherrschertums war so eindrucksvoll, daß Nikolaus ganz entzückt war beim Anblick aller dieser vor dem obersten Herrn sich beugenden Provinzen. Hierauf zogen wir uns wieder langsam in den Hintergrund zurück.

Aber nun trat etwas Unerwartetes ein: Kämmerlinge in ihren reich mit Gold gestickten Uniformen eilten auf uns zu, nahmen mich aus der Reihe, und mein Oheim, Fürst Gagarin, in der Tracht eines Tungusen (ich konnte mich nicht satt sehen an seinem Lederrock, seinem

Bogen und seinem pfeilgespickten Köcher) hob mich auf seine Arme und setzte mich auf die kaiserliche Plattform.

Mag es sein, weil ich der kleinste unter der Knabenschar war oder weil mein rundes lockenumrahmtes Gesicht unter der hohen Astrachan-Pelzmütze, die ich trug, drollig aussah, ich weiß es nicht, aber Nikolaus wollte mich auf der Plattform haben, und da stand ich nun mitten unter den Generalen und Damen, die neugierig auf mich niederschauten. Später erzählte man mir, daß Nikolaus I., der immer ein Freund von Kasernenwitzen war, mich am Arme nahm, zu Marie Aleksandrovna, der Frau des Thronerben, die ihr drittes Kind erwartete, führte und in seiner soldatischen Art sagte: » *Die Sorte* von Jungen mußt du mir bringen«, ein Witz, der sie tief erröten ließ. Aber daran erinnere ich mich gut, daß mich Nikolaus fragte, ob ich Zuckerzeug haben wollte, worauf ich entgegnete, ich möchte lieber von den Waffeln haben, die man zum Tee gab (wir wurden daheim etwas knapp gehalten). Da winkte der Kaiser einem Diener und leerte den Inhalt einer vollen Platte in meine hohe Mütze. »Ich will sie Saša mitbringen«, sagte ich zu ihm. Doch der unteroffiziermäßige Bruder des Kaisers, Michail, der in dem Rufe stand, ein witziger Kopf zu sein, brachte mich zum Weinen. »Wenn du ein guter Junge bist«, sagte er, »so macht man's mit dir so«, und dabei fuhr er mir mit seiner großen Hand von oben nach unten übers Gesicht; »wenn du aber unartig bist, dann geht dir's so«, und nun fuhr er mit der Hand nach oben und rieb empfindlich meine Nase, die an und für sich eine entschiedene Neigung zeigte, in dieser Richtung zu wachsen. Tränen, die ich vergeblich zu unterdrücken suchte, traten mir in die Augen. Die Damen ergriffen sofort meine Partei, und die gutherzige Marijä Aleksandrovna nahm mich unter ihre Hut. Sie setzte mich neben sich auf einen hohen Samtstuhl mit vergoldeter Lehne, und meine Eltern sagten mir nachher, ich hätte sehr bald meinen Kopf in ihren Schoß gelegt und wäre eingeschlafen. Während der ganzen Dauer des Balls verließ sie ihren Sitz nicht einmal.

Auch daran erinnere ich mich noch, daß meine Verwandten, als wir im Vorsaal auf unseren Wagen warteten, mich herzten und küßten und dabei sagten: »Petja, du bist Page geworden«, worauf ich antwortete: »Ich bin kein Page; ich will nach Hause«, und ängstlich um meine Mütze mit den vielen kleinen Biskuits, die ich Saša mitbringen wollte, besorgt war.

Ob Saša viel von den Biskuits bekommen hat, weiß ich nicht mehr, aber das weiß ich noch, wie er mich zärtlich umarmte, als er erfuhr, wie ich mich um die Mütze gesorgt hätte.

Es galt damals als große Gunst, die Nikolaus selten dem Moskauer

Adel zuteil werden ließ, wenn ein Knabe für das Pagenkorps bestimmt wurde. Mein Vater war entzückt und träumte schon von einer glänzenden Hofkarriere für seinen Sohn. Meine Stiefmutter vergaß niemals, wenn sie die Geschichte erzählte, hinzuzusetzen: »Das kommt wohl davon, daß ich ihm, ehe er zum Ball ging, meinen Segen gab.«

Frau Nasimov war gleichfalls entzückt und bestand darauf, daß sie in dem Kostüm, in dem sie so schön aussah, und mit meiner Person an ihrer Seite, gemalt wurde. [...]

In jener Zeit bemaß sich der Reichtum eines Grundbesitzers nach der Zahl der ihm gehörigen »Seelen«. So viele Seelen bedeutete so viele männliche Leibeigene, denn die Frauen zählten nicht mit. Mein Vater, der in drei verschiedenen Provinzen fast zwölfhundert Seelen sein eigen nannte und außer den Lehnsgütern seiner Leute große Strecken Landes besaß, die von diesen Leuten bestellt wurden, galt für einen reichen Mann. Dementsprechend lebten wir auch, das heißt, unser Haus übte eine fast schrankenlose Gastfreundschaft, und der Haushalt war in großem Stile eingerichtet.

Unsere Familie bestand aus acht, zeitweise aus zehn oder zwölf Personen. Aber in Moskau fünfzig Dienstboten und auf dem Lande noch fünfundzwanzig mehr zu halten, schien nicht zu viel. Vier Kutscher zu zwölf Pferden, drei Köche für den Herrentisch und zwei Köchinnen für die Dienerschaft, ein Dutzend Aufwärter bei Tische (hinter dem Stuhle jedes Tischgenossen stand einer mit dem Teller in der Hand) und ungezählte Mädchen in der Mägdestube – war doch das mindeste, was man haben mußte. [...]

Der Unterhalt so vieler Diener, wie sie in unserm Hause gehalten wurden, wäre eine schier unerschwingliche wirtschaftliche Last gewesen, hätten alle Lebensmittel in Moskau gekauft werden müssen; aber in jener Zeit der Leibeigenschaft wußte man sich auf sehr einfache Weise zu helfen. Wenn der Winter kam, setzte sich Vater hin und schrieb folgendes:

»An meinen Gutsverwalter von Nikolskoe im Gouvernement Kaluga, im Bezirk von Meškovsk an der Sirena, vom Fürsten Aleksej Petrovič Kropotkin, Obersten und Ritter verschiedener Orden.

Nach Erhalt dieses und sobald genügend Schnee liegt, sollst du zu meinem Hause in Moskau fünfundzwanzig zweispännige Bauernschlitten senden, von jedem Hause ein Pferd und von jedem zweiten Hause einen Schlitten und einen Mann, und darauf sollst du laden (so viele) Viertel Hafer; (so viele) Weizen und (so viele) Roggen und dazu in gut gefrorenem Zustande alle Hühner, Gänse und Enten, die in diesem Winter geschlachtet werden sollen, in guter Verpackung und unter der Obhut eines geeigneten Wächters«; und so ging es ein paar Seiten fort bis zum nächsten Punkt. Dann folgte die Aufzählung der Strafen, die den Verwalter treffen sollten, kämen die Lebensmittel nicht in dem Hause, gelegen in obengenannter Straße, Nummer so und so, zu rechter Zeit und in guter Verfassung an. Einige Zeit vor Weihnachten fuhren die fünfundzwanzig Bauernschlitten wirklich durch unser Tor und füllten den geräumigen Hof.

»Frol!« rief mein Vater, sobald man ihm das große Ereignis gemeldet hatte. »Kirjuška! Vegorka! Wo sind sie? Alles wird gestohlen werden! Frol, geh und nimm den Hafer in Empfang! Uljana, geh und nimm die Hühner! Kirjuška, rufe die Fürstin!«

Das ganze Haus war in Aufruhr, wild rannten die Diener nach allen Richtungen, vom Saal in den Hof und vom Hof in den Saal und vor allem in die Mägdestube, um dort die Neuigkeiten von Nikolskoe auszukramen: »Paša wird nach Weihnachten heiraten. Tante Anna ist selig entschlafen« und so fort. Auch Briefe waren mitgekommen, und sehr bald stahl sich eine von den Mägden hinauf in mein Zimmer.

»Bist du allein? Der Lehrer ist nicht da?«

»Nein, er ist in der Universität.«

»Gut, dann sei so freundlich und lies mir diesen Brief von Muttern vor!«

Und ich las laut den naiven Brief, der immer mit den Worten begann: »Vater und Mutter senden dir ihren Segen für alle Zeit deines Lebens.« Dann kamen die Neuigkeiten: »Tante Eupraksija liegt krank, alle Knochen tun ihr weh; und deine Base ist noch nicht verheiratet, aber sie hofft es nach Ostern zu sein, und Tante Stepanidas Kuh ist Allerheiligen krepiert.« Nach den Neuigkeiten kamen zwei Seiten lang die Grüße: »Bruder Pavel sendet dir Grüße und die Schwestern Marija und Darija schicken Grüße, und dann schickt dir Onkel Dimitrij viele Grüße« und so weiter. Doch trotz der Eintönigkeit der Aufzählung rief jeder Name Bemerkungen hervor: »Dann lebt sie noch, die arme Seele, da sie Grüße schickt; neun Jahre liegt sie schon und kann sich nicht rühren«; oder: »Ach, er hat mich nicht vergessen; er muß also auf Weihnachten heimgekommen sein, so ein hübscher Junge. Du schreibst mir einen Brief, nicht wahr? Und dann darf ich den Guten nicht vergessen.« Ich versprach es natürlich und schrieb, wenn die Zeit kam, einen Brief genau in demselben Stile.

Waren die Schlitten entladen, so füllte sich das Vorzimmer mit Bauern. Sie hatten über ihre Schafspelze ihre besten Röcke gezogen und warteten, bis Vater sie in sein Zimmer rufen würde, um mit ihnen über den Schnee und die Aussichten für die neue Ernte zu reden. Sie wagten kaum, mit ihren schweren Stiefeln auf den gewichsten Boden zu treten; nur wenige waren kühn genug, sich auf den Rand einer eichenen Bank zu setzen, und lebhaft verwahrten sie sich dagegen, auf den Stühlen Platz zu nehmen. So warteten sie stundenlang und blickten unruhig auf jeden, der Vaters Zimmer betrat oder verließ.

Nicht lange darauf, gewöhnlich am nächsten Morgen, kam verstohlen eine von den Mägden ins Klassenzimmer.

»Bist du allein?«

»Ja.«

»Dann geh schnell in das Vorzimmer. Die Bauern wollen dich sehen; etwas von deiner Amme.«

Wenn ich dann eilends hinunterging, gab mir ein Bauer ein kleines Bündel, das vielleicht ein paar Roggenkuchen, ein halb Dutzend hartgekochter Eier und Äpfel enthielt, alles in ein buntes Baumwolltuch gebunden. »Da, nimm; deine Amme Vasilisa schickt es dir. Sieh, ob die Äpfel nicht erfroren sind. Ich hoffe nicht; ich habe sie den ganzen Weg an meiner Brust gehalten. Solchen fürchterlichen Frost hatten wir.« Und das breite, bärtige, mit Frostbeulen bedeckte Gesicht verzog sich zu strahlendem Lächeln, während zwei Reihen schöner weißer Zähne durch einen ganzen Wald von Haaren schimmerten.

»Und dies ist für deinen Bruder von seiner Amme Anna«, sagte ein andrer Bauer, indem er mir ein ähnliches Bündel aushändigte. »›Armer Junge‹, sagt sie, ›er kann in der Schule gar nicht genug kriegen‹.«

Errötend und in Verlegenheit, was ich sagen sollte, flüsterte ich endlich: »Sage Vasilisa, daß ich sie küsse, und Anna auch für meinen Bruder«, wobei alle Gesichter noch strahlender wurden.

»Ja, ich werde, verlaß dich drauf.«

Dann flüsterte Kirila, die an Vaters Tür aufpaßte, auf einmal: »Lauf schnell hinauf; dein Vater wird im Augenblick herauskommen. Vergiß das Tuch nicht; sie müssen's zurücknehmen.«

Wenn ich das abgeschabte Tuch sorgfältig zusammenfaltete, fühlte ich den leidenschaftlichen Wunsch, Vasilisa etwas zu schicken. Aber ich hatte nichts zu schicken, nicht einmal ein Spielzeug, und Taschengeld erhielten wir niemals. [...]

Damals war die Aufhebung der Leibeigenschaft nicht mehr fern. Es ist dies ein Ereignis, das der neuesten Geschichte angehört, es ist, als wäre es erst gestern geschehen, und doch begreifen jetzt selbst in Rußland wenige, was die Leibeigenschaft eigentlich zu bedeuten

hatte. Man hat eine unklare Vorstellung davon, daß die von ihr ge-
schaffenen Verhältnisse sehr üble waren, aber die volle Wirkung dieser Verhältnisse auf Körper und Geist menschlicher Wesen wird
nicht genügend ermessen. Es ist in der Tat erstaunlich, wie bald eine
Einrichtung und ihre gesellschaftlichen Folgen in Vergessenheit geraten, wenn die Einrichtung selbst nicht mehr besteht, und wie
schnell die Menschen und Dinge wechseln. Ich will die Zustände unter der Leibeigenschaft vergegenwärtigen, indem ich erzähle, nicht,
was ich von anderen gehört, sondern, was ich selbst gesehen habe.

Uljana, unsere Beschließerin, steht im Gange vor meines Vaters
Tür und bekreuzt sich; sie wagt keinen Schritt vorwärts oder rückwärts zu tun. Endlich, nachdem sie ein Gebet gesprochen hat, tritt
sie ins Zimmer und meldet mit kaum hörbarer Stimme, daß der Tee
fast verbraucht sei, daß nur noch zwanzig Pfund Zucker da seien und
daß auch die anderen Vorräte auf die Neige gehen.

»Diebe, Räuber!« brüllt mein Vater, »und du, du bist im Bunde
mit ihnen!« Seine Stimme donnert durch das Haus. Unsere Stiefmutter wollte Uljana allein den Sturm bestehen lassen; aber Vater
schreit: »Frol, rufe die Fürstin! Wo ist sie?« Und wenn sie herein-
kommt, empfängt er sie mit denselben Vorwürfen: »Sie sind ebenfalls im Bunde mit dieser Brut Hams; Sie treten für sie ein«, und so
ging's weiter, eine halbe Stunde oder noch länger.

Dann fängt er an, die Rechnungen zu prüfen. Zugleich fällt ihm
das Heu ein. Frol soll gehen und nachwägen, wieviel noch da ist, und
meine Stiefmutter soll gehen und dem Wägen beiwohnen, während
mein Vater berechnet, wieviel noch im Speicher sein sollte. Dem
Anschein nach fehlt eine ganze Menge Heu, auch kann Uljana über
das Verbleiben von mehreren Pfunden dieser oder jener Nahrungs-
mittel keine Rechenschaft geben. Vaters Stimme wird immer drohender, Uljana zittert, aber über den Kutscher, der eben eintritt,
entlädt sich der ganze Grimm seines Herrn. Vater springt auf ihn los
und schlägt ihn, aber der Kutscher wiederholt nur immer: »Eure
Hoheit müssen sich geirrt haben!« Vater macht seine Berechnung
noch einmal, und diesmal kommt heraus, daß mehr Heu im Speicher
ist, als dort sein sollte. Das Schelten hört darum nicht auf, denn nun
wird dem Kutscher vorgeworfen, er habe den Pferden keine vollen
Tagesrationen gegeben, aber der Kutscher ruft alle Heiligen als Zeugen an, er habe den Tieren ihr volles Teil zukommen lassen, und Frol
beschwört die Jungfrau, die Beteurung des Kutschers zu bestätigen.

Doch Vater will sich nicht besänftigen lassen. Er ruft Makarij, den
Klavierstimmer und Unterkellermeister, herein und hält ihm alle
Sünden neueren Datums vor. Vergangene Woche hatte er sich be-

trunken, und gestern muß er wieder betrunken gewesen sein, denn er hat ein Dutzend Teller zerbrochen. In der Tat war das Zerbrechen dieser Teller die wahre Ursache des ganzen Aufruhrs; unsere Stiefmutter hatte Vater am Morgen davon erzählt, und das war der Grund, warum Uljana ärger als gewöhnlich gescholten wurde, warum die Berechnung und Wägung des Heuvorrats erfolgte und warum Vater noch immer schreit, diese »Brut Hams« verdiente jede Züchtigung auf Erden.

Auf einmal tritt eine Stille im Sturm ein. Mein Vater setzt sich an den Tisch und schreibt etwas auf ein Papier. »Nimm Makarij mit diesem Schreiben zur Polizeistation, und laß ihm hundert Hiebe mit der Birkenrute aufzählen.«

Schrecken und Totenstille herrschen im Hause. Als die Glocke vier Uhr schlägt, gehen wir alle zum Mittagessen hinunter, aber niemand hat den geringsten Appetit, und die Suppe bleibt unberührt im Teller. Wir sind unser zehn zu Tisch, und hinter jedem von uns steht ein Geiger oder ein Posaunenbläser mit einem reinen Teller in der Linken, aber Makarij ist nicht darunter.

»Wo ist Makarij?« fragt unsere Stiefmutter. »Ruf' ihn herein!«

Makarij kommt nicht, und der Befehl wird wiederholt. Schließlich tritt er, bleich, mit verzerrtem Gesicht und schamvoll die Augen niederschlagend, herein. Vaters Augen haften an seinem Teller, während unsere Stiefmutter uns zu der unberührten Suppe Lust machen will. »Findet ihr nicht, Kinder«, sagt sie, »daß die Suppe köstlich ist?«

Tränen ersticken mich, und gleich nach dem Essen laufe ich hinaus, treffe Makarij in einem dunkeln Gange und will ihm die Hand küssen. Doch er reißt sie weg und sagt – war es ein Vorwurf oder eine Frage –: »Laß mich allein! Auch du, wirst du nicht genau ebenso sein, wenn du erwachsen bist?«

»Nein, nein, niemals!«

Dabei gehörte Vater keineswegs zu den schlimmsten Grundbesitzern; im Gegenteil, die Leibeigenen wie die Bauern hielten ihn für einen der besten. Was wir in unserm Hause sahen, geschah allenthalben und oft noch in viel erbarmungsloserer Weise. Das Auspeitschen von Leibeigenen gehörte zu den regelmäßigen Aufgaben der Polizei und Feuerwehr.

Das Allererste, auf das ich mich in diesem Jammertal, genannt Leben, besinnen kann, ist, wie ich im Vorhofe eines großen niedrigen Hauses in Indien, in der Stadt Bombay, am Strande lag, während meine anmutige junge Mutter von einem Teebrett Körner ausstreute, die eine Menge gackernder kleiner Hühner pickte; und wie ich dann hinter ihr hertrippelte und stolperte und an ihren Kleidern mich festhielt. Lebhaft, als wenn es gestern gewesen wäre, sehe ich die Szene vor mir: die vielen Hühner, meine Mutter und die Meeresbrandung dichtbei und neben mir meine kleine Schwester Rose, vier Jahre alt, mein Schrecken und Quälgeist, die schrie, um die Hühner wild zu machen und das Klappern ihrer Flügel zu hören, wenn sie hart gegeneinanderschlugen. Dann gab es noch Annai und Bendha, die beiden, nur meiner kleinen Person ganz allein zugeteilten schwarzen indischen Kinderfrauen. Ich entsinne mich, wie Annai abends ihr langes krauses, schwarzes Haar auskämmte, wenn ich in meinem Bettchen wach lag.

Eines Tages sagte uns Mama, daß wir eine lange, weite Reise vorhätten, weit weg übers große Meer, nach England, wo ihre Mama und ihr Papa lebten; auch würden wir eine große Wüste, genannt Sahara, durchqueren auf wirklichen lebenden Kamelen, nicht bloß Kamelen aus Holz wie die, mit denen wir spielten. Wir waren über diese Nachricht so wild vor Entzücken, daß wir ich weiß nicht welchen Unfug verübten, um unserer Freude Luft zu machen. Die Vorbereitungen für die große Reise waren bald beendet. Da Mama uns gesagt hatte, daß sie sich mit unseren Spielsachen nicht beschweren könne, schloß Rose hintenherum und ganz geheim ein Abkommen mit dem Dragoman, er solle sie in einen großen weißen Kissenbezug stopfen, den sie zu diesem Zweck beiseite gebracht hatte, und unauffällig unter Mamas Gepäck mischen. Nie werde ich Mamas Zorn vergessen, als das ganze Spielzeug vollzählig in Aden wieder auftauchte.

Die Reise, der wir mit solchen Erwartungen entgegensahen, war wie alles im Leben schöner in der Phantasie als nachher in der Wirklichkeit. Wir reisten eines schönen Tages ab nach einem gewaltigen Durcheinander von Einpacken und Vorbereitungen, während deren Rose und ich uns selber viel mehr überlassen blieben als gewöhnlich und die Gelegenheit benutzten, um mehr tolle Streiche zu verüben als je zuvor. Oh, was für Streiche! Zu meinem unaussprechlichen

Entzücken trug Rose sämtliche Kätzchen in das Bett ihrer alten Kinderfrau und befahl mir unter Todesstrafe, »nicht zu petzen«. Außerdem begoß sie Bendhas Bett mit der kleinsten Gießkanne des Gärtners, der einzigen, die sie heben konnte... Worauf sie alle Wasserhähne im Hause und Garten aufdrehte und zum Schluß bei ihrem Spaziergang auf der Promenade Mrs. Gamber und ihre sieben Töchter sämtlich zum Essen einlud, unter Zusicherungen, daß »Mama ihr das ausdrücklich aufgetragen habe, weil wir alle am nächsten Tag abreisten«. Als wir nach Hause kamen, zog sie vor, aus Angst vor Schelte, nichts von der Einladung zu sagen. Der Leser mag sich ausmalen, was geschah, als bald darauf Mrs. Gamber im ausgeschnittenen Abendkleid und ihre sieben Töchter, alle in Weiß mit riesigen roten Seidenschärpen, pünktlich zum Essen sich einfanden, wo es kein Diner, sondern, weil die Dienstboten alle voll beschäftigt waren, nur Tee mit kaltem Aufschnitt gab.

Meine Mutter schilderte oft die Heimreise, den Dampfer, auf dem sie so seekrank war, daß sie meinen Großvater rufen ließ, »damit er sie sterben sähe«, den Ritt auf Kamelen durch die Wüste von Suez nach Alexandrien, die Ankunft in Triest. Endlich war das Ziel der Reise, Boulogne, der Sommeraufenthalt der Mutter des Obersten Taylor, erreicht. Diese, meine Urgroßmutter, die in zweiter Ehe Mrs. Cape hieß, aber wieder verwitwet war, lebte in Paris und bewohnte dort in der Nähe der Champs-Élysées ein altes Palais mit einem großen Garten; ich glaube an der Stelle, wo jetzt das Rothschildsche Palais steht. Den Sommer und Herbst verbrachte sie an der See.

»An einem dunklen Novembermorgen«, schreibt meine Mutter, »fuhren wir vor der Sommerwohnung meiner Urgroßmutter, dem ›Parvis-Notre-Dame‹ in Boulogne-sur-Mer, vor: Papa, Mama, der Troß indischer Dienerschaft und wir Kinder. Wo war die Sonne Indiens? Ich weiß noch, wie ich die Gesichter von Urgroßmama und der Tante Money an einem Fenster im ersten Stock erblickte. Dann tat die Haustür sich auf, ein Schwall von Menschen kam die Treppe heruntergelaufen, und wir Kleinen wurden mit Entzücken hochgehoben und hineingetragen von Grannie (Mrs. Taylor) und meiner jungen Tante, die uns hin und her reichten und leidenschaftlich küßten. Nur Mrs. Cape, unsere Großtante Lady Money und unser Großonkel Lord Congleton rührten sich nicht aus dem Salon, wo sie in voller Majestät auf uns warteten, Urgroßmutter steif und kerzengerade in einem Sessel mit hoher Rückenlehne, der wie ein Thron aussah. Sie blickte so streng und böse, als sei sie eine regierende Königin. Doch wußten Rose und ich gleich, daß sie keine Königin sein könne; denn sie trug ein Trauerkleid aus schwarzer Wolle und keine goldene Krone auf dem Kopfe und kein langes goldenes Haar wie die Königinnen in unseren Märchenbüchern. Außerdem waren Königinnen immer jung, nicht so uralt wie Urgroßmama. Als wir eintraten, stand Mrs. Cape nicht auf, auch bekamen wir keinen Kuß, sondern nur den Befehl, Aufstellung vor ihr zu nehmen, uns gradezuhalten und ihr die Hand zu küssen, falls sie sie uns hinhielt. Doch sie tat das nicht, sondern setzte schweigend ihre Brille auf, wobei jede ihrer langsamen Bewegungen uns vor Angst lähmte, sah uns lange in feierlicher Stille an und sagte dann langsam: ›Rose, mein Kind, du bist so häßlich, ja, so unansehnlich, daß du vielleicht tugendhaft bleiben wirst. Doch bei dir, Alice (dabei sah sie mich durchbohrend an), ist kaum zu hoffen, daß deine Seele, die mit so viel Schönheit versetzt ist, rein bleibe, denn Schönheit ist Schmutz und Tand. Du mußt dich fortwährend vor dem Teufel fürchten, Kind.‹ In diesem Augenblick verdrehte Onkel Congleton die Augen himmelwärts, während ich das durchbohrende Gefühl bekam, wie unrecht es von mir sei, hübsch zu sein, und mein Gesichtchen tief senkte, um es zu verstecken. ›Schönheit muß ihren Sitz in der unsterblichen Seele haben, nicht im verweslichen Fleisch, Alice‹, fuhr Großmama feierlich fort. – ›Sage Urgroßmama, daß du bereust, Kind!‹ flötete Lord Congleton.

Mrs. Cape war bereits sechsundachtzig. Sie trug immer Trauer und ein kleines Häubchen auf einer tizianroten hellglänzenden Perücke aus Seide, die in sorgfältig geglätteten Ringeln über ihre dünnen, welken Wangen herunterhing. Tag für Tag saß sie, ohne sich jemals anzulehnen, in einem grünsamtenen Sessel mit hoher Rückenlehne in ihrem klösterlichen Empfangssaal, der den Garten des Parvis überblickte. Sie hatte kleine, stechende, böse braune Augen, deren Blick, wenn er uns verspielte Kinder traf, uns erschrecken und warnen sollte vor dem bodenlosen Sumpf der Sünde in unserem Innern, der, wie Urgroßmutter uns belehrte, schamlos zutage trat in unserer Spielsucht und der geringen Neigung, die wir spürten, uns in das Wort Gottes zu vertiefen.

Wie anders als Mrs. Cape war mein Großmütterchen, Mrs. Taylor. Zur Zeit, als wir in Boulogne zu ihr kamen, war sie zwischen fünfundfünfzig und sechzig, sprach aber noch immer gebrochen Englisch, wie alle Orientalen, die erst als Erwachsene nach England kommen. Auch sie saß gewöhnlich in ihrem Empfangssalon im ersten Stock. Doch wie freundlich und hell war dieser, wie verschieden von der riesigen klösterlichen Halle der Mrs. Cape. Hier waren oft kleine Spielsachen für uns in den Ecken versteckt; und Großmütterchen hatte immer offene Arme und ein freudiges Lächeln, wenn meine kleinen klappernden Schritte mich wie eine Windsbraut in ihr Zimmer trugen. Blitzschnell entwand ich mich dem liebevollen Druck ihrer Arme, um einen gefährlichen Ausfall in der Richtung des Fensters zu unternehmen oder ihren herrlichen Arbeitskorb zu erstürmen und dessen bunte Wollknäuel auf der Erde hin und her zu streuen, zum Entsetzen von Palmer, ihrer Kammerzofe. Worauf ich mich gegen den Schaukelstuhl wandte, auf dem Großmütterchen saß, um ihn umzuwerfen, nicht aus Ungezogenheit, sondern weil ich überzeugt war, daß dieses herrliche Spiel ihr ebensoviel Vergnügen bereite wie mir; und da sie nicht aufhörte, mich liebevoll anzublikken, hatte ich auch Grund so zu denken, besonders da Miß Taylor, ›Tantchen‹, gewöhnlich in diesem Augenblick hereinschoß und den Unfug mitmachte.

Aber ach, welcher Unterschied, wenn, statt der damals noch jugendlichen und schlanken Gestalt von Tantchen, Lady Money in der Tür erschien, das Gebetbuch in der Hand, um mit Großmütterchen zu beten. Gewöhnlich begleitete sie Lord Congleton, ein sehr langer, sehr magerer, aristokratisch und finster aussehender Herr in den Sechzigerjahren mit dünnen, glänzend braunen Haaren, der, wie er selbst sagte, ungern eine Gelegenheit, ›dem Herrn sein Gebet darzubringen‹, verpaßte. Wenn er solch einen Ausspruch von sich gab, hatte er eine Art, die Augen nach oben zu verdrehen, daß nur noch das Weiße zu sehen war. Er gehörte zu der Sekte der ›Plymouth Brethren‹, einer unermeßlich heiligen Gesellschaft, denen allen, wie wir ehrfürchtig staunend vernahmen, der Himmel sicher war. Sein Hauptzeitvertreib bestand darin, aus dem Stegreif zu predigen. Es lief einem geradezu kalt über den Rücken, wenn, nachdem Tante Money eine Andacht mit dem Vaterunser geschlossen hatte, er aus seiner kniefälligen Lage auf dem Teppich, auf dem er wie verzückt und aufgelöst dalag, sich erhob, mit geschlossenen Augen und gefalteten Händen einen Augenblick dastand, nach Luft rang und dann hervorstieß: ›Brüder, höret mich!‹ und ausholte zu einer unabsehbar langen Predigt. Tante Moneys wässerige blaue Augen, ihre blonde Perücke und das weiße Spitzenhäubchen mit lila Schleifen schienen ganz aufgelöst in süße Rührung über den heiligen Mann, der sich fortwährend an die Brust schlug und die Hände rang, während seine Klagen über uns hinflossen.«

Ich brauche nur an unsere Kinderstube zu denken, so spüre ich sofort in unvermeidlicher Ideenassoziation einen sonderbaren Geruch – ein Gemisch von Weihrauch, Leinöl, Balsam und Talgkerzendunst. Lange habe ich diesen eigenartigen Geruch nicht mehr wahrgenommen, ich glaube, daß man ihn jetzt nicht nur im Ausland, sondern auch in Petersburg oder Moskau selten findet; da besuchte ich aber vor ungefähr zwei Jahren meine Bekannten auf dem Lande, und als ich ihre Kinderstube betrat, schlug mir sofort der alte Geruch entgegen und weckte in mir eine ganze Reihe längst vergessener Gefühle und Erinnerungen.

Die Gouvernante kann in unsere Kinderstube nicht treten, ohne voll Ekel das Taschentuch an die Nase zu führen. »Aber öffnen Sie doch das kleine Fenster!« fleht sie in gebrochenem Russisch die Njanja an.

Die Kinderfrau betrachtet diese Bemerkung als eine persönliche Beleidigung. »Da sieh mal, was die Ungläubige ausgeheckt hat! Ich werde das Fensterchen öffnen, damit sich die herrschaftlichen Kinder erkälten!« brummt sie, während die Gouvernante hinausgeht.

Ihre Scharmützel mit der Erzieherin wiederholen sich jeden Morgen in schöner Regelmäßigkeit.

Die liebe Sonne blickt schon längst in unsere Kinderstube. Wir öffnen, eines nach dem andern, die Äuglein, beeilen uns aber keineswegs, aufzustehen und uns anzukleiden. Zwischen dem Augenblick des Erwachens und dem, da wir uns anziehen müssen, vergeht noch eine lange Zeit mit Herumbalgen, Kissenwerfen, in die nackten Beine zwicken, Unsinn schwätzen.

Im Zimmer verbreitet sich ein appetitlicher Kaffeegeruch; die Njanja selbst, erst halb angekleidet, vertauscht bloß die Nachthaube mit dem Seidentuch, welches sie tagsüber zu tragen pflegt, bringt das Servierbrett mit der großen kupfernen Kaffeekanne und wartet uns, die wir ungekämmt in den Bettchen liegen, mit Sahne, Kaffee und Butterbrötchen auf. Manchmal schlafen wir, vom vorhergegangenen Herumbalgen ermüdet, nach diesem Frühstück wieder ein.

Aber da öffnet sich geräuschvoll die Tür der Kinderstube, und auf der Schwelle erscheint die erzürnte Gouvernante. »Comment! Vous êtes encore au lit, Annette! Il est onze heures. Vous êtes de nouveau en retard pour votre leçon!« ruft sie empört.

»So lange dürfen die Kinder nicht schlafen, ich werden mich beklagen beim General«, wendet sie sich an die Njanja.

»Nu lauf, beklage dich, du Schlange!« brummt die Njanja ihr nach und kann sich noch lange nach ihrem Fortgehen nicht beruhigen und brummt weiter: »Selbst Herrschaftskinder darf man nicht ausschlafen lassen! Deine Stunde versäumt! Ein großes Unglück das! Du wirst auch warten können, wichtigtuerische Person, du!«

Ungeachtet des Brummens hält es die Njanja nun für angezeigt, sich ernstlich an unsere Toilette zu machen, und das muß man zugeben – wenn auch die Vorbereitung sich verzögert, so geht dafür das Ankleiden selbst sehr rasch vor sich. Die Kinderfrau wäscht uns mit einem feuchten Handtuch Gesicht und Hände, fährt mit dem Kamm ein-, zweimal durch unsere zerzausten Mähnen, streift uns die Kleidchen über, an denen nicht selten einige Knöpfe fehlen – und fertig sind wir.

Die Schwester begibt sich zur Lektion, ich und der Bruder bleiben in der Kinderstube.

Die Njanja läßt sich durch unsere Gegenwart nicht stören, wirbelt beim Kehren ganze Staubwolken vom Boden auf, deckt unsere Bettchen zu, schüttelt ihre eigenen Kissen, und dann heißt das: Das Kinderzimmer ist für den ganzen Tag in Ordnung gebracht.

Ich sitze mit dem Bruder auf dem Lederdiwan, an dem stellenweise der Bezug weggerissen ist und das Roßhaar in großen Büscheln hervorquillt, und wir beschäftigen uns mit unserem Spielzeug. Man führt uns nur selten spazieren, nur bei schönem Wetter oder an großen Festtagen, wenn die Kinderfrau mit uns in die Kirche geht.

Wenn die Lektion zu Ende ist, eilt die Schwester sofort wieder zu uns, bei der Gouvernante ist es ihr langweilig, bei uns ist es lustiger, um so mehr als zur Njanja oft Gäste kommen, andere Kinderfrauen oder ein Stubenmädchen, denen sie mit Kaffee aufwartet und von denen sie viel Interessantes erfahren kann.

Manchmal wirft die Mutter einen Blick in unsere Stube. Wenn ich mich der Mutter aus dieser ersten Zeit meiner Kindheit erinnere, erscheint sie mir immer als eine ganz junge, wunderschöne Frau, fröhlich und geschmückt. Am häufigsten erinnere ich mich ihrer im Ballkleid, dekolletiert, mit entblößten Armen und einigen Armbändern und Ringen. Sie ist im Begriff, irgendwohin zu gehen, zu einer Soiree, und kommt, um sich von uns zu verabschieden.

Kaum zeigt sie sich in der Tür der Kinderstube, läuft Anjuta sofort auf sie zu, beginnt ihr Hände und Hals zu küssen und alle ihre goldenen Ringe zu betrachten und betasten. »Ich werde auch so schön sein wie Mama, wenn ich erwachsen bin!« sagt sie, indem sie Mamas Schmuck anlegt und sich auf die Fußspitzen stellt, um sich in dem kleinen Spiegel, der an der Wand hängt, zu bewundern. Das unterhält Mama sehr.

Auch ich habe manchmal das Verlangen, mich an die Mutter zu schmiegen, auf ihren Schoß zu klettern; aber diese Versuche enden immer damit, daß ich ungeschickterweise der Mutter bald weh tue, bald das Kleid zerreiße, und dann laufe ich beschämt davon und verstecke mich in einem Winkel. Deshalb entwickelte sich in mir eine gewisse Scheu in dem Verhältnis zur Mutter, und sie wurde dadurch noch größer, daß ich oft Gelegenheit hatte, von der Kinderfrau zu hören, Anjuta und Fedja seien Mamas Lieblinge, ich aber werde nicht geliebt.

Ich weiß nicht, ob es sich wirklich so verhielt, aber die Njanja wiederholte das oft, ohne sich durch meine Anwesenheit daran hindern zu lassen. Vielleicht schien ihr dies bloß deshalb so, weil sie selbst mich viel lieber hatte als die anderen Kinder. Obgleich sie uns alle in gleicher Weise großzog, behandelte sie mich als ihren besonderen Schützling, und deshalb fühlte sie sich wegen jeder ihrer Ansicht nach mir zugefügten Kränkung für mich verletzt. Anjuta, als die bedeutend ältere, erfreute sich selbstverständlich im Vergleiche zu uns großer Vorrechte. Sie wuchs wie ein freier Kosak auf und erkannte niemanden als Autorität über sich an. Ihr war der freie Zutritt in den Salon offen, sie erwarb sich schon im Kindesalter den Ruf eines entzückenden Geschöpfes und gewöhnte sich daran, die Gäste mit ihren Witzen, manchmal mit sehr groben Späßen und naseweisen Bemerkungen zu unterhalten. Der Bruder und ich durften uns nur bei besonderen Anlässen zeigen; gewöhnlich nahmen wir das Frühstück und Mittagsmahl in der Kinderstube ein. [...]

Die Wanduhr im Unterrichtsraum schlug sieben. Diese sieben Schläge dringen im Schlaf bis zu meinem Bewußtsein und geben mir die traurige Gewißheit, daß das Dienstmädchen Dunjascha bald eintreten und mich wecken wird; aber es schläft sich so süß, daß ich mich zu überreden bemühe, diese widerlichen sieben Schläge seien bloß eine Sinnestäuschung gewesen. Indem ich mich auf die andere Seite drehe und mich fester in die Decke hülle, beeile ich mich, die kurz währende Glückseligkeit, welche die letzten Minuten des Schlafes bieten, auszunutzen, denn ich weiß, dem wird sehr bald ein Ende gesetzt sein.

Und wirklich; schon knarrt die Tür, und ich höre Dunjaschas schwere Schritte, die mit einer Ladung Holz ins Zimmer tritt. Dann vernehme ich das bekannte, an jedem Morgen sich wiederholende Geräusch: Das zu Boden fallende Holz, das Streichen der Zündhölzchen, das Knistern des Leuchtspans, das Prasseln und Bullern des Feuers. Das alles höre ich im Schlaf, und es bemächtigt sich meiner das Gefühl einer angenehmen Verweichlichung und der Wunsch, mich nicht vom warmen Bett zu trennen.

Noch einen kleinen Augenblick, bloß ein kleines Weilchen noch schlafen! Aber im Ofen wird das Knistern der Flammen immer stärker und regelmäßiger und geht schließlich in ein gleichmäßiges Summen über.

»Fräulein, es ist Zeit aufzustehen!« erschallt es hart an meinem Ohr, und erbarmungslos zieht Dunjascha die Decke von mir herab.

Draußen beginnt es zu tagen, und die ersten bleichen Strahlen eines kalten Wintermorgens vermengen sich mit dem matten Schein der Stearinkerze und verleihen allem ein gewisses totes, unnatürliches Aussehen. Gibt es etwas Unangenehmeres, als bei Kerzenlicht aufstehen zu müssen?

Ich setze mich im Bett auf und beginne mich langsam, mechanisch anzukleiden, mache aber die Augen unwillkürlich wieder zu, und mit dem Strumpf in der erhobenen Hand bleibe ich sitzen.

Hinter der spanischen Wand, wo das Bett der Gouvernante steht, hört man schon mit Wasser Pritscheln, Pusten und energisches Frottieren.

»Don't dowdle, Sonja! If you are not ready in a quarter of an hour, you will bear the ticket ›lazy‹ on your back during luncheon!« vernehme ich die grimmige Stimme der Gouvernante.

Mit diesen Drohungen darf man nicht scherzen. Körperliche Strafen waren bei unserer Erziehung ausgeschlossen, aber die Gouvernante hatte andere Maßregeln als Ersatz ausgedacht. Hatte ich irgend etwas begangen, so befestigte sie auf meinem Rücken einen Zettel, auf dem mit großen Buchstaben mein Vergehen bekanntgemacht wurde, und mit diesem Schmuck mußte ich bei Tische erscheinen.

Ich fürchtete diese Strafe wie den Tod, deshalb vermochte die Drohung der Gouvernante augenblicklich meine Schläfrigkeit zu verscheuchen. Ich springe rasch vom Bett. Beim Waschbecken erwartet mich schon das Dienstmädchen mit erhobenem Krug in der einen und mit einem großen Frottiertuch in der anderen Hand. Nach englischer Sitte begießt man mich jeden Morgen mit kaltem Wasser. Eine Sekunde lang versagt mir der Atem von der scharfen Kälte, hierauf rinnt es wie siedendes Wasser durch die Adern, und dann bleibt am ganzen Körper ein merkwürdig angenehmes Gefühl ungewöhnlicher Frische und Elastizität zurück.

Inzwischen ist es heller Tag geworden. Wir begeben uns ins Speisezimmer. Auf dem Tisch dampft der Samowar, das Holz im Ofen knistert, und die hellen Flammen spiegeln und brechen sich in den großen, gefrorenen Fensterscheiben. Ich bin gar nicht mehr schläfrig, im Gegenteil, mir ist jetzt so wohl, ohne Grund so froh ums Herz, ich möchte so gerne lärmen, lachen, herumtollen! Ach, wenn ich eine Freundin hätte, ein Kind meines Alters, mit dem ich Dummheiten treiben könnte – aber eine solche Freundin habe ich nicht; ich trinke den Tee allein mit der Gouvernante, denn die anderen Familienangehörigen, Bruder und Schwester nicht ausgenommen, stehen später auf. Mein Wunsch, mich über etwas zu freuen, zu lachen, ist so mächtig, daß ich sogar einen schwachen Versuch mache, mit der Gouvernante zu scherzen. Aber zum Unglück ist sie heute mißgelaunt, was bei ihr am Morgen oft vorkommt, weil sie leberkrank ist; deshalb hält sie es für ihre Pflicht, das Aufsprudeln meiner Fröhlichkeit zu dämpfen, indem sie mir bedeutet, daß jetzt die Zeit zum Lernen und nicht zum Lachen sei.

Der Tag beginnt bei mir immer mit einer Musiklektion. Im großen Salon in der oberen Etage, wo der Flügel steht, herrscht eine ziemlich kühle Temperatur, so daß meine Finger erstarren und anschwellen und die Nägel blaue Flecken bekommen. Anderthalb Stunden Tonleitern und Übungen, begleitet von den gleichmäßigen Schlägen des kleinen Stockes, mit dem die Gouvernante den Takt angibt, kühlen jenes Gefühl der Lebensfreude genügend ab, mit dem ich meinen Tag begonnen habe.

Dem Musikunterricht folgen andere Lektionen. Solange die Schwester auch noch lernte, fand ich an den Stunden ein großes Vergnügen; übrigens war ich damals zu klein, als daß man den Unterricht mit mir ernst genommen hätte, aber ich erbat mir die Erlaubnis, den Lektionen der Schwester beizuwohnen. Ich hörte mit großer Aufmerksamkeit zu. Anjuta, das große vierzehnjährige Mädchen, wußte oft die Aufgaben nicht, während ich, die siebenjährige Puppe, mich daran erinnerte und ihr triumphierend »einsagte«. Das amüsierte mich ungeheuer. Jetzt aber, da die Schwester zu lernen aufhörte und die Rechte der Erwachsenen besaß, verloren die Lektionen für mich die Hälfte ihres Reizes. Ich lernte ziemlich fleißig, aber wie würde ich erst gelernt haben, wenn ich neben einer Freundin gesessen hätte!

Um zwölf Uhr wird zu Mittag gegessen. Kaum hatte die Gouvernante den letzten Bissen heruntergeschluckt, wendet sie sich zum Fenster, um nach dem Wetter zu sehen. Ich folgte ihr mit bebendem Herzen, denn diese Frage ist für mich von großer Wichtigkeit. Wenn das Thermometer weniger als zehn Grad Kälte anzeigt und kein starker Wind geht, steht mir ein sehr langweiliger, anderthalbstündiger Spaziergang mit der Gouvernante in der vom Schnee gesäuberten Allee bevor. Wenn es aber zu meinem Glück sehr kalt oder windig ist, unternimmt die Gouvernante den nach ihren Begriffen unbedingt notwendigen Spaziergang allein, mich aber schickt sie hinauf in den Salon, um Ball zu spielen und so Bewegung zu bekommen.

Das Ballspielen habe ich nicht besonders gern; ich bin schon zwölf Jahre alt, halte mich für erwachsen, und ich empfand es als Zumutung, daß mich eine so kindische Unterhaltung wie das Ballspiel erfreuen könnte; dennoch gehorche ich dem Befehl mit großem Vergnügen, weil mir anderthalb Stunden Freiheit winken.

Die obere Etage gehört zwar ausschließlich der Mutter und Anjuta; jetzt aber weilen beide in ihren Zimmern, im großen Salon ist niemand. Ich laufe, vor mir den Ball herjagend, einige Male im Saal herum, aber meine Gedanken sind mit etwas ganz anderem beschäftigt.

Wie die meisten einsam heranwachsenden Kinder hatte ich mir bereits eine reiche Welt von Phantasien und Träumereien entworfen, deren Vorhandensein die Erwachsenen nicht einmal ahnten. Ich liebte leidenschaftlich die Poesie; schon die Form an sich, das Versmaß, bereitete mir großen Genuß; ich verschlang gierig die wenigen Verse russischer Dichter, die mir unterkamen, und ich muß bekennen – je hochtrabender das Gedicht, desto mehr entsprach es meinem Geschmack. Die Balladen von Shukowski waren lange die einzigen, mir bekannten Muster russischer Dichtkunst.

In unserem Hause hat sich keiner besonders für Poesie interessiert; wir besaßen wohl eine ziemlich große Bibliothek, doch enthielt sie vorzugsweise Bücher ausländischer Autoren; es gab da weder Puschkin noch Lermontow noch Nekrassow. Ich konnte den Tag kaum erwarten, als man mir zum ersten Male das Lesebuch von Filinow gab, das auf Veranlassung unseres Lehrers gekauft wurde. Die Lektüre wurde eine Offenbarung für mich. Einige Tage ging ich wie eine Verrückte umher und rezitierte mit flüsternder Stimme Strophen aus Lermontows ›Mziri‹ oder aus Puschkins ›Der Gefangene vom Kaukasus‹, bis die Gouvernante drohte, mir das heißgeliebte Buch wegzunehmen.

Der Rhythmus von Gedichten übte eine solch zauberhafte Wirkung auf mich aus, daß ich schon vom fünften Lebensjahr an selbst Verse zu machen anfing. Aber meine Gouvernante billigte solche Beschäftigung nicht; sie hatte ihre eigene, ganz bestimmte Vorstellung von einem gesunden, normalen Kind, das sich später zu einer vorbildlichen Lady entwickeln sollte; das Dichten stand mit einer solchen Vorstellung gar nicht im Einklang. Deshalb verfolgte sie grausam alle meine dichterischen Versuche.

Wenn ihr zu meinem Unglück ein Stück Papier in die Augen fiel, das mit meinen Versen beschrieben war, heftete sie mir dasselbe auf den Rücken und deklamierte dann in Gegenwart meines Bruders oder der Schwester mein unglückliches Erzeugnis, indem sie es selbstverständlich unbarmherzig verdrehte und verstümmelte.

Allein diese Verfolgung meiner Verse half nichts. Mit zwölf Jahren war ich fest davon überzeugt, daß ich zur Dichterin geboren sei. Aus Angst vor der Gouvernante schrieb ich meine Verse nicht nieder, sondern dichtete sie im Geiste, wie die alten Barden es taten, und vertraute sie bloß meinem Ball an. Beim Spielen im Salon deklamierte ich laut zwei meiner poetischen Erzeugnisse, auf die ich besonders stolz war: ›Der Beduine an sein Pferd‹ und ›Die Empfindungen des Tauchers beim Perlensuchen‹. Ich entwarf im Kopfe noch ein langes Poem, etwas zwischen ›Undine‹ und ›Mziri‹, aber davon waren bloß die ersten zehn Strophen fertig, und ich wollte deren hundertzwanzig schreiben.

Aber die Muse ist, wie man weiß, kapriziös, und nicht immer stellte sich die poetische Eingebung beim Ballspiel ein. Wenn die Muse auf den Ruf nicht gleich erscheint, wird meine Situation bedenklich, weil mich die Versuchungen von allen Seiten umgeben.

Neben dem Sofa befindet sich die Bibliothek, und dort liegen auf allen Tischen und Sofas verführerische Bände ausländischer Romane oder russische Zeitschriften herum. Es ist mir auf das strengste verboten, in ihnen auch nur zu blättern; meine Gouvernante ist hinsichtlich meiner Lektüre sehr wählerisch. Ich habe nicht viele Kinderbücher und weiß die wenigen längst auswendig. Die Gouvernante erlaubt mir nie, ein beliebiges Buch zu lesen, auch wenn es für Kinder bestimmt ist, ohne es vorher selbst zu lesen, und da sie ziemlich langsam liest – sie hat nie Zeit –, befinde ich mich im Hinblick auf Bücher sozusagen in einem chronischen Hungerzustand; und hier plötzlich ein solcher Reichtum in greifbarer Nähe! Wie soll man da nicht verführt werden!

Einige Minuten kämpfe ich mit mir selbst. Ich nähere mich einem Buch und sehe es anfangs bloß an, blättere darin ein wenig, lese einige Sätze, dann laufe ich wieder mit dem Ball herum, als ob nichts geschehen wäre. Aber nach und nach zieht mich die Lektüre in ihren Bann.

Da die ersten Versuche so glücklich ablaufen, vergesse ich die Gefahren und verschlinge gierig eine Seite nach der anderen. Ich brauche nicht gerade auf den ersten Band eines Romans zu stoßen; ich lese mit demselben Interesse den zweiten oder dritten und kombiniere mir dann den Anfang. Von Zeit zu Zeit mache ich vorsichtigerweise einige Schläge mit dem Ball, damit die Gouvernante, wenn sie zurückkehrt, um nach mir zu sehen, hört, daß ich spiele, wie mir befohlen wurde.

Gewöhnlich gelingt meine List. Ich vernehme rechtzeitig die Schritte der Gouvernante auf der Treppe und beeile mich, ehe sie eintritt, das Buch wegzulegen, so daß sie überzeugt bleibt, ich habe mich die ganze Zeit mit dem Ball unterhalten, wie es sich für ein braves, wohlerzogenes Kind geziemt. Zwei- oder dreimal ließ ich mich allerdings von der Lektüre so hinreißen, daß ich nichts bemerkte und die Gouvernante wie aus der Erde gewachsen vor mir stand und mich auf frischer Tat ertappte.

Bei ähnlichen Anlässen, wie überhaupt nach jedem schweren Vergehen, nahm die Gouvernante zu dem äußersten Mittel Zuflucht, das ihr zur Verfügung stand. Sie schickte mich mit dem Befehl zum Vater, ihm selbst zu erzählen, was ich begangen habe. Dies fürchtete ich mehr als andere Strafen.

Im Grunde war unser Vater mit uns gar nicht streng; ich sah ihn selten, bloß bei den Mahlzeiten. Er war mit uns nie zärtlich, es sei denn, eines der Kinder war krank. Da veränderte er sich gänzlich. Die Angst, eines von uns zu verlieren, machte aus ihm einen ganz anderen Menschen. In der Stimme, in der Art, mit uns zu sprechen, zeigten sich ungewöhnliche Zärtlichkeit und Weichheit. Keiner verstand es, uns so zu verwöhnen wie er. In solchen Augenblicken vergötterten wir ihn geradezu, und wir bewahrten noch lange die Erinnerung an jene Momente. Sonst aber, wenn wir alle gesund waren, hielt er sich an den Grundsatz »Der Mann soll immer streng sein«, und deshalb geizte er außerordentlich mit Zärtlichkeiten.

Er liebte die Einsamkeit und hatte seine eigene Welt, zu der keiner von den Hausgenossen Zutritt hatte. Des Morgens ging er – allein oder in Begleitung des Verwalters – in der Gutswirtschaft nach dem Rechten zu sehen. Den übrigen Teil des Tages verbrachte er in seinem Arbeitszimmer. Dieses lag ganz abseits von den anderen Räumen und bildete gleichsam ein Allerheiligstes im Hause; selbst die Mutter betrat es niemals, ohne anzuklopfen. Uns Kindern kam es nicht in den Sinn, ohne Aufforderung hineinzugehen.

Deshalb war ich wahrhaftig verzweifelt, wenn die Gouvernante einmal sagte: »Geh zum Vater, gesteh ihm, wie du dich aufgeführt hast!«

Ich weine, lehne mich auf, aber die Gouvernante ist unerbittlich, faßt mich an der Hand, führt oder schleppt mich vielmehr durch die lange Reihe der Gemächer zur Tür des Arbeitszimmers, überläßt mich da meinem Schicksal und geht fort.

Jetzt hilft kein Weinen mehr; im Vorzimmer des Arbeitsgemaches sehe ich auch schon die Gestalt des müßigen, neugierigen Lakaien, der mich mit beleidigendem Interesse betrachtet.

»Wie es scheint, haben Fräulein wieder etwas begangen!« höre ich hinter mir die halb mitleidige, halb spöttische Stimme von Ilja, Papas Kammerdiener.

Ich würdige ihn keiner Antwort und bemühe mich, mir ein Ansehen zu geben, als ob nichts vorgefallen sei, als käme ich aus eigenem Antrieb zum Vater. Ins Unterrichtszimmer zurückzukehren, ohne den Befehl der Gouvernante erfüllt zu haben, wage ich nicht. Das hieße die Schuld durch offenkundigen Ungehorsam verdoppeln; hier an der Tür stehen, dem Diener eine Zielscheibe des Spottes – ist unerträglich. Es bleibt also nichts anderes übrig, als an die Tür zu pochen und meinem Schicksal tapfer entgegenzugehen. Ich klopfe an, aber sehr leise. Es verstreichen noch einige Minuten, die mir wie Ewigkeiten vorkommen.

»Klopfen Sie stärker, Fräulein! Väterchen hört es nicht!« bemerkt der unausstehliche Ilja, den die ganze Sache augenscheinlich sehr belustigt.

Was läßt sich tun? Ich klopfe noch einmal.

»Wer dort? Herein!« vernimmt man endlich Papas Stimme aus dem Arbeitszimmer. Ich trete ein, bleibe aber im Halbdunkel an der Schwelle stehen. Der Vater sitzt mit dem Rücken zur Tür an seinem Schreibtisch und sieht mich nicht.

»Ja, wer ist denn dort? Was steht zu Diensten?« ruft er ungeduldig.

»Ich bin es, Vater. Margareta Franzowna hat mich hergeschickt!« antworte ich schluchzend.

Jetzt errät der Vater, um was es sich handelt.

»Aha! Du hast gewiß wieder etwas begangen?« sagt er und bemüht sich, seiner Stimme einen möglichst strengen Ausdruck zu geben. »Nun, erzähle! Was hast du angestellt?«

Und ich beginne schluchzend und stotternd die Anklage gegen mich selbst.

Der Vater hört mein Bekenntnis zerstreut an. Seine Begriffe von Erziehung sind recht einfach, und die ganze Pädagogik ist seiner Ansicht nach Sache der Frau und nicht des Mannes. Natürlich ahnt er auch gar nicht, welche komplizierte innere Welt sich bereits im

Kopf des kleinen Mädchens entwickelt hat, das jetzt vor ihm steht und sein Urteil erwartet. Mit seinen »männlichen« Angelegenheiten beschäftigt, hat er auch gar nicht bemerkt, wie ich nach und nach aus dem rundlichen Kind, das ich noch vor fünf Jahren war, herausgewachsen bin.

Man sieht ihm an, wie schwer es ihm fällt, mir etwas zu sagen und in dem vorliegenden Falle etwas zu unternehmen. Mein Vergehen erscheint ihm bedeutungslos, aber er hält Strenge bei der Kindererziehung für unerläßlich. Im Innern grollt er der Gouvernante, daß sie es nicht verstand, eine so einfache Sache selber zu schlichten, und mich zu ihm schickte; aber da nun einmal zu seiner Intervention Zuflucht genommen wurde, muß er seine Macht bekunden. Und er bemüht sich, recht streng und unwillig dreinzublicken, damit er nichts an Autorität einbüße.

»Was für ein abscheuliches, böses Kind du bist! Ich bin mit dir sehr unzufrieden!« beginnt er und hält inne, weil er sonst nichts zu sagen weiß. »Geh und stelle dich in den Winkel!« entscheidet er sich endlich, da er sich von aller pädagogischen Weisheit nur gemerkt hat, daß man Kinder, die etwas begangen haben, in den Winkel stellt.

Man versetze sich in meine Lage: Ein großes, zwölfjähriges Mädchen, ich, die vor wenigen Minuten mit der Heldin des heimlich gelesenen Romans die größten Seelenkonflikte durchlebt hatte, ich muß mich also wie ein kleines, unvernünftiges Kind in den Winkel stellen.

Der Vater arbeitet weiter an seinem Schreibtisch. Im Zimmer herrscht tiefes Schweigen. Ich stehe da, ohne mich zu regen, aber mein Gott, was habe ich alles in dieser kurzen Zeit durchdacht und gefühlt! Ich entsinne mich so genau, wie lächerlich und dumm mir meine Lage vorkam. Eine Mischung aus Scham und Stolz zwingt mich zu schweigen. Ich fühle mich jedoch tief verletzt; ohnmächtiger Zorn steigt in mir auf und schnürt mir die Kehle zu. »Welcher Unsinn! Was liegt daran, daß ich im Winkel stehe!« tröste ich mich heimlich, allein es tut mir weh, daß der Vater mich demütigen kann und will, derselbe Vater, auf den ich so stolz bin, den ich höher als alle anderen stelle! Es ist gut, daß wir allein sind. Da klopft jemand an die Tür, und im Zimmer erscheint unter nichtigem Vorwand der unausstehliche Ilja. Ich weiß sehr wohl, daß er einfach aus Neugierde gekommen ist, um zu sehen, in welcher Weise das Fräulein bestraft worden ist, er jedoch erledigt seine Angelegenheiten mit gespielter Gleichgültigkeit, beeilt sich keineswegs, als ob er gar nichts Besonderes bemerkte, und erst beim Hinausgehen wirft er einen spöttischen Blick auf mich. Oh, wie ich ihn da hasse!

Ich bin so still, daß der Vater mich vergißt und mich ziemlich lange stehen läßt; ich bin selbstverständlich zu stolz, um ihn um Verzeihung zu bitten. Endlich erinnert sich der Vater an mich und läßt mich mit den Worten frei: »Nun geh und sieh zu, daß du nicht wieder etwas anstellst!«

Er ahnt nicht im entferntesten, welche seelische Tortur sein armes kleines Mädchen während dieser halben Stunde ausgestanden hat. Er würde sicherlich erschrocken sein, wenn er in mich hätte hineinblicken können. Nach einigen Minuten wird er diese unangenehme Kindergeschichte vergessen haben. Ich aber verlasse sein Zimmer mit dem Gefühl einer gar nicht kindlichen Schwermut wegen solch unverdienter Kränkung, wie ich sie später vielleicht bloß noch zwei-, dreimal in den schwersten Augenblicken meines Lebens erfahren mußte.

Still und bedrückt kehre ich ins Unterrichtszimmer zurück. Die Gouvernante ist mit den Resultaten ihrer pädagogischen Maßnahmen zufrieden, da ich noch viele Tage nachher so still und ergeben bin, daß sie mein Betragen nicht genug loben kann; sie wäre aber minder zufrieden gewesen, wenn sie gewußt hätte, welche Spuren diese Gefügigkeit in meiner Seele zurückließ.

Überhaupt zieht sich wie ein schwarzer Faden durch alle meine Kindheitserinnerungen das Bewußtsein, in der Familie nicht beliebt zu sein. Von den Gesprächen des Gesindes, die ich zufällig hörte, abgesehen, förderte das einsame Leben, das ich mit der Gouvernante führte, noch diesen Glauben.

Das Los der Gouvernante war auch keineswegs heiter. Vereinsamt, weder jung noch schön, fern von englischer Gesellschaft und sich in Rußland nie völlig heimisch fühlend, konzentrierte sie ihren ganzen Vorrat an Sympathie auf mich, soweit das ihrer festen, energischen, unbeugsamen Natur nur möglich war. Ich bildete tatsächlich den Mittelpunkt aller ihrer Gedanken und Sorgen und gab ihrem Leben eine Bedeutung; aber ihre Liebe zu mir war streng, eifersüchtig, prätentiös und bar jeder Zärtlichkeit.

Meine Mutter und die Gouvernante waren zwei einander so entgegengesetzte Naturen, daß keine Sympathie zwischen ihnen aufkommen konnte. Meine Mutter gehörte ihrem Wesen und Äußeren nach zu den Frauen, die nie alt werden. Zwischen ihr und dem Vater bestand ein großer Altersunterschied, und der Vater behandelte sie bis ans Lebensende wie ein Kind. Er nannte sie Lisa oder Lisok, während sie ihn stets mit Wassili Wassilijewitsch betitelte. Es kam sogar vor, daß er ihr in Gegenwart der Kinder einen Verweis gab. »Du sprichst schon wieder Unsinn, Lisitschka!« hörten wir nicht selten. Und die Mutter fühlte sich darüber gar nicht beleidigt, und wenn sie starrsinnig blieb, so tat sie es wie ein verzogenes Kind, das törichte Wünsche haben darf.

Die Mutter fürchtete sich regelrecht vor der Gouvernante, weil die unabhängige Engländerin nicht selten schroff auftrumpfte und sich als einzige, unbeschränkte Herrscherin in der Kinderstube betrachtete und die Mutter nur wie einen Gast empfing. Deshalb blickte die Mutter selten zu uns herein und mischte sich nicht in meine Erziehung.

Ich war von meiner Mutter bezaubert. Sie schien mir schöner und liebenswürdiger als alle uns bekannten Damen; gleichzeitig empfand ich eine gewisse Bitterkeit: Warum liebt sie mich weniger als meine Geschwister?

Ich bin abends im Unterrichtszimmer. Alle meine Aufgaben für den nächsten Tag sind fertig, allein die Gouvernante läßt mich unter allerhand Vorwänden noch immer nicht hinaufgehen. Da vernimmt man von oben her, aus dem genau über dem Unterrichtsraum liegenden Salon, Musik. Die Mutter hat die Gewohnheit, abends Klavier zu spielen. Sie spielt stundenlang auswendig, phantasiert, improvisiert, von einem Thema zum anderen übergehend. Sie besitzt auch musikalischen Geschmack und einen merkwürdig weichen Anschlag, und ich höre ihr außerordentlich gern zu.

Unter der Einwirkung der Musik und der Müdigkeit vom Lernen überkommt mich ein Drang nach Zärtlichkeit, das Verlangen, mich zärtlich an irgend jemanden zu schmiegen. Erst wenige Minuten vor dem Abendtee gibt mich die Gouvernante endlich frei. Ich laufe hinauf und sehe folgendes Bild: Die Mutter, die zu spielen aufgehört hat, sitzt auf dem Sofa, Anjuta und Fedja zu beiden Seiten an sie geschmiegt. Sie lachen und plaudern so lebhaft, daß sie mein Eintreten nicht bemerken. Ich stehe einige Minuten schweigend da, in der Hoffnung, bemerkt zu werden. Aber sie sprechen weiter. Das genügt, um meinen Mut abzukühlen.

»Sie fühlen sich auch ohne mich wohl!« Ein bitteres Gefühl der Eifersucht zieht durch meine Seele, und anstatt zur Mutter zu stürzen, ihr die beiden weißen Hände zu küssen, wie ich es mir unten im Unterrichtszimmer gedacht habe, verberge ich mich in irgendeinem entfernten Winkel und schmolle, bis man zum Tee ruft. Dann schickt man mich bald schlafen.

In jenem Haus in Hall, in der Nähe von Brüssel, öffneten sich also meine Augen und lernten sehen. Es gehört übrigens zu meinen schönsten Kindheitserinnerungen. Die geräumige Villa in italienischem Stil war nach den Angaben meines Großvaters erbaut worden, der dank seiner großen Begabung als Geiger ein beträchtliches Vermögen erworben hatte. François Servais war von bescheidenem Herkommen, jetzt hat er ein Denkmal in seiner Geburtsstadt. Er hatte ein glanzvolles Leben in jener Zeit geführt, in der die Könige und Höfe die Künstler feierten und förderten und die vornehmen Damen sich nicht scheuten, ihnen wertvolle Geschenke zu machen. (Ich erinnere mich an einen schweren goldenen Lorbeerkranz, von dem jedes Blatt den Namen einer seiner Verehrerinnen trug.) Eine Gastspielreise durch Rußland hatte es ihm ermöglicht, ein Mädchen des hohen Adels kennenzulernen, das er heiratete und nach Belgien heimführte.

Meine Großmutter kehrte niemals in ihre Heimat zurück. Sie hatte sich dank ihrer Herkunft einen recht prachtliebenden Sinn für Gastfreundschaft bewahrt. Überaus hübsch, ganz klein und mit Schmuck beladen, unterhielt sie in ihrem riesigen Salon (den allegorische Malereien von der heiligen Cäcilie bis zu König David schmückten) einen förmlichen Hofstaat von Freunden und besonders von Künstlern, die ganze Monate lang bei ihr Quartier nahmen. Ich hatte sie erst in ihrem Alter kennengelernt, als sie jeden Morgen zur Kommunion ging. Damals war sie das lebendige Ebenbild von Papst Leo XIII. und die unzertrennliche Freundin der belgischen Königin. In dem Haus erklang noch wie einst von überall her Musik. Außer den beiden großen Konzertflügeln im Empfangssalon gab es noch, auf verschiedene Zimmer verteilt, sieben oder acht Klaviere, von denen keines jemals lange stumm war. Meine Kinderohren wurden so von Musik gesättigt, daß ich mich gar nicht entsinnen kann, jemals Noten gelernt zu haben. Ich habe sie viel früher gekannt als das Alphabet.

Wie dem Kult der Musik huldigte meine Großmutter zugleich der kulinarischen Kunst. Die Freude am guten Essen war bei ihr zur Leidenschaft geworden. Der Gedanke, täglich unzählige Münder stopfen zu müssen, entzückte sie. Und da die Gäste nichts dagegen hatten, wie bei Lukull bewirtet zu werden, war man vom Keller bis zum Dachboden des Hauses ununterbrochen mit Lebensmitteln und Festessen beschäftigt. Ein riesiges Kellergewölbe, das mich an »Ritter Blaubart« gemahnte und in das ich mich nur mit Schaudern wie vor einem gefährlichen Abenteuer wagte, war von den Leibern ganzer Kälber, Rinder und Hammel bevölkert, die wie schreckenerregende, blutende Stalaktiten an großen Fleischhaken herabhingen und darauf warteten, zum Vergnügen meiner Großmutter und der Wölfe ihrer Gesellschaft zerstückelt zu werden. Jeden Montag kamen neue Opfer, um die verspeisten Tiere zu ersetzen, während die Überreste der vergangenen Woche an die Armen verteilt wurden. Dem Genuß all dieser nahrhaften Mahlzeiten waren zwei Räume des Hauses gewidmet, von denen einer, ein großer pompöser Speisesaal, mich mit höchster Bewunderung erfüllte. Er war mit chinesischen Malereien geschmückt und bot Raum genug für einen Tisch mit sechzig Gedecken. An Festtagen zierte ihn ein feenhaftes, in allen Farben schillerndes Glasservice, das, für meinen Großvater in Böhmen hergestellt, mit seinen Initialen graviert worden war. Seit meinem dritten Lebensjahr habe ich die Erinnerung an das Funkeln dieser Hunderte von buntfarbigen Gläsern bewahrt, und kein Luxus der Welt ist mir jemals verwirrender vorgekommen.

Da das finanzielle Genie meiner Großmutter ihrem gastronomischen in keiner Weise gewachsen war, brachte sie ihr Vermögen munter durch, indem sie es (im wahrsten Sinne des Wortes) verschlang, zur größten Freude ihrer Freunde und ohne sich über das baldige Erscheinen der sieben mageren Jahre die geringsten Gedanken zu machen.

Ich war vielleicht sieben Jahre alt, als an einem schönen, mondhellen Abend ein Gast des Hauses, der seit langem an unheilbarer Schwindsucht litt, darum bat, ihn in den Musiksalon hinunterzuführen. Ich erinnere mich, als ob es gestern gewesen wäre, an seine schwarze Samtweste, sein weißes Seidenhemd à la Danton und sein langes Haar. Es war Zarembsky. Er ging an einen der Flügel. Nur der Mond beleuchtete den Raum. Er spielte den Trauermarsch von Chopin. Mitten im Spiel wurde er von einem Unwohlsein befallen. Man legte ihn auf ein Sofa, und er starb, ohne das Bewußtsein wiedererlangt zu haben. Ich glaube, diese romantische Szene entsprach so gut dem Geist des Hauses, daß sie niemanden verwunderte. Ich aber kann den Trauermarsch auch heute noch nicht ohne Beklemmung hören. [...]

Nach dem Tod meiner Mutter hatte sich mein Vater auf der Rückreise von St. Petersburg in Warschau aufgehalten und dort Frau Natanson kennengelernt, die sich kurz darauf in Paris von ihm heiraten ließ. Sie war eine kluge Frau. Es dauerte nicht lange, bis sie sich einen

Kreis berühmter Künstler geschaffen hatte – obwohl deren Werke zuweilen recht mittelmäßig und alle sehr akademisch waren. Aus ihrer ersten Ehe hatte sie einen epileptischen Sohn und eine schwindsüchtige Tochter, die mit ihren achtzehn und zwanzig Jahren dem kleinen Mädchen, das ich damals war, wie Greise schienen. Von meinem Vater hatte sie später einen Sohn, den sie vergötterte.

So fand ich mich – mit meinen älteren Brüdern François und Ernest – mit einem Schlag aus dem Zauberschloß meiner Großeltern in ein trauriges Haus der Rue de Vaugirard versetzt, wo mein Vater sein Atelier besaß. Ich hatte sofort das Gefühl, ringsum von Feindseligkeit umgeben zu sein. Meine einzigen Vertrauten waren mein jüngerer Bruder Ernest und die Köchin des Hauses, zu der ich mich des Nachts flüchtete, um mich an ihrem üppigen und zärtlichen Busen über den Mangel an Liebe, an dem ich grausam litt, zu trösten. Meinen Bruder François, der auf dem Gymnasium war, sah ich nie, und Ernest erzählte mir den lieben langen Tag von der Schönheit, Güte und Sanftmut unserer Mutter, deren Erinnerung ihn mit aufrichtigem Haß gegen unsere Stiefmutter erfüllte. Die gute Frau konnte mich übrigens nicht ausstehen. Ich hatte gräßliche Angst vor ihr; denn sie konnte es nicht lassen, mich zu kneifen, sobald ich in Reichweite kam.

Eines Tages wurde Ernest zur Strafe für irgendeine Dummheit in das Zimmer Claires, der Tochter meiner Stiefmutter, eingeschlossen. Am nächsten Tag bemerkte man, daß eine kleine goldene Uhr von dort verschwunden war. Der unglückliche Junge hatte sie beim Spielen zerbrochen, Angst bekommen und in den Ausguß geworfen. Er mußte vor einem Familienrat erscheinen. Man ließ ihn auf ein Kruzifix und auf das Bildnis seiner Mutter schwören, daß er nicht schuldig sei. Ich sehe noch den Blick des fassungslosen Kindes. Es hielt nicht mehr an sich, packte leidenschaftlich das Bild seiner Mutter und bedeckte es mit Küssen. Dann schwor er, halbtot vor Angst, alles, was man von ihm wollte.

Da beschloß ich voll Schrecken, davonzulaufen und zu meiner Großmutter zurückzukehren. Mit einigen Groschen in der Tasche rannte ich durch die Straße, so schnell ich konnte. Bald war ich eingeholt, mußte eine Tracht Prügel einstecken, kam in ein Pensionat, und Ernest mußte ins Internat.

Fräulein Maurice, die in der Avenue Niel ein Pensionat leitete, war das Muster einer ausgetrockneten alten Jungfer. Um mir den Geschmack am Ausreißen zu nehmen, begann sie damit, daß sie mich sechs Monate lang in meinem Zimmer eingeschlossen hielt.

Zum Glück war meiner Stiefmutter, die sehr musikalisch war,

trotz allem meine Begabung aufgefallen. Sie ließ mich von ausgezeichneten Lehrern unterrichten. Ich spielte die zwei- und dreistimmigen Fugen von Bach auswendig, bevor ich lesen und schreiben konnte.

In der Avenue Niel pflegte ein Leierkastenmann vorbeizukommen, dessen Ankunft ich fieberhaft erwartete, denn seine Musik berauschte mich. Ich wollte ihm unbedingt meine Dankbarkeit beweisen, aber mein ganzes Vermögen bestand in einem goldenen Schweinchen, das ich so abgöttisch liebte, daß mir bei der Vorstellung, mich von ihm trennen zu müssen, das Herz brach. Unter vielen Seufzern entschloß ich mich dennoch, es meinem Freund am Leierkasten zu schenken, und warf es ihm eines Tages vom Balkon aus zu. Der Blick des Mannes bewies mir, daß er die Größe meines Opfers wohl ermessen konnte. Wohin mag ihn sein Leierkasten entführt haben?

Nach dem endlosen Winter bei Mademoiselle Maurice schickte man uns, meine Brüder und mich, den Sommer über nach Hall, wo ich voll Entzücken das Haus meiner Großmutter wiedersah. Unter den Eingeladenen waren damals als Ehrengäste Franz Liszt mit einer Dame in Männerkleidung und der erste Gatte Cosimas, Hans von Bülow, den sie eben verlassen hatte, um zu Wagner zu gehen. Noch sehe ich deutlich Liszts Antlitz vor mir, von langen Haaren eingerahmt und von Warzen verunziert. Er jagte mir fürchterliche Angst ein, als er mich am Klavier auf die Knie nahm, um mich Beethovens Bagatelle in es-Moll spielen zu lassen. »Ah, wenn ich noch so spielen könnte!…« seufzte der geniale Alte, während er mich wieder zu Boden setzte. (Mein großer Kummer war damals, daß meine Füße die Pedale noch nicht erreichen konnten.)

Die Diners waren glänzender denn je. Die gesamte belgische Aristokratie fand sich rings um die Tafel mit den zauberhaften böhmischen Gläsern ein. Tag und Nacht hallten die Wände des riesigen Hauses von einer Musik, die meine Mädchenohren entzückte. Die Künstler waren hier ein für allemal zu Hause. Es war die Zeit, in der auf allen Klavieren Wagner-Partituren lagen, die man zu entziffern suchte.

Im Laufe dieses Sommers geschah es auch, daß Alexandre Dumas in Hall Julie Féguine traf, eine junge russische Verwandte meiner Großmutter. Er war von ihrer Schönheit so geblendet, daß er nicht zögerte, sie – trotz ihres kräftigen slawischen Akzents – in der Comédie Française die ›Caprices de Marianne‹ spielen zu lassen.

Sie hatte übrigens einen großen – Schönheits-Erfolg. Aber der armen Kleinen sollte ein tragisches Schicksal beschieden sein. Sie wurde die Geliebte des Prinzen von Sagan und war überzeugt, daß er sie heiraten würde – da hörte sie von seiner in Kürze bevorstehenden Vermählung mit Fräulein Guzman-Blanco. Einen Tag nachdem sie von diesem Unglück erfahren hatte, kam Sagan zu ihr, während sie im Bade war. Sie nahm einen Revolver von ihrem Toilettentisch, gebot ihm, nicht einen Schritt weiterzugehen und ihr zu schwören, daß die Nachricht von seiner Heirat falsch sei, sonst werde sie sich auf der Stelle töten. Als der Prinz sich damit begnügte, die Achseln zu zucken, setzte sie die Waffe an und erschoß sich. Sie war noch nicht zwanzig. Ich entsinne mich noch heute ihres reizenden Gesichtes, der Flut ihres blonden Haares.

Inmitten dieser leidenschaftlichen Künstler und der entfesselten Romantik bildeten wir Kinder eine richtige Bande, der man alle Freiheit ließ. Unser Hauptquartier befand sich im Hühnerstall. Da ich die Kleinste war, begriff ich nicht ganz, worin die »Höllenspiele« bestanden, denen man sich dort hingab, um so weniger, als ich im spannendsten Augenblick vor die Tür gesetzt wurde. Was ging im Heu und im Hühnerkot zwischen all den nur zu wißbegierigen kleinen Ungeheuern vor? Meine Einbildungskraft blieb hier ganz im Ungewissen.

Selbst die Höllenfreuden haben ein Ende, und die Stunde der Abreise schlug. Meine Brüder kehrten ins Gymnasium zurück. Über mich entschied die Familie, mich zu meinem Onkel und zu meiner Tante Coster zu schicken.

Sie waren Großindustrielle, hatten keine Kinder und wünschten, mich zu adoptieren. Da sie sehr reich waren, war für meine Stiefmutter dieser Plan sehr verlockend, und so kam ich im Herbst in ihr großes Haus in Gent. Ich wurde ihre Puppe, ein sehr elegantes Spielzeug.

Die Hauptbeschäftigung meiner Tante bestand darin, am Fenster zu sitzen, von dem aus sie dank eines »Spions« etwaige Besucher erspähen konnte, während sie ohne Unterlaß Kaschmirschals bestickte. Niemals ist mir eine Handarbeit langweiliger erschienen.

Mein Onkel war recht vulgär und wahrscheinlich auch fast impotent, denn er schenkte seiner Frau, trotz deren auffallender Schönheit, kaum mehr Beachtung. Ich hatte gegen ihn eine heftige Abneigung. Sein brutales Gebaren und sein Zigarrenrauchen sind für mich ekelerregende Erinnerungen geblieben.

Unterdessen verkümmerte meine von ihrem unangenehmen Gemahl verlassene Tante zwischen »Spion« und Kaschmirschal. Eines schönen Tages nahm sie, weil ihr Wagen nicht benutzbar war, für irgendeine Besorgung die Straßenbahn. Als sie ihre Fahrkarte löste, hob sie die Augen zum Schaffner: Dieser Mann entschied über ihr Leben. Es war Liebe auf den ersten Blick. Sie verliebte sich so heftig, daß von nun an das einzige Problem ihres Lebens darin bestand, Vorwände zu erfinden, die es ihr erlaubten, mit der Straßenbahn zu fahren und den Gegenstand ihrer Liebe wiederzusehen. Ich kann mir das schreckliche Drama gut vorstellen, das aus einer so unschicklichen Leidenschaft für eine junge anziehende Frau entstand, die in einer Provinzstadt lebte, wo schon ihre Eleganz bei der Gesellschaft Anstoß erregte. Offenbar entschloß sie sich zu verzichten, denn sie legte sich plötzlich zu Bett und verweigerte jede Nahrung. Bald ließ sie die Fensterläden schließen: Das Licht tat ihr weh. Dann drehte sie sich, gekrümmt wie ein Flintenhahn, zur Wand und rührte sich nicht mehr. Drei Wochen später war sie tot. Als man sie zum letzten Male anziehen wollte, waren ihre Beine in der gekrümmten Haltung, die sie ihnen ein für allemal gegeben hatte, so steif geworden, daß man sie brechen mußte, um sie in den Sarg zu legen.

Diese düstere Episode schloß den Aufenthalt bei meinem Onkel Coster ab. Nun steckte man mich ins Kloster Sacré-Cœur auf dem Boulevard des Invalides. Dort sollte ich sechs Jahre bleiben.

Mein Vater hatte sich um diese Zeit in der Rue de Prony ein Haus bauen lassen. Der Parc Monçeau war damals die Gegend, wo »man bauen ließ«. Die Fassade des Hauses war, von ihm entworfen, verhältnismäßig einfach, da ihr Schmuck nur aus vier großen Medaillons in Goldmosaik bestand, die Shakespeare, Dante, Michelangelo und Leonardo da Vinci darstellten. Die Villa hatte zwei Eingänge, der Haupteingang führte rechts zum Bildhaueratelier. Diesem Eingang gegenüber erhob sich eine mächtige Treppe mit einer dicken roten Samtkordel. Diese Treppe spielte eine große Rolle im Leben von uns Kindern. Wir stellten uns unten an den Stufen auf, um das Fortgehen der Gäste zu beobachten. Die größte Anziehungskraft übte der Abgang des Ehepaars Alphonse Daudet aus. Der arme Mann war rückenmarksleidend. Beim Anblick dieser Unmenge Stufen, die er nun mit dem samtenen Seil überwinden mußte, überfiel ihn ein Zittern, das er nicht unterdrücken konnte. Frau Daudet klopfte ihm dann, gewissermaßen aufmunternd, leicht auf den Rükken, während wir, in der Hoffnung auf einen schönen Sturz, fast erstickten vor Lachen.

Wir benutzten die Treppe auch zum Theaterspielen. Ich verwandelte mich in eine barfüßige Ballerina und erfand unablässig neue Pas, um vom obersten Treppenabsatz aus tanzend im Erdgeschoß zu landen. Die andere Treppe hatte ein Geländer, sie führte ins erste Stockwerk und war völlig mit königsblauer Jute bespannt, der goldene Lilien gesteigerten Glanz verliehen. Der große Salon war mit rotem Damast tapeziert, und sogar die Decke hatte eine Tapisserie, die von schweren Goldkordeln gehalten war. Auf dem Gesims oben an der Wand stand in großen gotischen Buchstaben folgende Inschrift: »Liebe die Natur mehr als die Kunst. Die Kunst mehr als den Ruhm. Die Kunst ist das Mittel. Die Natur ist der Ursprung.« Ein prunkvoller, mit Fayencen des Luca della Robbia geschmückter Kamin füllte den Hintergrund aus. Ihm zur Seite standen Schränkchen aus italienischem Schildpatt. Die Möbel waren mit Stickereien im Stil Louis XIII überzogen. In der Mitte des Raumes überragte den riesigen, mit Atlas gepolsterten Sockel eine Säule, die eine stehende Jeanne d'Arc in Bronze trug. Rings um Jeanne d'Arc herum standen Blattpflanzen unter einem kunstvollen Bewässerungssystem, das Wassertropfen niederrieseln ließ, ohne etwas naß zu machen, was für mich ein vollkommenes Geheimnis geblieben ist.

Das Boudoir war ganz und gar chinesisch – Stoffe, Porzellan und Nippsachen. Es war von zwei schreckenerregenden Drachen aus schwarzer Bronze erhellt, deren jeder den Strahl einer Gasflamme ausspie.

Das geräumige und düstere Speisezimmer war italienisch eingerichtet und seine Wandbespannung daher aus dunklem korduanischem Leder. Es öffnete sich auf einen Wintergarten, in den ich alle Liebesszenen verlegte, die ich mir nach heimlich gelesenen Büchern vorstellte. Vom Wintergarten ging es in den Garten hinunter.

Die Sehenswürdigkeit des Gartens bildete ein Pony, das auch zum Atelier meines Vaters freien Zutritt hatte und es sich nicht nehmen ließ, von hier aus das übrige Haus zu besichtigen. Oft erschien es bei den Mahlzeiten im Eßzimmer, um seinen Zucker zu verlangen. [...]

Meine Patin, Gräfin Zamoïska, hatte ein Töchterchen in meinem Alter verloren und mich sehr in ihr Herz geschlossen. Zu jedem Fest schickte sie mir prächtige Geschenke. Ich erinnere mich mit Entzükken an eine in braunen und grünen Atlas gekleidete Puppe. Sie war fast ebenso groß wie ich. Ich taufte sie Rosa. Rosa konnte die Augen schließen und sagte Papa und Mama mit einer Stimme, die mir geradewegs ins Herz drang. Selbstverständlich durfte ich sie nicht ins Kloster mitnehmen. Während dieser endlosen Monate der Trennung beherrschte sie meine Träume, und ich zählte fieberhaft die Tage, die ich ohne sie leben mußte. Als ich endlich wieder nach Hause kam, war Rosa nicht mehr da. Zuerst begriff ich es nicht. Ein so schreckliches Unglück war gar nicht möglich. Ich würde sie wiederbekommen. Ich würde sie wieder mit Küssen bedecken, ihr sagen können, was ich fern von ihr hatte erdulden müssen. Aber nein, es stimmte: Meine Stiefmutter war von dem Überschwang meiner Liebe zu dem einzigen Wesen, das ich liebkosen konnte, offenbar beunruhigt und hatte sie verschenkt.

Im Sacré-Cœur lernte ich buchstäblich nichts. Mit Hilfe eines dünnen Golddrahts, den man mir im Mund angebracht hatte, um meine Zähne geradezustellen, lispelte und stotterte ich so gut, daß die Lehrerin, wenn sie mich abhören wollte, recht schnell auf solche Übungen verzichtete, die nur allgemeine Heiterkeit hervorriefen. Sowie die Gefahr vorbei war, nahm ich den lästigen Apparat aus dem Munde.

Wenn ich mich morgens anzog, rollte ich geschickt mein Nacht-hemd zusammen und schob es hinten unter mein Kleid, um mir eine »Turnüre« anzulegen, wie sie die Erwachsenen trugen. »Marie Go-debska, nehmen Sie sofort diese Turnüre weg!« schrie regelmäßig die brave Schwester, die mit der Kontrolle unserer Uniform betraut war. Ich verfertigte mir natürlich am folgenden Tag wieder eine.

Eine meiner kleinen Schlafgefährtinnen war eine Meisterin in der Kunst des Fliegenfangens geworden. Geduldige Studien an diesen Tieren hatten es ihr ermöglicht, genau die Stelle zu finden, durch die man die Nadel stechen mußte, um sie aufzufädeln, ohne daß sie star-ben. Sie verfertigte sich auf diese Weise Ketten aus lebenden Fliegen und geriet in Entzücken über das himmlische Gefühl, das ihre Haut bei der Berührung der kleinen verzweifelten Füße und zitternden Flügel empfand. Ich war davon bis zum Erbrechen angeekelt. Viel-leicht hatte sie sich an den ›Malheurs de Sophie‹ inspiriert?

Einmal in der Woche hatten wir »Anstandsunterricht«. Der Leh-rer war ein kleiner, mit einer winzigen Violine bewaffneter Greis, der uns den Knicks, den Walzer und die Quadrille beibrachte.

Der Knicks war eine feierliche Handlung, die verschiedene und wohl zu unterscheidende Abstufungen enthielt: Sie ging vom großen Hofknicks (sechs Schritte vor, vier zurück und die traditionelle Kniebeuge auf dem vierten Schritt – diese Begrüßung war nur für Besuchstage im Sprechzimmer und der Schrecken vieler kleiner Mädchen, denn man mußte, ohne sich umzudrehen, die Türe hinter sich schließen) bis zum einfachen kurzen Knicks, der die Kniebeuge am Standort erforderte. Dann verwandelte sich die Miniaturgeige in einen Dirigentenstab, der unsere Bewegungen regelte, und der kleine alte Herr stellte die gedachte Person dar, die wir grüßen mußten. Die verschiedenen Arten und Betonungen, um »bon jour« und »au re-voir« auszusprechen, je nachdem es sich an einen Höhergestellten oder an einen Untergebenen richtete, erforderten gleichfalls endlose

Proben. Wenn dem »bon jour« ein »monsieur« folgte, so war das ein eindeutiges Zeichen dafür, daß man es mit einem Tieferstehenden zu tun hatte.

Der einzige glückliche Wochentag war der meiner Klavierstunde. Eine Nonne führte mich donnerstags zu Fauré. Es ist für mich ein Geheimnis geblieben, warum meine Stiefmutter, deren Umgebung aus größtenteils mittelmäßigen Künstlern bestand, mir diesen hervorragenden Musiker als Lehrer auswählte; sein wunderbarer Unterricht vermittelte mir eine grundlegende Kenntnis des Klavierspiels, die mir mein ganzes Leben lang viele Stunden reiner Freude verschafft hat.

Er hatte mich in Valvins, wo mein Vater ein Haus neben dem Mallarmés gekauft hatte, kennengelernt. Fauré hörte mich spielen, als ich kaum sechs Jahre alt war, und mein Spiel hatte ihm so starken Eindruck gemacht, daß er meine Eltern bat, ihm meine musikalischen Studien anzuvertrauen. Das war einer der Glücksfälle meines Lebens. Sein Unterricht bestand zum großen Teil darin, daß er mir vorspielte. Er hatte schnell verstanden, daß ich die Feinheiten seiner Kunst erfaßte und behielt: Eine einzige Phrase einer Beethoven-Sonate, die er liebevoll ausgewählt hatte, lehrte mich ein für allemal *das Atmen*.

In den sieben Jahren des Sacré-Cœur, die mir wie ein finsterer Tunnel vorkommen, ist Fauré mit seiner Freundlichkeit, mit der Freude, die ich im Laufe meiner Fortschritte in seinen Augen las, der einzige Lichtblick geblieben. Aus meinem sechsten Jahr im Kloster ist mir übrigens eine unheimliche Erinnerung geblieben: Ich wurde einmal mitten in der Nacht von einer Schwester geweckt, man kleidete mich ohne Erklärung an und führte mich zu meinem Vater in die Rue de Prony. Das Haus war voller Menschen, die flüsterten wie in einer Kirche. Meine Stiefmutter war gestorben. Man zog mich gewaltsam in das Sterbezimmer. Ich zitterte vor Angst. Zum ersten Mal in meinem Leben stand ich dem Tod gegenüber.

»Küsse sie!« sagte mein Vater schluchzend. Meine Zähne klapperten. Ich fühlte das Blut in meinen Adern erstarren. Man mußte mich zu diesem Kuß, dessen Schrecken mir für immer im Gedächtnis haftengeblieben ist, ans Bett stoßen. Im Tode flößte sie mir noch mehr Angst ein als im Leben.

Mein Vater liebte die Gegenwart des Todes kaum mehr als ich. Der Gedanke, die Nacht neben der sterblichen Hülle seiner Frau zu verbringen, war ihm so peinlich, daß er die Marquise de Gauville rufen ließ, ihm Gesellschaft zu leisten. In Wirklichkeit war sie seine Geliebte.

Ich bin ganz sicher, daß mein Vater in seinem Verhalten nicht die geringste Unschicklichkeit sah. Ebenso wie er beim Tode meiner Mutter Petersburg eiligst verlassen und bei Frau Natanson Zuflucht gesucht hatte, so floh er jetzt vom Totenbett seiner zweiten Frau und rief Madame de Gauville. Das war seine Art. [...]

Frau Natanson hinterließ mir dreihunderttausend Francs und alle ihre Diamanten. Das Geld wurde mir bei meiner Heirat übergeben, aber die Marquise eignete sich alle Diamanten an: Es waren sehr schöne Solitäre. Mein Vater aber vermählte sich mit ihr und zog zu ihr in die Rue de la Pompe, da das Haus in der Rue de Prony den Kindern von Frau Natanson zufiel.

Von nun an ging ich also einmal im Monat, am Ausgangstag von Sacré-Cœur, in die Rue de la Pompe. Meine neue Stiefmutter gewann schnell mein Herz. Sie begegnete mir mit einer Zärtlichkeit, wie ich sie nicht mehr gewöhnt war, und ich begann, sie leidenschaftlich zu lieben. Vom Kloster aus schrieb ich ihr schwärmerische Briefe.

Unser Briefwechsel wurde natürlich überwacht. Eine der Ordensschwestern ließ mich rufen. Sie hatte einige Blätter vor sich, auf denen ich rasch meine Schrift erkannte. Ihre Augen waren voll Güte, und sie sagte mir sehr sanft mit ihrer tiefen Stimme: »Mein Kind, nur Gott darf man auf diese Art lieben. Geben Sie acht! Wenn Sie fortfahren, auch im Leben so zu lieben, wird die Liebe Sie töten.«

Ich sollte übrigens bald von meiner Stiefmutter getrennt werden, denn meine Eltern fuhren nach Brüssel, wo sie sich endgültig niederließen.

Damals war ich ungefähr zwölfeinhalb Jahre alt. Bis zu meinem vierzehnten Lebensjahr hatte ich kaum mehr Beziehung zu meiner Familie. Mein Vater, dessen Wiedervermählung ein wenig voreilig gewesen war, zog es vor, seine Verbindungen mit Paris zu lockern, und so verließ ich kaum mehr das Sacré-Cœur. Aus dieser Zeit meines Lebens erinnere ich mich nur noch an meine wachsende Leidenschaft für die Musik. Ich widmete mich ihr völlig, jedes andere Lehrfach langweilte mich zu Tode.

Um diese beiden Frauen [die Mutter des Verfassers und die Gräfin Wolkenstein], die zusammen noch heute mir die Umwelt meiner Kindheit, das seltsame Nebeneinander von Rokoko und Romantik, fast sinnlich greifbar machten, bewegt sich, in einem längst schon gespenstisch gewordenen Reigen, eine unbestimmte Zahl von anderen, die ineinander übergehen, von denen ich keine mehr als Ganzes fassen kann, sondern nur noch einzelne Gebärden oder einen besonderen Duft, eine Stirn, ein Paar Augen, ein Kleid, eine schmale, blasse Hand, zu der ich das Gesicht nicht mehr finde… alles nur noch Traumgestalten, die schon damals wohl in die Märchenwelt eingingen, in der ich als geschwisterloses und ziemlich einsames Kind ohne näheren Verkehr mit Gleichaltrigen lebte. Nur ein einziger Spielkamerad von damals steht mir deutlich vor Augen, der Sohn eines Mitgliedes unserer Botschaft in Paris, ein hübscher, etwas schwammiger und ungewöhnlich folgsamer Junge, der mir, der ich ziemlich wild und unternehmend war, fortwährend als Muster vorgehalten wurde und den ich deshalb bald zu meiden suchte. Abends im Bett, zwischen Halbschlaf und Traum, baute ich an Palästen für meine Prinzessinnen und Feen, labyrinthisch aneinandergereihten Höfen und Hallen, die von Edelsteinen funkelten und in einem wunderbaren Licht schwammen, obwohl sie meistens, wie ich mich zu erinnern glaube, aus Gründen, die mir nicht mehr gegenwärtig sind, unterirdisch waren. Durch diese Pracht führte ich dann unterschiedslos die Figuren, die mir am Tage aufgefallen waren, und die, von denen ich im Märchen gehört hatte. Ich arbeitete manchmal wochenlang Nacht um Nacht an den Plänen und der Ausstattung eines und desselben Zauberschlosses, das ich immer wieder umbaute und verschönerte, bis es mir der erlauchten Gesellschaft, die ich einzuladen gedachte, würdig erschien. Ja, ich hatte mir aus einem alten Bademantel und bunten Federn eine Art von Staatsgewand zusammengebettelt, in dem ich die Gäste in meinen unterirdischen Gemächern zu empfangen mir vorgenommen hatte. Dieser Zaubermantel, der mehrere Jahre eine Rolle spielte, wurde mir zurechtgeschnitten und immer reicher ausgeschmückt von meiner alten Kinderfrau Marie aus Winsen bei Hamburg, die auch die Urheberin der Märchenatmosphäre war, in die die ganze mich umgebende Wirklichkeit nach und nach einbezogen wurde und sich sozusagen auflöste. Durch sie hörte ich täglich bei Spaziergängen, beim An- und Auskleiden, beim

Aufstehen und Zubettgehen, in hamburgischer Aussprache mit dem harten s-t, von Frau Holle und Rotkäppchen, vom gestiefelten Kater und den Bremer Stadtmusikanten, später auch von Robinson und Sindbad, vom letzten Mohikaner und dem Räuberhauptmann Ali Baba mit seinen vierzig Räubern. [...]

Die Kriegszeit und wohl auch noch das Jahr darauf verbrachten wir, meine Mutter und ich, in Wanstead, dem Landsitz einer ihrer Großoheime bei London, während mein Vater in London selbst die Leitung der dortigen Niederlassung übernahm und sich den caritativen Aufgaben des Krieges widmete. Der Landsitz meines Urgroßonkels steht mir noch deutlich vor Augen, da wir auch in den nachfolgenden Jahren mehrfach da waren. Das Haus stand inmitten eines schönen Parks, der Park ging in Wiesen über, durch die am Sonntag zwischen weidenden Schafen und Kühen hindurch die ganze Familie bei Glockengeläut festlich gekleidet sich zur Kirche schlängelte, ein Bild beispielhafter christlicher Gesinnung. Unter den uralten Bäumen des Parkes, dessen Rotbuchen und Maulbeerbüsche besonders mächtig waren, habe ich von meiner Mutter lesen gelernt. Diese Stunden unter den alten Rotbuchen sind mir unvergeßlich geblieben, weil ich nirgends wieder meiner Mutter so nahegekommen bin. Ich kann heute sagen, daß ich kein anderes Wesen je so restlos bis zum Verlöschen meiner selbst geliebt habe wie sie, mit Leidenschaft und allem, was Leidenschaft an Überraschung, Eifersucht und zeitweise an Haß mit sich bringt. Ich habe nächtelang wach gelegen und meine Mutter gehaßt – und ihr dann wieder unter Tränen Abbitte geleistet. Hier unter den alten Bäumen auf dem Landsitz meines Onkels war die Meeresstille dieser Liebe, wenn wir über eine Fibel oder ein Lesebuch gebeugt saßen und ich ihre Nähe wie einen Rausch empfand.

Das Haus, das mindestens zwanzig bis dreißig Schlafzimmer hatte, war immer von Verwandten voll besetzt. Jeden Morgen versammelte sich pünktlich zur festgesetzten Stunde die Familie und etwaiger Hausbesuch um den Frühstückstisch, der mit kaltem Geflügel, Eierspeisen, Schinken, frischen und eingemachten Früchten beladen war. Dann wurde vom Onkel das Tischgebet gesprochen, das die Verwandten und Gäste stehend murmelten, während die Dienerschaft hinter ihnen kniete. Kaum war es beendet, trat der Majordomus in schwarzem Frack, in Kniehosen und silberner Kette hinter meinen Onkel, und hinter jeden älteren oder prominenten Gast ein junger Diener in Livree mit leicht gepudertem Haar und fragte nach den Befehlen: Tee oder Kaffee oder Schokolade, Eier mit Speck oder kaltes Geflügel oder Roastbeef, geräucherten oder gebratenen Fisch? Und sobald ein Gast seine Wünsche kundgegeben hatte, gab sie der Lakai an die Mädchen weiter, die das Gewünschte herbeitrugen oder die Bestellung dem am Tisch vor der betreffenden Platte sitzenden Gaste meldeten, der dann mit einem gewaltigen Tranchiermesser das Stück Fleisch abschneiden und überbringen lassen mußte. Es war etwas Feierliches an diesen Mahlzeiten, die sich dreimal am Tage, morgens, mittags und abends, mit dem gleichen Zeremoniell wiederholten. Ich aß dabei mit einer Art von Ehrfurcht, die nicht sehr verschieden war von der, die ich beim Gottesdienst in der Dorfkirche empfand. Eine Episode ist mir wegen ihrer Komik unvergeßlich geblieben. Bei einem Mittagessen saß ein ausländischer Gast, vermutlich ein Diplomat, vor einem großen dampfenden Geflügelstück. Da er keine Übung im Tranchieren hatte, glitt ihm das Tier unter dem Messer fort auf seine Hose. Im furchtbaren Schmerz, weil die Gans oder Pute kochend war, packte er sie seiner Nachbarin, einer nichts ahnenden Dame in Hellgrau, auf den Schoß. Die Verwirrung war unbeschreiblich; selbst die sonst so wohlerzogenen Lakaien kicherten hilflos hinter ihren weißbehandschuhten Händen. Mein Onkel, ein großer, schwerer Herr, der eine goldgestickte, scharlachrote Uniform trug, wenn er zu Hofe fuhr, imponierte mir gewaltig. Eigentlich nur hier habe ich das Landleben intim kennengelernt; und später, wenn ich eine englische Landschaft von Constable oder Old Crome sah, mußte ich immer an den Landsitz meines Onkels, den alten Baumbestand und die Wiesen jenseits des Parkes denken. [...]

Vierzig Jahre früher. Wir fahren durch die schon herbstliche, unter einem feuchten Nebelschleier grün und golden schimmernde Themselandschaft. Meine Mutter, die für mich eine Sonderklasse zwischen Spielkameraden und Erwachsenen darstellt, sitzt mir in einem leichten Sommerkleid, vergißmeinnichtblau mit Silber, am Kupeefenster gegenüber und trägt ein silbergraues Kapotthütchen mit hellblauen Bändern, die neben dem Kinn zu einer breiten Schleife gebunden sind. Wir fahren von London nach Ascot, wohin sie mich nach meiner neuen Schule bringt. Ein junger Botschaftssekretär hat uns an die Bahn begleitet. War es der Baron Ludwig Plessen oder der junge Graf Paul Metternich? Ich weiß nicht mehr; ich sehe nur seinen Haarschopf, wie er sich zum Abschied über die Hand beugt, die meine Mutter ihm zum Fenster hinausreicht, und höre das helle Lachen der beiden bei irgendeinem Abschiedswort. Mir stehen die Tränen in den Augen, denn es naht die erste Trennung von meiner Mutter, unerbittlich, und mich schmerzt, daß ihr so heiter dabei zumute sein kann.

Ich bin zwölf geworden und entrinne der Hölle eines Pariser Halbinternates, wo ich wenig Gutes, aber manches Schlechte gelernt habe. Mich verfolgt das Bild eines kleinen schwarzhaarigen Teufels, der in der Klasse neben mir auf der Schulbank saß und mir keinen Tag Ruhe ließ. Um mich seiner widerlichen körperlichen Zugriffe zu erwehren, mußte ich fast täglich in den Pausen Boxkämpfe mit ihm ausfechten, die allerdings, da es auf französischen Schulen noch keinen regulären Boxkomment gab, meistens mit Kratzen und Beißen endeten, wobei ich, mit kräftigen Zähnen, das Beißen, er wie eine Katze das Kratzen bevorzugte. – Der große Kasten, in dem sich die Schule eingerichtet hatte, wohl ein früheres Kloster, war unvorstellbar unsauber, vom Eßsaal bis zu den Latrinen starrte er vor Schmutz; und das magere Essen, das wir zu Mittag ausgeteilt bekamen, Wassersuppen, etwas zähes Fleisch und ein Getränk, das »Abondance« hieß, weil viel Wasser mit wenig Wein darin gemischt war, hatte mit »französischer Küche« keine Ähnlichkeit. Jeden Morgen ganz früh, im Winter noch bei Dunkelheit, wurden wir in einem blauen Pferdeomnibus, der wie ein Vorfahr der grünen Minna vom Alexanderplatz aussah, von Hause abgeholt und am späten Nachmittag ebendort wieder abgeliefert. Beim Eintreffen in der Schule bekamen wir, um unser Zeug zu schonen, Überzüge an, schwarze Leinenkittel, die bis unter die Knie reichten und uns das Aussehen von kleinen Greisen mit einem Stich ins Mädchenhafte gaben. Trotz der Munterkeit und Gewandtheit, die gerade kleine Franzosen auszeichnet, hatte diese Jungensbande, wenn sie auf dem Hof herumstand oder spielte, nichts Jugendliches, sondern glich eher einer Versammlung von zwerghaften Beamten; um so mehr, als viele von den Jungen Orden trugen, die wöchentlich an die Fleißigsten verteilt und ihnen auf die Brust ihres schwarzen Kittels geheftet wurden. Von irgendwelcher Hygiene oder gar von Sport war nicht die Rede, kaum daß jeder Junge wöchentlich oder vierzehntägig ein Bad bekam. Einmal habe ich mir Läuse geholt. Der tägliche Wechsel zwischen zu Hause, wo um meine Mutter ein raffinierter Luxus und unter der Aufsicht von unserer Marie peinliche Sauberkeit und Ordnung herrschten, und diesem muffigen Internatsmilieu machte die Sache für mich unerträglich. Die Absicht meines Vaters mag gewesen sein, durch spartanische Tagesstunden die etwas weiche Atmosphäre des Hauses auszugleichen; in Wirklichkeit wurde ich aber körperlich und moralisch so zerrüttet, daß nach zwei Jahren der Hausarzt erklärte, wenn ich jetzt nicht fortkäme, könne er für nichts geradestehen. So entschlossen sich meine Eltern schweren Herzens, da es auf den anderen Schulen in Paris nicht viel besser war, mich in eine gesündere Umgebung nach England zu schicken. Ein junger Vetter von mir, der spätere Abgeordnete Harry Lynch, war in Slough, einer Vorschule von Eton, einem gewissen Mr. Kynnersley, einem Geistlichen, anvertraut gewesen und hing mit großer Liebe an ihm. Dieser hatte inzwischen eine eigene Privatschule auf dem Lande bei Ascot aufgemacht. In diese sollte ich zur Gesundung, bis ich planmäßig nach Deutschland aufs Gymnasium kam.

Aber es wäre unrecht zu verschweigen, was ich aus jenem Pariser Fegefeuer an dauerndem Gewinn forttrug. Am wertvollsten war wohl, daß durch den an Fanatismus grenzenden Kult, der mit der Sprache getrieben wurde, wir gedrillt waren, jedem Satz sozusagen in den Bauch zu sehen, ihn Wort für Wort zu zerlegen, bis er uns alle Geheimnisse seiner inneren Struktur offenbart hatte und wir in der Lage waren, über sie wie über die Stücke eines anatomischen Präparates Rechenschaft abzulegen. Das wurde täglich mehrere Stunden nicht bloß an lateinischen, sondern auch an französischen Klassikern geübt und erzeugte mit der Zeit eine Klarheit des sprachlichen Denkens und Ausdrucks, die mir auch heute noch als der eigentliche Kern der französischen Kultur erscheint.

Wenn wir in der Arbeitsstunde über einen Satz von Cornelius Nepos oder einen Vers von Lafontaine gebeugt uns seine Syntax klarzumachen suchten, um für den nächsten Tag seine anatomische Struktur in einer sogenannten »Analyse« zu Papier zu bringen, wachte über unseren Fleiß nicht der Klassenlehrer, sondern ein armes Geschöpf, das »Pion« genannt wurde, eine Art von Mittelding zwischen Pedell und Vorschullehrer, eine gescheiterte Existenz, gering besoldet, halb verhungert, schlecht gekleidet, der gemeinsamen Verachtung sowohl der Lehrer wie der Schüler bewußt, und von den letzteren als Objekt vieler böser Bubenstreiche bevorzugt. Diese unglücklichen Geschöpfe wechselten häufig, ohne daß man je erfuhr, was aus den Verschwundenen geworden war. Aber einer, der so ähnlich wie Monsieur Péchu hieß, ist mir durch sein Schicksal in Erinnerung geblieben, der einzige von meinen französischen Lehrern, den ich noch, fast wie ein Gespenst, vor mir sehe. Er war lang und hager und offenbar schwindsüchtig, denn er hüstelte immerfort, einen kleinen trockenen Husten. An seiner Nase, deren Spitze tiefrot war, hing ein Tropfen, den er von Zeit zu Zeit mit dem Handrücken fortwischte. Seine Augen, die ebenfalls entzündet und auffallend klein waren, huschten wie die eines Frettchens, halb ängstlich, halb böse, immerfort von einem zum andern. Meistens saß er zusammengekrümmt, die langen Beine übereinandergeschlagen, auf dem Katheder. Aber plötzlich schoß er dann mit Gepolter die Stufen herunter auf einen Schüler los, und während er dann mit einer quäkenden Stimme überhastet einige unverständliche Worte sprach, sauste schon das Lineal, das er wie ein Schwert schwang, auf die Hand des Unglücklichen nieder; denn M. Péchu war hilflos und grausam. Es hieß, er sei Kommunist gewesen, von General Gallifet 1871 mit den anderen dreißigtausend Kommunisten an die Wand gestellt worden, durch ein Wunder nur mit einem Lungenschuß davongekommen, im Massengrab erwacht und durch dunkle Protektoren wieder in die Unterrichtslaufbahn zurückgelangt; allerdings nur als »Pion«. Bei uns hieß er wegen seines unheimlichen Abenteuers »die Leiche«. Wenn der Junge, den M. Péchu schlug, um die ganze Klasse wild zu machen, ein furchtbares Gebrüll anstimmte, dann bekam M. Péchu Mitleid mit ihm und versuchte, ihn zu trösten; aber die übrige Klasse ergriff dann zum Schein für M. Péchu Partei, beschimpfte den geschlagenen Jungen, leitete dadurch einen Höllenspektakel ein, bis M. Péchu plötzlich wieder wie eine Viper auf den lautesten seiner Parteigänger losschoß und diesen mit dem Lineal bearbeitete, worauf das Ganze wieder von vorn anfing. Das konnte so stundenlang weitergehen, bis der Direktor kam oder M. Péchu ermattet wieder mit übergeschlagenen Beinen, hocherhobenem Lineal und rollenden Augen auf dem Katheder saß. Mir tat die arme »Leiche« leid, vielleicht weil ich sie mir schmerzverzerrt und blutbespritzt im Massengrab vorstellte. Ich verhielt mich bei den Spektakelszenen daher meistens ziemlich still, und so faßte er zu mir eine Art Vertrauen. Schließlich begann er mit mir einmal auf dem Hof ein Gespräch, nachdem er einen Kampf zwischen mir und meinem schwarzen Quälgeist geschlichtet hatte. Dann mußte ich ein paarmal allein unter seiner Aufsicht nachsitzen, um wegen irgendwelcher Verfehlungen fünfhundertmal einen Vers von Boileau oder Lafontaine abzuschreiben. Es fing mit trivialen Bemerkungen an, und dann erzählte er mir, gewissermaßen zur Abschreckung, aus seinem traurigen Leben. Und so wurde ich unschuldig zum Werkzeug seines Untergangs. Die kommunistische Periode überging er, stritt sie aber auch nicht ab. Er sagte nur, ich sei zu temperamentvoll, ich würde dadurch mich und andere nicht glücklich machen. Auch er habe sich aus feurigem Idealismus in die Politik gestürzt und damit nicht viel Gutes gestiftet. Er sei dann einer wunderbaren Frau begegnet, die ihn aufgenommen und geheiratet habe. Doch sei sie schwer herzleidend und deshalb leicht erregbar und sehr eifersüchtig. Er zeigte mir eine Photographie, die er aus seiner Brusttasche zog: ein aufgedunsenes weißes Gesicht mit dunklen, stechenden Augen und einem bösen Kinn. Sie sei eine Freundin und Mitkämpferin der berühmten französischen Kommunistin Louise Michel gewesen. »Eine Amazone!« Wenn er manchmal etwas heftig werde, sollten wir Rücksicht nehmen auf die Umstände seines Lebens; er müsse nachts seine Frau pflegen und habe wenig Schlaf; am Tage sei er deshalb oft nicht Herr seiner Nerven. »Solches Kopfweh, solches Kopfweh!« Er stützte den Kopf in die Hand und fing an zu weinen.

Ich verstand nur die Hälfte, aber fühlte grenzenloses Mitleid und beschloß, ihm beizustehen. Am nächsten Tage nahm ich einige der ärgsten Schreier beiseite und erzählte ihnen, was ich erfahren hatte; ich hoffte, sie zu einem Waffenstillstand zu überreden. Zu meiner bitteren Enttäuschung war die Wirkung entgegengesetzt. Jetzt hatten sie ihre Rache! Ohne mich einzuweihen, brüteten sie die Teufelei aus, die Frau mit in ihre Operationen gegen Péchu einzubeziehen. Einer von den Verschworenen ließ unter der Vorspiegelung eines Scherzes von seiner älteren Schwester anonym ein paar Liebesbriefe an Péchu schreiben, die unter Bezug auf frühere Beziehungen zu einem Stelldichein luden. Beim dritten bekam Mme. Péchu, die die Briefe ihres Mannes öffnete, einen Herzschlag; und Péchu hängte sich bei ihrer Leiche auf. Nur langsam sickerte die Geschichte bis zu mir durch. Ich lag dann mehrere Tage mit einer Art von Nervenfieber, bis ich mich meiner Mutter anvertraute, die mich, so gut es ging, zu trösten versuchte, mir aber später, als ich wieder gesund war, ernste Vorhaltungen wegen meines impulsiven Vorgehens machte.

Aus der stickigen, durch die Affäre Péchu halb kriminell gewordenen Atmosphäre des Pariser Instituts entfloh ich jetzt in eine gesündere Luft; und die Freude hierüber dämpfte den Schmerz über den Abschied von meiner Mutter. Ich ahnte noch nicht, daß der Tag durch diesen Schritt einen Wendepunkt in meinem Leben bedeuten werde. Ich warf mich im leeren Coupé noch einmal leidenschaftlich an ihren Hals. Und sie begann zu weinen. Dann waren wir in Ascot und traten beide mit sehr viel Haltung vor Mr. Kynnersley; meine Mutter erschien mir dabei stolzer und größer denn je.

Als sie fort war, rettete ich mein Gesicht im Kreise meiner neuen Kameraden durch geheuchelten Gleichmut und schlechte Witze und schrieb noch am selben Abend einen Zettel, den ich vor mir habe, ich hätte mir heute unter meinen Schulkameraden »schon viele Freunde gemacht«. Allerdings weinte ich in meiner Koje dann um so ausgiebiger.

Am nächsten Morgen forderte mich ein Junge, weil ich ein Ausländer sei, was in England damals noch etwas wie in Griechenland ein »Barbar« bedeutete, zu einem Boxkampf. Ein anderer, älterer

Junge unterrichtete mich vorher eilig in den Regeln eines »fairen« Kampfes, bei dem Kratzen und Beißen und Schläge unterhalb des Gürtels ausgeschlossen seien. Er vermutete ganz richtig, daß ich das auf dem »Kontinent« nicht gelernt hätte, da es dort ja keine Gentlemen gäbe. Wir gingen hinter das Haus, mein Gegner und ich mußten uns bis auf Hemd und Hose ausziehen, bekamen Handschuhe an, und nach drei Runden war ich knock out. Nachdem ich wieder aufgerichtet war, kam der Junge, der mich gefordert hatte, auf mich zu, bot mir die Hand und seine Freundschaft an. Ich hätte keine Ahnung vom Boxen, mich aber ganz tapfer gehalten und keine unfairen Kniffe, wie sie Ausländer liebten, anzuwenden versucht; wenn ich einmal einen Sekundanten brauche, stehe er als Freund mir zur Verfügung. Der Unparteiische, der mich vorsorglich unterrichtet hatte, war der später vielgefürchtete, ausgezeichnete Kunstkritiker Roger Fry, der als erster in England für Cézanne und Maillol eine Lanze brach, ein Bruder der Joan Fry, die nach dem Kriege in Berlin die Quäkerspeisungen leitete.

Im Gegensatz zum Pariser Kasten und seiner Elendsmiene präsentierte sich die Schule hier wie ein großes freundliches Landhaus. Richtiger: Sie bestand aus einem Komplex von Gebäuden in viktorianischem Cottagestil, aus dessen Mitte das eigentliche Schulhaus nur um ein weniges herausragte. Die Ansiedlung lag auf einer Höhe inmitten eines Parks, an den unten im Tal Wiesen grenzten, die als Spielplätze benutzt wurden. Von der Veranda des Haupthauses sah man weit in eine wellige Landschaft, deren Hügel abwechselnd mit Heide und kleinen Waldstücken bestanden waren. Ein Teil des Parks, ein von der modernen Entwicklung verschonter Rest der uralten Jagdgründe von Windsor, eine etwas felsige und abschüssige Schlucht, hieß die »Wildnis«. Sie diente dazu, seltene Pflanzen der einheimischen Flora und kleine Haustiere, wie Kaninchen, Eidechsen und Schildkröten, zu pflegen. Ein anderer Teil des Parks war in Gärtchen eingeteilt, die einzelnen Jungen als Preis für besondere Leistungen überlassen wurden und in denen sie je nach Geschmack und gärtnerischem Können Blumen setzen und ziehen konnten, Rosenstöcke, Tulpen, Iris, Veilchen, Goldlack, Jasmin, aber auch Kresse, Senfkraut und Radieschen. Die »Wildnis« umschloß einen von einem kleinen Wasserfall gespeisten Teich, in dem wir im Sommer, abgesondert von der Welt, ganz ungeniert, nackt baden, spielen, planschen und schwimmen konnten. Der Teich unterstand ebenso wie die »Wildnis« und die Gärtchen unserer Selbstverwaltung, und äußerst selten nur wurde von oben eingegriffen. Dieses kleine Paradies für Knaben war in allen Einzelheiten Mr. Kynnersleys Schöpfung. Überhaupt fiel ihm allerhand ein, was uns in einen jugendhaften Naturzustand versetzte, unsere Phantasie stachelte, in Abenteuer einspann. Die »Wildnis« war für uns eine wirkliche Wildnis jenseits der modernen Welt, ein Stück Mittelalter oder Wildamerika, Mr. Kynnersley, wenn er Felsen für den Wasserfall heranwälzte oder Urwald rodete und in dessen Schatten seltene Farne und Gräser entdeckte, eine Mischung von Pionier, Schuljunge und Waldgott, ein verzauberter Pastor, eine Ausgeburt des Waldes, dieses Waldes, in dem Falstaff als wilder Jäger zur Geisterstunde Mistreß Quickley erwartete. Und wenn wir von Windsor im Mondschein durch den Forst heimwanderten und das Rotwild zu uns herüberäugte und die verkrüppelten Eichen wie Hexen uns mit ihren Zweigen winkten, dann schien uns unsere Schule Teil einer Raum und Zeit entrückten Fabelwelt.

In Wirklichkeit war die Erziehung nüchtern durchdacht und streng. Die Schule hieß nach dem Schutzheiligen Englands und ersten christlichen Ritter »Saint George's School« und stellte an die Spitze der Tugenden, die von uns verlangt wurden, Ritterlichkeit, Haltung und Wahrhaftigkeit. Wer log oder sonst die obersten Gebote verletzte, deren Befolgung den Gentleman ausmacht, wurde vom Lehrerkollegium oder in besonderen Fällen von einer Anzahl älterer Jungen abgeurteilt, nach altenglischer Schulsitte mit entblößter Mittelpositur über einen Holzblock gelegt und von Mr. Kynnersley persönlich mit Ruten bis aufs Blut gepeitscht.

Morgens mußten wir uns von Kopf bis Fuß, sommers wie winters, kalt abplanschen. Nachmittags zum Sport völlig umziehen; meistens trugen wir dann nur Flanellhose und Sporthemd, im Winter einen schwarzen Pullover mit einem roten Georgskreuz. Wir lernten Boxen und Fechten und selbstverständlich die üblichen Spiele, das nationale Ballspiel Cricket, daneben Handball und sowohl Eton- wie auch Rugby-Fußball, aber wenig Turnen und nicht Tennis, das noch als weichlich galt. Auch Schwimmen im Teich in der »Wildnis« war obligatorisch. Die Lehrer mit Einschluß des »Chefs«, Mr. Kynnersleys, machten überall mit. Dadurch bildete sich eine Kameradschaft wie zwischen älteren und jüngeren Mitgliedern eines Offizierkorps und ein Ehrenkodex, der kaum je verletzt wurde. Bei den Schnitzeljagden im Herbst, die im Laufschritt oft fünfzehn Kilometer querfeldein führten, war Mr. Kynnersley selbst meistens einer der Hasen und gab beim Überwinden von schwierigen Geländeabschnitten, wie Dornendickicht oder Wasserläufen, die durchwatet oder durchschwommen wurden, das gute Beispiel. Lang und langbeinig, mit rotblonden Koteletten, wie sie damals englische Geistliche trugen, mindestens dreißig, benahm er sich dabei, ohne daß seine Würde litt, verschlagen und tollkühn wie ein Junge. Wenn er als Hase uns jagende Jungen durch einen Haken tüchtig in die Irre geführt hatte und entkommen war, dann sahen wir beim Halali die Augen hinter seiner goldgereiften Brille blitzen.

Man könnte meinen, daß bei diesem Training die eigentlichen Aufgaben der Schule vernachlässigt wurden. Ich kann nicht finden, daß das der Fall war. Während ich in Paris ein mittelmäßiger Schüler gewesen war, konnte ich in Ascot in kurzer Zeit fließend Griechisch und Latein lesen, so daß ich später im Hamburger Johanneum meine Mitschüler wenigstens in dieser Hinsicht übertraf. Wir übersetzten mit dreizehn Jahren »vom Blatt« Cäsar und Livius, Sophokles und Aristophanes, mit Ausnahme allerdings der Chöre. Ja, die ›Wolken‹ des Aristophanes führten wir in einer Vorstellung, bei der ich den Pheidippides spielte, in der Ursprache auf. Englische Geschichte und Literatur wurden gründlich und interessant betrieben, es legte sich kein Muff darauf. Shakespeare, Byron, Walter Scott, Dickens gingen in unsere Phantasie ein. Die ›Lustigen Weiber‹, ›Wie es euch gefällt‹, den ›Kaufmann von Venedig‹ lasen wir mit verteilten Rollen, wobei wir gewisse Szenen, die besonders lustig waren, auch mimten. Über Dickens' ›Pickwick‹, ›David Copperfield‹, ›Oliver Twist‹, ›Barnaby Rudge‹, die uns Mr. Kynnersley vorlas, haben wir gruppenweise gelacht oder gebangt. Wir wurden nicht gezwungen, »zu büffeln«; aber wer lernen wollte, fand dazu reichlich Gelegenheit und weniger deprimierende Wege als die, die mir später auf meinem deutschen Gymnasium gewiesen wurden. Das Vorlesen oder Lesen mit verteilten Rollen geschah vielfach an schulfreien Tagen, am späten Nachmittag, wenn wir, die Auserwählten, Eingeladenen, nach dem Spiel, geduscht und in der dem Frack für Jungen entsprechenden Affenjacke, im Salon erschienen, wo wir auf Kissen auf der Erde Mr. Kynnersley zu Füßen saßen und Mrs. Kynnersley Tee und Kuchen reichte. Sie selber, eine kinderlose, etwas trockene, aber temperamentvolle Frau, lang und rotblond, mit einem Pferdegebiß wie ihr Mann, nahm sich mehr der kleinen, acht- bis zehnjährigen Jungen an. Auf die älteren Knaben, die Mr. Kynnersley bevorzugte, war sie unverhohlen eifersüchtig, was zu Szenen führte, die tragisch oder tragikomisch und für uns in ihrer gedämpften englischen Art voller Spannung waren. – Mir wuchs Macaulay ans Herz. Meine Großmutter Lynch hatte mir die große Ausgabe seiner Werke geschenkt, acht Großoktavbände in schönen Ledereinbänden, die angenehm nach Juchten dufteten. Ich las und las immer wieder sein Leben, seine Englische Geschichte, die Essays und Parlamentsreden. Seine großen Reden über den Zehnstundentag und verwandte Fragen pflanzten in mir die ersten Keime sozialen Verständnisses.

Praktisch hatte das zunächst allerdings keine Folgen. Praktisch hatte überhaupt nichts von den Grundsätzen, die uns eingeprägt wurden, Folgen, wenn diese den Interessen der in England damals noch herrschenden Klasse, des Adels und des reichen Bürgertums, widersprochen hätten. Mr. Kynnersley führte die Schule als Vorschule der nationalen Erziehungsanstalten Eton, Harrow, Westminster, in denen die Söhne der herrschenden Kaste zu Parlamentsmitgliedern, Ministern, Botschaftern, hohen Verwaltungsbeamten, geistlichen Würdenträgern und großen Wirtschaftsführern, kurz zu Herren des britischen Weltreichs erzogen wurden. Von den vierzig zwischen acht und vierzehn Jahre alten Jungen waren zehn bis fünfzehn aus dem alteingesessenen Landadel, ein weiteres Drittel aus der reichen Bourgeoisie, der Rest aus bekannten Familien der englischen und schottischen Aristokratie: Percy, Hamilton-Gordon, Craven, Blackwood, Spencer-Churchill, Campbell. Niall Campbell, ein sehr bescheidener und einfacher kleiner Junge, wurde nach dem Tode seines Onkels, der mit einer Tochter der Königin vermählt war, Herzog von Argyll, ungekrönter König des Hochlandes und Träger des durch Walter Scott zu dichterischem Ruhm gelangten Titels »Herr der Inseln im westlichen Meer«, das heißt Lehnsherr der Inseln vor der schottischen Westküste im Atlantik. Winston Churchill, ein Enkel des Herzogs von Marlborough, damals ein rothaariger ruheloser Knirps, der allen durch seine Schauspielerei und Streitsucht auf die Nerven fiel, sollte die Laufbahn seines berühmten Vaters, des Lord Randolph Churchill, als Staatsmann und Führer der Nation fortsetzen. Vorläufig war er bei den Stalljungen seines Großvaters in die Lehre gegangen und hatte dort Worte und Manieren gelernt, die für einen jungen Gentleman höchst unpassend waren und Mr. Kynnersley in Empörung und Schrecken versetzten wegen der nicht auszudenkenden Möglichkeit, daß die ganze Schule diese würzige Ausdrucksweise und leicht beschwingte Stallburschenhaltung annehmen könnte. Wütend und schamrot fuhr er unter Androhung der Rute dazwischen, wenn Winston, klein wie ein Schratt, er war eben erst acht geworden, auf einem Klassentisch herumhüpfend, einer aufmerksamen Jungenschar ein Liedchen aus dem Stall vortrug. – Bei einer solchen Zusammensetzung der Schulgemeinde war es vielleicht nicht zu vermeiden, daß die Lehren des Christentums und der Klassiker, insoweit ihre Auswirkung der oberen Gesellschaftsschicht gefährlich werden konnte, stillschweigend außer Kraft gesetzt wurden. Das geschah salbungsvoll, unter voller Wahrung der

Würde christlicher Gesinnung und in den meisten Fällen aus langer Übung unbewußt. An ihrer Stelle erhob sich eine Klassenmoral, vor der die christliche zu einem »cant«, einem »Cantus«, einer unverbindlichen Begleitlitanei verblaßte. So ergab sich zwangsläufig unter dem Druck der christlichen Tradition und einer ihr wenig günstigen sozialen und politischen Struktur eine Erziehung zu einer doppelten Moral, auf die wir uns, gutgläubig und jungenhaft, ohne es zu merken, einstellten. In der Schule lernten wir »Liebet euren Nächsten wie euch selbst«, aber wenn wir, was häufiger vorkam, eine Fußball- oder Cricketpartie gegen Volksschüler oder Dorfjungen spielten, war uns unter Strafe verboten, mit ihnen ein Gespräch anzuknüpfen; denn sie waren »cads«, wobei »cad« nicht bloß »Staßenjunge«, sondern den Inbegriff alles dessen, was das Gegenteil eines Gentleman ist, bedeutete.

Verwurzelt war die zweite, gültige Moral im Klassenbewußtsein, das jeder Junge von zu Hause mitbrachte. Dieser Dünkel wurde bei jeder Gelegenheit überdies noch künstlich geschärft wie der Jagdinstinkt bei jungen Hunden. Das erzeugte allerdings Haltung und Selbstbeherrschung, aber auch, außer einer blinden Verachtung anderer Völker und Klassen, kritikloses Annehmen alles dessen, was im eigenen Hause als zum guten Ton gehörig oder wahr galt. Während meinen kleinen Kameraden in Paris nichts heilig war, bezweifelte in Ascot niemand, weder Lehrer noch Schüler, daß der Zylinder und die schwarze Affenjacke, die wir sonntags zum Kirchgang trugen, ebenso wie die Bibel, die Königin Viktoria, das Cricketspiel und das britische Weltreich, zu der von einem gütigen Gott ausgedachten und von uns ehrfürchtig anzunehmenden Weltordnung gehörten.

Zu den Einrichtungen, deren geheiligter Charakter nicht zu bezweifeln war, gehörte selbstverständlich auch die englische Staatskirche. Diese Kirche, die in ihren äußeren Formen und Zeremonien noch fast römisch, in ihrem Geist puritanisch ist, ein Zwitter, aber ein von Politikern mit überlegener Klugheit konstruierter Zwitter, trägt in eigenartiger Weise sowohl den weiblichen wie den männlichen Elementen der Seele Rechenschaft, den ersteren durch einen mit dem römischen rivalisierenden Pomp, den letzteren durch ihre »muscular Christianity«, eben jene doppelte Moral, die dem englischen Gentleman gestattet, sich gleichzeitig als Christ zu fühlen und als Herr auszuleben. Da ich eine ganz hübsche Stimme hatte, wurde ich Chorknabe. Bei den Andachten in unserer Kapelle wurden wir, die Chorknaben, weiß eingekleidet und zogen dann, da wir auch im übrigen sauber und gut gewaschen waren, wunderbar rein und feierlich vor unseren Lehrern, die alle einen akademischen oder kirchlichen Grad hatten und je nach dessen Abstufungen verschiedenfarbige Talare trugen, in den Chor ein. Man hätte uns, da die meisten Jungen noch dazu rosige, regelmäßige Kindergesichter hatten, für lauter kleine Engel halten können. Kleine Pharisäer? Vielleicht? Aber reinen Herzens; denn fast alle durften sich nach den Grundsätzen unserer Moral für tadellos sauber halten, bestes Führermaterial für das britische Weltreich. Allerdings kamen auch von Zeit zu Zeit kleine Skandale vor. Fälle allzu intimer Beziehungen zwischen Jungen, bei denen Mr. Kynnersley einige seiner ausgesuchten Lieblingsschüler ins Vertrauen zog und um ihre Meinung befragte, ehe er die Schuldigen peitschte oder von der Schule fortjagte.

Ich weiß nicht, ob es auf einem vor mir geheimgehaltenen Abkommen meiner Eltern mit der Schule beruhte; aber trotzdem ich allerhand ausfraß, bin ich nie gepeitscht worden. Ich hätte mich wahrscheinlich umgebracht. Auch so beging ich einen lächerlich verlaufenen Selbstmordversuch. Ich sehnte mich, wie ich mich nie wieder nach irgend jemandem gesehnt habe, nach meiner Mutter. Sie schien mir in ihren Briefen kühler, als ich erwartet hatte. Mein, wenigstens moralischer, Anfangserfolg im Boxen hatte nicht vorgehalten. Ich war Deutscher, Ausländer, und als solcher für kleine Engländer ein Ärgernis. Es entstand eine Vereinigung, die den Zweck hatte, mich zu ducken. Namentlich beim Rugby, das an sich schon eine der rauhesten Formen des Fußballs ist, suchten die Vereinsbrüder die kräftigsten Tritte immer mir zuzuschanzen. Als eines Tages ein Junge, den ich für meinen Freund hielt, den Spaß mitmachte, ging ich nach dem Spiel an die Hausapotheke, nahm ein Fläschchen Chloroform und vergiftete mich. Mein Stubenkamerad Palk fand mich bewußtlos. Palk, ein nettes Bürschchen, das etwas jünger als ich war, hatte wenige Tage nach meinem Eintritt in die Schule wegen irgendeines Dummenjungenstreiches eine grausame Züchtigung erlitten. Als er mir, ohne viel Worte, seine Striemen zeigte, empfand ich ein stürmisches Mitleid mit ihm. Wir wurden ganz plötzlich Kameraden. Palk rief, als er mich blau angelaufen daliegen sah, die Krankenschwester, und alles endete mit einem Kater. Mr. Kynnersley hat nichts erfahren.

Meine früheste noch lebhafte Erinnerung ist die an meine Ankunft in Pembroke Lodge im Februar 1876. Um ganz genau zu sein: An das eigentliche Eintreffen im Hause selbst entsinne ich mich nicht mehr, dagegen an das riesige Glasdach des Bahnhofs, an dem ich aussteigen mußte – vermutlich Paddington –, das mir unbegreiflich schön vorkam. Vom ersten Tag in Pembroke Lodge entsinne ich mich noch des Tees im Saal der Dienerschaft. Es war das ein großer, kahler Raum, worin ein langer massiver Tisch stand mit Stühlen und einem Hocker daran. Die ganze Dienerschaft, mit Ausnahme der Haushälterin, der Köchin, der Zofe und des Butlers – die in der Stube der Haushälterin eine Aristokratie für sich bildeten –, nahm in diesem Saal den Tee ein. Ich wurde zu diesem Behuf auf den hohen Hocker gesetzt und wunderte mich – wie ich mich noch heute höchst lebhaft erinnere – darüber, daß die Dienstboten so viel Interesse an mir nahmen. Damals wußte ich eben nicht, daß ich bereits der Gegenstand gewichtiger Erwägungen des Lord-Kanzlers, verschiedener Kronanwälte sowie anderer Standespersonen gewesen war, und ebensowenig von den merkwürdigen Begebenheiten, die sich vor meiner Ankunft in Pembroke Lodge abgespielt hatten und von denen ich erst Kunde bekam, als ich erwachsen war. [...]

Meine Eltern waren tot, und ich machte mir viel Gedanken darüber, was für Menschen sie gewesen sein mochten. Mutterseelenallein pflegte ich im Park herumzuwandern, abwechselnd Vogeleier sammelnd und über den Flug der Zeit grübelnd. Wenn ich nach meinen eigenen Rückerinnerungen urteilen darf, so erheben sich die wirklich bedeutsamen, formbildenden Eindrücke der Kindheit nur in flüchtigen Augenblicken zum Bewußtsein inmitten der rein kindlichen Tätigkeiten und werden vor Erwachsenen niemals erwähnt. Meines Erachtens sind Perioden, in denen der jugendliche Geist »weidet« und ihm keine Betätigung von außen her auferlegt wird, hochbedeutend, weil sie für die Bildung dieser anscheinend flüchtigen, in Wahrheit aber lebenswichtigen Eindrücke Zeit lassen. Mein Großvater war, wie ich ihn in der Erinnerung habe, ein schon weit über achtzigjähriger Mann, der in einem Rollstuhl im Park herumgefahren wurde oder, den Hansard lesend, in seinem Zimmer saß. Ich war sechs Jahre alt, als er starb. Ich erinnere mich, daß, als ich an seinem Todestag meinen Bruder (der auswärts auf der Schule war) mitten im Semester mit einer Droschke anfahren sah und ihn mit einem lauten »Hurra!« begrüßte, mein Kindermädchen sagte: »Pst! Heute darfst du nicht hurra rufen!« Aus diesem Vorfall läßt sich schließen, daß der Großvater für mich wenig bedeutete. [...]

Die Erwachsenen, mit denen ich in Berührung kam, bewiesen eine bemerkenswerte Unfähigkeit, die Heftigkeit kindlicher Gemütsbewegungen zu begreifen. Als man mich in meinem vierten Lebensjahr zum Photographieren nach Richmond mitnahm, hatte der Photograph einige Mühe, mich zum Stillsitzen zu bringen, bis er mir schließlich ein Sandtörtchen versprach, wenn ich mich reglos verhalte. Bis zu diesem Augenblick hatte ich in meinem ganzen Leben erst einmal ein Sandtörtchen bekommen, das mir als der Gipfelpunkt des Entzückens im Gedächtnis geblieben war. So verhielt ich mich also mäuschenstill, und das Bild wurde denn auch ausgezeichnet. Aber das Sandtörtchen bekam ich nicht.

Ein andermal hörte ich einen Erwachsenen zu einem andern sagen: »Wann kommt denn der junge Löwe?« Ich spitzte die Ohren und fragte: »Soll ein Löwe kommen?« – »Jawohl«, war die Antwort, »er kommt am Sonntag. Er ist ganz zahm; du wirst ihn im Salon sehen.« Ich zählte die Tage bis zum Sonntag und am Sonntagvormittag die Stunden. Schließlich wurde mir mitgeteilt, der Löwe sei im Salon, ich könne hingehen, um ihn anzusehen. Ich ging hin. Und dann war es ein junger Mann mit Namen Löwe. Ich war völlig erschüttert durch die Enttäuschung, und ich denke noch heute mit Herzeleid daran, wie tief verzweifelt ich damals war. [...]

Mein Bruder war sieben Jahre älter als ich und daher kein eigentlicher Gespiele für mich. Außer in der Ferienzeit war er auswärts auf der Schule. Wie das für den jüngeren Bruder natürlich ist, bewunderte ich ihn und freute mich immer sehr, wenn er zu Anfang der Ferien wiederkam; aber nach ein paar Tagen wünschte ich das Ende der Ferien herbei. Er neckte mich immer, tyrannisierte mich auch ein bißchen. Ich entsinne mich, wie er mir, als ich schon sechs Jahre alt war, laut zurief: »He, Baby!« Höchst würdevoll überhörte ich das, denn das war ja nicht mein Name. Hinterher teilte er mir dann mit, er habe Weintrauben gehabt, die er mir geschenkt hätte, wenn ich gekommen wäre. Da mir Obstgenuß auf das strengste verboten war, ging mir dieser Verlust sehr nahe. Es war da auch ein Glöckchen, das ich für mein Eigentum hielt, von dem er aber bei jeder Heimkehr behauptete, daß es ihm gehöre, und er nahm es mir weg, obschon er schon zu alt war, um daran viel Vergnügen finden zu können. Er hatte es noch in Besitz als Erwachsener, und ich konnte es nie ohne Ärger ansehen. Meine Eltern hatten, wie aus ihren Briefen hervorgeht, erhebliche Schwierigkeiten mit ihm; jedenfalls aber hatte meine Mutter Verständnis für ihn, da er dem Charakter und der Erscheinung nach ein Stanley war. Die Russells dagegen brachten ihm keinerlei Verständnis entgegen, sondern betrachteten ihn von allem Anfang an als »Teufelsbrut«. Es war nur natürlich, daß er sich bemühte, seinem Ruf gerecht zu werden. Man machte Versuche, ihn von mir fernzuhalten, die ich übelnahm, als ich sie bemerkte. Seine Persönlichkeit war jedoch so wahrhaft überwältigend, daß ich, wenn ich mit ihm eine Zeitlang zusammengewesen war, die Empfindung hatte, nicht mehr atmen zu können. Sein ganzes Leben hindurch bewahrte ich ihm gegenüber eine aus Zuneigung und Furcht gemischte Einstellung. Er sehnte sich leidenschaftlich danach, geliebt zu werden, war jedoch ein solcher Tyrann, daß ihm niemand auf die Dauer Liebe entgegenbringen konnte. Wenn er die Zuneigung eines Menschen einbüßte, so verwundete ihn das tief; er wurde dann grausam und rücksichtslos; seine schlimmsten Handlungen entsprangen Gefühlsregungen.

Während meiner ersten Jahre in Pembroke Lodge spielten die Dienstboten in meinem Leben eine größere Rolle als die Familienangehörigen. Es war eine alte Haushälterin da, Mrs. Cox, die schon das Kindermädchen meiner Großmutter gewesen war, eine rechtschaffene, tatkräftige, strenge, der Familie tief ergebene Person, die immer nett zu mir war. Dann gab es einen Butler namens MacAlpine, einen waschechten Schotten. Er pflegte mich auf die Knie zu nehmen und mir die Berichte von Eisenbahnunfällen aus der Zeitung vorzulesen. Sobald ich seiner ansichtig wurde, kletterte ich an ihm hoch und bat: »Erzähl mir von einem Unglück.« Ferner gab es eine französische Köchin mit Namen Michaud, eine recht beängstigende Person; aber ihrem angsterregenden Gehabe zum Trotz konnte ich mich nicht enthalten, in die Küche zu gehen, um zuzusehen, wie sich der Braten an dem altmodischen Spieß drehte, und um Klümpchen Salz aus dem Salzfaß zu stibitzen, die mir lieber waren als Zuckerzeug. Dann lief mir die Köchin mit dem Tranchiermesser nach, doch ich entkam stets mit Leichtigkeit. An den Gärtner, der außerhalb des Herrenhauses wohnte und MacRobie hieß, erinnere ich mich nur wenig, da er abging, als ich fünf Jahre alt war. Draußen lebte auch der Pförtner mit seiner Frau, Mr. und Mrs. Singleton, die ich beide sehr ins Herz geschlossen hatte, da sie mir immer Bratäpfel und Bier gaben, die mir streng verboten waren. Der Nachfolger von MacRobie war ein Gärtner namens Vidler, der mir erzählte, die Engländer seien die zehn verlorenen Stämme Israels, was ich ihm aber nicht recht glaubte. Während der ersten Zeit in Pembroke Lodge hatte ich noch eine deutsche Erzieherin, Fräulein Hentschel, und ich sprach

Deutsch schon so fließend wie Englisch. Aber sie verließ Pembroke Lodge bald nach meiner Ankunft dort und wurde ersetzt durch ein deutsches Kindermädchen namens Wilhelmina, abgekürzt Mina. Lebhaft erinnere ich mich noch, daß ich, als sie mich am ersten Abend baden wollte, meinen Körper krampfhaft steif hielt aus Vorsicht, weil ich nicht wußte, was sie im Sinn hatte. Da ich alle ihre Bemühungen vereitelte, mußte sie schließlich Hilfe von außen herbeirufen. Bald jedoch wurde ich ihr sehr zugetan. Sie lehrte mich deutsche Buchstaben schreiben. Ich entsinne mich, daß ich, nachdem ich alle großen und kleinen deutschen Buchstaben gelernt hatte, zu ihr sagte: »Jetzt muß ich nur noch die Ziffern lernen«, und daß ich ebenso überrascht wie erleichtert war, als ich merkte, daß die deutschen mit den englischen Ziffern identisch waren. Gelegentlich versetzte sie mir auch einen Klaps, und ich erinnere mich, daß ich dann weinte, aber es fiel mir nicht ein, ihr deshalb die Freundschaft zu kündigen. Sie blieb bis zu meinem sechsten Jahr bei mir. Zu ihrer Zeit war auch ein Dienstmädchen für das Kinderzimmer da, Ada mit Namen, das morgens, wenn ich noch im Bett lag, das Feuer anzündete. Ada wartete ab, bis die Holzreiser flackerten, dann legte sie Kohle darauf. Ich wollte immer, sie solle keine Kohle darauf schütten, weil ich das Geknatter und die Helligkeit des brennenden Holzes so gern hatte. Das Kindermädchen schlief bei mir im Zimmer; aber soweit meine Erinnerung reicht, zog sie sich niemals an noch aus. Freudianer mögen daraus schließen, was sie wollen.

Was die Ernährung angeht, so wurde ich meine ganze Jugend hindurch höchst spartanisch behandelt, jedenfalls viel strenger, als man das heute als der Gesundheit zuträglich erachtet. In Richmond wohnte eine alte französische Dame, eine Nichte von Talleyrand, namens Madame d'Etchegoyen, die mir immer große Schachteln köstlicher Pralinés schenkte. Von diesen durfte ich ein einziges am Sonntag essen, aber sonntags wie werktags mußte ich sie den Erwachsenen anbieten. Ich brockte so gern mein Brot in die Bratensauce, aber das durfte ich nur im Kinderzimmer, doch nicht im Speisezimmer. Ich machte häufig ein Schläfchen vor dem Abendessen, und wenn ich zu lange schlief, bekam ich mein Abendessen im Kinderzimmer; allein wenn ich rechtzeitig aufwachte, mußte ich im Speisezimmer mitessen. Ich täuschte deshalb häufig langen Schlaf vor, um im Kinderzimmer essen zu können. Schließlich faßte man aber Verdacht, daß ich mich verstelle, und eines schönen Tages wurde ich, als ich noch im Bett lag, gepufft und geknufft. Ich blieb stocksteif liegen in der Meinung, so verhalte man sich, wenn man schlafe, aber zu meinem Verdruß hörte ich sagen: »Er schläft nicht, er hält sich nur stocksteif.« Warum ich mich schlafend stellte, darauf ist nie jemand gekommen. Ich erinnere mich, daß einmal beim Mittagessen, als die Teller gewechselt wurden, jeder außer mir eine Orange bekam. Orangen waren mir, auf Grund der damals unausrottbaren Überzeugung, daß Obst ungesund für Kinder sei, verboten. Ich wußte, daß ich keine Orange verlangen durfte, weil das eine Dreistigkeit gewesen wäre, doch da ich auch einen frischen Teller erhalten hatte, wagte ich trotzdem zu sagen: »Ein Teller und nichts drauf.« Alles lachte, aber eine Orange bekam ich nicht. Ich bekam nie Obst, auch so gut wie keinen Zucker, dagegen übermäßig viel Kohlehydrate. Trotzdem war ich kaum je einen Tag krank, bis auf leichte Masern in meinem elften Jahr. Seit ich mich, nach der Geburt eigener Kinder, mit Kindern näher befaßte, habe ich kaum je eines erlebt, das so gesund war wie ich; ich bin jedoch überzeugt, ein heutiger Sachverständiger für Kinderernährung würde meinen, ich müsse die verschiedensten Mangelkrankheiten durchgemacht haben. Vielleicht wurde ich davor bewahrt durch meine Gewohnheit, Holzäpfel zu stehlen, was, wenn es ruchbar geworden wäre, sicher höchstes Entsetzen und tiefste Beunruhigung hervorgerufen hätte. Durch eine ähnliche Betätigung meines Selbsterhaltungstriebs kam ich zu meiner ersten Lüge. Die Gouvernante ließ mich für eine halbe Stunde allein, nachdem sie mir strengstens eingeschärft hatte, während ihrer Abwesenheit keine Brombeeren zu naschen. Als sie zurückkam, befand ich mich in verdächtiger Nähe der Brombeersträucher. »Du hast Brombeeren gegessen«, sagte sie. »Nein!« entgegnete ich. »Zeig deine Zunge!« sagte sie. Scham überwältigte mich, und ich kam mir höchst verworfen vor. Überhaupt war ich äußerst anfällig für die Empfindung von Sünde. Auf die Frage, welches mein Lieblingskirchenlied sei, antwortete ich: »Der Erde müde und von Sünden schwer.« Als meine Großmutter einmal bei der Familienandacht das Gleichnis vom verlorenen Sohn vorlas, sagte ich hinterher zu ihr: »Ich weiß, warum du das vorgelesen hast…, weil ich meine Wasserkanne zerbrochen habe.« Diese Anekdote pflegte sie in späteren Jahren voll Vergnügen zu erzählen, ohne zu erkennen, daß sie die Schuld trug an einer krankhaften Veranlagung, die bei ihren Kindern zu tragischen Folgen geführt hatte.

Viele meiner lebhaftesten Erinnerungen aus der frühen Jugend beziehen sich auf Demütigungen. Im Sommer 1877 mieteten meine Großeltern vom Erzbischof von Canterbury ein Haus in der Nähe von Broadstairs, das Stone House hieß. Die Bahnfahrt dorthin erschien mir übermäßig lang; schließlich meinte ich, wir müßten schon in Schottland sein. Ich fragte daher: »In welchem Land sind wir denn?« Worauf ich ausgelacht und gefragt wurde: »Weißt du denn nicht, daß man England nicht verlassen kann, ohne übers Meer zu fahren?« Ich wagte nicht, etwas Erklärendes vorzubringen, und schwieg tief beschämt. Als wir dann dort waren, ging ich eines Nachmittags mit Großmutter und Tante Agatha zum Meer hinunter. Ich hatte ein Paar ganz neuer Stiefel an, und das Kindermädchen hatte mir noch im letzten Augenblick, da ich von daheim wegging, eingeschärft: »Paß auf, daß du deine Stiefel nicht naß machst!« Doch die eintretende Flut hielt mich auf einem Felsen gefangen; Großmutter und Tante riefen mir zu, ich solle durchs Wasser ans Ufer waten. Da ich das nicht tat, mußte die Tante zu mir hinwaten und mich auf den Armen durchs Wasser tragen. Die beiden meinten, ich hätte mich aus Angst so verhalten; ich erzählte ihnen aber nichts vom Verbot der Kinderfrau, sondern ließ die Standpredigt, die mir wegen meiner Feigheit gehalten wurde, demütig über mich ergehen. Alles in allem jedoch war die Zeit, die ich in Stone House verlebte, durchaus erfreulich. Ich erinnere mich an North Foreland, das ich für eine der vier Ecken von England hielt, weil ich es mir als Rechteck vorstellte. Ich erinnere mich an die Ruinen von Richborough, die mich sehr interessierten, und an die Camera obscura in Ramsgate, die mich noch mehr interessierte. Ich erinnere mich an wogende Kornfelder, die zu meinem Bedauern verschwunden waren, als ich dreißig Jahre später wieder in diese Gegend kam. Ich erinnere mich selbstverständlich an die üblichen Freuden der Meeresküste: an die Schnecken und Seeanemonen, an die Felsen und Dünen, die Fischerboote und Leuchttürme. Es machte mir großen Eindruck, daß die Napfschnecken sich ans Gestein klammern, wenn man sie wegzureißen versucht, und ich fragte Tante Agatha: »Tante, können Schnecken denken?« Als sie antwortete: »Das weiß ich nicht«, entgegnete ich: »Dann mußt du dich erkundigen.« Genau erinnere ich mich nicht mehr an den Vorfall, durch den ich mit meinem Freund Whitehead bekannt wurde. Es war mir erzählt worden, die Erde sei rund, was ich nicht glauben wollte. Da riefen meine Großmutter und meine Tante den Pfarrer des Kirchspiels zu Hilfe, um mich zu überzeugen, und das war zufällig Whiteheads Vater. So bekehrte ich mich denn unter geistlicher Anleitung zu der rechtgläubigen Anschauung und machte mich daran, ein Loch zu den Antipoden zu bohren. Dieser Vorfall ist mir allerdings nur vom Hörensagen bekannt. Während meines Aufenthalts in Broadstairs wurde ich einmal zu einem Besuch bei Sir Moses Montefiore mitgenommen, einem hochverehrten jüdischen alten Herrn, der in der Umgegend wohnte. (Laut ›Encyclopaedia Britannica‹ hatte er sich bereits 1824 zurückgezogen.) Es war dies das erste Mal, daß mir die Existenz von Juden außerhalb der Bibel bewußt wurde. Vor dem Besuch erklärte man mir daheim vorsorglicherweise, welche Bewunderung der alte Herr verdiene, unter welch abscheulichen Zurücksetzungen die Juden früher gelitten, zu deren Aufhebung Sir Moses und mein Großvater viel beigetragen hätten. Bei dieser Gelegenheit gab mir Großmutter eine Erklärung, die mir einleuchtete, während ich sonst nie recht wußte, was ich aus ihren Antworten machen solle. Sie war eine wütende Klein-Engländerin und mißbilligte heftig alle Kolonialkriege. Sie erzählte mir vom Zulukrieg, der ein höchst ruchloser Krieg sei, an dem zu großem Teil Sir Bartle Frere, der Gouverneur der Kap-Provinz, die Schuld trage. Als Sir Bartle Frere sich dann in Wimbledon niederließ, nahm sie mich zu einem Besuch bei ihm mit, und ich beobachtete, daß sie ihn keineswegs als Ungeheuer behandelte. Das war mir höchst unverständlich.

Großmutter pflegte mir vorzulesen, und zwar vornehmlich Erzählungen von Maria Edgeworth. Eine dieser Erzählungen, mit dem Titel ›Der falsche Schlüssel‹, sei, sagte sie, keine sehr anständige Geschichte. Sie wollte sie mir deshalb nicht vorlesen. Ich las jedoch die ganze Geschichte, nämlich jedesmal einen Satz, wenn ich ihr das Buch vom Regal holen mußte. Überhaupt waren ihre Versuche, mich vor der Kenntnis gewisser Dinge zu bewahren, selten von Erfolg. Etwas später, zur Zeit des skandalösen Ehescheidungsprozesses von Sir Charles Dilke, ergriff sie die Vorsichtsmaßregel, jeden Tag die Zeitungen zu verbrennen; ich mußte jedoch immer ans Parktor gehen, um sie ihr zu holen, und unterwegs las ich Wort für Wort die Prozeßberichte, ehe sie noch Großmutter vor Augen kamen. Der Prozeß interessierte mich um so mehr, als ich einmal mit Sir Charles in der Kirche gewesen war und ich mich nun immer fragte, wie ihm zumute gewesen sein müsse, als er das Siebente Gebot hörte. Als ich schließlich fließend lesen gelernt hatte, las ich Großmutter vor und erwarb dadurch eine ausgedehnte Kenntnis der maßgebenden englischen Literatur. Ich las mit ihr Shakespeare, Milton, Dryden, Cowpers ›Task‹, Thomsons ›Castle of Indolence‹, Jane Austen und eine Masse anderer Bücher. [...]

Während des größten Teils meiner Kindheit waren meine bedeutsamsten Tagesstunden die, die ich allein im Park verbrachte; der erfüllteste Teil meines Lebens verlief in Einsamkeit. Selten nur erwähnte ich andern gegenüber etwas von meinen tieferen Gedanken, und wenn ich es einmal tat, bereute ich es. Ich kannte jeden Winkel des Parks; jedes Jahr sah ich an dem einen Fleck nach den weißen Schlüsselblumen, an einem andern nach dem Nest des Rotschwänzchens, im Gewirr des Efeus nach den auftauchenden Akazienblüten. Ich wußte, wo die frühesten Glockenblumen zu finden waren und welche der Eichen sich zuerst belaubte. Ich entsinne mich noch, daß im Jahre 1878 ein bestimmter Eichbaum bereits am 14. April in vollem Laub stand. Mein Fenster ging auf zwei lombardische Pappeln hinaus, jede von etwa dreißig Meter Höhe, und ich pflegte zu beobachten, wie der Schatten des Hauses bei Sonnenuntergang an ihren Stämmen emporkroch. Am Morgen erwachte ich sehr früh und sah manchmal die Venus erscheinen. Einmal hielt ich das Licht des Planeten irrtümlich für das einer Laterne im Wald. Die Sonne sah ich in der Frühe meistens aufgehen; an hellen Apriltagen schlüpfte ich manchmal zu einem langen Spaziergang vor dem Frühstück aus dem Haus. Ich beobachtete, wie die untergehende Sonne die Erde mit Rot und die Wolken mit Gold überzog; ich lauschte dem Wind und bejubelte den Blitz. Meine ganze Kindheit hindurch wurde das Gefühl der Einsamkeit immer stärker, und dazu das der Hoffnungslosigkeit, daß ich jemals einen Menschen finden würde, mit dem ich mich aussprechen könnte. Vor völliger Verzweiflung bewahrten mich die Natur, die Bücher und (später) die Mathematik. [...]

Bei der Bemühung, soviel als möglich aus meiner frühesten Kindheit wachzurufen, stoße ich als erste Erinnerung nach meiner Ankunft in Pembroke Lodge darauf, daß ich – es muß etwa einen Monat danach gewesen sein – bei warmem Sonnenschein durch schmelzenden Schnee spaziere und zusehe, wie eine große gefällte Buche zersägt wird. Die nächste Erinnerung ist die an meinen vierten Geburtstag, zu dem ich eine Trompete geschenkt bekam, auf der ich dann den ganzen Tag blies, und daß es im Gartenhaus Tee mit einem Geburtstagskuchen gab. Die darauffolgende Erinnerung ist die, wie meine Tante mich im Lesen und über die Farben unterrichtet, und danach, sehr lebhaft, die Klasse im Kindergarten, wohin ich knapp vor Erreichung des fünften Jahres kam, um ungefähr anderthalb Jahre dort zu bleiben. Es war eine höchst beglückende Zeit. Das Geschäft, aus dem die Lehrmittel bezogen wurden, befand sich, wie auf den Deckeln stand, in der Berners Street – einer Seitenstraße der Oxford Street –, und, wenn ich mich nicht sehr zusammennehme, erscheint mir die Berners Street noch heute als etwas wie Aladins Wunderschloß. Im Kindergarten lernte ich andere Kinder kennen, von denen ich jedoch die meisten aus den Augen verloren habe. Nur einen dieser Jungen traf ich einmal zufällig im Jahre 1929, als ich in Vancouver aus dem Zug stieg, Jimmie Baillie. Es wird mir erst jetzt klar, daß die gute Dame, die uns unterrichtete, eine regelrechte Fröbel-Ausbildung genossen hatte, die für die damalige Zeit außeror-

dentlich modern war. Ich entsinne mich fast aller Lektionen noch
bis in die Einzelheiten; was mich jedoch am meisten erregte, das war
wohl die Entdeckung, daß die Mischung von Gelb und Blau Grün
ergibt.

Ich war gerade sechs geworden, als mein Großvater starb; bald
darauf gingen wir über den Sommer nach St. Fillans in Perthshire.
Ich erinnere mich an das ulkige alte Gasthaus mit den Türpfosten
aus knorrigem Holz, die Holzbrücke über den Fluß, die Felsbuchten
am See und an den gegenüberliegenden Berg. Auch diese Zeit habe
ich in beglückender Erinnerung. Meine nächste Erinnerung ist dagegen weniger erfreulich. Es ist die an ein Zimmer in London, Ches-
ham Place No. 8, wo meine Gouvernante wütend auf mich einredete,
während ich mich bemühte, das Einmaleins zu lernen, was dauernd
durch Tränenergüsse behindert wurde. Als ich sieben war, mietete
meine Großmutter auf einige Monate ein Haus in London; von da
an kam ich mehr mit der Familie meiner Mutter zusammen. Mein
Großvater mütterlicherseits war tot, doch meine Großmutter von
der Mutterseite, Lady Stanley of Alderley, lebte noch in einem großen Hause, Dover Street No. 40 – das im Zweiten Weltkrieg ausge-
bombt wurde –, mit ihrer Tochter Maude. Ich war öfter bei ihr mittags zu Tisch, aber obwohl das Essen vorzüglich war, war es ein
zweifelhaftes Vergnügen, denn sie hatte eine bitterböse Zunge und
schonte weder Alter noch Geschlecht. In ihrem Beisein war ich immer vor Schüchternheit wie gelähmt, und da keiner von den Stanleys
schüchtern war, so ärgerte sie das sehr. Ich gab mir stets verzweifelte
Mühe, guten Eindruck zu machen, was aber, infolge von Umständen, die ich nicht hatte voraussehen können, immer mißglückte. Ich
erinnere mich, wie ich ihr einmal mitteilte, ich sei in den letzten sieben Monaten um zweieinhalb Zoll gewachsen, so daß ich bei dieser
Proportion im Jahre vierzweisiebtel Zoll wachsen würde. Worauf
sie sagte: »Weißt du nicht, daß man niemals Brüche erwähnen soll
außer Halben und Vierteln? Das ist Pedanterie!« – »Jetzt weiß ich
es«, erwiderte ich. »Genau wie sein Vater!« sagte sie darauf zu Tante
Maude. So oder ähnlich wie in diesem Fall gingen meine besten Bemühungen immer fehl. Ich war ungefähr zwölf Jahre alt, als sie mich
vor einem Zimmer voll Gästen ausfragte, ob ich diese und jene po-
pulär-wissenschaftlichen Bücher – sie zählte deren eine ganze Reihe
auf – gelesen hätte. Keines davon hatte ich gelesen. Schließlich
seufzte sie und sagte zu den Gästen: »Ich habe keine intelligenten
Enkel.« Sie war eine Figur aus dem achtzehnten Jahrhundert, ebenso
rationalistisch wie phantasielos, immer auf Aufklärung erpicht und
voll Verachtung für die Zimperlichkeit und den Tugenddünkel der

Viktorianischen Epoche. Sie war eine der Hauptbeteiligten an der Gründung des Girton College; ihr Bildnis hängt in der großen Halle von Girton, aber ihre politischen Grundsätze wurden nach ihrem Tode aufgegeben. »Solange ich lebe«, hatte sie immer gesagt, »gibt es keine Kapelle in Girton.« An ihrem Todestag wurde dann mit dem Bau der jetzigen Kapelle begonnen. Als ich ins Pubertätsalter kam, begann sie dem entgegenzuarbeiten, was sie an meiner Erziehung als »nambypamby« [etwa »verpimpelt und versimpelt«] bezeichnete. Sie pflegte zu sagen: »Niemand kann etwas vorbringen gegen *mich*, aber ich sage immer: Es ist nicht so schlimm gegen das Siebente Gebot zu verstoßen als gegen das Sechste, denn dazu bedarf es jedenfalls der Mitwirkung des andern Teils.« Ich machte ihr große Freude damit, daß ich mir einmal als Geburtstagsgeschenk ›Tristram Shandy‹ wünschte, und sie sagte: »Ich werde nichts hineinschreiben, denn sonst sagen die Leute, was für eine wunderliche Großmutter du hast.« Gleichwohl schrieb sie etwas hinein. Es war eine vom Autor gezeichnete Erstausgabe. Das war das einzige Mal, soweit ich mich erinnere, daß es mir glückte, ihr Freude zu bereiten.

Als ich acht, neun und zehn Jahre alt war, wendete mein Vater sich der Politik zu. Er verstand es, zu gefallen und zu kämpfen, aus dem Stegreif zu sprechen und Anekdoten zu erzählen – er hätte vielleicht ein Abgeordnetenhaus verführen und erobern können, wie er eine Frau bestrickte. Aber genau wie seine grenzenlose Freigebigkeit uns alle ruinierte, verblendete ihn ein kindliches Vertrauen. Er glaubte an die Ehrlichkeit seiner Parteifreunde und an die Anständigkeit seines Gegners, im vorliegenden Fall Monsieur Merlou. Pierre Merlou, später für kurze Zeit Minister, verdrängte meinen Vater aus den Provinzialständen und stach ihn bei der Kandidatur für die Abgeordnetenkammer aus; dafür bin ich der Asche Seiner Exzellenz noch heute dankbar.

Die Stellung eines kleinen Steuerbeamten im Departement Yonne konnte einen einbeinigen Hauptmann der Zuaven, der springlebendig und von Menschenfreundlichkeit besessen war, nicht befriedigen noch ihn im seelischen Gleichgewicht erhalten. Sowie das Wort »Politik« sein Ohr mit gefährlichem Klang berührte, dachte er: »Ich werde das Volk durch Belehrung erobern! Ich werde die Jugend und die Kinder im geheiligten Namen der Naturgeschichte, der Physik und der Chemie anrufen, ich werde die Projektionslaterne und das Mikroskop schwingen und in den Dorfschulen bildende und unterhaltende Farbdrucke verteilen, auf denen der Rüsselkäfer, zwanzigfach vergrößert, den bienengroß gezeichneten Geier in den Schatten stellt... Ich werde volkstümliche Vorträge über den Alkoholismus halten, aus denen Poyaudin und Forterrat, hartnäckige Säufer, bekehrt und in Tränen gebadet, weggehen sollen!«

So geschah es. Der abgenützte, offene kleine Wagen und die alte schwarze Stute beluden sich zur Zeit der Wahlen mit der Projektionslaterne, mit bunten Bildern, Probiergläsern, knieförmig gebogenen Röhren, mit dem zukünftigen Kandidaten, seinen Krücken und mir. Ein kalter und ruhiger Herbst bleichte den wolkenlosen Himmel. Wenn es bergauf ging, fiel die Stute in Schritt; dann sprang ich zur Erde, pflückte in den Hecken blaue Schlehen und korallenfarbige Pfaffenkäppchen und suchte weiße, unter dem Köpfchen rosige Champignons. Aus den schütteren Wäldern, an denen wir entlangfuhren, drang der Duft frischer Trüffeln und modernder Blätter.

Ein schönes Leben begann für mich. In den Dörfern lud das erst vor einer Stunde geleerte Schulzimmer die Zuhörerschaft auf seine abgenützten Bänke ein; die schwarze Tafel, Gewichte und Maße, der traurige Geruch schmutziger Kinder, alles war mir vertraut. Eine Petroleumlampe schwankte am Ende ihrer Kette und erleuchtete die Gesichter derer, die da kamen, um ernst und argwöhnisch dem Vortrag zu lauschen. Die Anstrengung des Zuhörens faltete die Stirnen und öffnete gequälte Münder. Fern von ihnen, auf der Estrade mit wichtigen Ämtern betraut, fühlte ich mich stolz wie ein Kind, das dem Jongleur die Gipseier, den seidenen Schal und die Dolche mit ihrer blauen Klinge zu überreichen hat.

Verblüfftes Stillschweigen, daraufhin schüchterner Applaus begrüßten das Ende der »belehrenden Plauderei«. Ein Bürgermeister in Stiefeln gratulierte meinem Vater, als ob er eben einer schimpflichen Verurteilung entgangen wäre. An der Schwelle des leeren Saales warteten Kinder auf den »Herrn, der nur ein Bein hat«. Die kalte Nachtluft legte sich um mein erhitztes Gesicht wie ein feuchtes Taschentuch, getränkt mit einem starken Geruch von dampfender Erde, Stall und Eichenrinde. Die angespannte Stute, schwarz wie die Nacht ringsum, wieherte uns entgegen; im Lichtkreis von einer der beiden Laternen bewegte sich der gehörnte Schatten ihres Kopfes... Mein freigebiger Vater verließ seine traurigen Zuhörer jedoch nicht, ohne zumindest die Honoratioren des Dorfes zu einem Glas Wein eingeladen zu haben. In der nächsten Schenke kochte Wein auf der Glut; in seinem rötlichen Gischt schwammen Zitronenschalen und Zimtstücke. Wenn ich an den würzigen Duft denke, fühle ich heute noch ein Wohlbehagen in der Nase... Mein Vater gestattete sich als wackerer Südländer nur Sodawasser, während seine Tochter...

»Das kleine Fräuleinchen wird sich wohl mit einem Fingerhut voll heißem Wein aufwärmen!«

Ein Fingerhut voll? Ich hielt das Glas hin, und wenn der Wirt den Schnabelkrug zu bald wieder hob, rief ich: »Bis zum Rand!« und fügte hinzu: »Prosit! Auf Ihr Wohl.« Dann stieß ich an, hob den Ellbogen, klopfte mit dem leeren Glas auf den Tisch, wischte mir mit dem Handrücken den Schnurrbart aus gezuckertem Burgunder ab und sagte, indem ich das Glas aufs neue an den Krug heranschob: »Das tut wohl, wo immer es hinfließt!« Kurz, ich wußte, wie man sich gut benimmt.

Meine ländliche Höflichkeit erheiterte die Trinker, die dann mit einemmal in meinem Vater ihresgleichen zu erblicken begannen – von dem einen Bein abgesehen; sie fanden ihn jetzt »unterhaltsam, vielleicht ein bißchen närrisch«... Die peinliche Vorstellung endete mit Gelächter und freundschaftlichem Schulterklopfen. Ungeheu-

erliche Geschichten wurden erzählt, die Stimmen klangen so rauh,
daß man zuweilen glauben konnte, es belle einer jener Schäferhunde,
die das ganze Jahr im Freien verbringen. Der Lärm umgab mich
wohlig; völlig betrunken schlief ich, den Kopf auf dem Tisch, ein.
Schwere Bauernarme hoben mich schließlich auf und legten mich
zärtlich in den Wagen, wohl eingewickelt in den roten Kaschmirschal, der nach Iris und meiner Mutter roch...

Zehn Kilometer, manchmal fünfzehn, eine richtige Reise unter
den flimmernden Sternen des Winterhimmels, im Trab der mit Hafer
vollgestopften Stute... Gibt es wirklich Menschen, die kühl bleiben
und keinen kindlichen Schluchzer im Halse ersticken müssen, wenn
sie nachts auf der gefrorenen Landstraße den Schritt eines Pferdes
hören oder das Kläffen eines jagenden Fuchses, das Lachen eines
vom Licht der Laternen aufgeschreckten Käuzchens?...

Die ersten Male erstaunte meine Mutter bei unserer Heimkehr
meine verklärte Erschöpftheit; sie legte mich schnell zu Bett und
machte meinem Vater Vorwürfe wegen meiner Müdigkeit. Eines
Abends aber entdeckte sie in meinem Blick eine allzu burgundische
Laune und in meinem Atem das Geheimnis meiner Fröhlichkeit.
Ach!...

Das Wägelchen fuhr am nächsten Morgen ohne mich fort; am
Abend kehrte es zurück, um nicht wieder wegzufahren.

»Hast du deine Vorträge aufgegeben?« fragte einige Tage später
meine Mutter den Vater.

Er warf mir einen melancholischen und zugleich schmeichelhaften
Blick zu, zuckte die Achseln und rief: »Weiß Gott! Du hast mir meinen besten Wahlhelfer genommen...« [...]

In meiner Heimat bedeutete Weihnachten nicht viel, als ich noch ein
Kind war. Mein Freidenker-Völkchen übersah, soweit es ihm möglich war, ein neunzehnhundert Jahre altes Fest, das Fest aller Kinder.
Meine Mutter, meine geliebte, atheistische Sido, ging nicht zur Mit-
ternachtsmesse, die wie der Sonntagsgottesdienst Treffpunkt der re-
ligiös gesinnten Familien und einiger Adliger war, die in geschlossenen Landauern von ihren Schlössern kamen. Sido fürchtete für mich
in der kalten Kirche mit dem zerstörten Turm, in der es zog und deren Fliesen geborsten waren – oder fürchtete sie nicht vielmehr den
Zauber, die katholischen Schlingen von Weihrauch, Blumen, ein-
schläfernden Gesängen und dem süßen Taumel der Responso-
rien?... Nicht mit mir sprach sie sich darüber aus, als ich zehn Jahre
alt war. Aber ich habe anderswo erzählt, daß der alte Pfarrer, der sie
seinen frommen Schäflein vorzog, sie dennoch nicht zur Herde zu-

rückzuführen vermochte. Zwischen ihr und ihm wurden keine Fragen der Kasuistik behandelt, nur von mir war die Rede, von meinem religiösen Wissen, vom Katechismusunterricht und meiner Erstkommunion. Und Sido kaute mit gerunzelter Stirn an ihrem Daumennagel.

Es versteht sich von selbst, daß ich mich begeistert an Pfarrer Millot anschloß, der mich getauft hatte, und daß ich mich nach Katechismusunterricht, gesungenem Vespergottesdienst, weißem Kleid und Rüschenhäubchen sehnte. Ich wollte und ich bekam die Andachten im Marienmonat Mai, wenn die Tage so lang sind, daß man durch das offene Kirchenportal gegenüber dem Hochaltar hinter den Kerzen die Sonne untergehen sieht und der Geruch der zum Dorf zurückkehrenden Herden sich mit dem Duft der Kamillen, der ersten Lilien und weißen Rosen um die Gipsstatue der Jungfrau mischt... Wer hatte es wohl der Gemeinde geschenkt, jenes große Madonnenbild von einst, weiß mit blauem Gürtel? Es war noch nicht alt, aber verblaßt. Die Feuchtigkeit in unserer armseligen Kirche tat ihm nicht gut, überdies raubte ihm eine Farbretusche – die schwarze Augenpupille war von ungeschickter Hand aufgefrischt worden – alle himmlische Heiterkeit.

Während der ersten Monate meines Katechismusunterrichts, nach dem Schulbeginn im Oktober, kam ich zum erstenmal mit den Kindern der Ecole libre in Berührung. Gewöhnlich hielten wir von der Ecole laïque sie uns fern. Denn kindliche Gefühle sind sehr hart und brutal. Aber in den Katechismusstunden und den Gottesdiensten umgab uns eine Welt der Sanftmut, die uns zehnjährige Ungläubige wohl anlocken konnte, und welches Vergnügen, Freundschaft zu schließen mit jemand, den man verachtet hat! An dem Tag, als sich an meine Kleinmädchenschulter eine andere lehnte, als ein blonder Zopf neben meine Zöpfe glitt und sich auf meinem offenen Buch zusammenrollte, als ein tintenfleckiger Finger, ein schwarzer Fingernagel dem lateinischen Text folgte: »Und hier antwortet man wieder: Ora-a pro-o nobis...«, an diesem Tag war ich gewonnen.

Gewonnen für die Frömmigkeit? O nein. Gewonnen für das Unbekannte, für Schulverse, die man in unserer Schule nicht lernte, für »ausgewählte Stücke«, die rührender waren als die unseren und voll vom lieben Gott; gewonnen für das Beugen des Knies, für rasch gesprochene Gebete, den Austausch von Bildchen und Rosenkränzen und vor allem für die Erzählungen von den Weihnachts-Schuhen...

Das erste Mal, als mich ein »der heiligen Jungfrau angelobtes« Mädchen – in blauem Kleid und weißer Schürze, mit einer blauen Schleife im kurzen Zopf und der silbernen Medaille der Heiligen um den Hals – fragte: »Was hat dir das Christkind an Weihnachten in deine Schuhe getan?«, da schrie ich sie an: »Meine Schuhe! Du ödest mich an mit meinen Schuhen! Wie oft muß ich dir noch sagen, daß das die Eltern machen und nicht das Christkind? Und dann, ein für allemal, Weihnachten zählt nicht, der Neujahrstag ist der, auf den es ankommt.«

Die »kleinen Nönnchen« legten entsetzt die Hand auf den Mund und rannten aufgescheucht davon.

»Oh, was sie gesagt hat! Was sie gesagt hat!«

Ich höre noch das immer fernere Klappern der Holzschuhe und die Schreie, die zum Singsang wurden: »Was sie gesagt hat, was sie gesagt hat.«

Der Dezember fand mich weniger schroff, fast sentimental. Ich las Andersens Märchen wieder, weil etwas von Schnee und Weihnachten darin stand. Und ich bat meine Mutter um Weihnachtsgeschichten… Ihre durchdringenden grauen Augen musterten mich scharf, sie legte mir die Hand auf die Stirn und fühlte meinen Puls, ließ mich die Zunge herausstrecken und gab mir in meinem kleinen Becher aus gehämmertem Silber Glühwein zu trinken.

Im unteren Burgund ist der Becher voll Glühwein ein Allheilmittel. Selbst mit ein wenig Wasser vermischt, löste er mir die Zunge. Ich saß vor dem Feuer aus Apfelholz-Klötzen, meine Holzschuhe, gefüllt mit warmer Asche, trockneten langsam, dampfend, und beim Erzählen bewegte ich meine Zehen in den Wollsocken.

»Mama, Gabrielle Vallée hat mir gesagt, letztes Jahr zu Weihnachten habe sie in ihren Schuhen… Mama, Julotte de Gendrons hat mir gesagt, an Weihnachten hat sie einen Kometen im Kamin gesehen… Und Fifine, Mama, aber das ist wahr, ich schwör's, hat etwas wie einen Mond auf ihre Schuhe herabkommen sehen und eine Krone aus lauter Blüten, und am anderen Morgen…«

»Trinke ruhig«, sagte meine Mutter.

Sie sagte »Trinke« zu mir, als wollte sie sagen: »Betrinke dich und sprich.« Sie hörte mir ohne Lächeln zu, mit der Aufmerksamkeit, die ich Kindern gegenüber oft an ihr erlebt habe. Zutraulich geworden, die Wangen brennend vom Wein aus Treigny, erzählte ich, dichtete ich: »Im übrigen hat Monsieur Millot gesagt, immer in der Christnacht… Und der Bruder von Mathilde erst! In der Christnacht vor zwei Jahren wollte er nach seinen Kühen schauen, und da sah er über dem Geräteschuppen am Himmel einen großen Stern, der sagte zu ihm…«

Meine geliebte Sido legte mir rasch die Hand auf den Arm und blickte mir so nah in die Augen, daß es mir die Rede verschlug.

»Glaubst du das? Minet-Chéri, glaubst du das wirklich? Wenn du es glaubst...«

Ich geriet in Verwirrung. Eine Blume aus glitzerndem Reif, die nur ich allein sehen konnte, die leise klingend in der Luft schwebte und Weihnachten hieß, wehte davon.

»Ich schelte dich ja nicht«, sagte meine Mutter. »Du hast nichts Böses getan. Gib mir deinen Becher. Er ist leer.«

Wenige Tage, wenige Nächte später erwachte ich vor Morgengrauen, eher vom Gefühl, es sei jemand in der Nähe, als von einem Geräusch geweckt. Gewöhnt, in einem sehr kalten Zimmer zu schlafen, öffnete ich die Augen, ohne mich zu rühren, damit sich weder die bis zur Nasenspitze hochgezogene Decke noch das Federbett verschieben konnte, das meine Füße über dem Steinkrug mit heißem Wasser wärmte. Die winterliche Morgendämmerung und meine rosafarbene Nachtlampe, die einem zinnengekrönten Türmchen glich, teilten mein Zimmer in zwei Hälften, eine fröhliche und eine dämmrig trübe. In ihrem dicken Morgenrock aus violettem Flanell mit grauem Flanellfutter stand meine Mutter vor dem Kamin und äugte nach meinem Bett. Sie flüsterte ganz leise: »Schläfst du?« Und beinahe hätte ich in aller Aufrichtigkeit geantwortet: »Ja, Mama.«

In der einen Hand hielt sie meine Holzschuhe, die sie geräuschlos vor dem leeren Feuerplatz niederstellte, und dann legte sie erst ein viereckiges, dann ein längliches Päckchen darauf. Das Ganze schmückte sie mit einem Strauß Helleborus, wie sie jeden Winter unterm Schnee im Garten blühten und die man Christrosen nennt. Dann glaubte ich, sie würde gehen, doch sie wandte sich dem Fenster zu und hob geistesabwesend den Vorhang...

Vor ihren Augen lag – vielleicht sah sie es gar nicht – der Garten, schwarz unter einer dünnen, löcherigen Schneedecke, die abschüssige Straße, das Haus des verrückten Tatave, die immergrünen Thujas von Madame Saint-Aubin und der Winterhimmel, der sich nur zögernd erhellte. Ratlos kaute sie am Fingernagel.

Plötzlich drehte sie sich wieder um, glitt auf ihren Filzpantoffeln zum Kamin, hob die beiden Päckchen an der Verschnürung auf und steckte die Christrosen zwischen zwei Knopflöcher ihres Morgenrocks. Mit der andern Hand griff sie nach den Riemen meiner Holzschuhe, neigte einen Augenblick den Kopf zu mir hin wie ein Vogel und verschwand.

Am Morgen des 1. Januar fand ich neben der Tasse voll dicker, dampfender Schokolade die goldverschnürten Päckchen, Bücher und Süßigkeiten. Aber ich bekam während meiner ganzen Jugendzeit keine Weihnachtsgeschenke mehr – außer denen, die Sido mir in jener Nacht gemacht hatte: ihre Skrupel, das Schwanken ihres heißen, reinen Herzens, den Zweifel an sich selbst, das heimliche Zugeständnis ihrer Liebe an die aufgeregte Phantasie eines zehnjährigen Kindes.

Meine ganz frühen Erinnerungen an Forfar sind vage und verschwommen. Wir wohnten im dritten oder vierten Stock eines Mietshauses, und ich weiß noch genau, wie gern ich in dem langen Flur Eisenbahn spielte. Samstag morgens brachten die Bäuerinnen Butter und Eier zum Markt; das waren Augenblicke der Hoffnung für einen kleinen Jungen, der sich vielleicht zwei Penny für das Festhalten eines Pferdes verdienen konnte, obwohl ich damals vor Pferden solche Angst hatte, daß ich mich wundere, woher ich den Schneid dazu nahm. Noch heute flößen mir die Hufe eines Pferdes ein unbehagliches Gefühl ein. An manchen Samstagen gelang es uns, einen oder zwei Pennies zu ergattern – dank der Großmut freundlicher Bäuerinnen, deren Kinder in Kingsmuir zur Schule gingen. Wir mußten die Münzen verstohlen einstreichen, denn nach einer der strengen Vorschriften meiner Mutter war es uns unter allen Umständen verboten, von anderen Leuten Geld oder Essen anzunehmen. Die Annahme kleiner Geschenke durch uns Kinder hätte unsere Familie in ihren Augen in die Nähe des Pöbels gerückt. Wir Kinder jedoch fanden es schwierig, eine plausible Entschuldigung zu finden, wenn wir ein köstliches Stück Brot mit dicker frischer Butter und Marmelade aus Damaszenerpflaumen ablehnen sollten. Eines Tages berichtete ich meiner Mutter voller Stolz, ich hätte einen solchen verlockenden Leckerbissen ausgeschlagen, und sie lächelte und sagte, ich sei ein braver Junge.

»Du hast natürlich gesagt, du hättest keinen Hunger?«

»Nein«, sagte ich vertrauensvoll, »nur: Danke, aber meine Mama sagt, ich darf es nicht annehmen.« Und sie knallte mir ein paar.

Sie war eine stolze kleine Frau, meine Mutter. Uns kam ihre Vorschrift grausam vor: Wir verstanden natürlich nicht ihre Furcht vor allem Gönnerhaften, die dahintersteckte, eine Furcht, die auf ihre ärmliche Kindheit in einem bescheidenen Haus in Leith zurückzuführen war. Mutter hatte mit sich und ihrer Familie viel vor. Sie war ein Snob, und sie machte Snobs aus uns.

Die Brüder und Schwestern meiner beiden Eltern waren arme Leute und gehörten zur Arbeiterklasse; sie sprachen Dialekte, die man mit dem Messer schneiden konnte. Nach und nach begannen wir zu glauben, wir seien etwas Besseres und entwickelten den wohlbekannten Komplex mit der »armen Verwandtschaft«. Meine Mutter hielt ihre Verwandten – sie wohnten hundert Meilen entfernt – mit großer Geschicklichkeit davon ab, uns zu besuchen. Es gelang ihr mit einer Ausnahme.

Der exzentrische Onkel Neil war Friseur in Brechin, und er war äußerst erfolglos. Er konnte plötzlich seinen Laden abschließen und einen langen Spaziergang unternehmen. Es geht die Sage, einmal sei er mitten beim Rasieren eines Kunden zu einem Spaziergang aufgebrochen: Die eine Backe des Mannes war noch unrasiert. Er führte lange Selbstgespräche, was seinen mangelnden Erfolg erklären mag: Ein Barbier, der mit sich selbst spricht, während er mit dem Rasiermesser hantiert, wird nie ein großes Unternehmen aufbauen. Aber er war harmlos, und wir mochten ihn alle sehr gern. Als er kurz nach Grannys Tod Pleite machte – sie hatte ihm mit ihren wenigen Ersparnissen ausgeholfen –, zog er zu uns. Nach einer gewissen Zeit drängte ihn Mutter, er solle allmählich etwas zu seinem Lebensunterhalt beitragen. Eines Morgens ärgerte er sich über sie, schnürte seine wenigen Habseligkeiten zusammen und verließ uns. Wir sahen und hörten nie wieder etwas von ihm. Wir Kinder vermißten ihn, weil er immer großzügig mit Süßigkeiten gewesen war. Ich fragte mich oft, was aus ihm geworden sein mag.

Vaters Verwandte waren Andeutungen gegenüber offenbar weniger immun. Sie kamen manchmal zu Besuch. Der alte William MacNeill, mein Großvater, war ein Mann von strengen Überzeugungen. Er war eigensinnig, wie alle Schotten, und die kleinste Anspielung ließ ihn erstarren. Meine Mutter konnte ihm seine Halstracht nicht verzeihen; er weigerte sich nämlich, einen Kragen zu tragen, und band sich statt dessen ein schwarzes Tuch um den Hals. Er war, wie ich bereits sagte, ein vornehm aussehender Mann; in den Augen meiner Mutter jedoch war er ein Mensch, dessen Halstuch seine niedrige Herkunft verriet. Er konnte mit dem Federmesser eine feine Fiedel schnitzen; er konnte wunderschöne Möbel – mit verdeckten Schwalbenschwänzen – herstellen; er konnte jede technische Arbeit mit Sachkenntnis und Anmut verrichten, aber er konnte keinen Kragen tragen. Schlimmer noch: Er hatte stets einen Frosch im Hals und spuckte überall hin. Ich war noch ein Kind, aber ich spürte eine gespannte Atmosphäre zwischen meiner Mutter und ihm. Er hatte festgefügte Vorstellungen von Frauen; in der menschlichen Rangordnung standen sie unter den Männern und mußten auf ihren Platz verwiesen werden. Mutter hätte ihm möglicherweise Halstracht und Spucken vergeben, wenn er ihr nur das Recht zugestanden hätte, wenigstens so wichtig zu sein wie er.

Dann gab es da noch eine verworrene Geschichte, die darauf hinauslief, daß die Familie meines Vaters irgendwie Mutters Hochzeit verdorben habe: Die MacNeills hätten Vater angeblich zurückgehalten, als er in die Flitterwochen aufbrechen wollte. Für sie blieb der alte Mann ein herrischer alter Spielverderber.

Die Samstagvormittage habe ich in besonders guter Erinnerung. Ich rieche immer noch die frische, ungesalzene Butter auf dem Markt und sehe die Einspänner der Bauern mit den schlauen kleinen Pferden. Bis mittags hatten alle Pferde ihre Herren nach Hause gebracht – wörtlich nach Hause gebracht –, denn es betranken sich viele Bauern dermaßen, daß das Pferd den Weg ohne Anleitung finden mußte. Als die ersten Autos aufkamen und ein Agent versuchte, Bauer Mosside eines zu verkaufen, musterte dieser ihn mit seinem besten Bierblick. »Hören Sie«, sagte er, »wenn Sie mir einen Wagen verkaufen können, der mich *bloody* sicher nach Hause schafft, wenn ich einen hängen habe, nehme ich ihn.«

Mit den Einspännern verschwand alle Schönheit; der Samstagnachmittag war trübe und langweilig. Wir schlenderten durch die grauen Straßen, und oft suchten wir den Rinnstein nach Schätzen ab. Sammie Clark versicherte, er habe einst einen Penny gefunden, aber wir konnten suchen und suchen – wir fanden nie Geld. Der üppigste Schatz, dessen ich mich entsinne, war eine Zündplättchenpistole mit abgebrochenem Abzugshahn. Manchmal spielte die Stadtkapelle, und wir marschierten im Takt durch die Straßen. Clunie und ich folgten der Kapelle einmal bis zum Markt in Muir; das war ein langer Nachhauseweg für die Füße von Dreikäsehochs. Mir stieß ein hygienisches Mißgeschick zu; und als ich nach Hause kam, marschierte meine Mutter zornig mit mir die Straße hinunter zum Waschhaus, zog die kompromittierenden Hosen aus und schickte mich mit einem herzhaften Klaps auf den Hintern heim. Ich muß etwa sechs Jahre alt gewesen sein, aber ich weiß immer noch, welche Angst ich hatte, jemand würde mich bei diesem hosenlosen Sprint beobachten. Mutter schien der Vorfall nicht schlecht amüsiert zu haben; noch nach Jahren war meine Geschwindigkeit an jenem Tage eine Maßeinheit für Fixigkeit allgemein.

Die Sonntage waren immer irgendwie deprimierend, wenn wir in Sabbatkleider mit gestärktem Kragen und gestärkten Manschetten gezwängt wurden. Die Kragen waren wir gewohnt, denn Mutter war auf den Umstand stolz, daß ihre Söhne selbst an Werktagen echte steife Kragen trugen. In bitterem Ton sprach sie von den trägen Tagedieben, die ihren Söhnen gewöhnliche, wasserdichte Kragen anzogen.

Die Vorbereitungen für den Kirchgang waren uns widerwärtig. Wir kämpften mit unhandlichen Manschettenknöpfen; wir standen widerstrebend still, wenn uns Olivenöl ins Haar geschmiert wurde. Da waren wir alle fein angezogen, und es gab nichts, wohin man hätte gehen können, oder jedenfalls nichts, wohin wir gern gegangen wären. Wir wußten, daß anderthalb Stunden äußerste Langeweile vor uns lagen, anderthalb Stunden des Geradesitzens auf einer harten Kirchenbank – nur die Reichen hatten Kissen –, anderthalb Stunden des Lauschens auf langweilige Psalmen und Hymnen und eine scheinbar endlose Predigt von Dr. Caie. Der einzige Lichtblick in diesem düsteren Bild war die eng geschnürte Frau in der Bank vor uns. Sie büßte ihre Wespentaille mit inwendigem Gegurgel, und wir verkürzten uns die Zeit, die von der Predigt in Anspruch genommen wurde, indem wir die Intervalle zwischen den Gurglern stoppten. Während die Predigt sich weiter hinzog, stellten wir fest, daß wir genug damit zu tun hatten, ernst zu bleiben. Ich nehme an, daß die Geräusche aus der Wespentaille gelegentlich in unserem belustigten Glucksen untergingen, wenn wir nicht mehr an uns halten konnten. Allerdings glaube ich nicht, daß die Dame sich unserer losen Aufmerksamkeit bewußt war, denn sie drehte sich oft um und gab uns Pfefferminzbonbons.

Ich kam gerade ins Sonntagsschulalter, als glücklicherweise das Schulhaus (unser neues Heim) fertig wurde und wir nach Kingsmuir zogen. Offenbar hielten meine Eltern es nicht für nötig, uns zu einer zwei Meilen entfernten Sonntagsschule zu schicken. Der Umzug aufs Land ist in meinem Leben ein fröhlicher Meilenstein. Mit fünf war ich in Forfar zur Schule gegangen. Täglich trottete ich die zwei langen Meilen an meines Vaters Hand. Er war immer ein forscher Wanderer – sogar mit 75 hängte er mich noch ab –, und meine Kinderschritte müssen ihn irritiert haben.

Mein Vater machte sich nichts aus mir, als ich ein Kind war. Er war oft grausam zu mir, und ich entwickelte eine ausgesprochene Angst vor ihm, eine Angst, die ich auch als Mann nie ganz überwand. Heute weiß ich, daß Vater überhaupt keine Kinder mochte; er hatte keinen Kontakt zu ihnen. Er wußte nicht, wie man spielt, und er verstand den Geist eines Kindes nicht. Der Junge, den er bewunderte, war der Junge, der die anderen im Unterricht überrundete; und da ich mich nie für den Unterricht interessierte und nicht lernen konnte, konnte ich nicht hoffen, jemals meines Vaters Interesse oder Zuneigung zu gewinnen. Aber zu der Zeit, die ich jetzt beschreibe – als ich ein Dreikäsehoch war –, war dieser Aspekt noch nicht aktuell. Für ihn war ich lediglich ein lästiges Anhängsel, durch das er zu spät zur Schule kam. Er hatte damals eine Referendarin, ein langbeiniges Mädchen, das es athletisch mit ihm aufnahm, und ich sehe immer noch, wie ich zurückfiel und wimmerte, weil ich Angst hatte, allein gelassen zu werden.

Auch Kühe jagten mir damals Angst ein. Montags war Viehmarkt in Forfar; und die Straßen waren voller Rinderherden. Bald merkte ich, daß mein Vater sie fürchtete, und manchmal sprang er mit mir sogar auf einen Deich, wenn uns etwas entgegenkam, was wie ein gefährliches Biest aussah. Wie alle Buben glaubte ich, mein Vater könne es mit einer Horde Löwen aufnehmen, und mit ansehen zu müssen, wie er schmählich über eine Mauer hechtete, um ein paar Bullen zu entkommen, brachte die Seifenblase meines Vertrauens zum Platzen. Wie sein Vater, so war auch er ein furchtsamer Mann. Der alte William MacNeill hatte eine solche Angst vor der Dunkelheit, daß meine Großmutter, als er ihr den Hof machte, aus ihrem Dorf in seines herüberkommen mußte, wenn sie sich treffen wollten. Auch mein Vater hatte im Dunkeln Angst, und wenn er in späteren Jahren mit dem Mitternachtspostzug aus Edinburgh zurückkam, mußten meine Brüder und ich ihn um zwei Uhr nachts am Bahnhof abholen. Meine Mutter war furchtlos, teilweise deshalb, weil sie weniger Phantasie hatte als Vater. Eines Tages ging sie in die Stadt, um einzukaufen, wie wir dachten. Als sie zurückkam, waren ihr alle oberen Zähne gezogen worden. Örtliche Betäubung gab es noch nicht, und nur die Reichen konnten sich Lachgas leisten.

Wir waren alles andere als reich. Das Gehalt meines Vaters überstieg nie mehr als 130 Pfund im Jahr, und wie sie acht Kinder großzogen und drei von uns auf die Universität schickten, ist ein Geheimnis. Nur große Aufopferung kann das erklären. Meine Mutter erhöhte unser mageres Einkommen dadurch, daß sie Federn färbte und eindrehte, und mein Vater gab für sich selbst nichts aus. Er rauchte und trank nicht. Andere Lehrer spielten Golf oder *bowls*; er spielte nicht und hatte keine Hobbies. Als er sich einmal am Ringwerfen beteiligen wollte, schritt meine Mutter ein: »George Neill, denke an deine Stellung! Wie kannst du so tief sinken, mit Landarbeitern und Eisenbahnern zu spielen.«

Daß Mutter solchen Nachdruck auf gesellschaftliche Stellung legte, engte uns, fürchte ich, ein. Wenn im Sommer die ganze Schule barfuß ging, mußten wir heiße Strümpfe und Schuhe tragen – und steifgestärkte Kragen.

Mutter hatte eine Waschmanie; sie wusch gut und bügelte perfekt. Wenn ihre Familie sich nicht zu wahren Ladies und Gentlemen entwickelte, so war das sicher nicht ihre Schuld. Zu Hause mußten wir Englisch sprechen, aber draußen sprachen wir natürlich breitestes Forfarshire. Erstaunlich, wie flott wir von einem ins andere fielen;

wir vertaten uns so gut wie nie. Die Stiefel von daheim wurden automatisch zu Stiebeln, wenn wir mit Jock Broon sprachen.

Eines unserer Kümmernisse war, daß wir nicht arbeiten durften wie die anderen Kinder. In den Kartoffelferien halfen sie alle auf den Bauernhöfen beim Roden. Zur Beerenzeit gingen sie Erdbeeren pflücken. Die »aristokratischen« Neills durften sich nicht wie Gesinde benehmen. Doch es kam der Tag, da die ökonomischen Umstände stärker wurden als der Snobismus. Mit dreizehn wurde ich in die Erdbeeren und in die Kartoffeln geschickt – und ich haßte die Schufterei. Der Snobismus unterlag, weil mein ältester Bruder Willie sich auf der St.-Andrews-Universität wie ein Verschwender aufführte.

Der Umzug ins neue Schulhaus in Kingsmuir erweiterte unseren Horizont; in Forfar hatte er nicht über den Schulhof hinausgereicht – nun konnte er sich etwas ausdehnen. Beim Geruch von frischem Holz fühle ich mich noch heute in jenes Haus versetzt; es war der Himmel für uns und viele Jahre lang der Nabel meiner Welt. Clunie starb in dem winzigen Schlafzimmer, in dem ich jahrelang geschlafen hatte – Clunie, der Spielgefährte, den ich so liebte; denn für meine beiden älteren Brüder existierte ich nicht, und so hatte ich gezwungenermaßen Clunie zu meinem Spießgesellen gemacht. Merkwürdigerweise kann ich das alte Schulhaus heute ohne jede Emotion betrachten. Was vorüber ist, kann ich nicht mit rührseligen Gefühlen umgeben, und vielleicht ist das gut so, denn Sehnsucht nach der Vergangenheit bedeutet oft, daß man von der Gegenwart enttäuscht ist. Wenn wir rückwärtsgehen, um unsere Gefühle zu finden, ist irgend etwas nicht in Ordnung; genauso falsch ist der Blick nach vorn, auf die Erfüllung im Jenseits.

Vaters Schule auf der einen Straßenseite, unsere Behausung, das Schulhaus, auf der anderen. Es hatte eine Eingangshalle, Eßzimmer, Küche und fünf Schlafzimmer. Unsere Toilette war ein Plumpsklo weit oben im Garten. Ich weiß nicht mehr, ob wir uns darüber freuten, daß wir keinen Schulweg von zwei Meilen bergauf mehr hatten, sondern nur noch die Straße zu überqueren brauchten. Mir war es wahrscheinlich angenehm, aber meine Brüder mußten bald auf die Akademie in Forfar und wieder zwei Meilen laufen, morgens und abends.

Damals war das Hochrad in Gebrauch. Das »Sicherheitsrad«, das immer populärer wurde, hatte Vollgummireifen, so wie die Räder eines Kinderwagens. Es wurde durch das »Ballonrad« mit dickeren Reifen abgelöst. Ich weiß nicht mehr, wann das »Pneumatische« aufkam, aber ich erinnere mich vage, den großen Rennradler Kil-

Iacky auf einem Rad mit aufblasbaren Reifen gesehen zu haben, die so groß waren wie moderne Automobil-Gürtelreifen. Aber damals gab es keine Fahrräder für arme Leute, und meine Brüder mußten zu Fuß gehen.

Die Akademie von Forfar war das Sprungbrett für eine Universitätsausbildung. Für meinen Vater war Vorwärtskommen im Leben gleichbedeutend mit dem Vorwärtskommen im Lernen. Wir sollten Gelehrte werden, und Willie ging mit gutem Beispiel voran. Auf der Akademie war er in den meisten Fächern der Primus, und er gewann die Goldmedaille – das heißt, er mußte sie sich mit einem Jungen namens Craik, dem Sohn eines großen Jute-Fabrikanten in der Stadt, teilen. Meine Mutter ließ sich nicht von der Meinung abbringen, daß Craik nur wegen seines einflußreichen Vaters auch gewonnen habe, eine verständliche Einstellung. Aber Willie war unser aller Hoffnung. Als Schüler glänzte er wirklich bemerkenswert. Ohne irgendwelche sichtbare Arbeitsanstrengung schaffte er es, mit 16 auf die Universität zu kommen und dort weitere Medaillen zu gewinnen. Seine Methode bestand darin, drei Nächte vor dem Examen mit einem nassen Handtuch um den Kopf aufzubleiben, und sein Gedächtnis war ein Wunder.

Willies Scharfsinn wirkte sich unglücklich auf die Familie aus. Neil, der dem Alter nach zwischen Willie und mir stand, besuchte ebenfalls die Akademie. Er war nicht so ein guter Schüler, und es machte ihm nichts weiter aus, wenn die Lehrer wenig schmeichelhafte Vergleiche zwischen seinen und Willies Leistungen anstellten.

Als ich mit der Akademie an der Reihe war, schickte man mich nicht hin. Ich war der einzige in der Familie, der nie zur Akademie ging. Es ist die traurige Wahrheit, daß es nutz- und hoffnungslos gewesen wäre, mich gehen zu lassen, denn ich konnte nicht lernen. Mein Vater machte sich nach wie vor nicht viel aus mir, und das war auch kein Wunder: Ich war eindeutig der minderwertige Artikel, der Versager in einer Tradition akademischen Erfolgs, und automatisch akzeptierte ich eine untergeordnete Stellung. Wenn ein Brotlaib einen besonders harten und unappetitlichen Knust hatte, schnitt mein Vater ihn mit einem Schlenker ab; mit einem weiteren Schlenker rollte er ihn in meine Richtung über den Tisch und sagte: »Gerade richtig für Allie.«

Clunie war immer wütend über die Art und Weise, wie ich behandelt wurde, aber sie fand nie den Mut, meinen Vater deswegen zur Rede zu stellen. Ich weiß noch, wie sie heftig dagegen protestierte, daß ich Willies Sachen auftragen mußte, aber da ich Willie damals so bewunderte, ist es gut möglich, daß ich ihr für ihr Eingreifen mit einer Ohrfeige dankte. Ich weiß bei aller Objektivität bis heute nicht, warum alle anderen auf die Akademie geschickt wurden. Clunie war gescheit, gewann aber nie einen Preis, und die anderen Schwestern zeichneten sich auf der Akademie auch nicht durch besondere Erfolge aus.

Ich war der einzige, der nur im Dorf zur Schule ging. Das war verhängnisvoll, denn ich blieb dadurch zu lange unter den mir vertrauten Leuten, statt mich mit den intellektuelleren Jungens in der Stadt vergleichen zu können. Nicht, daß man mir auf der Akademie in Forfar sonderlich viel hätte beibringen können – ich wäre doch sicherlich in jeder Klasse einer der letzten gewesen.

Die Schule von Kingsmuir war ein Zwei-Zimmer-Haus, in den »großen« und den »kleinen« Raum unterteilt. In dem großen Raum unterrichtete mein Vater die Klassen III bis Ex-VI. Die Ex-VI bestand aus den wenigen Jungen, die noch nach Beendigung des vierzehnten Lebensjahres auf der Schule blieben. Die »Missy«, das »Fräulein«, unterrichtete die jüngeren Kinder im kleinen Klassenzimmer.

Wenn Vater der V. Klasse Geographieunterricht geben wollte, befahl er einem Schüler, die Landkarte an die Wandtafel zu hängen. Gleichzeitig wurden an die Schüler der III. Klasse Kärtchen mit Rechenaufgaben verteilt. Die IV. Klasse mußte vielleicht Rechtschreibeübungen machen, und die VI. Klasse sollte lesen. Was die Ex-VI trieb, weiß allein der Himmel. Mein Vater stand dann an der Landkarte, und ich hörte noch den Sprechchor der Erdkundeklasse: »Leeds, Bradford, Halifax, Wakefield.« Nach wenigen Minuten überließ mein Vater die Klasse ihrem Schicksal und kümmerte sich um die Leseübungen der VI. Klasse. Natürlich ging es in dem Zimmer ziemlich laut zu. Wir schwatzten viel und malten auf unsere schmutzigen Schiefertafeln, die wir mit Spucke und dem Handballen sauberrieben. Unermüdlich spuckten wir auf unsere Tafeln und hielten sie schräg, so daß der Speichel schleimige Muster hinterließ.

Im ganzen war es eine fröhliche Schule. Zuweilen machte mein Vater etwas reichlich vom Riemen Gebrauch, besonders wenn er über die Einfaltspinsel erbittert war – sein Gehalt hing nämlich davon ab, wieviele Schüler aus der V. in die VI. Klasse versetzt wurden. Aus irgendeinem dunklen Grund war die V. Klasse stets der Tummelplatz der Einfaltspinsel; je näher der Inspektionstag rückte und je reizbarer mein Vater wurde, um so mehr nahmen die Schläge mit dem Gürtel an Zahl und Härte zu. Um nicht der Begünstigung gezogen zu werden, strafte mein Vater die eigenen Kinder mindestens so streng wie die anderen, und ich bekam mehr als meinen gerechten Anteil, wenn es für Lärm oder schlechtes Betragen Dresche gab: Als ein Neill hätte ich mich von den bösen Buben distanzieren sollen.

Ich hatte damals große Angst vor meinem Vater. Er hatte die gemeine Angewohnheit, mich mit Daumen und Zeigefinger brutal in die Backe zu kneifen. Oft kniff er mir schmerzhaft in den Arm. Ich muß etwas sehr Abstoßendes an mir gehabt haben, denn meine Geschwister wurden gerechter behandelt. Ich war ungeschickt, meist vollauf mit dem Alteisen in meinen Hosentaschen beschäftigt, und mein wenig einnehmendes Äußeres war auch keine Hilfe. Meine abstehenden Ohren trugen mir den Spitznamen »Terrine« ein, und meine Füße wuchsen ganz plötzlich zu der Größe heran, die sie heute haben. Wegen meiner enormen Stiefel genierte ich mich sehr. Da meine Zehen sich einwärts bogen, schlugen die Stiefel, wenn ich die Straße entlangtrampelte, ständig aneinander und brachten mich oft ins Stolpern. Ich war ganz gewiß nicht der Sohn, wie ihn sich ein Vater wünscht, der für seine Kinder akademische Ambitionen hegt. Dieses Ziel wurde bei unseren abendlichen Hausaufgaben offenbar. Die anderen Schüler, die Holzhacker oder Wasserholer werden sollten, brauchten keine Hausaufgaben zu machen. Aber wir waren etwas anderes. Jeden Abend wurden zu bestimmter Stunde unsere Spiele mit den Dorfbuben jäh und rauh durch eine Trillerpfeife unterbrochen, die mein Vater an der Hintertür blies.

»Zeit für die Hunde, heimzugehen«, riefen unsere Kumpane, und »die Hunde« trollten sich mit eingekniffenen Schwänzen – Neilie und Clunie und ich. Willie war sein eigenes Gesetz und brauchte nicht angetrieben oder unterwiesen zu werden. Wir anderen marschierten in die Kinderstube und versuchten, unsere Gedanken vom »Schmuggel die Kutsch«-Spiel fort- und Allens lateinischer Grammatik zuzuwenden.

Wie haßte ich dieses Buch! Einige Fetzen davon geistern mir immer noch durch das Gedächtnis: *»A dative put with show and give, tell, envy, spare, permit, believe: to these add succour, pardon, please.«* Neilie und Clunie hatten es nicht sehr schwer damit, so etwas auswendig zu lernen, aber ich konnte es nie, und oft mußte ich noch über dem Kram brüten, wenn sie schon längst wieder mit den Dorfjungen weiterspielen durften.

Sonntags übernahm meine Mutter das Kommando, und wir mußten zu Hause bleiben, bis wir bestimmte Verse eines Psalms oder eines Psalmenchorals auswendig gelernt hatten. Wieder mußte ich länger bleiben als die anderen, und schluchzend wimmerte ich die sinnlosen Zeilen vor mich hin. Manchmal steckte mir die liebe

Granny Sinclair heimlich ein Pfefferminzplätzchen zu, um mir zu zeigen, daß sie auf meiner Seite war. Mein Vater ärgerte sich, daß ich kein Latein lernen konnte, aber meine Mutter war eher traurig als ärgerlich, daß ich nicht zwei Zeilen eines Psalms behielt. Ärgerlich wurde sie nur, wenn ich in die Stadt geschickt wurde und meine »Aufträge« vergaß. Als einziges Kind, das nicht auf die Akademie ging, mußte ich morgens mit den »Akademikern« nach Forfar gehen und dort die Einkäufe für den Haushalt machen.

»Erinnerst du dich auch bestimmt an alles?« fragte meine Mutter. »Ein Pfund Seitenfleisch, einen Markknochen, zwei Pfund Zucker, Senf, eine Flasche Essig und –« hier flüsterte meine Mutter – »eine Flasche Aqua.« Damals kostete Aqua – unser Wort für Whisky – 2 Shilling und 10 Pence: Melvins Whisky, die beste Sorte. Wenn Großvater oder Donald Macintosh, der Schulrat, erwartet wurden, mußten wir eine Flasche davon im Haus haben. Es war immer ein Luxus.

Also schleppte ich mich in meinen großen Stiefeln zur Stadt. Wenn ich jedoch den Osthafen erreicht hatte, hatte ich die einzelnen Posten längst vergessen. Manchmal lief ich einfach drauflos, aber wenn ich Zucker statt Salz heimbrachte, war das Ergebnis zu schmerzhaft, und so log ich dann kläglich, daß bei Lindsay and Low's im Augenblick der Zucker ausgegangen sei. Manchmal bekam ich eine Liste mit, aber es kam oft vor, daß ich sie unterwegs verlor.

Auch der Rückweg mit den lästigen Paketen war eine unerfreuliche Sache. Der Rucksack war anscheinend noch nicht erfunden worden, und mit einem Einholkorb kam ich mir nicht männlich genug vor. Also stolperte ich mit meinen schweren Paketen die Hügel hinauf und machte dabei alle paar Schritte eine Pause, um zu sehen, ob nicht vielleicht Willies Milchwagen kam, denn Will war immer freundlich zu Kindern und fuhr nie vorbei, ohne mich mitzunehmen. [...]

Für jüngere Generationen ist es sicher nicht leicht, sich das Dorfleben gegen Ende des letzten Jahrhunderts vorzustellen. Heute kann jeder Dorfjunge irgendwo ins Kino gehen, er hat ein Radio oder kann zumindest Radio hören, sieht fern, und er sieht außerdem, wie »die Welt« in Autos, Lastwagen und Bussen vorbeifährt.

In meiner Kindheit bewegte sich das Leben langsam – in Kutschen und auf Fahrrädern. Die einzige Zerstreuung waren gelegentliche Konzerte in der Schule oder ein durch die Dörfer ziehender Jongleur, und manchmal kam der alte Professor Thomson, ungewaschen und mit einer Schnapsfahne. Er erschien meistens morgens. Mein Vater befahl uns, nachmittags den Eintrittspreis (einen halben

Penny) mitzubringen. Natürlich fanden wir es irrsinnig aufregend, wenn der Professor sich meterlange Bänder aus dem Mund zog und in Jock Broons Hosentasche Eier fand. Wenn der Zauberer dann Feuer spie, nachdem er einige farbige Papierkügelchen verschluckt hatte, war ich immer höchst beunruhigt. Meine Einstellung zur Zauberei hat sich bis heute nicht geändert; ich starre bei den Kunststükken fassungslos wie ein Dorftrottel und frage mich vergeblich, wie das alles möglich ist. Einmal im Jahr machten wir mit der Schule ein Picknick. Das war ganz fabelhaft. Wir fuhren in Bauernkutschen los, und die Tagelöhner polierten vorher in Nachtarbeit die Geschirre und striegelten die Pferde. Von allen Tagen des Jahres kam dieser dem Himmel am nächsten. Am Tag nach dem Schulpicknick stürzte ich unweigerlich in die Tiefen bitterer Verzweiflung und weinte in meinem Elend. Der Glanz war dahin und würde nie mehr zurückkehren. Ich versuchte, das Picknickgefühl zu verlängern, indem ich es mit Leuten verknüpfte, die auch da gewesen waren. Ein gewisser Jake Kenny, der auf dem Bock der Kutsche, in der ich gefahren war, gesessen hatte, wurde zwei Wochen lang mein Held. Ich hatte das unbestimmte Gefühl, daß Jake und ich nun in alle Ewigkeit verbunden waren – zwei Seelen, die gemeinsam ein großes geistiges Erlebnis gehabt hatten.

An den übrigen 364 Tagen des Jahres geschah nichts in Kingsmuir.

Dem Zustand ihrer Stimme ist es zuzuschreiben, daß ich im Alter von fünf Jahren zum erstenmal auf der Bühne stand. Mutter nahm mich für gewöhnlich lieber abends ins Theater mit, als mich in einem möblierten Zimmer zurückzulassen. Sie spielte damals in Aldershot in der Kantine, auf einer schmutzigen, widerwärtigen Bühne, die meist von Soldaten besucht wurde. Diese Soldaten waren grobschlächtige Kerle, die beim geringsten Anlaß spotteten und höhnten. Für die Künstler war Aldershot eine Welt der Schrecken.

Ich weiß noch, daß ich in den Kulissen stand, als Mutters Stimme brach und zu einem Flüstern herabsank. Die Zuschauer begannen zu lachen, im Falsett zu singen und zu krähen. Mir war nicht klar, was vorging. Aber der Lärm nahm zu, bis Mutter schließlich gezwungen war, die Bühne zu verlassen. Sie ging sehr erregt ab und versuchte dem Direktor klarzumachen, daß sie nicht mehr auftreten könne. In dem lärmenden Durcheinander hörte ich, wie der Direktor, der meine kleinen Vorstellungen vor Mutters Freunden kannte, davon sprach, mich an ihrer Stelle auftreten zu lassen.

Ich erinnere mich, wie er mich in diesem Durcheinander auf die Bühne führte und dort nach einigen erläuternden Sätzen allein ließ. Und im grellen Rampenlicht, vor den in Rauch schwimmenden Gesichtern, begann ich zu singen, begleitet von dem Orchester, das eine Weile herumprobierte, ehe es meine Tonlage gefunden hatte. Es war ein bekannter Schlager mit dem Titel Jack Jones. Er lautete folgendermaßen:

> Jack Jones well and known to everybody
> Round about the market, don't yer see
> I've no fault to find with Jack at all
> Not when 'e's as 'e used to be
> But since 'e's had the bullion left him
> 'E has altered for the worst,
> For to see the way he treats all his old pals
> Fills me with nothing but disgust.
> Each Sunday morning he reads the Telegraph
> Once he was contented with the Star
> Since Jack Jones has come into a little bit of cash
> Well, 'e don't know where 'e are.

Ich war noch nicht halb zu Ende, da regnete es schon Geld auf die

Bühne. Ich hörte sofort auf und verkündete, ich wolle erst das Geld aufsammeln und dann weitersingen. Dies rief großes Gelächter hervor. Nun erschien der Direktor mit einem Taschentuch und half mir, das Geld einzusammeln. Ich glaubte, er wolle das Geld für sich behalten. Dieser Verdacht teilte sich offenbar den Zuschauern mit und verstärkte noch ihr Gelächter, besonders als der Direktor abging und ich ihm ängstlich folgte. Ich kehrte erst auf die Bühne zurück und fuhr fort zu singen, nachdem er Mutter das Geld ausgehändigt hatte. Ich fühlte mich ganz zu Hause, unterhielt mich mit den Zuhörern, tanzte und ahmte einige der anderen Schauspieler nach, einmal auch meine Mutter, wie sie ihren irischen Marsch sang, der folgendermaßen ging:

Riley, Riley, that's the boy to beguile ye,
Riley, Riley, that's the boy for me.
In all the Army great and small,
There's none so trim and neat
As the noble Sergeant Riley
Of the gallant Eighty-eight.

Als ich den Refrain wiederholte, imitierte ich in aller Unschuld, wie Mutters Stimme brach, und ich war überrascht über die Wirkung, die das bei den Zuschauern hatte. Es gab Gelächter und Beifall, und ein neuer Regen von Geldstücken prasselte auf die Bühne; und als Mutter auf die Bühne kam, um mich fortzutragen, steigerte ihre Gegenwart den Applaus zu einem gewaltigen Sturm. In jener Nacht erschien ich zum ersten-, meine Mutter zum letztenmal auf der Bühne.

   Wenn das Schicksal einem Menschen sein Los zuteilt, weiß es nichts von Mitleid oder Gerechtigkeit. So geschah es auch Mutter. Sie gewann ihre Stimme nicht mehr zurück. [...]

   Da wir in den untersten Schichten der Gesellschaft lebten, bestand die Gefahr, daß wir uns an eine nachlässige Umgangssprache gewöhnten. Mutter konnte sich jedoch immer von ihrer Umgebung freimachen und achtete sorgsam auf unsere Sprechweise. Sie berichtigte grammatische Fehler und vermittelte uns das Gefühl, etwas Besonderes zu sein.

   Als wir immer tiefer in der Armut versanken, machte ich ihr in meiner kindlichen Unwissenheit einen Vorwurf daraus, daß sie nicht wieder auf die Bühne ging. Sie lächelte dann und sagte, jenes Leben sei falsch und gekünstelt, und man vergesse in jener Welt nur zu leicht Gott. Und doch vergaß sie immer wieder sich selbst, wenn sie vom Theater sprach, und geriet von neuem in Begeisterung. Manchmal verfiel sie nach solchen Erinnerungen in langes Schweigen über ihrer Näharbeit, und auch ich wurde traurig, weil wir an diesem bezaubernden Leben nicht mehr teilnehmen konnten. Dann blickte Mutter auf, sah, wie traurig ich war, tröstete mich und heiterte mich auf.

Der Winter rückte näher, und Sydney hatte keine passenden Kleider mehr; Mutter machte ihm daher aus einer ihrer alten Samtjacken einen Mantel. Der hatte nun schwarz-rot gestreifte Ärmel, dazu Plisseefältchen an den Schultern, die Mutter zwar nach Kräften, doch mit nur geringem Erfolg zu beseitigen versuchte. Als Sydney ihn anziehen sollte, weinte er: »Was werden die Jungen in der Schule sagen?« – »Warum machst du dir etwas aus dem Gerede der Leute?« erwiderte sie. »Außerdem sieht es sehr distinguiert aus.« Mutter konnte sehr überzeugend sein, und Sydney hat nie begreifen können, wie er sich je dazu bereit finden konnte, den Mantel zu tragen. Doch er trug ihn, und dieser Mantel, zusammen mit einem Paar abgeschnittener hochhackiger Schuhe von Mutter, verwickelte ihn in der Schule in zahlreiche Prügeleien. Die Jungen nannten ihn »Joseph mit dem bunten Rock«. Und mich, der statt Strümpfen ein Paar von Mutters roten Balletthosen trug (die aussahen, als seien sie gefältelt), nannten sie »Sir Francis Drake«.

Auf dem Höhepunkt dieser schmerzlichen Periode begann Mutter unter migräneartigen Kopfschmerzen zu leiden, mußte ihre Näharbeit aufgeben und ganze Tage lang im verdunkelten Zimmer liegen, eine mit Teeblättern gefüllte Bandage über den Augen. Picasso hatte eine blaue Periode. Wir hatten eine graue, in der wir von den milden Gaben der Gemeinde, von Armensuppen und Wohlfahrtspaketen lebten. Immerhin verkaufte Sydney in seinen Freistunden Zeitungen, und wenn sein Verdienst auch nicht mehr war als ein Tropfen auf den heißen Stein, so half es doch ein wenig. Aber in jeder Krise gibt es einen Höhepunkt, und in unserem Fall war es eine glückbringende Krise.

Eines Tages, Mutter erholte sich gerade von einem ihrer Schmerzzustände und trug noch eine Bandage über den Augen, stürmte Sydney in das verdunkelte Zimmer, warf seine Zeitungen aufs Bett und rief: »Ich habe einen Geldbeutel gefunden!« Er reichte ihn Mutter. Als sie den Geldbeutel öffnete, erblickte sie ein Häufchen Silber- und Kupfermünzen. Hastig schloß sie ihn wieder und ließ sich von der Aufregung erschöpft ins Bett zurücksinken.

Sydney war, um seine Zeitungen zu verkaufen, in Autobusse eingestiegen. Im Oberstock eines dieser Busse hatte er auf einem leeren Sitz den Geldbeutel erspäht. Schnell und wie zufällig ließ er eine seiner Zeitungen darauf fallen, nahm zusammen mit der Zeitung auch den Geldbeutel auf und verließ eilig den Bus. Im Schutz einer Anschlagtafel, auf einem unbebauten Grundstück, öffnete er die Börse und sah die Silber- und Kupfermünzen. Das Herz klopfte ihm im Halse, und ohne das Geld zu zählen, rannte er nach Hause. Als Mutter sich erholt hatte, leerte sie den Inhalt im Bett aus. Doch immer noch wog dieser Geldbeutel schwer. Es gab noch ein Mittelfach darin! Mutter öffnete es und erblickte sieben Goldsovereigns. Wir waren ganz außer uns vor Freude. Zum Glück fand sich kein Hinweis auf den Eigentümer, so daß Mutters religiöse Gewissenhaftigkeit nicht allzu stark in Anspruch genommen wurde. Wenngleich wir dem Mißgeschick des Eigentümers ein bläßliches Bedauern widmeten, verlor sich dies doch sehr bald angesichts Mutters Überzeugung, daß Gott uns in dieser Form seinen Segen vom Himmel gesandt habe.

Ob Mutter körperlich oder seelisch krank war, weiß ich nicht. Sie erholte sich aber im Laufe einer Woche. Kaum fühlte sie sich wieder wohl, da machten wir einen Ausflug nach Southend-on-Sea, für den Mutter uns vollständig neu einkleidete.

Der erste Anblick der See hypnotisierte mich förmlich. Als ich mich ihr in strahlendem Sonnenlicht auf einer bergabführenden Straße näherte, kam sie mir wie etwas Schwebendes, wie ein zitterndes lebendiges Ungeheuer vor, das bereit war, sich auf mich zu stürzen. Wir drei zogen die Schuhe aus und plantschten im Wasser. Das Gefühl von lauem Seewasser um Spann und Ferse, vom sanften Nachgeben des Sandes unter meinem Tritt bereitete mir Entzücken.

Was war das für ein Tag – der safranfarbene Strand, bestreut mit rosa und blauen Eimerchen, mit Holzschaufeln, farbigen Zelten und Sonnenschirmen, Segelboote, die sich in den lachenden Wellen tummelten, und höher am Strand andere Boote, die untätig kieloben lagen, die nach Teer und Tang rochen – ein Zauber, der in meiner Erinnerung fortdauert.

1957 war ich wieder in Southend und suchte vergebens nach der schmalen, hügelabführenden Straße, von der aus ich die See zum erstenmal erblickt hatte. Keine Spur war mehr von ihr zu entdecken. Am Rande der Stadt standen die Überreste eines mir bekannt erscheinenden Fischerdorfes mit den altmodischen Ladenfenstern. Hier vernahm ich ein unbestimmtes Flüstern der Vergangenheit – vielleicht war es der Geruch nach Tang und Teer.

Unsere Barmittel rannen uns durch die Hände wie Sand durch ein Stundenglas, und wieder kamen harte Zeiten für uns. Mutter bemühte sich um andere Arbeit, doch fand sie kaum etwas. Unsere Sorgen wurden immer ärger. Wir waren mit Teilzahlungen im

Rückstand, und die Nähmaschine wurde wieder abgeholt. Auch Vaters wöchentliche Zahlungen von zehn Schillingen hatten vollkommen aufgehört.

In ihrer Verzweiflung wandte Mutter sich an einen anderen Anwalt, der wohl sah, daß in ihrem Fall nichts zu verdienen war, und ihr riet, den Gemeinderat von Lambeth um Unterstützung anzugehen, damit dieser unsern Vater zu weiteren Zahlungen veranlassen möge.

Es blieb ihr keine andere Wahl: Sie hatte für zwei Kinder zu sorgen und befand sich in einem schlechten Gesundheitszustand; daher beschloß Mutter, daß wir alle drei ins Armenhaus von Lambeth ziehen sollten.

Zwar begriffen, als Mutter uns ihren Plan eröffnete, Sydney und ich, daß es eine Schande bedeutete, ins Armenhaus zu gehen, aber wir sahen doch mehr das Abenteuerliche an dieser Sache und erhofften uns nach dem Leben in dem einen stickigen Zimmer eine Veränderung. Doch verstand ich an jenem kummervollen Tage erst, was vorging, als wir wirklich das Tor des Armenhauses durchschritten. Da packte mich ein wirres Gefühl der Verlassenheit, denn man trennte uns von Mutter, wies sie in die Frauenabteilung und uns in die Abteilung der Kinder.

Wie gut erinnere ich mich noch jenes ersten traurigen Besuchstages, des Schreckens, der mich überkam, als ich Mutter im Anstaltskleid den Besucherraum betreten sah. Wie verloren, wie gepeinigt sah sie aus! In einer einzigen Woche war sie gealtert und abgemagert, doch ihr Gesicht leuchtete auf, als sie uns erblickte. Sydney und ich begannen zu weinen, was nun wiederum meine Mutter weinen machte. Große Tränen liefen ihr über die Wangen. Schließlich faßte sie sich, und wir setzten uns zusammen auf eine grobe Bank und legten unsere Hände in ihren Schoß, die sie sanft streichelte. Sie lächelte über unsere kurzgeschorenen Haare, fuhr uns tröstend über den Kopf und sagte, daß wir bald wieder zusammen sein würden. Aus ihrer Schürze holte sie eine Tüte Kokosflocken hervor, die sie beim Krämer des Armenhauses von dem Gelde erstanden hatte, das sie für die Anfertigung von Spitzenmanschetten für eine der Pflegerinnen erhalten hatte. Nachdem wir uns getrennt hatten, wiederholte Sydney immer wieder kummervoll, wie gealtert sie sei.

Sydney und ich gewöhnten uns sehr bald an das Leben im Armenhaus, aber wir lebten wie unter einer Wolke von Traurigkeit. Ich erinnere mich keiner besonderen Ereignisse; einzig die Mittagsmahlzeit, zusammen mit den anderen Kindern an einer langen Tafel, war eine freudige Begebenheit, auf die sich alle Erwartungen richteten. Der Tafel präsidierte ein Insasse des Armenhauses, ein alter Herr von fünfundsiebzig Jahren von sehr würdigem Äußeren mit schütterem weißem Bart und traurigen Augen. Ich mußte neben ihm sitzen, weil ich der Jüngste war und bis zu meiner Schur die lockigsten Haare hatte. Er nannte mich seinen »Tiger« und sagte, wenn ich größer geworden sei, solle ich einen Zylinder mit einer Kokarde tragen und mit gekreuzten Armen auf dem Rücksitz seiner Kutsche thronen. Diese Auszeichnung erfüllte mich mit Zuneigung zu ihm. Aber schon am Tage darauf erschien ein jüngerer, noch lockigerer Knabe und nahm meinen Platz neben dem alten Herrn ein, denn, so erläuterte dieser mir kauzig, immer hätte ein jüngerer und lockigerer Knabe den Vorrang.

Nach drei Wochen wurden wir vom Armenhaus Lambeth in die Hanwell School für Waisen und mittellose Kinder, etwa zwölf Meilen von London entfernt, geschickt. Es war eine abenteuerliche Fahrt in einem von Pferden gezogenen Bäckerwagen, und es war auch eine verhältnismäßig fröhliche Fahrt, denn damals war die Umgebung von Hanwell sehr schön: Landwege zwischen Reihen von Roßkastanien, reifende Weizenfelder, fruchttragende Obstbäume; und seit damals erinnert mich der reiche aromatische Duft, der nach einem Regen vom Land aufsteigt, an Hanwell.

Nach unserer Ankunft wurden wir zur körperlichen und geistigen Beobachtung in die Aufnahmeabteilung gesteckt, ehe wir richtig mit der Schule beginnen durften; dies geschah, um zu verhindern, daß ein zurückgebliebenes oder krankes Kind den drei- bis vierhundert Jungen der Schule schädlich werde und selbst in solcher Situation leide.

In den ersten Tagen fühlte ich mich elend und verloren. Im Armenhaus war ich mir immer Mutters tröstlicher Nähe bewußt gewesen, in Hanwell jedoch schienen wir meilenweit voneinander entfernt zu sein. Sydney und ich wurden von der Aufnahmeabteilung in die eigentliche Schule versetzt und dort getrennt; Sydney kam zu den großen Jungen, ich zu den kleinen. Wir schliefen in verschiedenen Schlafsälen, so daß wir uns nur selten sahen. Ich war nur wenig älter als sechs Jahre und allein, fühlte mich also ganz vereinsamt, besonders an den Sommerabenden zur Schlafenszeit während des Gebets, das ich kniend zusammen mit zwanzig anderen kleinen Jungen im Nachthemd in der Mitte des Schlafsaales verrichtete. Ich blickte dann durch die länglichen Fenster nach der sinkenden Sonne hinter den Hügeln, fühlte mich allen fremd, während wir mit kehligen, schwankenden Stimmen sangen:

Abide with me; fast falls the eventide;
The darkness deepens; Lord, with me abide;
When other helpers fail, and comforts flee,
Help of the helpless, O, abide with me.

In solchen Augenblicken verließ mich aller Mut. Ich verstand diese
Worte zwar nicht, doch die Melodie und die Dämmerung verstärkten noch meine Traurigkeit.

Zu unserer freudigen Überraschung hatte Mutter jedoch schon
nach zwei Monaten unsere Entlassung bewirkt. Man schickte uns
zurück nach London, ins Armenhaus von Lambeth. Mutter erwartete uns am Tor in ihren eigenen Kleidern. Sie hatte unsere Entlassung nur darum beantragt, weil sie einen Tag mit ihren Kindern verbringen wollte; sie beabsichtigte, uns nach einigen gemeinsam im
Freien verbrachten Stunden noch am selben Abend wieder abzuliefern. Dieser Trick war für Mutter als Insassin des Armenhauses
die einzige Möglichkeit, ein Zusammensein mit uns herbeizuführen.

Vor unserem Eintritt hatte man uns unsere Kleider genommen
und sie über Dampf gereinigt. Nun erhielten wir sie ungebügelt zurück. Mutter, Sydney und ich sahen recht verknautscht aus, als wir
zum Tor des Armenhauses hinausschlenderten. Es war noch früh am
Morgen, und wir hatten kein besonderes Ziel, also wanderten wir
zum Kennington Park, der etwa eine Meile entfernt war. Sydney
hatte neun Pennies in sein Taschentuch geknotet, von denen wir ein
halbes Pfund schwarze Kirschen kauften. Den Vormittag verbrachten wir auf einer Bank im Kennington Park und verzehrten die Kirschen. Dann spielten wir zu dritt Ball mit einem Knäuel aus Zeitungspapier, um das Sydney ein Stück Bindfaden gewickelt hatte.
Zur Mittagszeit gingen wir in ein Café und legten den Rest des Geldes in einem Stück Gebäck, einem Hering und zwei Tassen Tee an,
aus denen wir abwechselnd tranken. Danach kehrten wir in den Park
zurück, wo Sydney und ich spielten, während Mutter häkelnd dabeisaß.

Am Nachmittag traten wir den Rückweg ins Armenhaus an. Zwar
sagte Mutter leichthin: »Wir werden gerade zum Tee zurechtkommen.« Aber die Verwaltung des Armenhauses war höchst empört,
denn das bedeutete, daß die ganze Prozedur wiederholt werden
mußte: unsere Kleider mußten über Dampf gereinigt werden, und
Sydney und ich mußten einige Zeit im Armenhaus bleiben, bevor
wir nach Hanwell zurückkehren konnten. Das gab uns natürlich die
Möglichkeit, Mutter noch einmal zu sehen.

Nun aber blieben wir fast ein ganzes Jahr in Hanwell – ein höchst lehrreiches Jahr, in dem ich mit der Schule begann und meinen Namen schreiben lernte: »Chaplin«. Das Wort faszinierte mich und sah, wie ich fand, ganz aus wie ich.

Die Schule von Hanwell hatte zwei Abteilungen, eine für Knaben und eine für Mädchen. Sonnabend nachmittag war der Baderaum für die Kleineren reserviert, die von den älteren Mädchen gewaschen wurden.

Das geschah natürlich nur, bis ich sieben Jahre alt war. Bei solchen Anlässen herrschte eine ganz eigene, von Widerwillen bestimmte Schamhaftigkeit; daß ich mich schmählich von einem vierzehnjährigen Mädchen abseifen lassen mußte, war die erste, bewußt erlebte Peinlichkeit.

Im Alter von sieben Jahren versetzte man mich in die Abteilung der Knaben, deren Alter von sieben bis zu vierzehn Jahren reichte. Nun durfte ich an allen Tätigkeiten der Großen teilnehmen, am Antreten, an den Übungen und an den regelmäßigen Spaziergängen außerhalb der Schule, die zweimal in der Woche unternommen wurden.

Wenn man uns in Hanwell auch gut versorgte, führten wir doch ein unglückliches Leben. Traurigkeit lag in der Luft; sie hing über den Landstraßen, die wir, hundert von uns in Doppelreihe marschierend, entlanggingen. Wie verabscheute ich diese Ausmärsche, die Dörfer, die wir durchquerten, und ihre glotzenden Einwohner! Man kannte uns als Insassen der »Booby hatch«, ein Vulgärausdruck für Armenhaus.

Der Spielplatz der Knaben war keinen halben Hektar groß und mit Steinplatten gepflastert. Ebenerdige Gebäude aus Backstein, in denen Büros, Lagerräume, eine Krankenstube, der Behandlungsraum eines Zahnarztes und eine Kleiderkammer für die Knaben untergebracht waren, umgaben ihn von allen Seiten. In der dunkelsten Ecke des Hofes befand sich ein leerer Raum, in den gerade ein vierzehnjähriger Knabe gesperrt worden war, ein wahrer Desperado, wie die anderen Kinder behaupteten. Er hatte versucht, durch ein Fenster im zweiten Stock auf das Dach zu gelangen und zu flüchten, hatte den Schulbehörden Widerstand geleistet, indem er seine Verfolger mit Kastanien und anderen Gegenständen bewarf. Das war nach der Bettzeit für die Kleinen geschehen, und die größeren Knaben setzten uns am nächsten Morgen tief beeindruckt davon in Kenntnis.

Derartige Vergehen wurden jeden Freitag in der großen Turnhalle geahndet, einem hohen, etwa zwanzig mal dreizehn Meter großen

Gebäude, an dessen Querseite die Kletterseile hingen. Am Freitag früh marschierten zwei- bis dreihundert Knaben im Alter von sieben bis vierzehn Jahren in die Turnhalle und traten in militärischer Weise im offenen Viereck an. Die vierte Seite nahm ein Tisch ein, der so lang war wie die Eßtische in einer Heereskantine. Dahinter standen die Übeltäter und warteten auf Verhandlung und Strafe. Auf der rechten Seite und vor dem Tisch befand sich ein Gestell, von dem Handfesseln und eine Rute drohend herabbaumelten.

Für kleinere Vergehen legte man den Knaben mit dem Gesicht nach unten über den Tisch. Die Füße wurden zusammengebunden, ein Sergeant hielt fest, während ein anderer Sergeant dem Knaben das Hemd aus der Hose und über den Kopf streifte und dann die Hosen strammzog.

Captain Hindrum, ein pensionierter Marineoffizier, der gegen zweihundert Pfund wog, nahm Aufstellung, eine Hand auf dem Rücken, in der anderen einen Stock, dick wie ein Daumen und vier Fuß lang, den er maßnehmend dem Gesäß des Knaben näherte. Dann hob er langsam den Stock und ließ ihn mit dramatischer Gebärde auf das Gesäß des Knaben niedersausen. Dies war ein schreckliches Schauspiel, und es blieb auch nie aus, daß der eine oder andere ohnmächtig aus der Reihe fiel.

Die Mindestzahl der Schläge betrug drei, die Höchstzahl sechs. Erhielt ein Übeltäter mehr als drei Schläge, so brüllte er markerschütternd. Mancher schwieg auch besorgniserregend oder wurde ohnmächtig. Die Schläge waren lähmend, und man mußte das Opfer zur Seite tragen und auf eine Bodenmatte legen, wo es sich wenigstens zehn Minuten lang drehte und wand, ehe der Schmerz sich verlor, und nur drei rosa Striemen auf seinem Gesäß blieben zurück, die so breit waren wie die Finger einer Waschfrau.

Mit der Rute verhielt es sich anders. Nach drei Rutenschlägen wurde der geschlagene Knabe, von zwei Sergeanten gestützt, ärztlicher Behandlung zugeführt.

Die Knaben rieten, niemals eine Anschuldigung abzustreiten, auch nicht, wenn man unschuldig war, denn wurde man schuldig gesprochen, erhielt man in solchen Fällen die Höchstzahl von Schlägen. Im allgemeinen verfügten die Knaben gar nicht über das Ausdrucksvermögen, das sie benötigt hätten, um ihre Schuldlosigkeit darzutun.

Ich war nun sieben Jahre alt und gehörte in die Abteilung der größeren Knaben. Ich erinnere mich noch, wie ich zum ersten Mal der Prügelstrafe zusah, wie ich stumm und mit klopfendem Herzen dastand, als die Beamten der Schule eintraten. Hinter dem Tisch stand der Desperado, der versucht hatte, aus der Schule zu fliehen. Er war so klein, daß wir kaum mehr als Schultern und Kopf über dem Tisch sehen konnten. Er hatte ein mageres, eckiges Gesicht und große Augen.

Der Schuldirektor verlas feierlich die Anklage und wollte wissen: »Schuldig oder nicht schuldig?«

Unser Desperado verweigerte die Antwort und stierte trotzig vor sich hin; man führte ihn deshalb zu dem Gestell und ließ ihn, da er sehr klein war, auf eine Seifenkiste steigen, damit ihm die Hände gebunden werden konnten. Er erhielt drei Rutenstreiche und wurde zu ärztlicher Behandlung in die Krankenstube geführt.

Donnerstags ertönte auf dem Spielplatz ein Horn, bei dessen Klang wir zu spielen aufhörten und förmlich zu Stein erstarrten, während Captain Hindrum durch ein Megaphon die Namen derer bekanntgab, die sich am folgenden Tag zur Strafverbüßung vorzustellen hatten.

Eines Donnerstags hörte ich zu meiner Verwunderung meinen Namen rufen. Ich konnte mir nicht vorstellen, wessen man mich beschuldigen könnte, und doch war ich aus einem unerklärlichen Grunde erregt – vielleicht weil ich im Mittelpunkt eines Dramas stehen sollte. Am Tage der Verhandlung trat ich vor, und der Schuldirektor sagte: »Du wirst beschuldigt, im Klosett Brandstiftung verübt zu haben.«

Dies entsprach nicht der Wahrheit. Einige Knaben hatten Papierfetzen auf dem Steinfußboden in Brand gesetzt, und ich war, während das Papier brannte, hereingekommen, um das Klosett zu benutzen, hatte jedoch mit der eigentlichen Brandstiftung nichts zu tun.

»Bekennst du dich schuldig oder nicht?« fragte er.

Verstört und von einer Kraft bedrängt, deren ich nicht Herr werden konnte, stieß ich hervor: »Schuldig.« Ich empfand weder Haß, noch fühlte ich mich ungerecht behandelt, als man mich an den Tisch führte und mir drei Stockschläge versetzte, sondern meinte nur, ein grausiges Abenteuer zu erleben. Der Schmerz war so überwältigend, daß mir die Luft wegblieb; ich schrie aber nicht, und obwohl ich vor Schmerz gelähmt war und auf die Matte getragen wurde, um mich zu erholen, kam ich mir kühn und sieghaft vor.

Sydney, der in der Küche beschäftigt war, hatte bis zum Tage der Bestrafung nichts geahnt. Er marschierte mit den anderen in die Turnhalle, und als er meinen Kopf über den Tisch lugen sah, packte ihn das Entsetzen. Er erzählte mir später, daß er vor Wut geweint habe, als er sah, wie ich die drei Schläge erhielt.

Jüngere Brüder sprachen hier von ihren älteren Brüdern stets als von »mein Junge«, was sie mit Stolz erfüllte und ihnen ein Gefühl der Sicherheit vermittelte. Gelegentlich also traf ich mich mit Sydney, »meinem Jungen«, beim Verlassen des Speisesaals. Da er in der Küche arbeitete, konnte er mir bei solchen Gelegenheiten heimlich ein aufgeschnittenes Brötchen mit einem Klumpen Butter darin zustecken, das ich dann unter meiner Bluse versteckte und mit einem anderen Knaben teilte. Das heißt nicht, daß wir Hunger gelitten hätten, doch war ein großes Stück Butter immerhin ein besonderer Luxus. Dieser Delikatessen durfte ich mich freilich nicht lange erfreuen, denn Sydney verließ Hanwell, um als Schiffsjunge auf das Schulschiff »Exmouth« zu gehen.

Im Alter von elf Jahren wurde es den Knaben im Armenhaus freigestellt, in das Heer oder in die Marine einzutreten. Wählten sie die Marine, so schickte man sie auf die »Exmouth«. Selbstverständlich wurde niemand dazu gezwungen, doch Sydney hatte den Wunsch, zur See zu gehen. So blieb ich allein in Hanwell zurück.

Kinder empfinden ihre Haare als ein überaus wichtiges, persönliches Besitztum. Sie schluchzen heftig, wenn ihnen das Haar zum erstenmal geschnitten wird; es mag dicht, glatt oder in Locken wachsen, sie sind davon überzeugt, daß ihnen ihre Persönlichkeit gestutzt wird. In Hanwell hatte die Ringelflechte grassiert, und da dies eine sehr ansteckende Krankheit ist, waren die davon Befallenen auf die Isolierstation im Erdgeschoß geschickt worden, von wo aus sie auf den Spielplatz blicken konnten. Oft sahen wir zu diesen Fenstern hinauf und betrachteten die Unglücksraben, die sehnsüchtig zu uns hinunterschauten und deren Köpfe geschoren und über und über mit Jod bepinselt waren. Diese Knaben boten einen schrecklichen Anblick, und wir betrachteten sie mit Ekel.

Als eines Tages eine Krankenschwester im Speisesaal plötzlich hinter mir stehen blieb, durch mein Haar fuhr und verkündete: »Ringelflechte!«, wurde ich daher von krankhaftem Schluchzen befallen. Die Behandlung dauerte Wochen, die mir wie eine Ewigkeit vorkamen.

Der Kopf wurde mir geschoren und mit Jod eingepinselt, und ich trug ein Taschentuch über dem Schädel wie ein Baumwollpflücker. Ich war aber nicht dazu zu bringen, aus dem Fenster nach den Knaben auf dem Spielplatz zu schauen, weil ich wußte, wie sie uns verabscheuten. Während meiner Isolierung besuchte mich Mutter. Sie hatte es irgendwie fertiggebracht, das Armenhaus zu verlassen, und bemühte sich, uns wieder ein Heim zu schaffen. Ihre Gegenwart war wie ein Blumenstrauß; sie sah so frisch und lieblich aus, daß ich mich meines vernachlässigten Aussehens und des geschorenen, mit Jod bepinselten Kopfes schämte.

»Sie müssen sich nichts daraus machen, daß sein Gesicht schmutzig ist«, sagte die Krankenschwester.

Mutter lachte, und ich erinnerte mich genau ihrer lieben Worte, als sie mich umarmte und küßte: »Mit all deinem Schmutz lieb' ich dich doch.« [...]

Mutter hatte in einem der Gäßchen hinter Kennington Cross in der Nähe von Hayward's Konservenfabrik ein Zimmer gemietet, und jeden Nachmittag trieb der ätzende Essiggeruch von dort herüber. Doch das Zimmer war billig, und wir waren wieder vereint. Mutter befand sich bei bester Gesundheit, und es kam uns gar nicht mehr in den Sinn, daß sie krank gewesen war. Wovon wir in der nun folgenden Periode gelebt haben, weiß ich heute nicht mehr. Ich erinnere mich jedoch an keine besonderen Entbehrungen oder unlösbaren Probleme. Vater zahlte fast regelmäßig seine zehn Schillinge die Woche, und Mutter nahm selbstverständlich wieder ihre Näharbeit auf und erneuerte ihre Beziehungen zur Kirche.

An einen Vorfall aus dieser Zeit erinnere ich mich deutlich. Am Ende unserer Straße befand sich ein Schlachthof, und auf dem Wege zur Schlachtbank zogen oft Schafe an unserem Haus vorüber. Eines dieser Schafe riß eines Tages aus und rannte zur Belustigung der Zuschauer die Straße entlang. Einige von ihnen versuchten es einzufangen, andere stolperten über ihre eigenen Füße. Ich hatte beim Anblick der ängstlichen Sprünge des Schafs gelacht, denn ich fand es komisch. Doch als es wieder eingefangen war und zum Schlachthof geführt wurde, kam mir zum Bewußtsein, daß sich hier wirklich eine Tragödie ereignete, und ich rannte schluchzend zu Mutter. »Sie werden es umbringen! Sie werden es umbringen!« Tagelang ließen mich die Erlebnisse jenes hellen Frühlingsnachmittags, jener komödienhaften Verfolgungsjagd nicht los, und ich frage mich, ob diese Episode nicht den Grund zu meinen zukünftigen Filmen legte – die Verbindung des Tragischen mit dem Komischen.

In der Schule eröffneten sich mir neue Horizonte: Geschichte, Poesie, die Naturwissenschaften und Arithmetik. Doch einige der Lehrgegenstände waren prosaisch und langweilig, besonders die Arithmetik: Das Addieren und Subtrahieren erweckte in mir die Vorstellung von einem Buchhalter und einer Registrierkasse, deren einziger Nutzen mir darin zu bestehen schien, daß man immer Kleingeld besäße.

Geschichte war eine Aufzählung böser und ruchloser Taten, eine unablässige Folge von Königsmorden und Morden, die die Könige ihrerseits an ihren Frauen, Brüdern und Neffen begingen. Geographie bestand für mich nur aus Landkarten. Gedichte bedeuteten mir nicht mehr als das Training meines Gedächtnisses. Die Erziehung in der Schule verwirrte mich durch Tatsachen und Wissen, an denen ich nur geringes Interesse hatte.

Ich wäre vielleicht ein Gelehrter geworden, wenn es nur jemand verstanden hätte, mir diese Gebiete geschickter nahezubringen, wenn er jedes Fach mit einer Einführung versehen hätte, die meine Vorstellungskraft anregte, die meine Phantasie beflügelte, anstelle der trockenen Tatsachen, die mir vorgelegt wurden. Vielleicht hätte man mich mit Taschenspielertricks im Bereich der Zahlen, mit romantisierten Landkarten und mit der Musik, die im Rhythmus der Poesie liegt, einfangen können.

Seit Mutter zu uns zurückgekehrt war, hatte sie damit begonnen, mein Interesse für das Theater wieder anzuregen. Sie gab mir das Gefühl, ich hätte ein gewisses Talent. Aber erst einige Wochen vor Weihnachten, als die Schule mit den Proben für ›Aschenbrödel‹ begann, merkte ich, wie sehr ich all das, was Mutter mich gelehrt hatte, zum Ausdruck bringen wollte. Aus irgendeinem Grunde gab man mir keine Rolle in diesem Spiel, und das machte mich insgeheim neidisch, denn ich war überzeugt, besser spielen zu können als einige der ausgewählten Darsteller. Ich kritisierte die stumpfe, phantasielose Art, in der die Knaben ihre Rollen gaben. »Die häßlichen Schwestern« hatten keinen Schwung und keinen Sinn für das Komische. Sie leierten ihren Text mit der Betonung von Schuljungen und in peinlich gequetschtem Falsett herunter. Wie gerne hätte ich, unterstützt von dem sachverständigen Rat meiner Mutter, eine der häßlichen Schwestern gespielt! Hingerissen war ich allerdings von dem Mädchen, das Aschenbrödel spielte. Sie war wunderschön und sehr fein, etwa vierzehn Jahre alt, und ich liebte sie heimlich. Doch sie war dem Alter und der gesellschaftlichen Stellung nach für mich unerreichbar.

Als ich die Aufführung des Singspiels sah, fand ich sie trostlos, abgesehen von der Schönheit dieses Mädchens, die mich etwas traurig stimmte. Ich ahnte noch nichts von dem großartigen Triumph, den ich selbst zwei Monate später erleben sollte, als man mich in jeder einzelnen Klasse ›Miss Priscilla's Cat‹ aufsagen ließ. Das war eine Humoreske, die Mutter in der Auslage eines Zeitungsladens hatte hängen sehen. Sie fand sie so drollig, daß sie sie abschrieb und nach Hause mitbrachte. Ich rezitierte sie in der Pause vor einem meiner Schulkameraden. Mr. Reid, unser Lehrer, sah von seiner Arbeit auf und war so belustigt, daß er, als die Stunde wieder begann, mich aufforderte, meinen Vortrag zu wiederholen, bei dem die ganze Klasse in wahre Lachsalven ausbrach. Mein Ruhm verbreitete sich in der ganzen Schule, und am nächsten Tage ließ man mich meinen Vortrag in allen Klassen bei Knaben und Mädchen wiederholen.

Wenn ich auch schon im Alter von fünf Jahren meine Mutter vor einem Publikum auf der Bühne vertreten hatte, so war dies doch in Wirklichkeit der erste Vorgeschmack des Ruhmesglanzes. Nun wurde die Schule aufregend für mich. Bis dahin war ich ein unbekannter und schüchterner kleiner Junge gewesen, und nun stand ich im Mittelpunkt des Interesses der Lehrer und Schüler. Sogar meine Leistungen besserten sich. […]

In der Weihnachtszeit hatte uns das Londoner Hippodrom engagiert, in einer ›Aschenbrödel‹-Pantomime Katzen und Hunde darzustellen. Damals war das ein neues Theater, eine Kombination von Varieté und Zirkus mit einer reichen Ausstattung, und ganz sensationell. Der Boden der Manege war versenkbar und konnte mit Wasser gefüllt werden, und kunstvolle Nummern wurden darin aufgeführt. Hübsche Mädchen in glänzenden Kostümen marschierten reihenweise herein und verschwanden vollständig unter Wasser. Nachdem die letzte Reihe untergetaucht war, erschien Marceline, der große französische Clown, in einem schlecht sitzenden Frack und Zylinder, eine Angel in der Hand, setzte sich auf einen Jagdstuhl, öffnete eine große Schmuckschachtel, bestückte seinen Haken mit einem Diamanthalsband und ließ dann die Angelschnur ins Wasser fallen. Nach einer Weile unternahm er den Versuch, die »Fische« mit kleineren Schmuckstücken anzuködern und warf einige Armspangen und manchmal sogar den ganzen Inhalt des Schmuckkästchens ins Wasser. Plötzlich zerrte es an der Angelschnur, Marceline geriet in krampfhafte und komische Bewegungen, verrenkte seine Glieder, kämpfte mit der Angelschnur und zog schließlich einen winzigen dressierten Pudel aus dem Wasser, der jede seiner Bewegungen nachahmte: wenn er sich hinsetzte, setzte sich auch der Hund hin. Wenn er sich auf den Kopf stellte, tat der Hund dasselbe.

Marcelines Aufführung war so drollig und charmant, daß die Wellen der Begeisterung in ganz London hochschlugen. In der Küchenszene durfte ich eine kleine Rolle mit Marceline spielen. Ich war eine Katze, und Marceline, der ängstlich vor einem Hund zurückwich, stolperte und fiel über meinen Rücken, während ich Milch trank. Er beschwerte sich immer darüber, daß ich meinen Rücken nicht genügend krümmte, um seinen Sturz etwas zu dämpfen. Ich trug die Maske einer Katze, die einen Ausdruck des Erstaunens zeige, und während der ersten Matinee für Kinder schlich ich mich an die Rückseite eines Hundes und begann daran zu schnüffeln. Als die Zuschauer lachten, wandte ich mich um und blickte sie erstaunt an, während ich eine Schnur betätigte, die eines der starr glotzenden Augen schloß und wieder öffnete. Als ich das Schnüffeln und Zwinkern mehrere Male wiederholt hatte, stürzte der Direktor hinter die Bühne und winkte mir verzweifelt zu. Aber ich ließ mich nicht stören. Nachdem ich an dem Hund gerochen hatte, schnupperte ich in das Proszenium, und dann hob ich mein Bein. Die Zuschauer brüllten vor Lachen – wahrscheinlich weil ich mich so unkatzenhaft benahm. Schließlich warf mir der Direktor einen strengen Blick zu, und ich hüpfte unter großem Beifall von der Bühne. »Tu das nie wieder!« sagte er atemlos. »Du wirst es noch dazu bringen, daß der Lord Chamberlain das Theater schließt!«

Als ich sechs Jahre alt war, kam ich in die Privatschule von Fräulein Klinckhardt in der Köpenicker Straße 96. Die Schule war eine Tortur. Sehr früh am Morgen – es war noch dunkel – wurde ich aus tiefem Schlaf geweckt. Das Zimmer war noch nicht geheizt, ich fror jämmerlich, stand auf dem Bett, damit das Fräulein Leibchen und Kleid leichter zuknöpfen konnte. Mama schlief noch. Ich trank ein Glas Milch, auf der Oberfläche zitterte Haut. Eklig! Dazu aß ich eine dünn mit Butter beschmierte Schrippe. Das Fräulein hängte mir eine Brotbüchse aus Nickel um den Hals. Darin lagen zwei Stullen, die Mama am Abend zuvor mit Butter bestrichen hatte. Die Butter war eingesickert, das Brot trocken. Wie beneidete ich die anderen Mädchen, die Wurst- und Schinkenbrötchen mithatten. Mama machte sich eben nichts aus Essen, und darum war sie so sparsam damit. Die grauen Wände des Schulzimmers, die warme, schlechte Luft, ich bekam Kopfschmerzen. Fleißig war ich nicht, aber ich paßte gut auf und begriff rasch. Trotzdem habe ich von der ganzen Schule nichts behalten als Lesen, Schreiben und etwas Rechnen. Ich kann addieren, aber schon dividieren oder subtrahieren geht nicht. Dann weiß ich noch: 3-3-3 bei Issus Keilerei; Isar, Iller, Lech und Inn fließen rechts zur Donau hin; 1356 war die Goldene Bulle, aber die hielt ich für einen preisgekrönten Mastochsen. Die Mitschüler behandelte ich wie Untertanen. In meinen Zeugnissen stand unter Betragen: G. ist herrschsüchtig.

Ich konnte irrsinnig schnell laufen, so schnell, wie ich wollte. Bei Wettrennen flog ich und gewann. Ich konnte auch zaubern und Gedanken lesen. »Mach mal«, drängten mich die Mitschülerinnen. Doch die großen Schwestern verboten ihnen, mit mir zu spielen. »Mit der darfst du nicht«, sagten sie, »das ist eine Hexe.«

Als ich eines Morgens zur Schule ging, kam aus der Kneipe von nebenan eine Frau. Ihre Wangen waren fiebrig rot, künstlich angestrichen, die Augen flimmerten. Was hat sie in der Nacht in der Kneipe getan? Irgend etwas Verbotenes, Schmutziges, Gefährliches. Mir wurde so übel, daß ich in den nächsten Hausflur ging und mich erbrach.

Nachmittags, nach den Schularbeiten, gingen wir in den Garten des Vereins der Gesellschaft der Freunde in der Potsdamer Straße. Es roch nach Kies, Blumen und Gras. Papa spielte Skat, und wir schoben Murmeln in Kuhlen. Mir machte das Spaß, bis mir einfiel,

Murmeln kann man viel leichter bekommen, wenn man sie im Laden kauft. Der Schleier der Illusionen fiel von meinen Augen, und ich erkannte: Auch Puppen sind tot.

Unsere Portiersfrau hieß Puhlmann. Ich fürchtete sie wie die Pest. Manchmal, wenn ich an ihrer Loge vorbeikam, gelang es ihr, mich zu grapschen und zu kitzeln. Ich lachte krampfhaft und versuchte, mich loszumachen. Es ging nicht, sie hielt mich mit eisernen Händen fest.

Schon im Winter freute ich mich auf die Sommerreise. Zu Weihnachten packte ich den Puppenkoffer. Papa sagte sadistisch: »Diesen Sommer wird nicht gereist, im Tiergarten ist es auch sehr schön.« Ich wurde schwermütig, doch Mama flüsterte: »Warte nur, wir reisen bestimmt.«

Und wirklich, endlich hieß es: »Wir fahren nach Heringsdorf!« Ich wurde verrückt vor Wonne. Mama und die Mädchen motteten ein. Es roch nach Kampfer. Säckchen mit Mottenpulver wurden an die Plüschvorhänge geheftet, die Teppiche zusammengerollt und an die Wände geschoben. Ich schlidderte auf den blankgebohnerten Parkettböden hin und her. Endlich war es soweit. Früh am Morgen wurden wir geweckt. Der Droschkenkutscher lud den großen Strohkorb und einen Rohrplattenkoffer und die vielen Hutschachteln hinten auf die Droschke. Die Luft war lau und die Straßen noch leer. Und da, da lag der Bahnhof. Es roch nach Rauch, Staub und heißem Eisen. Ich atmete tief. Papa kaufte Zeitungen für Mama, rosa und gelbe Bonbons für Hans und mich. Er blieb in Berlin, weil er eine Blumen- und Federnfabrik hatte. Zade & Falk hieß sie. Gott sei Dank, nun gab es keine Krachs. Seine Haut hatte große Poren, als er vor unserem Coupé stand und sich den Schweiß mit einem Taschentuch von der Stirn wischte.

Mama und Hans setzten sich in Fahrtrichtung. Ihnen wurde beim Fahren übel, mir nicht. Darauf war ich stolz. Das Fräulein saß neben mir. Aber noch war der Zug nicht abgefahren, noch konnte etwas dazwischenkommen. Noch war ich mißtrauisch und konnte an das große Glück nicht glauben. Doch da erklang die wunderbare Stimme des Stationsvorstehers. Er wedelte eine Scheibe mit Stock und rief: »Alles einsteigen!« Die Türen wurden geschlossen, der Zug setzte sich langsam in Bewegung, wir winkten mit unseren Taschentüchern, bis Papa ganz klein war. Wir fuhren wirklich nach Heringsdorf.

»Mama, bitte gib mir einen Bonbon«, quälte ich, und dann wollte ich eine Schinkenstulle und dann ein Salamiwurstbrötchen. Ich guckte aus dem Fenster. Immer weniger Häuser flitzten vorbei, dann

Bäume, Telegrafenstangen und in Streifen geteilte Felder, die durch
die Bewegung des Zuges zu Fächern wurden. Auf Wiesen weideten
braune und braun-weiß gefleckte Kühe, im Getreide schaukelten
blaue Kornblumen und roter Mohn. Gelbe Lupinenfelder rannten
vorüber – ich weiß, wie Lupinen riechen. Hänschens Gesicht wurde
grün. Mama, der auch nicht besonders wohl war, führte ihn auf die
Toilette, wo er sich übergab.

Unterwegs rief ein Mann »Saure Gurken!«, und in Eberswalde
trug ein Kellner ein Tablett mit Spritzkuchen. »Spriiiiitzkuchen!«
schrie er. Jedesmal, wenn der Zug hielt, steckte ich meine Nase aus
dem Fenster. Es roch nach Natur. Wir fuhren an Nadelwäldern vorbei, am Weg lag schon manchmal etwas weißer Sand. Bald sind wir
da! Das Fräulein packte die übriggebliebenen Stullen und die pa-
steurisierte Milch ein – brrr, schmeckte die gräßlich –, Mama setzte
uns die Strohhüte auf. Der Zug lief immer langsamer. Er hielt. Da!
Das Schild! Heringsdorf!

Die Wirtin winkte auf dem Bahnsteig, neben ihr unsere Köchin,
die schon früher gereist war, um alles vorzubereiten. Wir fuhren in
die Klenzestraße 8, gingen durch den kleinen Vorgarten. Am Rande
des Kiesweges blühten gelbe und lila Stiefmütterchen und hellblaue
Vergißmeinnicht. Rosen dufteten und weiße Federnelken mit lila
Rändern. Wir rannten die Treppen rauf. Sie waren aus Holz und
nicht aus Marmor wie in Berlin. Es lagen auch keine roten, staubigen
Teppiche drauf. Die Stufen rochen stark nach warmem Holz.

Schnell ließ ich mich waschen. Ich mußte gleich an den Strand gehen, ich hielt es vor Ungeduld nicht aus. Mama und Fräulein packten
die Koffer aus, und dann ging es endlich los. Schon von weitem sah
ich ein blaßblaues Band am Himmel, die Ostsee. Wir spazierten über
die Promenade mit den vielen Blumenbeeten, und da, da war der
Strand! Ich konnte nicht mehr langsam gehen, riß mich von der
Hand meiner Mutter los, sprang durch die Binsen, die am Rande des
Strandes wuchsen, und warf mich auf den trockenen Sand. Ach, nun
war ich da. Der Sand war weiß und fein und roch wie zermahlene
Kreide! Ich ließ ihn durch meine Hand rinnen und sprang an den
Rand des Wassers. Die kleine Welle bespülte sanft den Boden und
zog sich ruhig zurück. Heute durfte ich noch nicht baden, aber vielleicht morgen. Ich sammelte zartrosa Muscheln, die halb verborgen
im Sande lagen. Mama drängte: »Kommt, für heute ist's genug. Wir
gehen nach Hause und essen Abendbrot.« Das Brot war rund und
nicht lang wie in Berlin, saurer, aber schmeckte viel besser, auch die
Butter, die in großen Holztonnen lag und 1,30 Mark das Pfund kostete, war buttriger als in Berlin. Die Verkäuferin – sie hatte ein But-

tergesicht – nahm sie mit einer gerippten Holzkelle aus der Tonne, knetete sie zu einer Kugel, auf der man die Rippen sah. Hier kriegte man große, ungefüge Stücke.

Eine alte Frau mit Kiepe auf dem Rücken verkaufte uns eine Stiege Eier. In Berlin sagte man: Mandel oder Dutzend. In Heringsdorf war alles anders. Dann wurden wir zu Bett gebracht. Am Morgen krähte ein Hahn, wirklich, wir waren auf dem Land! Ich sog den Duft von frischem Gras tief ein. Schnell anziehen und frühstücken!

Ich nehme Schippe und Eimer und bekomme eine Helgoländer Haube aus weißem Batist auf den Kopf gesetzt. Unter dem Kinn wird sie mit einer Schleife zugebunden. Wir gehen los. Es riecht nach warmen Binsen. Mama mietet den Strandkorb und liest einen Roman. Ich buddele mit Schippe und Händen, bis Wasser durch den Sand sickert. Der »Süße Heinrich« verkauft in weißem Anzug und Zylinderhut kandierte Walnußkerne, Weinbeeren und Feigen auf Holzspießchen gereiht. Eine alte Frau bietet Pfefferminzplätzchen in durchsichtigen dreieckigen Tüten an. Eine andere Frau, die eine häßliche schwarze Strohschute auf dem Kopf hat, verkauft Spitzen, auf schwarzen Karton geklebt. Nun kommen Mamas Freundinnen, Frau Dr. Färber, Frau Holzbock und Frau Kohn. In Berlin tragen sie dunkle Kleider, hier sind sie hellblau und hellrosa angezogen. Ihre Röcke sind lang. Sie raffen sie mit spitzen Fingern.

Volants aus gelblichen Spitzen gucken unten aus dem Saum raus. Die Kragen der engen Taillen reichen bis zum Ohr und die Ärmel bis zur Mitte des Handrückens. An ihren Fingern blitzen Ringe. Mama und die Freundinnen mieten eine viereckige Bude aus Binsen, die hinten am Strand steht. Die großen Hüte mit den vielen Blumen und Vögeln nehmen die Damen nicht ab. Jetzt ist es sehr warm geworden. Mama erlaubt mir, im Wasser zu waten. Ich krempele die weiße Leinenhose mit den Madeiraspitzen hoch und tippe die Fußspitzen ins Wasser. Es ist gar nicht kalt. Ich gehe weiter hinein, dahin, wo es schon ein bißchen tiefer ist und durchsichtig und hellgrün. Gefurchter Sandboden. Eine lila und eine rosa Qualle schwimmen vorbei. Noch zwei Tage, dann darf ich baden. Ich darf, Hänschen nicht, er ist blutarm, bekommt Lebertran und kann kaltes Wasser nicht vertragen, Mama auch nicht, sie ist nervös. Aber ich kann es vertragen.

Nachmittags gingen wir in den Italienischen Garten, Schwäne schwammen majestätisch auf dem Teich. Wir fütterten sie mit Brotkrumen. In der Försterei saßen wir auf Holzbänken und tranken rosa Limonade. Wenn man 5 Pfennig in eine bunte Metallhenne steckte, gackerte sie und legte ein blaurotes Ei mit roten Bonbons

drin. Neben der Henne stand eine Schaukel. Ich kletterte aufs Brett.
Fräulein gab mir einen Schubs, und ich flog durch die Luft. Meine
langen Haare wehten. Manchmal gingen wir mit unserem Freund
Karl in den Laubwald, Kienäpfel für den Kochherd sammeln. Wenn
unsere Eimer voll waren, knipsten wir Blätter von Eichen, hefteten
sie mit Kiefernnadeln zu Kränzen und setzten sie auf den Kopf. Als
Karl mir meinen Kranz wegnehmen wollte, riß ich sein Ohr. Er
blutete. Was hatte ich getan? Was würde seine Mutter sagen? Und
was würde meine Mutter sagen? Gestern haute ich ein kleines Mädchen, seine Nase blutete. »Ich habe sie nur ganz wenig gehauen«,
schluchzte ich, »immer blutet es gleich.« Mama schimpfte ein bißchen. Aber was wird sie sagen, wo Karls ganzes Ohr ab ist? Angst-
voll ging ich nach Hause. »Wo sind die anderen?« fragte Mama.
»Warum kommst du allein?«

»Karls Ohr ist ab«, weinte ich, »ich habe es abgerissen.«

»Wo ist Karl?« fragte Mama eilig.

»Im Wald.«

Schon kam Fräulein mit Hans und Karl. Mama ging ihnen rasch
entgegen und sah sich das Ohr an. »Schäfchen, nimm nicht alles so
schwer«, sagte sie, »sein Ohr ist dran, es wird heilen.«

Wir gingen ins Kurhaus zum Kinderfest. Ich zog ein Kleid aus
weißer Stickerei mit hellblau drunter an, es guckte durch die Löcher.
Fräulein band mir eine hellblaue Atlasschärpe um die Taille. Wir kamen zu spät, das Fest hatte angefangen, die Kinder kannten sich
schon, ich stand allein. »Warum spielst du nicht mit?« fragte das
Fräulein, »geh, Hänschen ist schon dabei.« Ich wußte nicht, was ich
zu den Kindern sagen sollte, und blieb stehen.

Der Sommer ging zu Ende, wir fuhren nach Berlin. Wenn man so
lange weg war, ist es aufregend, zurückzukommen. Die Häuser sind
hoch, es ist schwül, und es hat gerade geregnet, die Menschen haben
graue Gesichter. Unser Hinterhof war asphaltiert. Ich hopste auf
dem glatten Boden und sprang wie ein Gummiball. Ich flog. Das war
mein erstes Tanzerlebnis.

Jeden Winter gaben meine Eltern eine Gesellschaft, um sich zu
»revanchieren«. Das Essen wurde beim Traiteur Stein bestellt. Es
gab Hors d'œuvres, Schildkrötensuppe, Steinbutt, Rehrücken und
eine Fürst-Pückler-Bombe mit Petits fours. Der Traiteur schickte
Kellner zum Servieren und einen Koch, der die Saucen machte. Eine
Frau deckte die runden Tische und stellte Silber, Gläser, Teller und
Bestecke auf die weißen Decken. Neben jedem Teller lag die Menü-
karte. Bald klingelte es, die ersten Gäste kamen.

Ich mußte mit Hans in den Hinterzimmern bleiben, doch wir

hörten das Stimmengewirr. Niemand kümmerte sich um uns, denn auch Fräulein half mit. Mama kam zu uns ans Bett, gab uns einen Kuß und ein Petit four. Ich konnte nicht schlafen, das Hinundherlaufen auf dem Korridor regte mich auf. Am nächsten Tag standen leere und halbleere Wein- und Champagnerflaschen im Spielzimmer. Ich hatte in einem Roman aus Mamas Bücherschrank gelesen, daß elegante Damen in Champagner baden. Im Badezimmer stand eine Zinkwanne. Ich goß die Reste der Flaschen hinein, zog mich aus und stieg in die Wanne. Das war gar nicht schön. Mir wurde schwindlig. Meine Haut klebte. Schnell verließ ich die Wanne und tupfte mich mit dem Handtuch ab. Da kam Agathe und fragte: »Was hast du angestellt? Du siehst aus, als ob du etwas ausgefressen hättest.« Sie schnüffelte. »Wonach riechst du?«

»Ich habe in Champagner gebadet«, antwortete ich kleinlaut.

Sie lachte: »Ich werde dich man ordentlich abwaschen, denn wenn deine Mutter es merkt, haut sie dir eine runter.«

Ich war sehr verwöhnt. Vielleicht ist es nur Zufall, daß ich nicht zum
minderjährigen Verbrecher wurde. Als ich neun Jahre alt war, fuhr
Mutter zur Kur nach Bad Ems. Meine Schwestern und mich schickte
sie zu ihrem Vater nach Kiew.

Mein Großvater mütterlicherseits war ein ehrwürdiger Greis mit
einem silbernen Vollbart. In seinem Haus wurden alle Gebote der
Religion streng eingehalten. Am Sabbat hatte man auszuruhen; diese
Ruhe verbot den Erwachsenen das Rauchen, den Kindern jede
Schelmerei. (Der jüdische Sabbat ist genauso trostlos wie der puri-
tanische englische Sonntag.) In Großvaters Haus langweilte ich mich
immer und verübte Streich auf Streich. Jenen Sommer verbrachten
wir auf der Datscha in Bojarka. Ich zerrte jedermann an den Nerven.
Einmal bestrafte man mich, indem man mich in den Kohlenkeller
sperrte. Ich zog mich nackt aus und wälzte mich auf dem Boden. Als
die Tür wieder aufging, schrie die Köchin schreckensbleich: »Hilfe,
der Teufel!« Ich rächte mich, indem ich nachts eine Flasche Petroleum heranschleppte und den Versuch machte, das Haus in Brand
zu stecken.

Im nächsten Sommer nahm mich meine Mutter nach Bad Ems mit.
Ich brachte die Kurgäste zur Verzweiflung. Ich machte den senilen
Grafen Orlow-Dawydow nach, nannte ihn Schmatz, weil er unablässig schmatzte. Ich störte die Engländerinnen beim Angeln, indem
ich die Fische mit Steinchen verscheuchte. Ich trug die Vergißmein-
nicht-Sträuße fort, welche die Deutschen am Denkmal ihres alten
Kaisers niederlegten. Die Kurverwaltung bat meine Mutter wegzufahren, falls sie nicht imstande sei, mich zu zügeln.

Ich bestand glänzend die Aufnahmeprüfung, erst in die Vorbereitungsklasse, dann in die Sexta. Ich wußte, daß es eine jüdische Prozentnorm gibt und daß man mich nur mit den allerbesten Noten aufnehmen würde. Ich löste die Rechenaufgabe, schrieb das Diktat
fehlerfrei und rezitierte mit Gefühl »Der Herbst ist da. Die Saatkrä-
hen sind weggeflogen...«

Ein Freund erzählte mir – das war Anfang der dreißiger Jahre –,
wie ihn sein kleiner Sohn, ein frischgebackener Abc-Schütze, bei der
Rückkehr aus der Schule danach fragte, was ein Jude sei. »Ich bin
Jude«, erwiderte der Vater, »Mama ist Jüdin.« Das kam derart uner-
wartet, daß der Kleine ungläubig ausrief: »Was, ihr seid Juden?« Wir
waren besser vorbereitet. Mit acht Jahren wußte ich genau, daß es

für die Juden ein Gebiet der Seßhaftigkeit, eine Aufenthaltsgenehmigung, eine Prozentnorm und Pogrome gibt.

Ich wuchs in Moskau auf, spielte mit russischen Kindern. Wenn die Eltern etwas vor mir verbergen wollten, sprachen sie Jiddisch. Ich betete zu keinem Gott – weder zu einem jüdischen noch zu einem russischen. Das Wort Jude deutete ich mir auf meine Weise zurecht: Ich gehörte zu jenen, die man beleidigt. Das erschien mir ungerecht und dennoch natürlich. Mein Vater, selber glaubenslos, tadelte die Juden, die zwecks Erleichterung ihres Loses den griechisch-orthodoxen Glauben annahmen, und ich begriff schon als Kind, daß man sich seiner Abstammung nicht schämen darf. Irgendwo las ich, die Juden hätten Christus gekreuzigt. Onkel Lew sagte, Christus sei Jude gewesen; meine Kinderfrau Wera Platonowna erzählte mir, Christus hätte gelehrt: Schlägt man dich auf die eine Backe, so halte die andere hin. Das war nicht nach meinem Sinn. Als ich zum erstenmal ins Gymnasium kam, begann irgendein Erstkläßler zu singen: »Sitzt das Jüdlein auf der Bank – wir setzen es auf eine Stecknadel.« Ich schlug ihm unverzüglich ins Gesicht. Bald wurden wir Freunde. Nie mehr hat mich jemand beleidigt.

In meiner Klasse waren drei Juden – Seldowitsch, Pukermann und ich. Niemals fühlten wir uns als Fremde. Höchstens, daß uns unsere Kameraden beneideten, wenn wir während der Religionsstunde über den Hof schlenderten.

Während meiner Moskauer Kindheit und Jugend bekam ich es nie mit Judenfeindlichkeit zu tun. Wahrscheinlich waren unter den Lehrern oder den Eltern meiner Kameraden auch Menschen mit Rassenvorurteilen, aber sie gaben sich nie als solche zu erkennen. In jenen Zeiten schämten sich die Intellektuellen des Antisemitismus wie einer üblen Krankheit. Ich entsinne mich der Erzählungen über den Pogrom in Kischinjow – ich war damals zwölf Jahre alt. Ich begriff, daß etwas Entsetzliches geschehen war, aber ich wußte, daß der Zar, der Gouverneur und die Gendarmen daran schuld waren, ich wußte schon, daß alle anständigen Menschen die Selbstherrschaft ablehnen, ich wußte, daß Tolstoj, Tschechow und Korolenko entrüstet über den Pogrom waren. Kam ich nach Kiew, so hörte ich, daß die Zeitung Kijewljanin Hetzartikel abdruckt, daß es im Podol-Viertel gärt, daß es die »verfluchte Judenfrage« gab. Es war eine seltsame Zeit: viel Dreck und viel Illusionen! Das Schicksal eines unschuldig verurteilten französischen Offiziers erregte die besten Geister Europas... »Ohne Hochschulbildung wirst du nicht in Moskau leben können«, sprach mein Vater angesichts meiner abfallenden Zeugnisnoten. Ich lachte – bis zu meinem Abitur sollte sich alles auf der Welt verändern. Die Artikel im Kijewljanin oder in den Moskauer Nachrichten hielt ich für die letzten Nachklänge der mittelalterlichen Barbarei. Kein Gedanke lag mir ferner als der, daß in meinem Lebensrückblick manche bittere Seite jener Frage gewidmet sein würde, die mir wie ein todgeweihtes Überbleibsel der Vergangenheit vorkam.

Meinen Vater aber brachten die schlechten Noten außer sich. Die ersten zwei Jahre lernte ich gut, dann bekam ich den Schulbetrieb satt. Heimlich trug ich die Prachtausgaben der Klassiker aus dem Hause und setzte sie bei den Bouquinisten in der Wolchonka ab. Darauf ging ich in das Geschäft Neue Erfindungen in der Stoleschnikow-Gasse und kaufte Knallerbsen, Niespulver, Juckpulver und kleine Schachteln, aus denen Mäuse oder Schlangen aus Gummi sprangen. Damit rückte ich den Lehrern zu Leibe.

Noch vor meinem Eintritt in die Vorbereitungsklasse rezitierte ich den ›Dämon‹. Mich lockte nicht der Dichterruhm – mein Leitbild war nicht Lermontow, sondern sein Dämon, als welcher ich über Chamowniki kreisen wollte. Ich titulierte mich mit »verstoßener Geist« – natürlich ohne zu verstehen, was das heißt. Bald wurde ich der Verse überdrüssig und fand an Chemie, Botanik und Zoologie Gefallen. Ich beugte mich über das Mikroskop, experimentierte mit übelriechenden Pülverchen, schaffte mir Frösche, Eidechsen und Molche an. Eines Tages lief das Gewürm in alle Ecken der Wohnung auseinander. Aus unbekannter Richtung stank es – der Hauptmolch war unter Mutters Schrank verendet.

Unter dem Eindruck der Gespräche über das Heldentum der Buren schrieb ich zuerst einen Brief an den bärtigen Ohm Krüger; dann entwendete ich meiner Mutter zehn Rubel, um mich auf den Kriegsschauplatz zu begeben. In der Nacht griff man mich auf. An dieses unglückselige Unternehmen dachte ich nur ungern zurück.

Jeder Kalenderwechsel ist ein erregendes Ereignis, nun aber sollte nicht das Jahr, sondern das Jahrhundert wechseln. (In Wirklichkeit lebte das neunzehnte an beiden Enden über seine Frist hinaus: Es begann 1789 und endete 1914.) Das Fin de siècle war in aller Munde – das neue Saeculum ein vielbedachtes Rätsel. Ich erinnere mich an Neujahr 1901. Wir erhielten den Besuch von Maskierten. Einer war als Chinese verkleidet; ich erkannte den lustigen Ingenieur Gil hinter der Maske und packte ihn am Zopf. Die Maskierten stellten Europas Länder dar: Der Ungar tanzte einen Csárdás, die Spanierin klapperte mit den Kastagnetten. Alles drehte sich um den Chinesen – in jenem Winter wurde in Peking gekämpft. Alle stießen auf das neue Jahrhundert an. Ich glaube kaum, daß auch nur einer der Anstoßenden den Charakter dieses so laut begrüßten Jahrhunderts voraussah.

Ich war damals Schüler der Parallelklasse im Ersten Gymnasium. Ich stellte eine kleine Gruppe von Boxern auf – wie man die aufständischen Chinesen nannte. Wir schlugen mit den Leibriemen aufeinander ein und halfen mit den Messingschnallen nach – obwohl ein Gentleman's Agreement das eigentlich verbot. Das zwanzigste Jahrhundert warf eben seinen Schatten voraus.

Ich geriet gänzlich außer Rand und Band, meine Streiche wurden unerträglich. Vater war meistens fort, Mutter und die Schwestern wurden nicht mit mir fertig. Sie riefen den Hausmeister und Ofenheizer, meinen Namensvetter Ilja, zu Hilfe. Einmal stürzte ich mich mit dem Messer auf ihn, ich war ihm nicht geheuer.

Aber auch ich fand meinen Meister in Gestalt des Jurastudenten Michail Jakowlewitsch Imchanitzkij. Alle wunderten sich, warum ich auf ihn hörte, da er mich doch niemals bestrafte. Michail Jakowlewitsch zog zu uns ins Haus. In seiner Gegenwart machte ich meine Aufgaben. Für jede richtig gelöste Prozentrechnung gab er mir ein Sahnebonbon – ich war nämlich ein Leckermaul. Das Papier warf ich auf den Boden. Manchmal fragte er: »Wo ist das Papier?« Ich blickte auf den Fußboden, es war kein Papier da. Michail Jakowlewitsch lachte. Ich erzählte keinem Menschen von den geheimnisvollen Sahnebonbons. Ich fürchtete mich vor Michail Jakowlewitschs Augen; wenn er mich anblickte, wandte ich mich rasch ab. Meine Eltern meinten, er sei ein hervorragender Pädagoge.

Im Sommer war bei uns auf der Datscha in Ssokolniki Ljolja Golowinskaja, die Freundin einer meiner Schwestern, zu Gast. Michail Jakowlewitsch warf ein Auge auf sie. Damals waren Gespräche über Hypnotismus große Mode. Der Student erklärte, er könne hypnotisieren. Er schläferte Ljolja ein und sagte ihr, sie müsse nach drei Tagen spät am Abend zu ihm auf die Datscha kommen. Das ganze Haus war darob zornentbrannt. Michail Jakowlewitsch packte seelenruhig seine Sachen in den Koffer und erzählte zur Beruhigung, er hätte mich für die nächsten anderthalb Jahre hypnotisiert.

Man brachte mich zu Professor Rybakow – irgend jemand hatte meiner Mutter gesagt, ich könnte fürs ganze Leben meine Willenskraft einbüßen. Einige Jahre später traf ich Michail Jakowlewitsch auf dem Pretschistenskij-Boulevard und stürzte davon. Als ich 1917 aus Paris heimkehrte, sah ich im russischen Konsulat in Stockholm einen dicken untersetzten Menschen, der zu mir sprach: »Erkennen Sie mich nicht? Ich bin Imchanitzkij.« Ich staunte: Er hatte ganz gewöhnliche, ja sogar ausdruckslose Augen.

Doch an die erdichteten Sahnebonbons mußte ich oft zurückdenken. Auch später, scheint mir, wurde ich oft gezwungen, schwierige Aufgaben zu lösen, und dafür mit Konfekt entlohnt, das es gar nicht gab. Aber später gab mir niemand Bromsalz zu trinken, fürchtete niemand, ich könnte die Willenskraft verlieren. Der Wille wirkte eher störend.

Zu Hause langweilte ich mich. Gäste kamen und erzählten, die Geschwister Christmann hätten eine erstaunliche Koloratur, der Advokat Labori habe ein erschütterndes Plädoyer für den unschuldigen Dreyfus gehalten, in Moskau sei ein Restaurant mit Séparées in mauretanischem Stil eröffnet worden, eine gewisse Madame Labranche hätte aus Paris neue Hutmodelle mitgebracht. Man sprach auch von der Sudermann-Premiere, von der Eröffnung des Künstlerischen, allgemeinzugänglichen Theaters, von den Pogromen, vom Tolstoj-Brief, von der Redekunst des Verteidigers Plewako, der dem grausamsten Mörder zum Freispruch verhelfen konnte, von Doroschewitschs satirischen Glossen über die Stadtväter, von irgendwelchen verrückten Dekadenten, die versicherten, es gäbe »bleiche Beine«.

Der Brauereihof erregte mich viel mehr als der Salon mit seinen staubigen Zimmerpalmen und der Kopie eines Bildes, das den nach Moskau zum Studium fahrenden Lomonossow darstellt. Man konnte in den Stall gehen, wo es wunderbar roch und wo ich mich im Charakter eines jeden Pferdes auskannte. Man konnte sich in den großen, vierzig Eimer fassenden Fässern verstecken. In einer Werkabteilung wurden Flaschen durch den Schlag eines metallischen Stäbchens geprüft. Meinen Ohren klang diese Musik viel süßer als jene, mit der uns zuweilen klavierspielende Gäste traktierten.

Die Arbeiter schliefen in stickigen, schlecht beleuchteten Kasernen auf Pritschen; sie deckten sich mit Pelzen zu. Sie tranken saures, abgestandenes Bier. Manchmal spielten sie Karten, sangen Lieder, fluchten. Nur wenige konnten lesen und schreiben, diese wenigen buchstabierten die Rubrik der letzten Ereignisse im Moskauer Blatt. Zum Gaudium wurde einmal eine Ratte mit Petroleum übergossen; als lodernde Fackel rannte sie im Kreis herum. Ich sah ein Leben, das armselig, dunkel und fürchterlich war. Mich erschütterte die Unvereinbarkeit der beiden Welten: der übelriechenden Kasernen und der Salons, wo gescheite Leute über Koloraturen parlierten.

Nicht allzu weit von der Fabrik, auf dem Jungfrauen-Feld, wurde während der Karnevalszeit ein Rummelplatz mit Schaubuden eingerichtet. Ich entsinne mich eines bereits betagten Mannes mit mehlbestreutem Gesicht, der mit unnatürlicher Stimme ausrief: »Ich bin Amerikaner, ich tanze jeden Tanz!...«

Die Arbeiter diktierten mir Briefe ins Dorf, Briefe, worin vom Essen, von Krankheiten, von Hochzeiten und Beerdigungen die Rede war.

Die eine Hofmauer grenzte an ein Irrenhaus. Ich kletterte auf die Mauer und schaute zu: Ausgemergelte Menschen in weiten Kitteln marschierten über den mit Unrat besäten Hof. Manchmal stürzte sich ein Aufseher auf einen Kranken, und jener schrie markerschütternd.

In der Brauerei arbeiteten ausländische Fachleute – tschechische Bierbrauer. Die Arbeiter nannten sie »die Deutschen«; sie aßen zum Beispiel Tauben, und das wurde mißbilligt. Der Sohn des Bierbrauers Kara tötete mit einer Axt seine Mutter und seine zwei Schwestern – er wollte einer Moskauer Salonlöwin ein teures Collier präsentieren, und die Eltern gaben ihm kein Geld. Ich erinnere mich an einige Satzfetzen: »Schwimmen im Blut... wollte fünfhundert Rubel nehmen... bis über die Ohren verknallt...« Natürlich ließ man am Mörder kein gutes Haar, ich aber stellte mir den jungen, schmächtigen Bierbrauersprößling vor und dachte, daß die Erwachsenen offenbar auch nichts vom Leben verstünden.

Neben der Fabrik stand das Haus von Tolstoj. Ich sah oft, wie Lew Nikolajewitsch die Chamownikow- und die Bosheninow-Gasse entlangspazierte. Man schenkte mir ›Kindheit und Jugend‹, ich fand das Buch langweilig. Da holte ich aus der Abstellkammer die Zeitschrift Niwa mit der ›Auferstehung‹. Mutter sagte: »Das darfst du noch nicht lesen.« Ich las den Roman in einem Zug und dachte, daß Tolstoj die ganze Wahrheit wisse. Der Vater gab mir eine von der Zensur verbotene Adresse Tolstojs zur Abschrift. Ich war sehr stolz darauf und gab mir die allergrößte Mühe – schrieb jeden Buchstaben aus.

Eines Tages kam Tolstoj in die Brauerei und bat meinen Vater, ihm den Brauvorgang zu zeigen. Sie gingen von Abteilung zu Abteilung, ich hinterdrein. Es wurmte mich irgendwie, daß der große Schriftsteller im Wuchs kleiner als mein Vater war. Man reichte Tolstoj eine Kanne mit heißem Bier, er sagte zu meiner Verwunderung »Es schmeckt« und wischte sich mit der Hand den Bart ab. Meinem Vater erklärte er, das Bier könne im Kampf gegen den Schnaps helfen. Nachher dachte ich lange über die Worte Tolstojs nach. Mich beschlichen Zweifel, ob Tolstoj wirklich alles verstehe. Ich war der Überzeugung gewesen, er wolle Lüge durch Wahrheit ersetzen; nun aber sprach er von der Ersetzung des Wodka durch das Bier. (Wodka kannte ich nur vom Hörensagen, die Arbeiter erwähnten ihn liebevoll, Bier kannte ich aus eigener Erfahrung, und es schmeckte mir nicht.)

Manchmal wurde es in der Fabrik unruhig. Es hieß, die Studenten seien unterwegs zu Tolstoj. Das Tor wurde fest verschlossen, ein Wächter stellte sich daneben auf. Ich lief heimlich auf die Straße und wartete auf die mysteriösen Studenten, doch niemand kam. Bei meinen Schwestern waren manchmal Studenten zu Gast, die ich aber für Pseudostudenten zu halten geneigt war. In aller Ruhe tranken sie Tee, sprachen über Ibsen, tanzten. Die richtigen Studenten hatten zuerst die Kosaken von ihren Pferden zu stoßen, dann den Zaren vom Thron.

Die richtigen Studenten blieben aus. Während meiner Kindheit litt ich an Schlaflosigkeit. Einmal riß ich die Uhr von der Wand – ihr lautes Ticken machte mich wahnsinnig. Noch heute sehe ich die Schemen meiner schlaflosen Nächte vor mir: den sich mit der Hand über den Bart fahrenden Tolstoj, den jungen Kara nebst Beil und Mätresse »Lakme«, den Irren, die große brennende Ratte.

Blumeshof. Keine Klingel schlug freundlicher an. Hinter der
Schwelle dieser Wohnung war ich geborgener als selbst in der elterli-
chen. Übrigens hieß es nicht Blumes-Hof, sondern Blumezoof, und
es war eine riesige Plüschblume, die so, aus krauser Hülle, mir ins
Gesicht fuhr. In ihrem Innern saß die Großmutter; die Mutter meiner Mutter. Sie war Witwe. Wenn man die alte Dame auf ihrem tep-
pichbelegten und mit einer kleinen Balustrade verzierten Erker,
welcher auf den Blumeshof herausging, besuchte, konnte man sich
schwerlich denken, wie sie große Seefahrten oder gar Ausflüge in die
Wüste unter Leitung von »Stangens Reisen« unternommen hatte, an
die sie sich alle paar Jahre anschloß. Madonna di Campiglio und
Brindisi, Westerland und Athen und von wo sonst sie auf ihren Reisen Ansichtskarten schickte – in ihnen allen stand die Luft von Blumeshof. Und die große, bequeme Handschrift, die den Fuß der Bilder umspielte oder sich in ihrem Himmel wölbte, zeigte sie so ganz
und gar von meiner Großmutter bewohnt, daß sie zu Kolonien des
Blumeshof wurden. Wenn dann ihr Mutterland sich wieder auftat,
betrat ich dessen Dielen so voll Scheu, als hätten sie mit ihrer Herrin
auf den Wellen des Bosporus getanzt und als verberge sich in den
Persern noch der Staub von Samarkand.

Mit welchen Worten das unvordenkliche Gefühl von bürgerlicher
Sicherheit umschreiben, das von dieser Wohnung ausging? Das In-
ventar in ihren vielen Zimmern würde heute keinem Trödler Ehre
machen. Denn wenn auch die Erzeugnisse der siebziger Jahre so viel
solider waren als die späteren des Jugendstils – das Unverwechsel-
bare an ihnen war der Schlendrian, mit dem sie dem Lauf der Zeit
die Dinge überließen und sich, was ihre Zukunft anbetraf, allein der
Haltbarkeit des Materials und nirgends der Vernunftberechnung
anvertrauten. Das Elend konnte in diesen Räumen keine Stelle haben, in denen ja nicht einmal der Tod sie hatte. Es gab in ihnen keinen
Platz zum Sterben; darum starben ihre Bewohner in den Sanatorien,
die Möbel aber kamen gleich im ersten Erbgang an den Händler. In
ihnen war der Tod nicht vorgesehen. Darum erschienen sie bei Tage
so gemütlich und wurden nachts der Schauplatz böser Träume. Das
Stiegenhaus, das ich betrat, erwies sich als Wohnsitz eines Alps, der
mich zuerst an allen Gliedern schwer und kraftlos machte, um
schließlich, als mich nur noch wenige Schritte von der ersehnten
Schwelle trennten, mich in Bann zu schlagen. Dergleichen Träume

sind der Preis gewesen, mit dem ich die Geborgenheit erkaufte. Die Großmutter starb nicht im Blumeshof. Ihr gegenüber wohnte lange Zeit die Mutter meines Vaters, die schon älter war. Auch sie starb anderswo. So ist die Straße mir zum Elysium, zum Schattenreich unsterblicher, doch abgeschiedener Großmütter geworden. Und weil die Phantasie, wenn sie einmal den Schleier über eine Gegend geworfen hat, gern seine Ränder von unfaßlichen Launen sich kräuseln läßt, hat sie ein Kolonialwarengeschäft, das in der Nähe liegt, zu einem Denkmal des Großvaters gemacht, der Kaufmann war, nur weil sein Inhaber auch Georg hieß. Das Brustbild dieses Frühverstorbenen hing lebensgroß und als Pendant zu jenem seiner Frau im Flur, der zu den abgelegeneren Teilen der Wohnung führte. Wechselnde Gelegenheiten riefen sie ins Leben. Der Besuch einer verheirateten Tochter eröffnete ein längst außer Gebrauch gekommenes Spindenzimmer; ein anderes Hinterzimmer nahm mich auf, wenn die Erwachsenen Mittagsruhe hielten; ein drittes war es, aus dem das Scheppern der Nähmaschine an den Tagen drang, an denen eine Schneiderin ins Haus kam. Der wichtigste von diesen abgelegenen Räumen war für mich die Loggia, sei es, weil sie, bescheidener möbliert, von den Erwachsenen weniger geschätzt war, sei es, weil gedämpft der Straßenlärm heraufdrang, sei es, weil sie mir den Blick auf fremde Höfe mit Portiers, Kindern und Leierkastenmännern freigab. Es waren übrigens mehr Stimmen als Gestalten, die von der Loggia sich eröffneten. Auch war das Viertel vornehm und das Treiben auf seinen Höfen niemals sehr bewegt; etwas von der Gelassenheit der Reichen, für die die Arbeit hier verrichtet wurde, hatte sich dieser selber mitgeteilt, und alles schien bereit, ganz unversehens in tiefen Sonntagsfrieden zu verfallen. Darum war der Sonntag der Tag der Loggia. Der Sonntag, den die andern Räume, die wie schadhaft waren, nie ganz fassen konnten, denn er sickerte durch sie hindurch – allein die Loggia, die auf den Hof mit seinen Teppichstangen und den andern Loggien hinausging, faßte ihn, und keine Schwingung der Glockenfracht, mit der die Zwölf-Apostel- und die Matthäikirche sie beluden, glitt von ihr hinab, sondern bis Abend blieben sie dort aufgestapelt. Die Zimmer dieser Wohnung waren nicht nur zahlreich, sondern zum Teil sehr ausgedehnt. Der Großmutter auf ihrem Erker guten Tag zu sagen, wo neben ihrem Nähkorb dann sehr bald Obst oder Schokolade vor mir stand, mußte ich durch das riesige Speisezimmer, um dann das Erkerzimmer zu durchwandern.

Aber der erste Weihnachtsfeiertag erst zeigte, wozu denn eigentlich diese Räume geschaffen waren. Freilich war der Beginn des großen Festes alljährlich mit einer sonderbaren Schwierigkeit verbunden. Die langen Tafeln nämlich, welche der Bescherung dienten, waren der Menge der Beschenkten wegen dicht bestellt. Es war da nicht nur die Familie in allen ihren Verzweigungen bedacht; auch die Bedienung hatte ihre Plätze unterm Baum und neben der jeweiligen auch die alte, die schon im Ruhestande war. So nahe darum Platz an Platz stieß, war man nie vor unvorhergesehenen Gebietsverlusten sicher, wenn nachmittags, nach Schluß des großen Essens noch einem alten Faktotum oder dem Portierkind aufzudecken war. Aber nicht darin lag die Schwierigkeit, sondern zu Anfang, wenn die Flügeltür sich auftat. Im Hintergrund des großen Zimmers glitzerte der Baum. An den langen Tafeln war keine Stelle, von der nicht zumindest ein bunter Teller mit dem Marzipan und seinen Tannenzweigen lockte; dazu winkten von vielen Spielsachen und Bücher. Besser, nicht zu genau sich auf sie einzulassen. Ich hätte mir den Tag verderben können, wenn ich mich vorschnell auf Geschenke stimmte, die dann rechtmäßiger Besitz von andern wurden. Dem zu entgehen, blieb ich auf der Schwelle wie angewurzelt stehen, auf den Lippen ein Lächeln, von dem keiner hätte sagen können, ob der Glanz des Baumes es in mir erweckte oder aber der der mir bestimmten Gaben, denen ich mich, überwältigt, nicht zu nahen wagte. Aber am Ende war es ein Drittes, was tiefer als die vorgetäuschten Gründe und sogar als mein echter mich bestimmte. Denn noch gehörten die Geschenke dort ein wenig mehr dem Geber als mir selbst. Sie waren spröde; groß war meine Angst, sie ungeschickt vor aller Augen anzufassen. Erst draußen auf der Diele, wo das Mädchen sie uns mit Packpapier umwickelte und ihre Form in Bündeln und Kartons verschwunden war, um uns an ihrer Statt als Bürgschaft ihr Gewicht zu hinterlassen, waren wir ganz der neuen Habe sicher. Das war nach vielen Stunden. Wenn wir dann, die Sachen fest eingeschlagen und verschnürt am Arm, in die Dämmerung hinaustraten, die Droschke vor der Haustür wartete, der Schnee unangetastet auf Gesimsen und Staketen, getrübter auf dem Pflaster lag, vom Lützowufer her Geklingel eines Schlittens anging und die Gaslaternen, die eine nach der andern sich erhellten, den Gang des Laternenanzünders verrieten, der auch an diesem süßen Feiertagabend seine Stange hatte schultern müssen – dann war die Stadt so in sich selbst versunken wie ein Sack, der schwer von mir und meinem Glück war. […]

Schmöker. Aus der Schulbibliothek bekam ich die liebsten. In den unteren Klassen wurden sie zugeteilt. Der Klassenlehrer sagte meinen Namen, und dann machte das Buch über die Bänke seinen Weg; der eine schob es dem anderen zu, oder es schwankte über Köpfe

hin, bis es bei mir, der sich gemeldet hatte, angekommen war. An
seinen Blättern haftete die Spur von Fingern, die sie umgeschlagen
hatten. Die Kordel, die den Bund abschloß und oben und unten vor-
stieß, war verschmutzt. Vor allem aber hatte sich der Rücken viel
bieten lassen müssen; daher kam es, daß beide Deckelhälften sich
von selbst verschoben und der Schnitt des Bandes Treppchen und
Terrassen bildete. An seinen Blättern aber hingen, wie Altweiber-
sommer am Geäst der Bäume, bisweilen schwache Fäden eines Net-
zes, in das ich einst beim Lesenlernen mich verstrickt hatte.

Das Buch lag auf dem viel zu hohen Tisch. Beim Lesen hielt ich
mir die Ohren zu. So lautlos hatte ich doch schon einmal erzählen
hören. Den Vater freilich nicht. Manchmal jedoch, im Winter, wenn
ich in der warmen Stube am Fenster stand, erzählte das Schneegestö-
ber draußen mir so lautlos. Was es erzählte, hatte ich zwar nie genau
erfassen können, denn zu dicht und unablässig drängte zwischen
dem Altbekannten Neues sich heran. Kaum hatte ich mich einer
Flockenschar inniger angeschlossen, erkannte ich, daß sie mich einer
anderen hatte überlassen müssen, die plötzlich in sie eingedrungen
war. Nun aber war der Augenblick gekommen, im Gestöber der
Lettern den Geschichten nachzugehen, die sich am Fenster mir entzogen hatten. Die fernen Länder, welche mir in ihnen begegneten,
spielten vertraulich wie die Flocken umeinander. Und weil die
Ferne, wenn es schneit, nicht mehr ins Weite, sondern ins Innere
führt, so lagen Babylon und Bagdad, Akko und Alaska, Tromsö und
Transvaal in meinem Innern. Die linde Schmökerluft, die sie durchdrang, schmeichelte sie mit Blut und Fährnis so unwiderstehlich
meinem Herzen ein, daß es den abgegriffenen Bänden die Treue
hielt.

Oder hielt es die Treue älteren, unauffindbaren? Den wundervol-
len nämlich, die mir nur einmal im Traume wiederzusehen gegeben
war? Wie hatten sie geheißen? Ich wußte nichts, als daß es diese
längst verschwundenen waren, die ich nie wieder hatte finden können. Nun aber lagen sie in einem Schrank, von dem ich im Erwachen
einsehen mußte, daß er mir nie vorher begegnet war. Im Traum
schien er mir alt und gut bekannt. Die Bücher standen nicht, sie lagen, und zwar in seiner Wetterecke. In ihnen ging es gewittrig zu.
Eins aufzuschlagen, hätte mich mitten in den Schoß geführt, in dem
ein wechselnder und trüber Text sich wölkte, der von Farben
schwanger war. Es waren brodelnde und flüchtige, immer aber gerieten sie zu einem Violett, das aus dem Innern eines Schlachttiers
zu stammen schien. Unnennbar und bedeutungsschwer wie dies
verfemte Violett waren die Titel, deren jeder mir sonderbarer und

vertrauter vorkam als der vorige. Doch ehe ich des ersten besten mich versichern konnte, war ich erwacht, ohne auch nur im Traum die alten Knabenbücher noch einmal berührt zu haben.

Das Pult. Der Arzt fand, ich sei kurzsichtig. Und er verschrieb mir nicht nur eine Brille, sondern auch ein Pult. Es war sehr sinnig konstruiert. Man konnte den Sitz verstellen, derart, daß er näher oder entfernter vor der Platte lag, die abgeschrägt war und zum Schreiben diente, dazu der waagerechte Balken an der Lehne, welcher als Rükkenstütze dem Rücken einen Halt bot, nicht zu reden von einer kleinen Bücherstütze, die das Ganze krönte und verschiebbar war. Das Pult am Fenster wurde bald mein Lieblingsplatz. Der kleine Schrank, der unter seinem Sitz verborgen war, enthielt nicht nur die Bücher, die ich in der Schule brauchte, sondern auch das Album mit den Marken und die drei, die von der Ansichtskartensammlung eingenommen wurden. Und an dem starken Haken an der Seite des Pults hing nicht nur, neben dem Frühstückskörbchen, meine Mappe, sondern auch der Säbel der Husarenuniform und die Botanisiertrommel. Oft war es, wenn ich aus der Schule kam, mein erstes, mit meinem Pulte Wiedersehn zu feiern, indem ich es zum Schauplatz irgendeiner meiner geliebtesten Beschäftigungen machte – des Abziehns zum Beispiel. Dann stand bald eine Tasse mit warmem Wasser an der Stelle, die vorher vom Tintenfasse eingenommen wurde, und ich begann die Bilder auszuschneiden. Wieviel verhieß der Schleier, hinter dem sie aus Bögen und aus Heften auf mich starrten. Der Schuster über seinem Leisten und die Kinder, die äpfelpflückend auf dem Baume sitzen, der Milchmann vor der winterlich verschneiten Tür, der Tiger, der sich zum Sprunge auf den Jäger duckt, aus dessen Büchse gerade Feuer kommt, der Angler im Gras vor seinem blauen Bächlein und die Klasse, die auf den Lehrer achtet, welcher ihr vorn an der Tafel etwas vormacht, der Drogist vor seinem reichbestellten bunten Laden, der Leuchtturm mit dem Segelboot davor – sie alle waren von einem Nebelhaufen überzogen. Wenn sie dann aber sanft durchleuchtet auf dem Blatte ruhten und unter meinen Fingerspitzen, die vorsichtig rollend, schabend, reibend auf ihrem Rücken hin- und widerfuhren, die dicke Schicht in dünnen Walzen abging, zuletzt auf ihrem rissigen, geschundenen Rücken in kleinen Fleckchen süß und unverstellt die Farbe durchbrach, war's als ginge über der trüben, morgendlich verwaschenen Welt die strahlende Septembersonne auf und alles, noch durchfeuchtet von dem Tau, der in der Dämmerung es erfrischte, glühe nun einem neuen Schöpfungstag entgegen. Doch hatte ich genug an

diesem Spiel, so fand sich immer noch ein Vorwand, um die Schularbeiten weiter zu vertagen. Gern ging ich an die Durchsicht alter
Hefte, die einen ganz besonderen Wert dadurch besaßen, daß mir's
gelungen war, sie vor dem Zugriff des Lehrers, der den Anspruch
auf sie hatte, zu bewahren. Nun ließ ich meinen Blick auf den Zensuren, die er mit roter Tinte darin eingetragen hatte, ruhen, und stille
Lust erfüllte mich dabei. Denn wie die Namen Verstorbener auf dem
Grabstein, die nun nie mehr von Nutzen noch von Schaden werden
können, standen die Noten da, die ihre Kraft an frühere Zensuren
abgegeben hatten. Auf andere Art und mit noch besserem Gewissen
ließ eine Stunde auf dem Pulte sich beim Basteln an Heften oder
Schulbüchern vertrödeln. Die Bücher mußten einen Umschlag aus
kräftigem blauen Packpapier erhalten, und was die Hefte anging, so
bestand die Vorschrift, einem jeden sein Löschblatt unverlierbar
beizugeben. Zu diesem Zwecke gab es kleine Bändchen mit Oblaten.
Wenn man für einigen Farbenreichtum sorgte, so konnte man zu
sehr verschiedenartigen, den stimmungsvollsten wie den grellsten,
Arrangements gelangen. So hatte das Pult zwar mit der Schulbank
Ähnlichkeit. Doch um so besser, daß ich dennoch dort geborgen war
und Raum für Dinge hatte, von denen sie nichts wissen darf. Das
Pult und ich, wir hielten gegen sie zusammen. Und ich hatte es nach
dem öden Schultag kaum zurückgewonnen, so gab es frische Kräfte
an mich ab. Nicht nur zu Hause durfte ich mich fühlen, nein, im Ge-
häuse, wie nur einer der Kleriker, die auf den mittelalterlichen Bildern in ihrem Betstuhl oder Schreibepult gleichwie in einem Panzer
zu sehen sind. In diesem Bau begann ich ›Soll und Haben‹ und ›Zwei
Städte‹. Ich suchte mir die stillste Zeit am Tag und diesen abgeschie-
densten von allen Plätzen. Danach schlug ich die erste Seite auf und
war dabei so feierlich gestimmt wie jemand, der den Fuß auf einen
neuen Erdteil setzt. Auch war es in der Tat ein neuer Erdteil, auf dem
die Krim und Kairo, Babylon und Bagdad, Alaska und Taschkent,
Delphi und Detroit so nah sich aufeinanderschoben wie die goldenen Medaillen auf den Zigarrenkisten, die ich sammelte. Nichts
tröstlicher als derart eingeschlossen von allen Instrumenten meiner
Qual – Vokabelheften, Zirkeln, Wörterbüchern – zu weilen, wo ihr
Anspruch nichtig wurde.

Immer mehr wurde ich von Angstvorstellungen heimgesucht. Sie trübten mein Glück. Mit drei Jahren schon sah ich drohende Gefängnisgitter vor mir, sooft ich gegen das Verbot, einen Rasen zu betreten, handelte. Niemand machte mir angst, die Angst kam zu mir. Meine Mutter verbarg alle ihre Befürchtungen und Sorgen vor uns, aber die Vorstellung, daß Unheil uns vernichten könne, bedrückte und beherrschte mich immerzu. Die Dinge, vor denen ich mich mit gutem Grund hätte fürchten können, machten mir jedoch keinerlei Beschwer.

Onkel Edward fuhr nach Schweden und kehrte mit den neuesten Erkenntnissen der schwedischen Gymnastik nach Belvoir zurück. Jung und alt mußten sich im Salon aufstellen, um von ihm in die Geheimnisse des körperlichen Wohlbefindens eingeführt zu werden. Auf und ab, vorwärts und rückwärts wurden die Arme geschleudert, die Fingerspitzen berührten die Zehen oder versuchten nach den Sternen zu greifen. Ich tat mein Bestes, aber das war nicht gut genug, denn meine Arme wollten sich nicht über Schulterhöhe hinaus heben lassen. Das fiel schließlich auch den andern auf und erregte Bestürzung. Von diesem Tag an besuchte ich Ärzte; heute kommt es mir vor, als hätte man mich jeden Tag zu einem anderen Arzt gebracht. Damals sah Letty meine Mutter hemmungslos weinen. Sie berichtete mir davon und meinte, sie sei über mich so bekümmert. Ich kann mich nicht entsinnen, mir jemals Gedanken über meine Gesundheit gemacht zu haben. Ich nahm sie, wie Kinder die meisten Dinge hinnehmen, für selbstverständlich, aber ich wußte ja auch nicht, was die Spezialisten meinen Eltern weissagten: den sicheren und unaufhaltsamen Muskelschwund, der zur Lähmung und frühzeitigem Tod führen müsse. Die Tränen meiner Mutter waren nicht Tränen der Verzweiflung oder Resignation. Immer mehr Ärzte wurden besucht, düstere Sprechzimmer gehörten zu meinem täglichen Leben. Und all diese Besuche gipfelten in einer äußerst peinlichen Szene. Im vergoldeten Salon saß eine Unzahl von Kapazitäten in einem Kreis, und ich mußte, nackt wie ein Wurm und verzweifelt, durch diesen Kreis gehen. Man hatte mich zu einem schamhaften Kind erzogen, ich war in einer Zeit aufgewachsen, in der man drei Unterröcke trug, keine Purzelbäume schlug und nur in Badekostümen badete. Mich nun vor diesen Herren völlig nackt zeigen zu müssen, machte mich so unglücklich, daß ich mich heute noch daran erinnere.

Von dieser Stunde an änderte sich mein Leben. Das Kinderzimmer im fünften Stock wurde in den vergoldeten Salon hinunter verlegt. Ich sollte nicht mehr langsam wie eine Schnecke und mit gekrümmtem Rücken die Treppen hinaufschleichen. Ja, ich sollte überhaupt keine Treppen mehr gehen, sondern nur noch in einem kleinen Sessel zum ersten Stock hinaufgetragen werden. Der Unterricht wurde eingestellt. Seit Nannys Drill hatte ich ohnehin sehr wenig Unterricht bekommen, statt dessen mußte Mademoiselle mir weitere Bände der Bibliothèque Rose vorlesen. Man verordnete ein Minimum an Bewegung und vormittägliche Bettruhe. Solange die Familie in London war, wurde ich mit elektrischen Stromstößen behandelt. Mehrere Jahre lang saß ich jeden Morgen vor der großen Kiste voller Stöpsel und Drähte und Schalter und bekam feuchte Packungen angeschnallt, damit es zuckte und prickelte. Nichts sollte mir verwehrt werden, verwöhnen lautete die Devise. Bliebe die Behandlung, die der bedeutende Professor Herb in Hamburg ersonnen hatte, erfolglos und sollte ich meinen zwanzigsten Geburtstag nicht mehr erleben, dann sollte ich wenigstens ein glückliches Leben voller Annehmlichkeiten und Freude haben. Glücklicherweise verhinderte meine Veranlagung, alles als selbstverständlich hinzunehmen, daß mir diese Verwöhnung viel schadete. Man tat alles, um mich zu verziehen, die Erwachsenen wurden zu meinen Sklaven, die blindlings meinen Befehlen gehorchten und kaum jemals nein sagten.

Seit ich das erste Mal im Alter von zwei Jahren Marie Tempest als Geisha gesehen hatte, durfte ich sehr häufig ins Theater. Meine Mutter, die alles Schöne liebte, nahm uns zu jeder Neueinstudierung in Her Majesty's Theatre mit, und sämtliche Shakespeare-Dramen sahen wir mehrmals. Unsere Familie fühlte sich auf beiden Seiten des Samtvorhangs zu Hause. Zehn Jahre lang herrschten hier die Beerbohm Trees. Sooft wir wollten, durften wir mit den Kindern Tree – Viola, Felicity und Iris – die Aufführungen und Proben besuchen und den Schauspieler und Direktor Tree in seiner Garderobe belästigen. Ich glaube nicht, daß wir ihn sehr störten, nicht einmal dann, wenn wir unsere Gesichter mit seiner Fettschminke beschmierten und uns den Bart Heinrichs VIII. um die winzigen Kinne hängten. Oft warfen wir uns Togen oder Mäntel um und drängten uns mit der Menge auf das Forum oder hockten im Rat der Ältesten vor Zelten.

Aber auch ohne diese günstigen Gelegenheiten hätten wir uns wie alle Kinder verkleidet und Theater gespielt. Zu Hause standen uns eine Schachtel mit Federn und künstlichen Blumen und eine andere mit Bändern und Spitzen, die Pelztruhe und die Stoffvorräte meiner

Mutter zur Verfügung – viele Meter von Samt und Chiffon, Musselin und Goldlamé. All diese Köstlichkeiten endeten nach einiger Zeit in der Kostümkiste, einem riesigen Weidenkorb, der in seinen Tiefen Röcke und Hüte, gelbe Zöpfe für Wagner-Opern, Helme, Schwerter, Ballettschuhe, Sherlock-Holmes-Mützen, Federboas, Offiziersstiefel, Perücken, Schleier und Masken barg.

Meine Muskeln wurden durch das Galvanisieren allmählich gestärkt. Aber es bedurfte mehrerer Jahre sorgfältiger Behandlung und Verwöhnung, bis ich ganz gekräftigt war. Dr. Coleman kam jeden Morgen zur Behandlung. Mademoiselle, die ich so sehr liebte, verließ uns, und an ihre Stelle trat das gräßliche Fräulein Memminger, die schließlich ein übles Pamphlet über meine Mutter verfaßte, das sie auf eigene Kosten drucken ließ und in London verteilte. Ihr folgte Mrs. Page, die wir Podgie nannten. Podgie war großartig und sehr hübsch. Ihr Haar war vorzeitig weiß geworden, sie hatte ein feines, sympathisches Gesicht und ein energisches Auftreten, war kultiviert und unternehmungslustig. Letty und ich waren mit diesem Wechsel im Schulzimmer außerordentlich zufrieden.

Vom Burenkrieg merkte ich so gut wie nichts, man hielt mich lediglich dazu an, Pulswärmer zu stricken und Balaklawa-Helme zu häkeln. Den Einzug unserer Soldaten in London sah ich von der Schulter meines Vaters aus. Ich glaube, Königin Viktoria empfing ihre Krieger unter meiner Nase, aber ich kann mich nicht mehr daran erinnern. Doch ich sehe noch deutlich vor mir, wie sie General Buller im Hof des Buckingham-Palasts empfing und wie sie oft und oft in einer Viktoria durch den Park fuhr – ein kleines schwarzes Bündel mit dem winzigen schwarzen Parasol gegen Sonne und Sprühregen. Vom Fenster eines Zimmers in der Pall Mall erlebte ich ihr diamantenes Jubiläum mit. Auch da war sie nur ein schwarzes Bündel, aber inmitten des glanzvollen Gepränges der Leibwache und der Gurkhas. Ihr Leichenbegängnis habe ich nicht gesehen. Wir waren zu dieser Zeit wohl gerade in Belvoir und durften zu unserer großen Enttäuschung nicht nach London zurück, um das prachtvolle Schauspiel mit anzusehen.

Meine Erziehung war nicht gerade gründlich. Mademoiselle hatte mir ein wenig Französisch beigebracht, und das waren die Vorkenntnisse, mit deren Hilfe ich später zehn Jahre lang meine Unterhaltungen in Frankreich bestritt. Mademoiselle hat mich immer nur geduzt, so daß ich auch als Diplomatenfrau in Algier und Paris selbst General de Gaulle und die Herren der Regierung und der Académie Française nur duzen konnte.

Wir mußten sehr viel lesen und vorlesen. Die Märchenbücher mit den phantasievollen Illustrationen von Ford, die ich liebte und heute noch liebe, waren vermutlich meine erste Begegnung mit der Kunst. Später kamen Geschichten aus Spensers ›Faerie Queene‹, die Odyssee mit den Zeichnungen von Flaxman und Kingsleys ›Heroes‹ dazu. Geschichtliche Erzählungen standen hoch im Kurs. Für Komödien hatte meine Mutter wenig übrig, und weil sie in allen Dingen mein Orakel war, hielt auch ich diese Lektüre für überflüssig. Aus ›Alice im Wunderland‹ machten wir uns nichts. Wenn mein Vater uns Kiplings ›Dschungelbuch‹ vorlas, kam ich nicht so recht mit, aber als die Jüngste hatte ich mir frühzeitig angewöhnt, den Mund zu halten und so zu tun, als verstehe ich alles. Das Lesenlernen und das Vorlesen war eigentlich so ziemlich alles, was man mir an Erziehung zukommen ließ. Den Rechenunterricht gab man auf, als mein Muskelschwund offenbar wurde, und bis zum heutigen Tag ist mir das Dividieren ein böhmisches Dorf. Subtrahieren und Multiplizieren bereiten mir unüberwindbare Schwierigkeiten. Addieren glaube ich zu können. Das widerliche Fräulein Memminger hatte uns kein Wort Deutsch beigebracht. Geographie hielt man für ebenso überflüssig wie Export und Industrie. Latein, das Lesen von Landkarten, Algebra, klassische oder moderne Philosophie, all diese Wissensgebiete standen nicht in unserem Lehrplan. Auch in die Geheimnisse des Haushalts, des Kochens, Einmachens usw. wurden wir nicht eingeweiht. Wir spielten Klavier und vertrieben uns die Zeit mit Zeichnen und Modellieren in Ton, wir nähten und stickten mit Wolle und Seide und verfertigten schauderhafte Weihnachtsgeschenke für unsere Eltern.

Meine Schwester Marjorie war zweifellos ein Genie, und als ich selbst ins Lernalter kam, erkannte ich ihre Begabung neidlos an. Auf künstlerischem Gebiet gab es nichts, was sie nicht konnte. Sie zeichnete wie Holbein und sang wie keine andere Dilettantin ihrer Generation. Ihre Stickereien waren so schön wie Gemälde. Ihr Nachahmungstalent war bühnenreif, ihr Geschmack von erstaunlicher Originalität. Nach und nach wurde sie zu meinem Vorbild. Mein ganzes künstlerisches Empfinden, meinen Geschmack für Farben und Formen, für Musik und Literatur verdanke ich in erster Linie meiner Mutter, später aber und noch weit mehr der großen Schwester. Marjorie besaß Humor, während meine Mutter zwar Sinn für das Komische hatte, ihm aber kein großes Gewicht beimaß. Sie haßte alles Häßliche, wie Karikaturen, groteske Spielsachen, rote Nasen. Ein Harlekin mußte schön sein, er durfte keinen Buckel haben. Was ihren Schönheitssinn beleidigte, nannte sie »gewöhnlich«.

Sehr vieles war »gewöhnlich«, sogar Tomaten und Zitronen als

Würze, aber auch gefärbter Pelz, Händchenhalten, Seekrankheit bei Erwachsenen und feuchte Küsse mit dem Mund statt der symbolischen Akkolade, bei der man sich nur mit der Wange berührt. Meine Mutter haßte Witzbücher; Märchen, in denen Ungeheuer vorkamen oder die deutschen Ursprungs waren, wurden uns vorenthalten. Alles Deutsche (und insbesondere alles Preußische) war »gewöhnlich«, mit Ausnahme der deutschen Musik und Richard Wagner. Unsere Wiegen wurden im Takt Wagnerscher Themen geschaukelt. Oft und oft sah ich meine Mutter vor dem sehr großen Konzertflügel in die Partituren des Rings oder des Tristan vertieft (Lohengrin und Tannhäuser grenzten hart an das »Gewöhnliche«). Sie war keine Virtuosin, konnte aber vom Blatt spielen und sich und mich damit beglücken, und als junges Mädchen sang sie Lieder und Balladen wie kaum eine andere.

Meine Mutter war eine große Schönheit. Sie war hochgewachsen und feingliedrig. Ihr Teint war so zart wie eine blasse Anemone. Ihr kastanienbraunes Haar trug sie in einer Wolke auf der Stirn wie Sarah Bernhardt und im Nacken zu einem griechischen Knoten geschlungen. Einmal schnitt sie es ab und trug es wie Ellen Terry. Dem Stil ihrer Kleider ist sie, glaube ich, immer treu geblieben. Sie war vierzig, als ich sie zum erstenmal aufmerksam betrachtete. Sie verabscheute den Cul de Paris, der zu ihrer Zeit höchste Mode war, und bevorzugte spitze Schuhe mit Spangen und sehr hohen Absätzen, die ihre Größe betonten. Sie hatte wundervolle schlanke Beine und Fesseln, eine schmale Taille, die ein Gürtel mit Silberschnalle umspannte. Am liebsten trug sie eine elfenbeinfarbene weiche Bluse, die den Hals und die Handgelenke frei ließ und mit zahllosen cremefarbenen Spitzen am Ausschnitt und an den Ellbogen garniert war. Stets war ein Lorbeerzweig mit einer grünen Emaillebrosche, welche die Form einer Schildkröte hatte, an ihrem Ausschnitt befestigt. In London und zum Ausgehen bevorzugte sie Tuchkleider (grün-graubläulich-rehbraun) mit Litzen und flachen, rauchgrauen Perlmuttknöpfen sowie Dreispitze mit Hahnenfedern.

Vor großen abendlichen Veranstaltungen, Bällen oder Dinners wickelte man mich in eine Steppdecke und trug mich in ihr Ankleidezimmer, damit ich sie bewundern konnte. Ich erinnere mich noch an schwarzen Tüll über Mondscheinblau, an fleischfarbenen Atlas, der über und über mit Pailletten oder Rosenknospen bestickt war. Diese Schöpfungen stammten stets von irgendeiner kleinen Schneiderin, niemals von Paquin oder Worth. Die kostbare Familientiara trug sie verkehrt herum, um ihren griechischen Knoten damit zusammenzuhalten. Kein Gegenstand wurde seinem Zweck entsprechend verwendet. Der Brillantgürtel, der in den großen Londoner Häusern gefunkelt hatte, als die schönen Herzoginnen von Devonshire und Rutland sich im Wettbewerb um die kleinste Taille erbarmungslos schnürten, wurde in zwei Teile zerlegt und als Träger benutzt. Nell Gwynns berühmte Perlenkette hing wie eine Fangschnur zwischen zwei phänomenalen tropfenförmigen Ohrringen von ihrer Schulter. Schmetterlinge, Schleifen, Libellen und Dolche aus Brillanten funkelten an ihrem Busen. Viele gingen verloren, und keineswegs alle wurden wiedergefunden. Den diamantenen Stern des Hosenbandordens ließ sie zu einem Halsband umarbeiten, und die diamantenen Worte »Honi soit qui mal y pense« steckte sie je nach Laune an die verschiedensten Stellen. Mein Vater war damals nicht Ritter dieses Ordens.

Auf Gesellschaften soll sie am schönsten ausgesehen haben, aber in meinen Augen war sie immer schön, und die Frau, zu der ich morgens zum Frühstück ins Bett schlüpfte und die mich mit gebutterten englischen Croissants fütterte, unterschied sich nicht von der, die ich zum Hofball gehen sah. Ihre seidenen, mit Rüschen garnierten Nachthemden bedeckte ein elfenbeinfarbener Flanellkimono. Um den schönen Kopf hatte sie, ich weiß nicht, aus welchem Grund, ein gestricktes Bettjäckchen geschlungen, dessen lange Ärmel sie malerisch um Kinn und Stirn wand. Sie liebte die Kunst mehr als die Natur. Beschnittene Buchshecken, Statuen in Hainen und steinerne Brücken in regelmäßigen Abständen, die symmetrischen Zypressen waren ihr lieber als das rauhe Moor, die wilden Hügel, die windgepeitschten Ebenen.

Wie soll ich sie nur beschreiben? Ich habe sie nie zornig oder böse gesehen. Trotz und Streitereien gab es in unserer Familie nicht. Ich habe meine Mutter besorgt erlebt, ungeduldig wegen Nichtigkeiten und verzweifelt, wenn Kinder, Freunde und Dienstboten einen Schnupfen verheimlichten. Sie glaubte fest an die vorbeugende Wirkung von Dr. Mackenzies schwarzem Riechsalz und des Inhalierens einer Karbollösung. Untertassen, in denen Löschpapier in Eukalyptusöl schwamm, verteilte sie über das ganze Haus. Bei jeder sich bietenden Gelegenheit mußten wir Zuckerstückchen mit zwanzig Tropfen Kampfergeist hinunterwürgen. Natürlich verbargen wir, um ihrer Behandlung zu entgehen, unsere Erkältungen so lange vor ihr, bis wir förmlich tropften.

Sie hielt nichts von einer geregelten Zeiteinteilung, ob es sich nun um das Zubettgehen oder die Unterrichtsstunden handelte. Das alles fand sie überflüssig. Die Kinder mußten flach liegen, damit ihre Rücken gerade blieben, sie mußten sich aufrecht halten und die

Köpfe heben. Man drohte uns damit, man würde Blätter von Stech-
palmen unter dem Kinn am Kragen befestigen, aber die Drohung
wurde niemals verwirklicht. Mama hielt nichts von Strafen und ließ
uns nur in Geschichte, Poesie, Klavierspiel und Kunst unterrichten.

Die Wände unseres Schulzimmers waren mit fotografischen Re-
produktionen italienischer Meister in kunstgewerblichen grünen
Holzrahmen bedeckt, die auf einer William-Morris-Tapete mit Öl-
zweigmuster hingen. Es waren nicht die üblichen Raffaels, sondern
Crivellis, Mantegnas, Lippo Lippis, Primitive, Boticellis und Details
aus Botticelli-Gemälden, wie zum Beispiel das geblümte Kleid des
Frühlings, die mit Perlschnüren geflochtenen Zöpfe der Grazien
oder der pausbäckige Wind, der Venus ans Ufer bläst. Dazu kamen
noch makabre Totenmasken von Napoleon, Beethoven und der Unbekannten aus der Seine sowie Gipsabgüsse der Hände und Füße
von Pauline Borghese und Lady Shrewsbury.

Wir verschlangen ›Die hundert schönsten Bilder‹, eine merkwürdige Zusammenstellung von Millais, Lord Leighton, Holman Hunt,
Burne-Jones und Turner, und kannten uns in dieser Malerei bald
vollkommen aus. Meine Mutter war von Watts gemalt worden und
hatte Millais Modell zu der Nonne auf seinem Bild St.-Bartholo-
mäus-Tag gesessen. Viele der Gestalten auf Burne-Jones' Bildern
waren Porträts unserer Freunde, der Horners. Das machte uns stolz
und gab uns ein Gefühl dazuzugehören. Man nahm mich mit zu
Watts, einem ehrwürdigen alten Mann in einem weißen Malkittel
und einem schwarzen Seidenkäppchen. Ich saß vielen Künstlern
Modell. An die erste Sitzung erinnere ich mich nicht, ich war damals
zwei Jahre alt und wurde von J. J. Shannon gemalt. Aber sehr genau
erinnere ich mich noch an ein anderes Bild, das er von mir malte, als
ich acht war, und an das riesige Atelier im Holland-Park, an Shannon
selbst, den jedermann liebte, und wie er mit Palette und Malerstock
vor- und zurücksprang, an den köstlichen Geruch von Farben und
Terpentin, an den Spiegel hinter dem Maler, in dem ich sehen
konnte, wie das Bild Gestalt annahm, und an die sanfte Stimme meiner Mutter, die mir Geschichten von Musikern vorlas. Die Sitzungen
bei meiner Mutter waren viel ermüdender. Kaum war ein Bild fertig,
begann sie ein neues, und es gibt eine nicht sehr gelungene Büste von
mir als Heilige Johanna, die ewig unvollendet blieb. Wir mußten uns
regungslos wie Statuen verhalten, während meine Mutter, den Wa-
terman's Block in der Hand, ihr Modell anvisierte und stundenlang
mit ihrem harten Bleistift zeichnete. Vor allem während der Som-
meraufenthalte auf dem Land wurde an den Vormittagen viel ge-
zeichnet. Seit ich den Kinderschuhen entwachsen war, gingen wir

nicht mehr an die See, sondern verbrachten alljährlich drei Monate in einem alten Herrenhaus »The Woodhouse« auf einem Hügel in Derbyshire, unweit von Haddon Hall. War ich das Modell, dann mußte ich auf einer harten Eichenbank mit hoher Lehne sitzen, Podgie las aus einem Buch vor, das ich nicht verstand, meist war es historisch, während meine Mutter, Marjorie und Letty mich zeichneten. Podgies eintöniger Vortrag wurde hin und wieder durch meine Mutter unterbrochen: »Rechtes Ohr etwas neigen« oder »Nase mehr zum Fenster drehen«. Um zwölf Uhr war Pause, und dann brachte seltsamerweise ein livrierter Diener Portwein und Gebäck auf einem Silbertablett. Marjorie setzte sich wohl auch an den Flügel und spielte Lieder von Gounod oder übte Arien aus einer neuen Puccini-Oper. Häufig war auch Viola Tree da, dann sangen sie beide, und ihre hellen Stimmen, die sich zu einem Duett vereinigten, entzückten mich. Ein kurzer Lauf durch den Garten zwischen Rosenbeeten und hochgebundenen Dahlien sollte meine erstarrten Glieder lockern, dann ging es zurück ins Haus zu einem Mittagessen, das aus Forellen oder Schneehühnern, Gartenerbsen und Pudding bestand. Die Mahlzeiten waren sehr lustig. Viola und Marjorie waren ungeheuer komisch, wenn sie Freunde und Schauspieler nachahmten oder Rollen aus dem Stegreif erfanden. Ich mußte oft mit vollem Mund aus dem Zimmer laufen, weil ich sonst vor Lachen erstickt wäre. Müßiggang war ein Verbrechen. »Nähe, stricke, zeichne oder lies, aber sitz nicht müßig herum.«

Doch trotz diesem glücklichen, unbeschwerten Leben nahmen meine Ängste immer mehr zu. Verspätete sich meine Mutter oder war sie nicht gleich zu finden, bildete ich mir ein, sie sei tot, ja sogar ermordet. Es war mir unerträglich, Letty in einem Automobil zu wissen, ohne daß ich bei ihr war, denn sie konnte ja bei einem Unfall ums Leben kommen. Ich betete, als sei das Gebet eine Unfallversicherung, obwohl ich immer das Gefühl hatte, ich könne gar nicht richtig beten. Jahrelang betete ich darum, daß ein Mann in den Himmel käme, den ich kaum kannte, der aber in unserer Straße gestorben war. Ich war in ihn verliebt, weil er gestorben war.

Meine nächste Liebe war Fridtjof Nansen. Der norwegische Riese nannte mich »Viking«, und ich liebte ihn leidenschaftlich. Mit elf Jahren las ich sein zweibändiges Werk ›Durch Nacht und Eis‹. Nur wahre Liebe konnte es fertigbringen, daß ich mich durch die unverständlichen wissenschaftlichen Aufzeichnungen arbeitete. Ich glaube, ich war damals ein Snob. All meine Lieben waren Berühmtheiten und meist sehr alt. Ich muß auch ein Flirt gewesen sein. Ich sehnte mich leidenschaftlich danach, geliebt zu werden. Auf die alten

Herren, denen ich mein Herz schenkte, folgten die Anbeter von Marjorie, die sich um die jüngeren Schwestern bemühten, uns Geschenke schickten und Interesse an uns heuchelten. Ich stand im Morgengrauen auf, frisierte mich sorgfältig, eilte an die Haustür, um sie zu verabschieden und sie aufzufordern, uns wieder zu besuchen. Ich hoffte, sie würden merken, welche Gefühle ich ihnen entgegenbrachte.

Ich wuchs rasch und wurde ziemlich fett, ich war unglücklich über mein Äußeres und über mich selbst. Ich merkte, daß ich nicht klug war, und wäre es doch so gern gewesen. Ich merkte, daß die Menschen mich überschätzten und daß sie eines Tages dahinterkommen und dann enttäuscht sein würden. Dieser Gedanke verfolgte mich, und doch konnte ich nicht aufhören, mich wichtig zu machen, ein Blender zu sein, meine Schüchternheit durch Bluff zu vertuschen. Ich hatte keinen Umgang mit Kindern meines Alters, bis auf die beiden jüngsten Trees und ein anderes kleines Mädchen mit langem, gewelltem Haar und eleganten Kleidern, das Irene Lawley hieß. Sie war aus Indien gekommen, wo ihr Vater Gouverneur gewesen war, und Nanny behauptete, sie sei »von der Ayah verdorben«. Sie kam häufig zum Tee, und Letty und ich besuchten sie jedes Jahr in Yorkshire, wo wir gemeinsam einen Abenteuerroman über die Französische Revolution schrieben.

Wo immer wir uns auch aufhielten, stets war das Haus voll von Gästen. Zu den Freunden meiner erwachsenen Schwestern und zu Viola kamen noch die Berühmtheiten aus der Generation meiner Mutter. Heute frage ich mich, wie Männer wie Lord Curzon, Alfred Lyttleton oder Arthur Balfour es eine Nacht lang im Woodhouse aushielten. Gewiß, es war eine Unterbrechung auf ihrer sommerlichen Reise nach Schottland, und das mag eine Erklärung dafür sein, daß sie mehr als einmal dieses feuchte Haus in Kauf nahmen, wo die Kinder lärmten und wo es nur ein einziges Badezimmer gab, das meist besetzt und verdunkelt war, weil man es zum Entwickeln von Fotografien benutzte. Dienstboten waren genug vorhanden, in jedem Zimmer gab es vier Kerzen (kein elektrisches Licht), ab acht Uhr früh wurden Tonleitern geübt, nach dem Abendessen legte man Patience. Außer meinem Vater spielte keines von uns ein richtiges Kartenspiel, und deshalb kam er immer zu kurz. Als später ein zweites Badezimmer installiert und elektrisches Licht gelegt wurde, hatten wir endlich jenen Berühmtheiten etwas zu bieten, was es sonst kaum gab. Damals war ich vierzehn.

Ich habe mein Leben begonnen, wie ich es zweifellos beenden werde: inmitten von Büchern. Im Arbeitszimmer meines Großvaters lagen sie überall; es war verboten, sie abzustauben, mit Ausnahme eines Tages im Jahr, vor dem Semesterbeginn im Oktober. Ich konnte noch nicht lesen, aber ich verehrte sie bereits, diese aufgerichteten Steine: Mochten sie geradestehen oder schräg, dichtgedrängt wie Ziegel auf den Borden des Bücherschrankes oder in noblem Abstand voneinander, wie die Alleen mit vorgeschichtlichen Steinsäulen in der Bretagne, immer fühlte ich, daß der Wohlstand unserer Familie von ihnen abhing. Sie glichen einander alle, ich bewegte mich in einem ganz kleinen Heiligtum, umgeben von stämmigen und sehr alten Monumenten, die zugesehen hatten, wie ich geboren wurde, die mich sterben sehen würden und deren Permanenz mir eine Zukunft garantierte, die so ruhig sein würde wie die Vergangenheit. Ich berührte sie heimlich, um meine Hände durch ihren Staub zu ehren, wußte aber nicht recht, was ich mit ihnen anfangen sollte, und erlebte jeden Tag einige Zeremonien, deren Sinn mir nicht aufging. Mein Großvater, der für gewöhnlich so ungeschickt war, daß meine Mutter ihm die Handschuhe zuknöpfte, handhabte diese Kulturobjekte mit der Geschicklichkeit eines Meßdieners. Ich habe tausendmal gesehen, wie er geistesabwesend aufstand, um den Tisch ging, mit zwei Schritten beim Bücherbord war, ohne zu zögern ein Buch nahm, ohne sich die Zeit zur Wahl zu lassen, es aufblätterte, während er zu seinem Sessel zurückkehrte, um es dann, kaum daß er wieder Platz genommen hatte, durch eine kombinierte Bewegung von Daumen und Zeigefinger brüsk »auf der richtigen Seite« zu öffnen, wobei er es wie einen Schuh krachen ließ. Manchmal kam ich näher, um die Büchsen zu beobachten, die sich aufspalteten wie Austern, und ich entdeckte die Nacktheit ihrer Eingeweide: verschimmelte Blätter, leicht aufgetrieben, bedeckt mit schwarzen Äderchen, die Tinte tranken und wie Pilze rochen.

Im Zimmer meiner Großmutter waren die Bücher gebettet. Sie entlieh sie bei einer Leihbücherei, und ich habe niemals mehr als zwei auf einmal gesehen. Dieser Tand ließ mich an die Süßigkeiten zu Neujahr denken, denn die geschmeidigen und glänzenden Blätter sahen aus, als wären sie aus Silberpapier ausgeschnitten. Lebhaft weiß, fast neu, dienten sie als Vorwand für leichte Mysterien. Jeden Freitag zog sich meine Großmutter an, um auszugehen, und sagte:

»Ich will *sie* zurückbringen.« Wenn sie wieder da war, legte sie erst den schwarzen Hut und den Schleier ab, zog *sie* sodann aus dem Muff, und ich fragte mich irritiert: Sind es dieselben? Sie machte ihnen sorgfältig einen Schutzumschlag, suchte sich dann eines von ihnen aus, nahm in ihrem Ohrensessel nahe am Fenster Platz, setzte die Brille auf, seufzte müde und beglückt, senkte die Lider mit einem feinen und wollüstigen Lächeln, wie ich es später auf den Lippen der Mona Lisa wiederfand; meine Mutter schwieg und hieß auch mich ruhig sein. Ich dachte an die Messe, an den Tod, den Schlaf; ich erfüllte mich mit einem sakralen Schweigen. Von Zeit zu Zeit lachte Louise ein bißchen; sie rief ihre Tochter, zeigte mit dem Finger auf eine Zeile, die beiden Frauen tauschten einen Blick des Einverständnisses. Trotzdem liebte ich diese allzu gesitteten Broschüren nicht sehr. Sie waren Eindringlinge, und mein Großvater verhehlte nicht, daß sie Gegenstand eines minderwertigen, ausschließlich weiblichen Kultes seien. Sonntags kam er aus Langeweile ins Zimmer seiner Frau und pflanzte sich vor ihr auf, ohne zu wissen, was er ihr sagen sollte. Alle schauten ihn an, er trommelte gegen die Fensterscheibe, dann fiel ihm nichts weiter ein, er wandte sich wieder zu Louise und nahm ihr den Roman aus der Hand. »Charles«, rief sie wütend, »du wirst mir die Seite verblättern!« Mit hochgezogenen Augenbrauen hatte er bereits zu lesen begonnen; brüsk klopfte er mit dem Zeigefinger auf das Buch: »Versteh ich nicht!« – »Aber wie willst du verstehen, wenn du in der Mitte anfängst?« sagte meine Großmutter. Schließlich warf er das Buch auf den Tisch, zuckte die Achseln und ging davon.

Er hatte sicherlich recht, denn er war vom Fach. Ich wußte es: Er hatte mir auf einem Regal der Bibliothek dicke kartonierte und mit braunem Leinen bezogene Bände gezeigt. »Die hier, mein Kleiner, hat der Großvater gemacht!« Welcher Stolz! Ich war der Enkel eines Handwerker-Spezialisten für die Fabrikation heiliger Gegenstände, der genauso respektiert werden durfte wie ein Orgelbauer oder ein Schneider kirchlicher Gewänder. Ich sah ihn am Werk: Jedes Jahr wurde das ›Deutsche Lesebuch‹ neu aufgelegt. In den Ferien wartete die ganze Familie ungeduldig auf die Korrekturfahnen: Charles ertrug keine Untätigkeit, er ärgerte sich zum Zeitvertreib. Der Briefträger brachte endlich dicke, ziemlich weiche Pakete, man schnitt mit der Schere die Verschnürung durch; mein Großvater entfaltete die Fahnen, breitete sie auf dem Tisch im Eßzimmer aus und zersäbelte sie mit roten Strichen; bei jedem Druckfehler fluchte er vor sich hin und brüllte bloß, wenn das Dienstmädchen erklärte, nun müsse es aber den Tisch decken. Alle waren vergnügt. Ich saß aufrecht auf

einem Stuhl und beschaute voller Ekstase diese schwarzen, blutbe-
deckten Linien. Charles Schweitzer brachte mir bei, er habe einen
Todfeind, seinen Verleger. Mein Großvater hatte niemals zu rechnen
verstanden: Verschwenderisch aus Sorglosigkeit, generös um der
Wirkung willen, verfiel er schließlich, aber viel später, der Krankheit
achtzigjähriger Leute: dem Geiz als Auswirkung der Impotenz und
der Todesangst. Zu jener Zeit äußerte sich der Geiz bereits in einem
sonderbaren Mißtrauen: Wenn er durch Postanweisung sein Auto-
renhonorar bekam, schlug er die Hände über dem Kopf zusammen
und schrie, man schneide ihm den Hals ab, oder er kam ins Zimmer
meiner Großmutter und erklärte dumpf: »Mein Verleger bestiehlt
mich wie ein Straßenräuber.« Mit erschrecktem Staunen entdeckte
ich die Ausbeutung des Menschen durch den Menschen. Ohne diese
abscheuliche, aber glücklicherweise eng begrenzte Tatsache wäre die
Welt in Ordnung gewesen: Die Unternehmer gaben je nach ihren
Kräften den Arbeitern, und zwar je nach deren Verdienst. Warum
also mußten die Verleger, diese Blutsauger, die Welt dadurch verun-
zieren, daß sie das Blut meines armen Großvaters tranken? Meine
Ehrfurcht vor diesem heiligen Mann wuchs, dessen Aufopferung
nicht vergolten wurde: Schon früh wurde ich darauf vorbereitet, die
Professur wie ein Priestertum und die Literatur wie eine Leidenschaft zu behandeln.

Ich konnte noch nicht lesen, aber ich war so sehr Snob, daß ich
verlangte, *meine* Bücher zu erhalten. Mein Großvater ging zu seinem Gauner von Verleger und ließ sich die ›Märchen‹ des Dichters
Maurice Bouchor geben, Erzählungen nach Volksmotiven, dem
Kindergeschmack angepaßt durch einen Mann, der sich, wie mein
Großvater sagte, den kindlichen Blick bewahrt hatte. Ich wollte unverzüglich mit den Einweihungszeremonien beginnen. Ich nahm die
beiden kleinen Bände, roch daran, betastete sie, öffnete sie nachlässig
»auf der richtigen Seite« und ließ sie krachen. Vergebens: Ich hatte
nicht das Gefühl, sie zu besitzen. Ich versuchte, ohne mehr Erfolg,
sie wie Puppen zu behandeln, zu wiegen, zu küssen, zu schlagen. Ich
war den Tränen nahe und legte sie schließlich meiner Mutter auf den
Schoß. Sie schaute von ihrer Arbeit auf: »Was soll ich dir denn vorlesen, Liebling? Die Feen?« Ich fragte ungläubig: »Die Feen, ist das
da drin?« Diese Geschichte nämlich kannte ich: Meine Mutter erzählte sie mir oft, wenn sie mich gründlich abwusch, unterbrach sich
aber immer wieder, um mich mit Kölnischwasser einzureiben oder
um die Seife zu suchen, die ihr aus der Hand geglitten war und nun
unter der Badewanne lag; zerstreut hörte ich der allzu bekannten
Erzählung zu; ich hatte bloß Augen für Anne-Marie, das junge

Mädchen all meiner Morgenstunden; ich hörte bloß auf ihre im Dienst brüchig gewordene Stimme, ich freute mich an ihren Sätzen, die nicht zu Ende geführt wurden, an den zögernd hintereinander herlaufenden Worten, an ihrer plötzlichen Selbstsicherheit, die bald wieder getrübt wurde, sich in melodische Bruchstücke auflöste, in Schweigen überging und dann von neuem erstarkte. Die Geschichte, die erzählt wurde, war nur eine Zugabe. Sie war das einigende Band dieser Selbstgespräche. Immer wenn sie sprach, waren wir heimlich beisammen, allein, fern von Menschen, Göttern und Priestern, zwei Rehe im Wald unter anderen Rehen, inmitten der Feenwelt; ich konnte nicht glauben, daß man ein ganzes Buch schrieb, bloß damit diese Episoden unseres Alltagslebens darin vorkamen, die nach Seife und Kölnischwasser rochen.

Anne-Marie ließ mich auf meinem kleinen Stuhl ihr gegenüber Platz nehmen; sie beugte sich vor, senkte die Lider, schlief ein. Aus dem Statuengesicht kam eine gipserne Stimme. Ich wurde ganz verwirrt: Wer erzählte? was? und wem? Meine Mutter war verschwunden: kein Lächeln, kein Zeichen des Einverständnisses, ich war im Exil. Und außerdem erkannte ich ihre Sprechweise nicht wieder. Woher nahm sie diese Sicherheit? Nach einem Augenblick hatte ich begriffen: Das Buch sprach. Sätze kamen daraus hervor, die mir angst machten: wahre Tausendfüßler, ein Gewimmel von Silben und Buchstaben, sie streckten ihre Diphthonge vor, ließen die Doppelkonsonanten vibrieren; singend, nasal, unterbrochen von Pausen und Seufzern, reich an unbekannten Wörtern; so erfreuten sich diese Sätze an sich selbst und an ihren mäanderhaften Windungen, ohne sich um mich zu kümmern. Manchmal verschwanden sie, ehe ich sie verstanden hatte, ein andermal hatte ich schon vorher verstanden, und die Sätze rollten nobel weiter ihrem Ende entgegen, ohne mir ein Komma zu schenken. Diese Rede war offensichtlich nicht für mich bestimmt. Die Geschichte selbst hatte ein Sonntagskleid erhalten: Der Holzfäller, die Holzfällerin und ihre Töchter, die Fee, all diese kleinen Leute von unseresgleichen hatten Majestät angenommen; man sprach prunkvoll von ihren Lumpen, die Wörter färbten auf die Sachen ab, verwandelten die Handlungen in Riten und die Ereignisse in Zeremonien.

Jemand begann Fragen zu stellen: Der Verleger meines Großvaters hatte sich auf die Herausgabe von Schulbüchern spezialisiert und benutzte jede Gelegenheit, die junge Intelligenz seiner Leser zu erproben. Mir schien, daß man ein Kind fragte, was es an der Stelle des Holzfällers getan hätte. Welche der beiden Schwestern war ihm lieber? Warum? Fand es die Bestrafung von Babette richtig? Aber dies Kind war nicht ganz und gar ich selbst, und ich hatte Angst zu antworten. Trotzdem antwortete ich, meine schwache Stimme verlor sich, und ich fühlte, wie ich ein anderer wurde. Anne-Marie war auch eine andere mit ihrem Ausdruck einer überwachen blinden Frau: Es kam mir vor, als sei ich das Kind aller Mütter, als sei sie die Mutter aller Kinder. Als sie zu lesen aufhörte, nahm ich ihr rasch die Bücher fort und trug sie unterm Arm davon, ohne mich zu bedanken.

Schließlich bekam ich Geschmack an solchem Druck auf den Knopf, der mich meiner Welt entriß. Maurice Bouchor neigte sich über die Kinderwelt mit der umfassenden Fürsorge eines Rayonchefs für die Kundinnen eines großen Warenhauses; das schmeichelte mir. Den improvisierten Erzählungen zog ich von nun an die vorfabrizierten Geschichten vor; ich wurde hellhörig für die strenge Folge der Wörter: Bei jedem Lesen kehrten sie wieder, immer die gleichen und immer in der gleichen Ordnung, ich erwartete sie bereits. In Anne-Maries Märchen lebten die Gestalten aufs Geratewohl, so wie sie selbst es tat: Sie erwarben sich Schicksale. Ich war in der Messe: Ich erlebte die ewige Wiederkehr der Namen und Ereignisse.

Nun wurde ich eifersüchtig auf meine Mutter und beschloß, ihre Rolle zu übernehmen. Ich packte mir ein Buch mit dem Titel ›Drangsale eines Chinesen in China‹ und zog damit in einen Abstellraum; dort hockte ich mich auf ein Eisenbett und tat so, als läse ich: Mit den Augen folgte ich den schwarzen Linien, ohne auch nur eine einzige zu überschlagen, und erzählte mir dazu laut eine Geschichte, wobei ich mich bemühte, jede Silbe auszusprechen. Man ertappte mich – oder ich ließ mich ertappen –, es machte großes Aufsehen, man beschloß, nun sei es an der Zeit, mir das Alphabet beizubringen. Ich war eifrig wie ein Kind beim Katechismus-Unterricht; ich ging so weit, mir Nachhilfestunden zu geben: Ich kletterte auf mein Eisenbett mit dem Buch ›Heimatlos‹ von Hector Malot, das ich auswendig kannte; halb rezitierte ich, halb entzifferte ich, ich nahm mir eine Seite nach der anderen vor: Als die letzte Seite umgeblättert war, konnte ich lesen.

Ich war verrückt vor Freude: jetzt hatte ich sie für mich, diese getrockneten Stimmen in ihren kleinen Herbarien, diese Stimmen, die mein Großvater durch seinen Blick zum Klingen brachte, die er hörte, die ich nicht hörte! Ich sollte sie hören, ich sollte mich erfüllen mit ihren formvollen Reden, ich sollte alles wissen. Man ließ mich in der Bibliothek vagabundieren, und ich stürmte los auf die menschliche Weisheit. So bin ich geworden. Später habe ich hundertmal hören müssen, wie Antisemiten den Juden vorwarfen, sie hätten kein Verständnis für Lehre und Schweigen der Natur. Ich antwortete:»In diesem Fall bin ich jüdischer als die Juden.« Vergeblich suche ich in mir die kompakten Erinnerungen und die sanfte Unvernunft der Bauernkinder. Ich habe niemals Höhlen gegraben und Vogelnester gesucht, niemals botanisiert und mit Steinen nach den Vögeln geworfen. Aber die Bücher waren meine Vögel und meine Nester, meine Haustiere, mein Stall und mein Gelände; die Bücherei war die Welt im Spiegel; sie hatte deren unendliche Dichte, Vielfalt, Unvorhersehbarkeit. Ich stürzte mich in unglaubliche Abenteuer: Ich mußte auf Stühle klettern, auf Tische und riskierte dabei, Lawinen auszulösen, die mich begraben hätten. Die Bücher auf dem obersten Regal blieben lange außerhalb meiner Reichweite; andere wurden mir, kaum hatte ich sie entdeckt, wieder aus der Hand genommen; noch andere versteckten sich: ich hatte sie gehabt, hatte sie zu lesen angefangen, glaubte sie wieder an ihren Platz gestellt zu haben, brauchte aber eine Woche, ehe ich sie wiederfand. Es kam zu schrecklichen Begegnungen: Ich öffnete ein Album und stieß auf eine farbige Abbildung, scheußliche Insekten wimmelten vor meinen Augen. Ich lag auf dem Teppich und unternahm anstrengende Reisen mit Hilfe von Fontenelle, Aristophanes, Rabelais. Die Sätze leisteten mir genauso Widerstand wie die Dinge; man mußte ihnen auflauern, sie umgehen, man mußte so tun, als entferne man sich, und dann rasch zu ihnen zurückkommen, wollte man sie unbewaffnet überraschen: Die meiste Zeit behielten sie ihr Geheimnis für sich. Ich war La Pérouse, Magalhães, Vasco da Gama; ich entdeckte sonderbare Wilde: das Wort »Heautontimoroumenos« in einer Terenz-Übersetzung in Alexandrinern, das Wort »Idiosynkrasie« in einem Buch über vergleichende Literaturgeschichte. Apokope, Chiasma, hundert andere undurchdringliche und abweisende Kaffern traten aus so einer Seite hervor, und wo sie erschienen, fiel der ganze Abschnitt auseinander. Den Sinn dieser harten und schwarzen Wörter habe ich erst zehn oder fünfzehn Jahre später kennengelernt, und auch heute noch haben sie ihre Dichtigkeit beibehalten: Sie sind der Humusboden meines Gedächtnisses.

Die Bibliothek barg die großen französischen und deutschen Klassiker, es gab auch Grammatiken, auch einige berühmte Romane, ausgewählte Erzählungen von Maupassant, Kunstbücher: einen ›Rubens‹, einen ›Van Dyck‹, einen ›Dürer‹, einen ›Rembrandt‹, die mein Großvater von seinen Schülern zu Neujahr erhalten hatte. Mageres Universum. Aber der ›Larousse‹ ersetzte mir alles: Ich nahm mir wahllos einen Band vom vorletzten Regal hinter dem Schreibtisch: A–Bello, Belloc–Ch oder Ci–D, Mele–Po oder Pr–Z (diese Verbindungen von Silben waren Eigennamen geworden, welche die Sektoren des Universalwissens bezeichneten: Es gab die Region Ci–D oder die Region Pr–Z, nebst Fauna und Flora, nebst Städten, Schlachten und großen Männern); ich legte den Band mühselig auf die Schreibunterlage meines Großvaters, öffnete ihn, ich hob dort richtige Vögel aus, jagte dort nach richtigen Schmetterlingen, die sich auf richtigen Blumen niedergelassen hatten. Menschen und Tiere waren dort, *in Person:* Die Abbildungen waren der Körper, der Text war ihre Seele, ihre einzigartige Essenz; außerhalb der Zimmerwände traf man auf matte Entwürfe, die sich mehr oder weniger den Archetypen annäherten, ohne deren Vollkommenheit zu erreichen. Die Affen im Zoologischen Garten waren weniger Affe, die Menschen im Luxembourg-Garten waren weniger Mensch. Platoniker meines Zeichens, ging ich den Weg vom Wissen bis zur Sache; ich fand an der Idee mehr Wirklichkeitsgehalt als an der Sache selbst, denn die Idee ergab sich mir zuerst, und sie ergab sich mir wie eine Sache. Ich habe die Welt in den Büchern kennengelernt: Dort war sie assimiliert, klassifiziert, etikettiert, durchdacht, immer noch furchterregend; und ich habe die Unordnung meiner Erfahrungen mit Büchern verwechselt mit dem zufälligen Ablauf wirklicher Ereignisse. Hier entsprang jener Idealismus, den ich erst nach dreißig Jahren von mir abtun konnte.

Das Alltagsleben war durchsichtig. Wir verkehrten mit gutsituierten Leuten, die laut und klar sprachen und ihre Überzeugungen auf gesunden Grundsätzen aufgebaut hatten, auf der Weisheit der Völker, und die sich vom gemeinen Volk nur durch einen gewissen seelischen Manierismus zu unterscheiden geruhten, der mir durchaus vertraut war. Kaum waren sie ausgesprochen, schon überzeugten mich ihre Ansichten durch die kristallklare und höchst einfache Evidenz; wollten sie ihr Verhalten rechtfertigen, so gaben sie so langweilige Erklärungen dafür ab, daß diese Erklärungen unbedingt wahr sein mußten; ihre wohlgefällig dargelegten Gewissensskrupel wirkten auf mich weniger beunruhigend als erbaulich; es waren falsche Konflikte, deren Lösung von vornherein feststand, immer die gleichen; wenn sie ein Unrecht zugaben, so wog es nicht schwer: Eine Übereilung, eine berechtigte, aber zweifellos übertriebene Verärgerung hatten ihren Urteilssinn getrübt: Sie hatten es glücklicherweise rechtzeitig bemerkt; die Schuld der Abwesenden war wesentlich schwerer, aber niemals unverzeihlich: Bei uns gab es keine böse Nachrede, man stellte nur bedauernd die Fehler eines Charakters fest. Ich hörte zu, ich verstand, ich war einverstanden, ich fand solche Äußerungen beruhigend und hatte recht damit, denn sie waren zur Beruhigung bestimmt: Nichts ist unheilbar, und in der Tiefe bewegt sich nichts, die vergeblichen Erregungen an der Oberfläche dürfen uns nicht vergessen lassen, daß sich darunter eine tödliche Stille verbirgt, die unser Los ist.

Unsere Besucher gingen nach Hause, ich blieb allein, entschlüpfte dem banalen Friedhof und kehrte zurück zum Leben, zum Wahnsinn in den Büchern. Ich brauchte nur eines zu öffnen, um dort jenes unmenschliche und beunruhigte Denken wiederzufinden, dessen Pomp und Finsternis mein Verständnis überstiegen und das von einer Idee hinsprang zur anderen, so schnell, daß ich nicht mitkam, hundertmal auf einer Seite, so daß ich es ganz verwirrt und verloren entschwinden lassen mußte. Ich nahm an Ereignissen teil, die mein Großvater sicherlich als unwahrscheinlich bezeichnet hätte und die trotzdem die grelle Wahrheit geschriebener Dinge besaßen. Gestalten traten auf, ohne sich anzukündigen, sie liebten sich, stritten miteinander, töteten einander; der Überlebende verzehrte sich vor Kummer und folgte seinem Freund oder seiner zärtlichen Geliebten, die er soeben getötet hatte, in die Grube nach. Was sollte ich tun? War ich gleichfalls aufgerufen, wie die Erwachsenen, zu tadeln, zu loben, freizusprechen? Aber diese Originale sahen gar nicht so aus, als richteten sie sich nach unseren Grundsätzen, und selbst dort, wo ihre Motive erläutert wurden, kam ich nicht mit. Brutus tötet seinen Sohn, und Mateo Falcone tut es auch. Diese Praxis schien also ziemlich verbreitet zu sein, trotzdem machte in meiner Umgebung niemand davon Gebrauch. In Meudon hatte sich mein Großvater mit meinem Onkel Emile gezankt, und ich hatte gehört, wie sie einander im Garten anbrüllten; trotzdem hatte man nicht den Eindruck, der Großvater habe je daran gedacht, ihn zu töten. Wie urteilte er überhaupt über kindertötende Väter? Ich enthielt mich des Urteils: Mein Leben war nicht in Gefahr, denn ich war ein Waisenkind, und diese prunkvollen Mordtaten machten mir ein bißchen Spaß, aber in den Erzählungen darüber spürte ich eine Billigung, die mich ganz unsicher machte. Ich mußte mir Gewalt antun im Falle des Horace von Corneille, um nicht auf die Abbildung zu spucken, die ihn mit Helm und nacktem Schwert zeigte, wie er der armen Camille nachlief.

Karl trällerte manchmal ein Liedchen, worin gesagt wurde, es gäbe keine näheren Verwandten als Bruder und Schwester. Der Text verwirrte mich: Hätte man mir zufälligerweise eine Schwester gegeben, so hätte sie mir also nähergestanden als Anne-Marie? Oder als Karlundmami? Dann wäre sie also meine Geliebte gewesen. Das Wort

»Geliebte« war auch so ein dunkles Wort. Ich traf es oft in den Tragödien von Corneille. Geliebte küssen sich, versprechen sich, im gleichen Bett zu schlafen. (Sonderbare Angewohnheit: warum nicht in einem Doppelbett wie meine Mutter und ich?) Mehr wußte ich nicht, ahnte aber das Vorhandensein einer haarigen Masse unter der leuchtenden Oberfläche der Idee. Als Bruder wäre ich auf jeden Fall ein Blutschänder gewesen. Ich träumte davon. Eine Verirrung? Eine Verhüllung unterdrückter Empfindungen? Durchaus möglich. Ich hatte eine ältere Schwester, meine Mutter, und ich wünschte mir eine jüngere Schwester. Auch heute noch – im Jahre 1963 – ist dies das einzige Verwandtschaftsband, das mir Eindruck macht.

Als ich zehn Jahre alt war, ergötzte ich mich an dem Roman ›Die Transatlantiker‹ von Abel Hermant. Dort gibt es einen kleinen Amerikaner und seine Schwester. Beide übrigens höchst unschuldig. Ich versetzte mich an die Stelle des Jungen und liebte durch ihn das kleine Mädchen Biddy. Ich habe lange davon geträumt, eine Geschichte zu schreiben über zwei verlorene und diskret blutschänderische Kinder. In meinen Werken kann man die Spuren dieser Träumerei wiederfinden: Orest und Elektra in ›Die Fliegen‹, Boris und Ivich in ›Die Wege zur Freiheit‹, Franz und Leni in ›Die Eingeschlossenen von Altona‹. Dies letzte Paar allein geht zur Tat über. Was mich an diesem Familienband reizte, war weniger die erotische Versuchung als das Liebesverbot: Feuer und Eis, Mischung aus Entzückkung und Entsagung; der Inzest gefiel mir, wenn er platonisch blieb. Ich habe den schweren Irrtum begangen, oft unter den Frauen jene Schwester zu suchen, die es nicht gegeben hat: Meine Klage wurde abgewiesen, ich hatte die Kosten des Verfahrens zu tragen. Trotzdem kommt jetzt, da ich diese Zeilen schreibe, der Zorn von neuem in mir hoch auf den Mörder der Camille; mein Zorn ist so frisch und lebendig, daß ich mich fragen muß, ob das Verbrechen des Horace bei Corneille nicht eine der Quellen meines Antimilitarismus ist. Kriegsleute töten ihre Schwestern. Der Bursche hätte mir einmal begegnen sollen.

Ich hätte ihn sofort an die Wand stellen lassen! Und zwölf Kugeln in den Bauch! Ich drehte die Seite um und las weiter; gedruckte Buchstaben belehrten mich meines Irrtums: Der Schwestermörder mußte freigesprochen werden.

Eine Weile keuchte ich, stampfte mit meinen Hausschuhen auf, ein getäuschter Stier, den man lange gereizt hatte. Und dann warf ich schnell Asche auf meinen Zorn. So war das also; danach hatte ich mich zu richten: Ich war eben zu jung. Ich hatte alles falsch verstanden; die Notwendigkeit des Freispruchs wurde begründet durch die zahlreichen Alexandrinerverse, die mir unverständlich geblieben waren oder die ich ungeduldig überschlagen hatte. Ich liebte diese Unsicherheit und daß die Geschichte mir nach allen Seiten entglitt; das machte mich heimatlos. Zwanzigmal hintereinander las ich die letzten Seiten von ›Madame Bovary‹; schließlich kannte ich ganze Abschnitte auswendig, ohne daß mir das Verhalten des armen Witwers dadurch klarer geworden wäre: Er fand Briefe, war das ein Grund, sich nicht mehr zu rasieren? Er blickte düster auf Rodolphe, also hatte er was gegen ihn – aber *was* eigentlich? Und warum sagte er zu ihm: »Ich bin Ihnen nicht böse.« Warum fand Rodolphe ihn »komisch und ein bißchen verächtlich«? Dann starb Charles Bovary: an Kummer? an einer Krankheit? und warum öffnete der Arzt ihn, wenn doch alles zu Ende war? Ich liebte diesen hartnäckigen Widerstand, mit dem ich niemals fertig wurde; ich wurde mystifiziert und geprellt und genoß doch die zweideutige Wollust eines Verstehens ohne Verstehen: Hier war die Dichtigkeit der Welt. Das Menschenherz, von dem mein Großvater so gern zu Hause zu sprechen pflegte, fand ich überall fade und hohl, außer in den Büchern. Verwirrende Namen wirkten auf meine Laune, stürzten mich in Schrecken oder Schwermut, ohne daß ich die Ursache dafür erkannt hätte. Ich sagte »Charbovary«, und ich sah im Niemandsland einen großen, zerlumpten, bärtigen Mann, der in einem engen Raum immer hin- und herging: Es war unerträglich. An der Quelle dieser angstvollen Genüsse gab es die Verbindung von zwei widerspruchsvollen Ängsten: Ich fürchtete mich davor, mit dem Kopf voran in eine Fabelwelt zu stürzen, worin ich ruhelos umherirren müßte, in Gesellschaft von Horace und Charbovary, ohne Hoffnung auf Rückkehr in die Rue Le Goff, zu meiner Mutter, zu Karlundmami. Und auf der anderen Seite erriet ich, daß diese Satzparaden den erwachsenen Lesern gewisse Bedeutungen vorbehielten, die sich mir entzogen. Auf dem Wege über die Augen führte ich vergiftete Wörter in meinen Kopf ein, unendlich reichere, als ich vorher wußte; eine seltsame Kraft baute in mir – mit Hilfe der Rede – Geschichten wutentbrannter Menschen auf, die mich nichts angingen, einen schrecklichen Kummer, den Zerfall eines Lebens: Drohte mir dabei keine Ansteckungsgefahr, würde ich nicht an Gift sterben müssen? Indem ich das Wort verschlang, indem das Bild mich verschlang, rettete ich mich eigentlich nur durch die Unvereinbarkeit dieser beiden gleichzeitigen Gefahren. In der Abenddämmerung, verirrt in einem Dschungel von Worten, bebend beim leisesten Geräusch, das Krachen des Parketts für Zwischenrufe nehmend, glaubte ich, die Sprache ohne die Menschen, im Naturzustand zu entdecken. Mit welcher feigen Erleichterung, welcher Enttäuschung, fand ich mich zurück in die Familienbanalität, wenn meine Mutter eintrat, Licht machte und rief: »Aber Liebchen, du verdirbst dir die Augen!« Hohläugig sprang ich auf, schrie ich, lief ich, machte ich den Hampelmann. Aber bis in diese wiedererrungene Kindheit hinein quälte ich mich ab mit der Frage: *Wovon* reden die Bücher? wer schreibt sie? warum?

Ich eröffnete mich in meiner Unruhe dem Großvater, der darüber nachdachte und beschloß, es sei an der Zeit, mich zu befreien, und das tat er so gut, daß er mich brandmarkte.

Lange hatte er mich auf seinen Knien reiten lassen und unanständige Lieder dazu gesungen, und ich lachte dann wegen der Unanständigkeit. Er sang nicht mehr. Er setzte mich auf seine Knie, sah mir tief in die Augen. »Ich bin ein Mensch«, wiederholte er mit Rednerstimme: »Ich bin ein Mensch, und nichts Menschliches ist mir fremd.« Er übertrieb stark: Wie Platon den Dichter, so vertrieb Karl den Ingenieur, den Kaufmann und wahrscheinlich auch den Offizier aus seiner Republik; die Fabriken verdarben ihm die Landschaft; an den reinen Wissenschaften genoß er nur ihre Reinheit. In Guérigny, wo wir die zweite Julihälfte zubrachten, zeigte uns mein Onkel Georges die Hüttenwerke: Es war heiß, brutale und schlechtgekleidete Männer stießen uns an; halb ohnmächtig durch den ungeheuren Lärm, starb ich vor Angst und Langeweile; mein Großvater sah sich den Guß an und pfiff aus Höflichkeit, aber sein Auge blieb unbewegt. Im August dagegen, in der Auvergne, streifte er durch alle Dörfer, pflanzte sich vor alten Bauwerken auf, klopfte mit dem Stockende an die Ziegelsteine und sagte lebhaft zu mir: »Was du hier siehst, kleiner Mann, das ist eine gallisch-römische Mauer.« Er liebte auch die kirchliche Baukunst und versäumte es niemals, wenngleich er die Papisten nicht ausstehen konnte, eine Kirche zu besuchen, wenn sie nur gotisch war; bei romanischen Kirchen richtete er sich jeweils nach seiner Laune. Er ging nur noch selten in Konzerte, hatte es früher aber oft getan: Er liebte Beethoven und seinen vollen Orchesterklang: Er liebte auch Bach, aber ohne große Leidenschaft. Manchmal trat er ans Klavier, setzte sich jedoch nicht, und schlug mit seinen gichtigen Fingern ein paar Akkorde an. Dann sagte meine Großmutter mit verschlossenem Lächeln: »Charles komponiert.« Seine Söhne, vor allem Georges, waren gute Hausmusiker geworden; sie mochten Beethoven nicht und schwärmten vor allem für Kammermusik; diese Geschmacksgegensätze störten meinen Großvater nicht; er sagte mit gütiger Miene: »Die Schweitzers sind geborene Musiker.« Acht Tage nach meiner Geburt, als ich mich offenbar

beim Klirren eines Löffels erheitert hatte, war von ihm dekretiert
worden, ich hätte ein gutes Gehör.

Glasfenster, Strebepfeiler, Portale mit Bildsäulen, Choräle, Kreu-
zigungsgruppen aus Holz oder Stein, Meditationen in Versen oder
poetische Harmonien: Solche Humanitäten führten uns ohne Um-
wege dem Göttlichen entgegen. Zumal noch die Naturschönheiten
hinzukamen. Der gleiche Atem formte die Werke Gottes und die
großen Menschenwerke. Der gleiche Regenbogen leuchtete im
Schaum der Wasserfälle und zwischen den Seiten von Flaubert oder
im Helldunkel der Rembrandt-Bilder. Es war der Regenbogen des
Geistes: Der Geist sprach zu Gott von den Menschen, er bezeugte
Gott vor den Menschen. In der Schönheit erblickte mein Großvater
die fleischliche Gegenwart der Wahrheit und die Quelle der edelsten
Aufschwünge. Bei gewissen außerordentlichen Gelegenheiten –
wenn ein Gewitter im Gebirge losbrach, wenn Victor Hugo inspiriert war – konnte man die höchste Höhe erreichen, wo das Wahre,
das Gute, das Schöne ineinanderflossen.

Ich hatte meine Religion gefunden; nichts erschien mir wichtiger
als ein Buch; die Bibliothek sah ich als Tempel. Als Enkel eines Priesters lebte ich auf dem Dach der Welt, im sechsten Stock, saß ich auf
dem höchsten Ast des Zentralbaumes: Den Stamm bildet der Käfig
des Aufzuges. Ich betrat den Balkon, warf von oben her einen Blick
auf die Passanten, ich grüßte über das Gitter hinweg Lucette Mo-
reau, meine Nachbarin, die so alt war wie ich, die blonde Locken
und eine junge Weiblichkeit hatte, so wie ich, ich kehrte zurück in
die *cella* oder in den *pronaos*, niemals stieg ich in *eigener Person*
hinab: Wenn meine Mutter mit mir in den Garten des Luxembourg
ging – also täglich –, gewährte ich den Niederungen meine Hüllen,
aber mein verklärter Leib verließ nicht seinen Hochsitz, ich glaube,
er ist immer noch dort oben. Jeder Mensch hat seinen natürlichen
Standort; über die Höhenregionen entscheiden weder Stolz noch
Wert: Darüber bestimmt die Kindheit. Mein Standort ist ein sechster
Stock in Paris mit Aussicht auf die Dächer. Lange Zeit wurde mir
in den Tälern das Atmen schwer, die Ebene bedrückte mich: Ich
schleppte mich dahin auf dem Planeten Mars, die Schwere preßte
mich zu Boden; mir genügte dann das kleinste Hügelchen, um wieder fröhlich zu werden: Dann war ich wieder in meinem symbolischen sechsten Stock, atmete abermals die dünne Luft der Belletri-
stik, das Universum breitete sich zu meinen Füßen, und jedes Ding
begehrte demütig einen Namen. Ihm den Namen zu geben bedeutete
gleichzeitig Schöpfung und Besitznahme. Ohne diese Grundillusion
hätte ich niemals geschrieben.

Das Paradies hat den bittersüßen Duft von Tannen, Himbeeren und Kräutern, vermischt mit dem charakteristischen Aroma des Mooses, das von der Sonne durchwärmt ist, der großen, mächtigen Sonne eines Sommertages in Tölz. Die Lichtung, wo wir den Morgen mit Beerenpflücken verbringen, liegt mitten in dem schönen, großen Wald, der gleich hinter unserem Hause beginnt. Gibt es irgendwo auf der Welt noch andere Wälder, die sich mit diesem vergleichen ließen? Gewiß nicht; denn *unser* Wald ist durchaus einzigartig, *der* Wald *par excellence*, der mythische Inbegriff des Waldes, mit der Tempelperspektive seiner schlanken, hohen, säulenhaft glatten Stämme, mit seinem feierlichen Zwielicht, seinen Düften und Geräuschen, den hübschen Bildungen seiner Pilze und Sträucher, mit seinen Eichhörnchen, Felsen, schüchternen Blumen und murmelnden Wasserläufen. Und hier sind die vier Kinder mit dem Hund und mit der Mutter, die ein Sommerkleid trägt, ein dekoratives Gewand aus schwerem, rauhem Leinen mit weiten, gepufften Ärmeln und reicher Stickerei: Wir nennen es »das Bulgarische«, weil einer der Onkel es einmal aus dem Balkan mitgebracht hat. Die Mutter ist ohne Kopfbedeckung; ihr üppiges, dunkles Haar glänzt im Sonnenlicht. Sie sitzt auf einem Baumstumpf, neben ihr liegt der Motz, dem eine elegant geformte, spitze, hellrote Zunge aus dem geifernden Maule hängt. Er hat im Walde nach Mäusen und Vögeln gejagt, es muß äußerst genußreich für ihn gewesen sein. Noch fliegt sein Atem, aber die schönen, bernsteinfarbenen Hundeaugen sind voll Frieden und Dankbarkeit. Der Motz lacht ein bißchen. Ja, wir können ganz deutlich sehen, daß er still in sich hineinlacht, während Mielein ihm mit zerstreuter Zärtlichkeit den seidigen Nacken liebkost.

»Pfui, Kinder! Wie furchtbar ungezogen ihr seid!« Dies ist ihre scherzhaft scheltende Stimme. »Ihr *sollt* doch nicht die Himbeeren jetzt schon essen! Wir pflücken sie zu einem bestimmten Zweck! Das wißt ihr doch! Die Affa spielt bekanntlich mit der Idee, höchstpersönlich einen Himbeerkuchen zum Abendessen zu backen. Sie wird fuchsteufelswild, wenn wir ihr nicht genug Beeren bringen. Ihr werdet es ja sehen: Sie *zerplatzt* vor Zorn!«

Sie spricht so geschwind und gebraucht so drollige Worte, daß wir lachen, anstatt erschreckt zu sein. Besonders der Gedanke, daß die Affa vor Entrüstung zerplatzen könnte, kommt uns unwiderstehlich komisch vor. Sogar Mieleins Drohung, daß sie sich beim Zauberer über uns beschweren werde, macht uns nur wenig Eindruck. »Er wird euch höchstwahrscheinlich umbringen«, verheißt sie uns und muß selber lachen. Sie weiß so gut wie wir, oder besser, daß der Zauberer sich wegen der fehlenden Himbeeren kaum sehr alterieren würde, sogar wenn Mielein es sich einfallen ließe, bei ihm Klage zu führen.

»Haben sie wirklich all die kleinen Beeren verschmaust?« würde er mit einem geistesabwesenden Lächeln sagen, um dann mit hochgezogenen Augenbrauen hinzuzufügen: »Ich hoffe nur, es waren keine giftigen darunter!«

Er ließ es sich oft angelegen sein, uns vor giftigen Beeren und Pilzen zu warnen, ganz besonders vor den gefährlichen Tollkirschen. »Waldmännchen hat Kirschen ohne Stein«, mahnte er uns mit erhobenem Zeigefinger, und es war höchst rührend und sonderbar zu beobachten, wie seine Miene in solchen Augenblicken derjenigen seiner Mutter, unserer Omama, ähnlich wurde. Das besorgte Gesicht des Vaters schien sich in die Länge zu ziehen, als ob es von einem Zerrspiegel reflektiert würde, indes die Augen unter den hochgezogenen Brauen kleiner und dunkler wirkten, als wir sie sonst kannten. Wir waren uns nie ganz darüber klar, ob er bei Unterhaltungen dieser Art seine Mutter absichtlich imitierte, um uns zum Lachen zu bringen, oder ob er sich der Ähnlichkeit überhaupt nicht bewußt war und ganz unabsichtlich die omamahaften Züge annahm, während er uns ganz im Geist und Stil der Omama vom gefleckten Fliegenpilz und dem unzuträglichen Schierlingskraut erzählte.

Er erschien Punkt zwölf am Rande der Waldeslichtung, um Mielein und uns zum Baden abzuholen. Der moorige Teich, in dem wir schwimmen lernten, der sogenannte Klammerweiher, lag etwa eine Viertelstunde von unserem Haus und unserem Wald entfernt. Es war eine eher ermüdende Wanderung in der schwülen Mittagsstunde auf dem schattenlosen, geschlängelten Wiesenweg, der querfeldein zum Badeplatz führte. Aber was für ein Pfad! Was für eine Landschaft! Es gibt keine andere, die mir ebenso liebenswert schiene...

Ja, dies ist Sommer: Wir sieben – zwei Eltern, vier Kinder und ein tanzender, wirbelnder Motz – auf dem Wiesenweg, langsamen Schrittes marschierend, dem Klammerweiher entgegen. Der Grund, auf dem wir gehen, ist weich und elastisch, es ist sumpfiger Boden: Daher die Üppigkeit der Vegetation, das tiefe Grün des saftig wuchernden Grases, das flammende Gold der Butterblumen, der reiche Purpur des Mohns.

Dies ist der Sommerhimmel: In seinem Blau schwimmen weiße, flockige Wolken, die sich zwischen den alpinen Gipfeln zu barocken

Formationen ballen. Die Luft riecht nach Sommer, schmeckt nach Sommer, klingt nach Sommer. Die Grillen singen ihr monoton-hypnotisierendes Sommerlied. Zu unserer Rechten liegt das Sommer-Städtchen Tölz mit seinen bemalten Häusern, seinem holprigen Pflaster, seinen Biergärten und Madonnenbildern. Um uns breitet sich die Sommerwiese; vor uns ragt das Gebirge, gewaltig getürmt, dabei zart, verklärt im Dunst der sommerlichen Mittagsstunde.

Seht, und da ist unser Sommer-Weiher, ein kleiner, runder Teich mit hohem Schilf am Ufer. Weiße Wasserrosen, beinah tellergroß, schwimmen auf seiner regungslosen, dunklen Fläche. Das Moorwasser, es ist goldschwarz in meiner Erinnerung, atmet einen kräftig-aromatischen, dabei etwas fauligen Geruch. Es ist von seltsamer Substanz, das Wasser des Klammerweihers, sehr klar trotz seiner dunklen Färbung, von fast öliger Weichheit, und so schwer, daß man das eigene Gewicht kaum spürt, solange man sich seiner goldenen Tiefe anvertraut. Trotzdem hat ein Bäckergeselle aus dem benachbarten Dorf es fertiggebracht, in unserem Teich zu ertrinken. Wir haben seine Leiche gesehen, schön säuberlich aufgebahrt zwischen Blumen und Kerzen. [...]

Wenn ich versuche, die Atmosphäre von 1914 wieder einzufangen, so sehe ich flatternde Fahnen, graue Helme, mit possierlichen Blumensträußchen geschmückt, strickende Frauen, grelle Plakate und wieder Fahnen – ein Meer, ein Katarakt in Schwarz-Weiß-Rot. Die Luft ist erfüllt von der allgemeinen Prahlerei und den lärmenden Refrains der vaterländischen Lieder. ›Deutschland, Deutschland über alles‹ und ›Es braust ein Ruf wie Donnerhall...‹. Das Brausen hört gar nicht mehr auf. Jeden zweiten Tag wird ein neuer Sieg gefeiert. Das garstige kleine Belgien ist im Handumdrehen erledigt. Von der Ostfront kommen gleichfalls erhebende Bulletins. Frankreich, natürlich, ist im Zusammenbrechen. Der Endsieg scheint gesichert: Die Burschen werden Weihnachten zu Hause feiern können.

Man diskutierte, welche Länder und Kolonien der Kaiser für das Vaterland annektieren würde. Fräulein Betty versprach uns China und Afrika, als handle es sich um Spielzeug. Affa strahlte, ständig von einer kleinen Armee uniformierter Stiefbrüder, Vettern und überraschend wohlerhaltener Onkel umgeben. Der fröhliche Lärm ihrer Abschiedsfeste widerhallte durch das ganze Haus. Mielein überlegte sich manchmal, ob sie nicht vielleicht doch einschreiten sollte, entschied sich aber dagegen. Krieg ist Krieg, und lange würde es wohl sowieso nicht dauern....

Unser blendender Kaiser, ebenso kapriziös wie heroisch, schob den Endsieg hinaus, wahrscheinlich um den lustigen Posten des

Oberbefehlshabers etwas länger behalten zu können. Das war etwas ärgerlich wegen der Nachspeise, die vom täglichen Speisezettel gestrichen worden war. Wir hatten diese Maßregel als ein patriotisches Opfer vorübergehender Natur tapfer hingenommen, aber auf die Dauer wirkte das Fehlen von Pudding und Strudel sich ungünstig auf unsere Stimmung aus.

Unser Leben unterlag anderen Veränderungen, von denen einige erfreulich waren. Mielein klärte uns darüber auf, daß dies nicht nur große, sondern außerdem recht schwierige Zeiten waren. Das neue Stadthaus, das wir gerade noch vor Ausbruch des Krieges bezogen hatten, war geheimnisvoll belastet mit einer Art von Makel oder Fluch, der Hypothek hieß. Eine gewisse Knappheit an barem Geld schien sich aus diesem unheimlichen Zustand irgendwie zu ergeben. Zwei mächtige Greise, Ofey und der Verleger S. Fischer in Berlin, wurden in diesem Zusammenhang oft erwähnt – manchmal mit Hoffnung, dann auch wieder mit einer gewissen Bitterkeit. Sowohl der Großvater in seinem Schloß als auch der Berliner Freund des Zauberers, Herr Fischer mit der dicken Unterlippe, verhielten sich irgendwie störrisch und unzugänglich, wahrscheinlich unter dem Einfluß der allgemeinen patriotischen Hochspannung und Nervosität. Was immer die psychologischen Hintergründe und Zusammenhänge, jedenfalls lief es darauf hinaus, daß die beiden alten Herren plötzlich überhaupt kein Geld mehr hergeben wollten. Der Zauberer, vornehm zerstreut, schien dies kaum zu bemerken, aber Mielein war um so besorgter, sie entließ eines der Mädchen und das Kinderfräulein. Erstere vermißten wir kaum, und, wie sich denken läßt, waren wir nur zu froh, letztere los zu sein.

Das ungebundene Leben ohne Fräulein und süße Speise hatte entschieden seine amüsanten Seiten, brachte aber auch Härten mit sich. Mieleins nächste Sparmaßnahme bestand darin, uns von dem exklusiven Reichenschülchen in die gewöhnliche Volksschule in der Nachbarschaft zu versetzen. Erika und ich wurden getrennt. Sie etablierte sich schnell als eine Art von Anführerin und Häuptling unter den Mädchen, während meine Position in der Bubenklasse irgendwie unsicher blieb. Erstens konnte ich, im Gegensatz zu Erika, den Münchener Dialekt nicht sprechen; irgendwie wollte es mir nicht gelingen, auch nur ein Wort des landesüblichen kehlig-rauhen Idioms glaubwürdig hervorzubringen. Meine Klassengenossen hielten mich deshalb für einen Saupreußen, was fast ebenso schlimm war wie ein feindlicher Ausländer. Außerdem nahmen sie mir meine künstlerische Aufmachung und meine Abneigung gegen Raufereien übel. Kurz und gut, ich wurde nicht ganz ernst genommen, was übrigens nicht heißen soll, daß ich eigentlich unbeliebt gewesen wäre. Man hielt mich zwar für leicht übergeschnappt, aber weder für einen Spielverderber noch für einen gewöhnlichen Dummkopf. Die Schulkameraden behandelten mich mit ironischer Höflichkeit, interessierten sich aber nicht genug für mich, um sich etwa tätlich an mir zu vergreifen.

Es gab viel sadistische Roheit, nicht nur unter den Schülern, sondern auch bei den Lehrern. Die Prügelstrafe war damals noch als ein gesundes oder sogar unentbehrliches pädagogisches Prinzip in Deutschland anerkannt. Unser Herr Lehrer, ein untersetzter, stämmiger Mann mit sehr kleinen Augen und einem riesigen Schnurrbart, galt als ein Meister in der Kunst des »Überlegens«. Die letzte Warnung, die er dem Übeltäter zuteil werden ließ, war subtil-psychologischer Natur: Der Rohrstock wurde dem zitternden Knaben mehrere Minuten lang unter die Nase gehalten – »damit du weißt, wie er riecht«, wie der Herr Lehrer mit drohender Scherzhaftigkeit bemerkte. Wenn auch das nicht half, gab's keine Gnade mehr. Dem Opfer wurde befohlen, sich mit dem Gesicht nach unten auf die vorderste Bank zu legen, die eigens für solche Gelegenheiten freigelassen war. Ehe der Ärmste dieser unheilverkündenden Aufforderung nachkam, pflegte er eine herzzerbrechende Szene aufzuführen. Das wurde von ihm erwartet und gehörte zum rituellen Ablauf der Zeremonie. Mit großem Aufwand von Tränen und dramatischen Gebärden versuchte das arme Sünderlein das Herz seines Richters zu rühren, obwohl er sich im Grunde über die Aussichtslosigkeit solchen Beginnens völlig im klaren sein mußte.

Die peinliche Prozedur wurde mit grausiger Feierlichkeit durchgeführt; fünfzig oder sechzig Jungen, atemlos vor Wonne und Entsetzen, sahen dem Schauspiel zu. Das Gewimmer des Delinquenten begann, noch ehe der erste Schlag gefallen war: Er krümmte sich und stöhnte, während der Herr Lehrer sein Folterinstrument noch durch die Luft schnellen ließ, als wolle er die Geschmeidigkeit des schlanken Rohres prüfen. Und wenn dann erst die Hiebe niederpfiffen, so steigerte sich das Jammern ins Hysterisch-Konvulsivische. Nachher gab es noch eine Art von tragikomischem Epilog – auch dieser gehörte zum Ritus. Es wurde von dem Opfer erwartet, daß er noch eine Weile vor dem Katheder hin und her sprang, wobei er sich das Hinterteil zu reiben hatte. Wenn es sich um einen schauspielerisch auch nur halbwegs begabten Jungen handelte, so verstand es sich fast von selbst, daß er seine Mitschüler auch noch mit einer drastischen Beschreibung seiner Qualen unterhielt. »Mein Hinterer brennt wie's höllische Feuer«, erzählte er der erschauernden Klasse. Der Lehrer sah schmunzelnd zu, um schließlich dem Spektakel mit gebieterischem Wink ein Ende zu machen. »Jetzt langt's«, entschied er, befriedigt wie ein Löwe nach blutigem Mahl. »Du kannst auf deinen Platz zurückgehen.«

Ich habe mir oft überlegt, ob die Züchtigung wirklich so furchtbar weh getan haben mag, wie die Aufführung des Opfers zu bekunden schien. Der Verdacht ist nicht von der Hand zu weisen, daß die Geprügelten ihre Schmerzen dramatisch übertrieben, sei es um den Lehrer zu schnellerem Aufhören zu bewegen, sei es auch nur aus Gründen der schönen Konvention und um den Kameraden ein eindrucksvolles Schauspiel zu bieten. Aber selbst wenn die Strafe wirklich so schmerzhaft war, wie es den Anschein hatte – das Zuschauen war schlimmer. Mein Herz stockte bei jedem niedersausenden Schlag, mein Unbehagen, ja mein Grauen wuchs mit jedem Schrei, den der Gequälte hören ließ. Wie gerne hätte ich die erniedrigende Strafe einmal selbst erduldet, anstatt immer nur die Leiden der anderen in meiner Einbildung mitzumachen! Indessen ist mir das Erlebnis körperlicher Mißhandlung bis heute erspart geblieben. Niemals wurde mir das Folterbänkchen zugemutet; nicht einmal den Geruch des Stöckchens kannte ich aus persönlicher Erfahrung. Geheimnisvoll beschützt von einem rühmlichen oder schimpflichen Tabu – ein »Unberührbarer« gleichsam – lernte ich nur eine Qual immer tiefer und gründlicher kennen: das Mitleid.

Wenn die Abendgebete verrichtet waren und das Schlafzimmer verdunkelt, war es süß und schmerzhaft, an all das blutige Geschehen draußen in den Schützengräben zu denken. Wie schrecklich mußte es gewesen sein, als Hunderttausende von Russen in jenen mörderischen Sümpfen umkamen, in deren Schlamm die inspirierte Kriegskunst des Marschalls von Hindenburg sie verlockt hatte. Vor dem Einschlafen hörte ich das dumpfe Gebrüll ihrer Wut, ihrer Todesnot. Oder ich suchte mir die ausgefallenen Martern vorzustellen, mit denen die wilden Australier unserem armen Onkel Peter zusetzen mochten. Wahrscheinlich erging es ihm etwa ebenso gräßlich wie den bemitleidenswerten Negern in der Geschichte von Onkel Toms Hütte. Würde ich solche Pein jemals am eigenen Leib erfahren? Armer Onkel Peter! Arme Russen! Armer General Hindenburg! Es war gewiß nicht leicht, so furchtbare Taten zu vollbringen. Arme Generäle, die unmenschlich werden mußten aus beruflicher Pflicht und patriotischer Überzeugung! Arme Soldaten, die von unmenschlichen Generälen aufgeopfert wurden! Mein Herz füllte sich mit Mitleid bis zum Rande. Schon halb im Schlafe gesellte ich mich zu den braven, unbeholfenen Russen, durch den australischen Dschungel gejagt vom erbarmungslosen Marschall von Hindenburg, der seinerseits bittere Tränen über die eigene Brutalität vergoß. Die Rolle, die ich selbst bei dieser Schreckensszene zu spielen hatte, war die eines tapferen Samariters, der manchem Soldaten – einerlei ob Feind oder Verbündeter – das Leben rettet und schließlich vom Kaiser das Eiserne Kreuz mit doppelten Rubinen zum Lohn für sein Heldentum verliehen bekommt.

Mein Eifer, an den blutigen Ereignissen teilzunehmen, hatte nichts mit Patriotismus oder Ehrgeiz zu tun. Es waren andere Impulse, die mich bewegten: Neugier, Masochismus, Erbarmen, Eitelkeit und Angst. Tatsächlich mag die Angst der bestimmende Faktor in diesem Gefühlskomplex gewesen sein. Nicht, daß ich es schrecklich gefunden hätte, mich um einer großen Sache willen aufzuopfern – im Gegenteil, solches Martyrium schien mir köstlich und erstrebenswert, eine riesenhafte, überwältigende, bittersüße Wonne. Es gab nur etwas, wovor ich wirklich Angst hatte – nur eine Gefahr, vor der mir graute: ausgeschlossen zu sein vom kollektiven Abenteuer, nicht teilzuhaben am Gemeinschaftserlebnis. Es gibt keine demütigendere, keine traurigere Rolle als die des Außenseiters. So stark ist der Herdeninstinkt im Menschen, daß er jedes Leid den Martern der Einsamkeit vorzieht. Es war diese tiefe Angst vor moralischer und physischer Isolierung, die meine kriegerischen Träumereien inspirierte. Ich träumte von heroischen Verbrüderungen, da ich mich im Grunde meines Herzens zu Prüfungen sehr anderer Art bestimmt und ausersehen wußte. In kindlichen Phantasien versuchte ich, das wahre Gesetz meiner Natur zu verleugnen, das mir für immer verbietet, der bemitleidenswerten, beneidenswerten Mehrheit anzugehören.

Kann eine gewisse psychologische Disposition zu organischen Störungen führen? Gibt es einen kausalen Zusammenhang zwischen der beinah tödlichen Krankheit, die ich im Jahre 1916 durchmachte, und der nationalen Kalamität jener historischen Stunde? Die Schwingen des Todes, von denen so viele meiner unbekannten älteren Brüder berührt wurden, beschatteten auch meine kindliche Stirn.

Blinddarmentzündung nahm in unserer Familie den Charakter einer Epidemie an, in verwirrendem Widerspruch zu allen medizinischen Erfahrungen und Prinzipien. Erst mußten die beiden Kleinen binnen achtundvierzig Stunden operiert werden; dann kam Mielein an die Reihe, und zuletzt wurden Erika und ich mit akuter Entzündung in die Klinik eingeliefert. In den vier anderen Fällen wurde die

Operation gerade noch rechtzeitig ausgeführt; der Krankheitsverlauf war normal und befriedigend. Bei mir jedoch nahm die Sache eine beunruhigende Wendung. Es gab einen »Durchbruch« in meinem Inneren, irgendeine furchtbare interne Explosion, an der man eigentlich stirbt. Mit erschreckender Genauigkeit erinnere ich mich der endlosen Fahrt von unserem Hause zur Privatklinik des Hofrats Krecke, die am entgegengesetzten Ende der Stadt gelegen war. Mein Eingeweide brannte, tobte, revoltierte, schien im Begriff zu bersten. Das Sanitätsauto, eine Hölle auf Rädern, trug mich viel zu langsam durch entfremdete Straßen, über verödete Plätze, einem Ziel entgegen, dessen dunkle Namen ich nicht kannte, aber hätte erraten können, angesichts von Mieleins bebender Spannung und mühsam beherrschter Angst.

Es bedarf wohl kaum der Erwähnung, daß meine schwere Krankheit – die Tatsache, daß »der arme Klaus fast gestorben wäre« – eine Familienlegende größten Stils werden sollte. Mir ist oft erzählt worden, und ich ward es nie müde, derlei rührenden Berichten zuzuhören, wie ich geschrien habe in meinem Schmerz und wie erschreckend abgezehrt ich war, ein wahres Skelett, nachdem ich vier oder fünf Operationen hatte über mich ergehen lassen. Es war eine »durchgebrochene Blinddarmentzündung mit Komplikationen« – was entschieden großartig und schrecklich klang. Mein Bauch mußte der Länge nach geöffnet werden, damit Hofrat Krecke Gelegenheit hatte, das völlig in Unordnung geratene Gekröse auf einem kleinen Rost zu entwirren und neu zu sortieren. Von diesen mythischen Heimsuchungen ist mir freilich nichts im Gedächtnis geblieben außer einer einzigen Empfindung – dem Gefühl eines fast unerträglichen Durstes. Das rasende Verlangen nach Wasser hat alle anderen Bilder der Qual aus meiner Erinnerung verdrängt. Von der ganzen Krankheitsepisode ist nichts übriggeblieben als ein flüchtiger Alptraum von erstickender Finsternis und dörrender Hitze. Er beginnt im schaukelnden Sanitätsauto und endet scheinbar am nächsten Morgen in unserem Tölzer Garten. Der Schrecken ist vorüber; der Tod hat mich entlassen; der fiebrige Durst ist gestillt. Ich halte ein großes Glas Orangensaft in meiner Hand. Ausgestreckt auf einem Liegestuhl im Schatten des Kastanienbaums atme ich die schwere, duftgesättigte Luft von Sommer und Genesung.

Ich war ein Held, denn ich hatte überlebt. Meine Umgebung – Familie, Personal und Nachbarn – waren offenbar voll Anerkennung für die Seelenstärke, die ich bewiesen hatte, indem ich dem lockenden Ruf des Todes widerstand. Kein Wunder, daß ich begann, auf meine ordinären Geschwister ein wenig herabzublicken; denn sie

»lebten« ja nur, was kein besonderes Verdienst bedeutet, während ich – ein viel interessanterer Fall! – am Leben geblieben war, aller Wahrscheinlichkeit und allen Prognosen zum Trotz. Natürlich wurde ich verwöhnt und bekam alle Leckerbissen, die eine geplagte Hausfrau damals noch auftreiben konnte. Der Herr Hofrat hatte ja gesagt, daß ich unbedingt zunehmen müßte. Man redete mir zu, soviel zu essen, wie ich irgend konnte. Während die täglichen Rationen der übrigen Hausbewohner schon recht fühlbar zusammenschrumpften, schien es allgemeine Freude zu erregen, wenn ich mich gnädig dazu herbeiließ, noch ein belegtes Brot oder ein Stück Kuchen anzunehmen.

Aber dieser wonnige Zustand der Rekonvaleszenz konnte nicht ewig dauern. Meine Privilegien verringerten sich im genauen Verhältnis zum Fortschritt meiner Erholung. Als der Sommer vorüber war, hatte ich fast mein normales Gewicht und meine ganze Vitalität zurückgewonnen. Ich war gesund genug, den Alltag wieder auszuhalten, den strengen Alltag des dritten Kriegswinters in Deutschland.

Sooft ich an meine Kindheit zurückdenke, legt sich ein Schleier von
Gelb über meine Erinnerungen: Die glasierten Dachziegel waren
gelb; die Sänfte war gelb; die Sesselkissen waren gelb; das Futter
meiner Kleider und Hüte, der Gürtel um meine Hüfte waren gelb;
die Schalen und Teller, aus denen ich aß und trank, waren gelb; die
Einbände meiner Bücher, die Vorhänge in meinen Zimmern, die
Zügel meines Pferdes – es gab nichts um mich, was nicht gelb war.
Diese Farbe, das sogenannte »Strahlende Gelb«, war ausschließliches
Privileg der Kaiserlichen Familie und flößte mir schon von klein
auf das Bewußtsein ein, ich sei etwas Einzigartiges und besäße eine
»himmlische« Natur, die mich von allen anderen Menschen unter-
scheide.

Als ich zehn Jahre alt war, entschieden die Kaisergemahlinnen,
daß mich meine leibliche Mutter und meine Großmutter von nun an
in regelmäßigen Abständen für einige Tage besuchen und dabei auch
zur Gesellschaft meinen Bruder Pu Dschiä und die älteste meiner
Schwestern in den Palast mitbringen sollten.

Der erste Besuch verlief anfangs sehr langweilig: Meine Großmutter setzte sich zu mir auf den Kang und sah mir zu, wie ich auf
einem Tischchen Domino spielte; Bruder und Schwester standen
steif daneben und starrten mich unverwandt an. Schließlich kam ich
auf den Gedanken, den Geschwistern meinen Palast des Geistigen
Wachstums zu zeigen, und als wir dort waren, fragte ich Pu Dschiä:
»Was spielt ihr bei euch zu Hause?«

»Pu Dschiä kann Verstecken spielen!« gab mein Bruder, der um
ein Jahr jünger war als ich, ehrerbietig zur Antwort.

»Was? Ihr spielt Verstecken? Das spielen Wir selbst auch so
gern!«

Ich war begeistert. Verstecken hatte ich zwar schon oft mit Eunuchen gespielt, aber noch nie mit Kindern, die jünger waren als ich.
Wir fingen gleich an, und im Eifer des Spiels verloren meine Geschwister ihre Befangenheit. Später ließen wir noch die Fensterläden
herunter, um überall dunkel zu machen. Meine Schwester, die zwei
Jahre jünger war als ich, kämpfte nun ständig zwischen Spaß und
Angst, und während mein Bruder und ich sie von einem Schrecken
in den andern jagten, wurden wir gar nicht gewahr, wie laut wir
lachten und herumlärmten. Als wir zu guter Letzt ermattet auf einen
Kang kletterten, um etwas zu verschnaufen, bat ich sie, sich ein neues

Spiel auszudenken. Pu Dschiä dachte einen Augenblick nach und grinste mich dann wortlos an.

»An was denkst du?« Er grinste weiter. »So sag doch schon!« drängte ich ungeduldig, da ich glaubte, er hätte sich bereits ein neues Spiel ausgedacht. Aber zu meiner Überraschung platzte er heraus: »Ich dachte... ouh, Pu Dschiä dachte, daß Eure Majestät ganz anders wären. Die Kaiser auf der Bühne tragen immer so lange Bärte...«

Bei diesen Worten strich er sich einem imaginären Bart entlang. Das war sein Verhängnis. Denn als er seine Hand hob, war mein Blick auf das Innenfutter seines Ärmels gefallen, das von einer mir sehr vertrauten Farbe war.

»Pu Dschiä, was ist das für eine Farbe? Wer hat dir erlaubt, sie zu tragen?« fragte ich finster.

»Ist... das nicht Aprikosengelb?«

»Lügner! Das ist Kaisergelb!«

»Jawohl, Majestät, zu Befehl, Majestät...«

Pu Dschiä wich sogleich einen Schritt zurück und nahm Haltung an, während meine kleine Schwester sich vor Schreck weinend hinter ihm aufstellte. Aber ich hatte noch nicht zu Ende gesprochen: »Das ist ›Strahlendes Gelb‹, du hast kein Recht, diese Farbe zu tragen!«

»Zu Befehl, Majestät.«

Damit war mein Bruder wieder zum Untertan des Kaisers geworden.

Der Klang des »Zu Befehl, Majestät« ist schon lange verhallt, und wenn ich heute daran denke, kommen mir diese drei Worte lächerlich vor. Aber damals war ich von klein auf daran gewöhnt und hätte nie zugelassen, daß mir anders geantwortet wurde. Das gleiche galt auch für Verbeugungen und Kotau. Seit meiner Kindheit kannte ich es nicht anders, als daß Menschen vor mir niederknieten, um mir mit Kotau zu huldigen. Personen, die gut ein dutzendmal älter waren als ich, Würdenträger der Tsching Dynastie, Familienältere, ja, selbst in Hoftracht oder westliche Anzüge gekleidete Beamte der Republik bezeugten mir stets auf diese Art ihren Respekt.

Auch eine andere Eigentümlichkeit meines Lebens war mir zu jener Zeit schon selbstverständlich geworden: der riesige Aufwand, der am Hof tagtäglich betrieben wurde.

Es gibt heutzutage junge Leser, die die Schilderungen aus dem ›Traum der roten Kammer‹ für unglaubwürdig halten. Sie können nicht begreifen, warum Gestalten wie die »Alte Ahne« oder »Frau Phönix« nie einen Schritt tun sollten, ohne daß ihnen ein Schwarm von Zofen und Bediensteten nachfolgte. Dabei ist der in diesem

Buch geschilderte Pomp noch bescheiden, wenn man ihn mit dem vergleicht, was im Kaiserpalast selbst üblich war.

Jeden Morgen, wenn ich zum Unterricht getragen wurde oder den Kaisergemahlinnen meine Aufwartung machte, heftete sich ein langer Schweif von Menschen an meine Fersen. Verließ ich die Verbotene Stadt für einen Ausflug in den Sommerpalast, folgte mir nicht nur unweigerlich eine lange Kolonne von Fahrzeugen, auch die Polizeibehörden der Republik waren jedesmal vorher ersucht worden, entlang der gesamten Reiseroute Posten zu meinem Schutz aufzustellen. Eine einzige solche Spazierfahrt dürfte einige tausend Silberdollar verschlungen haben.

Wenn ich die Kaiserlichen Gärten zum Spielen aufsuchte, reihte sich eine Riesenprozession auf: An der Spitze schritt ein Eunuche der internen Palastverwaltung, der die Funktion einer Autohupe wahrnahm – er zischte unaufhörlich »Tschh!... tschh!...«, um jede Person in der Nähe zu warnen; zwanzig bis dreißig Schritte dahinter folgten zwei Generaleunuchen, die querbeinig auf beiden Seiten des Wegs einherwatschelten; und mit weiteren zehn Schritten Rückstand kam dann das Hauptstück der Prozession – ich selbst oder die Kaiserinwitwe in meiner Begleitung. Wurde ich in der Sänfte getragen, schritten zwei Jungeunuchen links und rechts neben mir, um meiner Wünsche gewärtig zu sein. Ging ich zu Fuß, griffen sie mir unter die Arme, um mich zu stützen. Hinter mir folgte ein Eunuche, der einen großen seidenen Baldachin balancierte, und wieder dahinter schloß sich eine große Schar von weiteren Eunuchen an, von denen ein Teil gar nichts, die anderen aber alle möglichen Arten von Utensilien mit sich trugen: einen Stuhl zur Rast, Kleider zum Wechseln, Regenschirme, Sonnenschirme. Nach diesen Kammereunuchen der Kaiserlichen Präsenz kamen die Eunuchen des Kaiserlichen Teebüros, die in einer Sammlung von Schachteln und Behältnissen tausenderlei Arten von Gebäck, kleinen Erfrischungen und Delikatessen und zahllose Teesorten nebst großen Kannen mit heißem Wasser und dem nötigen Geschirr mit sich führten. Ihnen folgten die Eunuchen der Kaiserlichen Apotheke mit Tragstangen, an denen alle möglichen Mittel für den Hausgebrauch und für Notfälle in Kasten verstaut baumelten. Die Grundausrüstung bestand aus Tränken von Lampendochtbinsen, Chrysanthemen, Schilfwurzeln, Bambusblättern und Bambusschalen; im Sommer wurden zusätzlich gepreßte Begonien zur Regulierung des Atems, Sechs-Harmonien-Pillen zur Festigung der Zentralorgane, vergoldete Zinnoberpillen gegen Hitze, Bällchen aus klebrigem Duftreis, Salben für Universalzwecke, Arzneien gegen Koliken und Pulver gegen Ansteckung mitgeführt; und zu keiner Jahreszeit durfte das »Elixier der Drei Unsterblichen Genien« für leichte Verdauung fehlen. Den Schluß der Prozession bildeten Eunuchen, die Nachtstuhl und Nachttopf mit sich schleppten. Und falls ich zu Fuß ging, folgte in letzter Position noch die Sänfte, die je nach Jahreszeit offen oder geschlossen war. Dieser buntscheckige Aufzug aus Dutzenden von Menschen bewegte sich mit stummer Würde und Ordnung, sofern er nicht durch mich durcheinandergebracht wurde.

Als ich noch sehr klein war, tollte ich genauso gern wie andere Kinder herum; dann hastete und stolperte die ganze Prozession hinter mir her, bis die Eunuchen schließlich keuchend nach Luft schnappten und alles in heillose Verwirrung geriet. Nachdem ich etwas älter geworden war und gelernt hatte, Befehle zu erteilen, gebot ich den Eunuchen jeweils rechtzeitig, stillzustehen und auf mich zu warten. Dann verharrte das ganze mit Lasten und Tragstangen beladene Gefolge außer ein paar mich begleitenden Jungeunuchen neben dem Weg, bis ich vom Laufen genug hatte, worauf sich die Prozession aufs neue formierte.

Ich war gewohnt, immer und ständig einen Schwarm von Menschen um mich zu haben, und es wurde mir stets unbehaglich zumute, wenn ich die Geschichte des letzten Kaisers der Ming hörte, dem am Ende nur noch ein einziger Eunuch zum Gefolge geblieben war.

Den größten Aufwand aber an Mühen, Geld und Material verschlangen die Mahlzeiten. Es gab hierfür spezielle Termini, die sich auf die Kaiserliche Tafel bezogen. Sie nicht korrekt anzuwenden, galt als Sakrileg, das unweigerlich schwer geahndet wurde. So wurden Speisen nicht Speisen, sondern »Viktualien« genannt, Essen hieß »Inanspruchnahme der Viktualien«, Auftragen hieß »Darreichen der Viktualien«, die Küche »Kaiserliche Viktualienkammer«. Der Zeitpunkt der Mahlzeiten hing allein vom Kaiser ab, und wenn ich den Befehl gab: »Reicht die Viktualien dar!«, nahmen die Jungeunuchen ihn auf und gaben ihn an die Eunuchen, die außerhalb der Haupthalle standen, weiter; diese wiederum rapportierten ihn den Eunuchen vom Dienst, welche in der Westlichen Allee warteten, und von dort lief der Befehl in die Kaiserliche Küche.

Noch ehe das Echo meines Befehls ganz verhallt war, nahte schon eine imposante Prozession – wie ein Brautzug, der die reiche Mitgift der Tochter ins Haus des Bräutigams überführt. Diese Truppe von einigen Dutzend sorgfältig gekleideter Eunuchen trippelte eilig, beladen mit allerlei verschieden großen Tischen und unzähligen rotlakkierten und mit goldenen Drachen bemalten Kästen, zu meinem Palast. Vor der Haupthalle wurde ihnen von den Jungeunuchen in weißen Ärmelstutzen die Last abgenommen und im Ostgemach meines Palastes aufgestellt. Gewöhnlich gab es zwei große Tische für die Hauptgerichte und dahinter noch einen dritten für Gesottenes; dazu kamen kleine Tischchen mit allen Arten von Gebäck, Suppen, Reis, Vorspeisen und Salzgemüse.

Das Eßgeschirr bestand aus kaisergelbem Porzellan, das mit Drachenmustern verziert war und die Inschrift »Zehntausendfaches Leben ohne Ende« trug. Im Winter aß ich aus silbernen Tellern, die auf mit heißem Wasser gefüllten Porzellanschalen standen. In jeden Teller und in jede Schüssel war ein Silberplättchen eingefaßt als Vorsichtsmaßnahme gegen einen Giftanschlag. Aus dem gleichen Grunde wurden auch alle Speisen vor dem Auftragen von einem Eunuchen probiert, was »Kosten der Viktualien« genannt wurde. War alles vorgekostet und serviert, rief ein Jungeunuche, kurz bevor ich mich auf meinem Platz niederließ: »Entfernt die Deckel!« Die übrigen Eunuchen begannen daraufhin die silbernen Deckel von Platten und Schüsseln abzunehmen, sammelten sie in ein großes Behältnis ein und trugen sie hinaus. Erst jetzt konnte ich die »Viktualien in Anspruch nehmen«. [...]

Genauso wie Speisen in großen Mengen zubereitet, aber nie verzehrt wurden, mußte ständig ein großer Bestand an Kleidern, die ich nie trug, für mich angefertigt werden. Ich kann mich heute nicht mehr an Details erinnern, aber mir ist noch im Gedächtnis, daß für die Kaiserinwitwe und für die vier Gemahlinnen hierfür ein gewisses jährliches Budget vorgesehen war, während es für mich keine Einschränkungen gab. Was ich trug, war stets neu.

Vor mir liegt eine Aufstellung, aus welchem Jahr läßt sich nicht mit Bestimmtheit sagen, mit der Überschrift »Liste derjenigen Materialien, welche tatsächlich zur Anfertigung der Kleidung Seiner Majestät während der Zeit vom 6. Tag des 10. Monats bis zum 5. Tag des 11. Monats verarbeitet wurden«. Danach wurden folgende Kleidungsstücke für mich geschneidert: 11 Pelzjacken, 6 pelzgefütterte Ober- und Unterkleider, 2 Pelzwesten, 30 wattierte Westen und ebensoviele Hosen. Sieht man von den Kosten für die aufgewandte Arbeit und die wichtigsten Materialien ab, so schlug allein die Rechnung für kleine Zutaten wie Borten, Taschen, Säume, Knöpfe, Zwirn und Faden mit 2137 Silberunzen zu Buch.

Wann und wie oft ich meine Garderobe wechseln mußte, war alles bis ins kleinste festgelegt und oblag dem Eunuchen des Kaiserlichen Kleiderspeichers. Selbst gewöhnliche Kleider, die ich täglich trug, gab es in 28 verschiedenen Ausführungen, angefangen von dem

Schwarzen Gewand mit weißem Pelzfutter, das ich jeweils am 19. Tag des ersten (lunarischen) Monats anlegte, bis hin zu dem Zobel, den ich an jedem ersten Tag des 11. Monats anzog. Selbstverständlich waren die Gewänder bei zeremoniellen Anlässen und hohen Festtagen wesentlich aufwendiger. [...]

Ich zog als Adoptivsohn der verstorbenen Kaiser Tung Dsche [gest. 1874] und Guang Hsü [gest. 1908] in die Verbotene Stadt ein, was mir in deren Witwen eine stattliche Anzahl von neuen »Müttern« bescherte. Nach den Gesetzen des Tschinghofes sollte ich in erster Linie als Sohn Tung Dsches und nur in zweiter Linie als Sohn Guang Hsüs gelten, aber Lung Yü, die Hauptgemahlin Guang Hsüs, benutzte ihre Stellung als Kaiserinwitwe, um sich ihrer Rivalinnen zu entledigen. Es dauerte nicht lange, bis die kaiserlichen Konkubinen Tung Dsches ihrer mütterlichen Vorrechte verlustig gingen und auch die Jadekonkubine, eine Nebenfrau Guang Hsüs, nicht länger als »Mutter« angesehen wurde. Trafen wir bei einem Essen zusammen, so saßen nun nur noch Lung Yü und ich, während die anderen uns stehend Gesellschaft leisten mußten. Dies änderte sich erst mit Lung Yüs Tod, als sich die drei Konkubinen Tung Dsches mit der Jadekonkubine verbündeten und beim Rat der Mandschuprinzen und Adligen vorstellig wurden. Der Rat erhob sie zu Konkubinen ersten Ranges mit dem Titel »Kaisergemahlin«, und danach nannte ich sie wieder »Erlauchte Mütter«.

Obwohl ich reichlich mit Müttern versehen war, habe ich doch nie Mutterliebe kennengelernt. Wenn ich zurückdenke, so bestand ihre »mütterliche Fürsorge« vor allem darin, mir zu jeder Mahlzeit die erwähnten Speisen zu schicken, um dann den Rapport des Generaleunuchen entgegenzunehmen, der Kaiser habe »alles mit Genuß in Anspruch genommen«.

In Wirklichkeit konnte ich damals nur selten etwas »mit Genuß« konsumieren, da ich an einer chronischen Magenverstimmung litt, die ich möglicherweise gerade jener »mütterlichen Fürsorge« zu verdanken hatte.

Als Fünfjähriger hatte ich mich eines Tages an Kastanien übergessen. Daraufhin setzte mich die Kaiserinwitwe über einen Monat lang auf eine Schonkost von trocken geröstetem Reis. Natürlich plagte mich bei dieser unmenschlichen Diät der Hunger, aber ich konnte nach mehr Essen verlangen, soviel ich wollte, niemand achtete auf meine Not. Ich erinnere mich, wie die Kaiserinwitwe Lung Yü während dieser Zeit bei einem Ausflug an den Dschung Nän Teich meinen Eunuchen befahl, altes Brot für die Fische mitzunehmen. Unterwegs verlor ich plötzlich die Beherrschung: Wie ein Dieb griff ich nach einem dieser trockenen Brote und stopfte es mir hastig in den Mund. Aber selbst dieses jämmerliche Schauspiel meines Hungers ließ Lung Yü nicht zur Einsicht kommen, im Gegenteil, sie verschärfte nur noch ihre Kontrollmaßnahmen.

Ein glücklicher Zufall führte mich am 15. darauf in den westlichen Teil der Verbotenen Stadt, wo gerade die halbmonatlichen Tributgerichte aus den prinzlichen Haushaltungen für die Kaiserinwitwe eingetroffen waren. Blindlings schoß ich auf den Gabenberg los und bemächtigte mich mit einer Art von sechstem Sinn einer Eßschachtel, die bis obenhin mit kaltem Schweinefleisch gefüllt war. Ich griff nach dem fettesten Rippchen und hatte schon meine Zähne angesetzt, da stürzten die Eunuchen, zu Tode erschrocken, über mich her, und obwohl ich mich aus Leibeskräften wehrte, so half es doch nichts. Der köstlich duftende Bissen wurde mir wieder abgejagt, kaum daß ich ihn erobert hatte.

Auch später wurde ich noch oft das Opfer meiner »Eß-Sünden«. Einmal verschlang ich heißhungrig sechs Frühlingsröllchen auf einmal. Als dies dem amtierenden Generaleunuchen hinterbracht wurde, verfiel dieser in seiner Angst um meine Gesundheit auf eine kühne Idee. Er wies zwei Eunuchen an, mich rechts und links an der Schulter unterzufassen und Kopf voran ein paarmal kräftig gegen den Ziegelboden zu rammen. Von dem Ergebnis dieser verdauungsfördernden Kur zeigten sich alle höchst befriedigt und waren nicht von der Meinung abzubringen, sie hätten mich solcherart vor einer schlimmen Magenverstimmung errettet.

Mag dieser Vorfall auch etwas naiv erscheinen, so gab es doch in meiner Erziehung noch viel unvernünftigere Dinge. Bis ich etwa sieben, acht Jahre alt war, wurden gelegentliche Anfälle von Jähzorn oder schlechter Laune so kuriert: Der oberste Eunuch Dschang Dschien-hö oder sein Stellvertreter stellten die Diagnose »Der Herr der Zehntausend Jahre hat Feuer in seinem Herzen. Laßt ihn das Feuer heraussingen!« und sperrten mich kurzerhand in ein kleines Zimmer; meist war es die Abstellkammer im Palast der Glückschaffenden Tugend. Dort wurde ich alleine gelassen und konnte nun schreien und toben, um Hilfe rufen oder gegen die Tür treten so laut ich wollte, keiner nahm Notiz von meinem Lärmen. Erst wenn ich mich ausgeweint oder nach ihrem Sprachgebrauch »ausgesungen« hatte und »das Feuer verraucht war«, wurde ich wieder herausgelassen. Doch muß gesagt sein, daß diese Therapie nicht der Willkür der Generaleunuchen oder einem Einfall der Kaiserinwitwe Lung Yü entsprang. Es war dies vielmehr eine ehrwürdige Tradition der Kaiserlichen Familie, und auch meinen Brüdern und Schwestern, die im

Palast meines Vaters zurückgeblieben waren, blieb diese Behandlung nicht erspart.

Als ich sieben Jahre alt war, starb meine »Mutter« Lung Yü, und so bleiben meine Erinnerungen an ihre »wohlwollende Liebe« auf die wenigen Beispiele beschränkt, die ich eben angeführt habe.

Etwas enger in Berührung kam ich mit den vier Kaisergemahlinnen. Aber auch sie sah ich immer nur kurz, und ich kann mich nicht erinnern, daß wir uns auch nur ein einziges Mal wie normale Leute zu einer gemütlichen Unterhaltung zusammengefunden hätten. Dafür mußte ich jeden Morgen schon in aller Frühe bei allen »Erlauchten Müttern« einzeln zur Morgenvisite antreten. Viermal vollzog sich das gleiche Zeremoniell. Sowie ich eintraf, legten die Eunuchen ein gelbes Seidenkissen auf den Boden, worauf ich einen Kniefall tat und dann respektvoll stehenblieb. Diese Anstandsvisite fiel auf die Stunde der Morgentoilette, so daß die »Erlauchten Mütter« gewöhnlich gerade ihr Haar frisiert bekamen, während die üblichen formellen Sätze an mich gerichtet wurden: »Hat der Kaiser wohl geruht?« – »Es ist kalt geworden, Ihr solltet Euch wärmer anziehen!« – »Wie weit ist der Kaiser in seinen Studien vorangekommen?« Es waren immer die gleichen Belanglosigkeiten. Manchmal wurden mir auch noch ein paar Tonfiguren oder ähnliches Spielzeug in die Hand gedrückt, aber dann wurde ich unweigerlich mit den Worten entlassen »Kaiser, geht jetzt spielen!« Damit war meine Pflicht getan, und ich sah die »Erlauchten Mütter« den ganzen Tag nicht mehr.

Die Kaiserinwitwe und die vier Kaisergemahlinnen redeten mich alle mit Kaiser an, ja, selbst meine eigenen Eltern und Großeltern wagten nicht, mich anders zu rufen. Jedermann sonst hatte mich mit Eure Majestät anzusprechen. Zwar habe ich einen persönlichen Namen [Pu Yi] und einen »Milchnamen«, aber die waren mit meiner Ernennung zum Kaiser tabu geworden. Ich habe oft sagen hören, jemand brauche nur an seinen Kosenamen von früher zu denken, um sich sogleich an seine Kindheit und die warme Fürsorge seiner Mutter zu erinnern. Aber bei mir haben sich nie solche Assoziationen eingestellt.

Jemand erzählte mir einmal, daß er noch als Student im Ausland jedesmal, wenn er krank wurde, sehnsüchtig an seine Mutter und ihre liebevolle Pflege dachte. Auch ich war als Erwachsener oft krank, und wenn ich im Bett lag, dachte auch ich unwillkürlich an meine Kinderkrankheiten zurück; doch meine Erinnerungen weckten in mir keinerlei Sehnsucht nach den »Erlauchten Müttern«.

Als ich klein war, litt ich regelmäßig mit Einsetzen des kalten Wetters an Darmverstimmungen und Grippe; und dann besuchten

mich die Kaisergemahlinnen der Reihe nach. So ein Krankenbesuch
dauerte, wenn es hoch kam, zwei, drei Minuten – gerade Zeit genug,
die obligaten Fragen »Geht es dem Kaiser etwas besser? Hat er ordentlich geschwitzt?« zu stellen. Aber immer noch sehe ich den
Schwarm von Eunuchen vor mir, die jeder Kaisergemahlin nach-
folgten und mein kleines Schlafgemach bis zum äußersten Eckchen
ausfüllten. Bis sich der letzte Eunuch hereingepreßt hatte, brach die
Kaisergemahlin schon wieder auf, so daß während der ganzen Zeit
ihres Besuches ständig kalte Luft hereinkam; und war sie endlich mit
ihrem Gefolge verschwunden, tauchte bereits die nächste Kaisergemahlin im Vorzimmer auf. Meine Kammer füllte und leerte sich
viermal nacheinander, was hieß, daß ich im Verlauf eines Tages viermal einem mörderischen Luftzug ausgesetzt war. Glücklicherweise
fühlte ich mich gewöhnlich am zweiten Tag meiner Krankheit schon
erheblich besser, und damit kehrte in meinen Privaträumen wieder
Ruhe ein. [...]

Als ich fünf Jahre alt wurde, wählte die Kaiserinwitwe Lung Yü
unter den Gelehrten des Reiches drei Tutoren für mich aus. Und
nachdem die Hofastrologen einen günstigen Tag bestimmt hatten,
begann ich am 10. September 1911 um 7 Uhr in der Früh mit meiner
ersten offiziellen Unterrichtsstunde.

Anfänglich fand dieser Unterricht in einer Bibliothek im Winter-
palast statt; später wurde mir der Palast der Glückschaffenden Tugend zugewiesen, wo schon Kaiser Guang Hsü als Kind studiert hatte.

Der Yü-tsching Palast, oder Palast der Glückschaffenden Tugend,
ist nicht groß. Er besteht aus einem Haupttrakt, der sich zwischen
zwei Reihen von engen, kleinen Kammern zwängt, was dem Gebäude die Form eines H gibt. Benutzt wurden zu meiner Zeit nur
die zwei westlich gelegenen etwas größeren Räume. Der Rest des
Palastes blieb verschlossen.

Die beiden Studios waren karg und nüchtern eingerichtet. Mein
Unterrichtsraum enthielt nichts als einen Tisch unter dem Südfen-
ster mit Hutablage und verschiedenen Vasen, einen Kang an der
Westwand, zwei lange Tische für Schreibutensilien und Lehrbücher
an der Nordwand, einen heizbaren Stuhl und ein Teetischchen entlang der Ostwand sowie den Tisch der Acht Unsterblichen in der
Mitte des Zimmers, wo ich zu ebener Erde studierte. An den beiden
Seitenwänden hingen Bildrollen mit Gedichten und Ermahnungen,
die mein Großvater eigens für seinen Sohn, Kaiser Guang Hsü, ver-
faßt hatte.

Ein unerwarteter Anblick war allerdings die monströs groß geratene Uhr an der Nordwand mit einem Durchmesser von gut zwei

Metern und Zeigern, die länger als meine Arme waren. Das Uhrwerk selbst befand sich hinter der Mauer und mußte mit so etwas wie einer Wagenkurbel aufgezogen werden. Woher dieses absonderliche Stück Mechanik stammte und warum es ausgerechnet an diesem Ort angebracht worden war, kann ich nicht sagen. Denn obwohl die Uhr wahrlich den ganzen Raum beherrschte, blieb die Zeit im Palast der Glückschaffenden Tugend ein Wort ohne Bedeutung. Die Liste meiner Lehrbücher mag dies illustrieren: Ich studierte von 1911 bis 1922 die ›13 konfuzianischen Klassiker‹, das ›Buch des Großen Lernens‹, die neokonfuzianischen ›Kommentare des Dschu Hsi‹, eine ›Sammlung väterlicher Lehrsprüche‹, die Edikte meiner wichtigsten Vorgänger auf dem Drachenthron sowie die Geschichte der Gründung der glorreichen Tsching Dynastie selbst. Von meinem dreizehnten Altersjahr an wurde dann mein Studienprogramm um Englischstunden erweitert, was hieß, daß ich nunmehr den ›English Reader‹, ›Alice in Wonderland‹ und eine englische Fassung der ›Vier Bücher‹ [vier der dreizehn konfuzianischen Klassiker] zu lesen bekam.

Aber in all den elf Jahren habe ich nicht einmal die vier Grundrechnungsarten gelernt, von Naturwissenschaften ganz zu schweigen. Über die jüngere Geschichte meines eigenen Landes wußte ich ungefähr so viel wie in dem Werk ›Blütezeit unter den Kaisern Tung Dsche und Guang Hsü‹ kompiliert war, und in bezug auf das Ausland beschränkten sich meine Kenntnisse auf die Reisen, die ich mit Alice ins Wunderland unternommen hatte.

Die Entstehung der Welt stellte ich mir so vor: »Das Große Absolute hat die zwei Prinzipien des Yin und Yang gezeugt, die zwei Prinzipien des Yin und Yang haben die vier Symbole geschaffen, und die vier Symbole haben die acht Trigramme hervorgebracht.« Falls meine Lehrer nicht von sich aus gerne über Dinge, die nicht auf dem Lehrplan standen, gesprochen und ich nicht nebenher eine Menge zusätzlicher Bücher gelesen hätte, würde ich noch mit 16 Jahren nicht einmal gewußt haben, in welchem Teil Chinas Peking liegt, oder daß Reis aus dem Erdboden herauswächst.

In meinen frühen Geschichtsstunden tauchten mitunter gar Unsterbliche und andere hilfreiche Geister auf (meine Lehrer wagten nicht, diese Erfindungen einfach wegzulassen), so daß ich lange der Meinung war, der Stammvater meiner Dynastie sei der Sohn der Fee Fokulun gewesen und aus einer Purpurbeere entstanden. Auch von praktischen Wirtschaftsfragen hatte ich keine Ahnung, und nie hätte ich als Kind daran gezweifelt, daß nicht jede Familie in China täglich an einem reich gedeckten Tisch ihre Mahlzeit einnahm.

Es wäre nun anzunehmen, daß ich nach elf Jahren ausschließlichen Studiums der Klassiker wenigstens ein fundiertes Wissen über altchinesische Literatur und Sprache hatte; aber dem war bei weitem nicht so. Das lag zunächst einmal daran, daß ich alles andere als fleißig war. Denn abgesehen davon, daß ich schon die geringste Unpäßlichkeit zur Ausrede nahm, um nicht im Unterricht zu erscheinen, kam es auch oft vor, daß ich einfach einen Eunuchen zu meinen Lehrern schickte, um sie für den Tag zu beurlauben, wenn mir der Sinn danach stand.

Mein Lerneifer wurde jedoch vor allem dadurch beeinträchtigt, daß mich, bis ich etwa 9 Jahre alt war, die Zypressen vor dem Palast der Glückschaffenden Tugend weit mehr interessierten als die Bücher im Innern. Im Sommer gab es dort eine Unzahl von Ameisen, die den ganzen Tag emsig an den Stämmen auf und ab liefen. Ich konnte mich stundenlang damit beschäftigen, diese Ameisen zu beobachten, ihnen zu helfen, ihre Nahrung zu transportieren, oder sie mit Kuchenkrümeln zu füttern. Immer wieder habe ich darüber oft das Essen vergessen. Später, als sich mein Interesse Grillen und Würmern zuwandte, startete ich eine Zucht in allen antiken Porzellanschüsseln, deren ich habhaft werden konnte. Saß ich dann im Studio über einem besonders trockenen, langweiligen Stoff, so schweiften meine Gedanken automatisch zu meinen vielen Tierfreunden, und statt mich zu konzentrieren, sann ich nur noch auf Mittel und Wege freizukommen, um mich mit ihnen zu vergnügen.

Von meinem zehnten Lebensjahr an begann ich allmählich zu verstehen, daß ein Kaiser notwendigerweise studieren mußte. Ich wollte nun mit einem Male wissen, warum ein Kaiser ein Kaiser ist, auf welchen Grundsätzen sich das Herrschertum aufbaute und vor allem wie man zu einem »guten Kaiser« wurde. [...]

In dem Tagebuch meines Lehrers Liang Ding-fen findet sich unter dem 21. Februar 1913 folgende Eintragung: »Seine Majestät liebt körperliche Züchtigungen. Erst kürzlich hat er 17 Eunuchen wegen geringfügiger Vergehen auspeitschen lassen. Der Untertan Tschen Bao-schen und andere haben versucht, Ihn zur Mäßigung anzuhalten, aber Seine Majestät nahm ihre Ermahnungen nicht an.«

Mit anderen Worten, im zarten Alter von zehn Jahren hatte ich mir bereits angewöhnt, bei jeder Gelegenheit Eunuchen auspeitschen zu lassen: Grausamkeit und Jähzorn waren mir zur zweiten Natur geworden. Meist ließ ich Eunuchen züchtigen, um mich zu erheitern, wenn ich übel aufgelegt war; aber auch in den wenigen Momenten plötzlicher Hochstimmung ging das für meine Umgebung oft böse aus. Schon als kleines Kind hatte ich absonderliche

Neigungen. Neben meiner Vorliebe für Kamele, Ameisen und Würmer begeisterte ich mich an Wettkämpfen zwischen Stieren und Hunden. Doch selbst damals konnte mir nichts soviel Vergnügen bereiten wie ein gelungener böser Streich. Mein Gefolge hat, lange bevor ich die Existenz eines Strafvollzugsamtes entdeckte, gelernt, kaiserliche Scherze zu fürchten.

Ich erinnere mich, wie mich mit sieben, acht Jahren das Verlangen packte, meine allzeit so beflissenen Eunuchen auf die Probe zu stellen. Ich winkte mir ein Opfer herbei und zeigte auf ein Stück Unrat, das auf dem Boden lag: »Komm, iß das für Uns auf!« Zu meiner Genugtuung kniete sich der Eunuche tatsächlich nieder und würgte, dem Befehl des »Geheiligten Himmelssohnes« folgend, den Dreck hinunter.

Ein andermal spielte ich mit einem Feuerwehrschlauch, als ein alter Eunuche vorbeischlich. Gleich überkam mich die Lust, ihm einen Schrecken einzujagen. Ich richtete den eiskalten Wasserstrahl auf ihn, und der Alte wagte nicht, wegzulaufen, sondern kniete nieder und ließ sich so lange anspritzen, bis er bewußtlos zusammenbrach.

Meine Angewohnheit, mir durch Quälereien die Zeit zu vertreiben, wurde von meiner Umgebung geradezu gefördert, war doch jeder stets bemüht, dem »Kaiser« in allem zu Gefallen zu sein. Zwar dozierten meine Erzieher oft und langatmig über philosophische Ideale wie Humanität und Gerechtigkeit, aber dabei wagten sie es doch nie, meine Autorität in Frage zu stellen. Im Gegenteil; denn gerade sie waren es, die mir von klein auf mit ihrer unnatürlichen Haltung Autoritätsdünkel eingeflößt hatten. Was halfen da noch all die Vorbilder von weisen Herrschern und großmütigen Helden aus der Geschichte, mit denen man mich zur Vernunft zu bringen suchte, es lief doch alles darauf hinaus, daß ich der »Kaiser« war und somit jenseits von Gut und Böse stand.

Am Tschinghof gab es einen Menschen, der meinem Mutwillen Einhalt gebieten konnte, und das war Wang Momo, meine Amme.

Wang Momo hatte nie ein Buch gelesen und kannte keine abstrakten Begriffe wie Humanität und Gerechtigkeit oder illustre Beispiele aus der Geschichte, doch ihre einfachen Ermahnungen verfehlten nie ihre Wirkung auf mich.

Einmal führte ein Eunuch ein Marionettenspiel auf, und ich beschloß, ihm für seine Geschicklichkeit einen Kuchen zu schenken. Doch da überkam mich schon wieder der alte Quälgeist. Ich riß ein Säckchen auf, das zum Boxtraining bereitstand, und nahm eine Handvoll Eisenspäne heraus, um den Kuchen damit zu bereichern.

Meine Amme, die mich dabei beobachtet hatte, fragte: »Alter Gebieter, überlegt Euch doch, wie soll das jemand essen können, wenn Ihr Eisenspäne hineintut?«

»Wir möchten nur sehen, was für ein Gesicht er macht, wenn er hineinbeißt.«

»Er wird sich die Zähne ausbeißen, und wenn er keine Zähne mehr hat, kann er nicht mehr essen!«

Das leuchtete mir ein, aber ich brachte es doch nicht fertig, so leicht auf meinen Spaß zu verzichten: »Wir möchten doch nur dieses eine Mal sehen, wie sich jemand die Zähne ausbeißt!«

»Und wenn Ihr statt dessen getrocknete grüne Erbsen nehmt? Wenn er auf die Erbsen beißt, sieht das bestimmt genauso komisch aus!«

So brachte es meine Amme fertig, den Marionettenspieler vor größerem Schaden zu bewahren.

Eines Tages kam ich auf die Idee, mit meinem Luftgewehr auf die Fenster des Eunuchenzimmers zu schießen, und hatte einen Riesenspaß an den lustigen kleinen Löchern, mit denen die Papierbespannung bald übersät war. Doch dann holte jemand meine Amme herbei. »Alter Gebieter, hinter diesen Fenstern sind doch Menschen!« sagte sie vorwurfsvoll. »Wenn Ihr einfach so drauflos schießt, wird es bestimmt noch Verletzte geben!«

Einzig meine Amme hat mir jemals gesagt, daß Eunuchen Menschen gleicher Art waren wie ich selbst. Nicht nur ich hatte Zähne, nicht nur ich konnte keine Eisenspäne vertragen, nicht nur mich würden Schüsse aus dem Luftgewehr schmerzen, nein, auch die anderen Leute waren mit den gleichen Empfindungen ausgestattet wie ich, der Kaiser. Zwar verstand ich das so gut wie jedermann, aber in der unnatürlichen Atmosphäre des Hofes mußte mir diese Tatsache gelegentlich ins Gedächtnis zurückgerufen werden; denn ich war ja von klein auf dazu erzogen worden, alle Leute um mich als Untertanen und Sklaven zu betrachten, auf die man keine Rücksicht zu nehmen brauchte.

Beschützt, verhätschelt, angenehm unterhalten durch die unaufhörliche Neuheit aller Dinge, war ich ein ungemein vergnügtes kleines Ding. Dennoch stimmte etwas nicht, da ich fürchterliche Wutanfälle bekam, bei denen ich mich, rotviolett im Gesicht und wie von Krämpfen befallen, auf den Boden warf. Ich bin drei Jahre alt, wir essen auf der besonnten Terrasse eines großen Hotels – es war in Divonne-les-Bains – zu Mittag; ich bekomme eine rote Eierpflaume und fange an, die Haut davon abzuziehen. »Nein«, sagt Mama; ich werfe mich brüllend auf den Zementboden nieder. Ich heule den ganzen Boulevard Raspail entlang, weil Louise mich vom Square Boucicaut weggeholt hat, wo ich Sandkuchen backte. In solchen Augenblicken bin ich weder für Mamas unheilverkündende Miene noch für die strenge Stimme Louises oder das außergewöhnliche Dazwischentreten von Papa empfänglich. Ich brüllte damals so laut und so lange, daß ich im Luxembourggarten des öfteren als mißhandeltes Kind angesehen wurde. »Die arme Kleine!« sagte eine Dame und reichte mir ein Bonbon. Ich dankte es ihr, indem ich mit Füßen nach ihr stieß. Dieser Zwischenfall machte von sich reden; eine fettleibige, schnurrbartgeschmückte Tante, die »schrieb«, berichtete darüber in der *Poupée modèle*. Ich teilte das Gefühl der Hochachtung meiner Eltern vor bedrucktem Papier: Dank der Erzählung, die Louise mir vorlas, fühlte ich mich als Persönlichkeit; allmählich gewann indessen etwas wie Unbehagen in mir die Oberhand. »Die arme Louise weinte oft bitterlich, wenn sie an ihre Lämmer dachte«, schrieb meine Tante. Louise weinte nie; sie hatte keine Lämmer, und außerdem liebte sie mich; und wie kann man überhaupt ein kleines Mädchen mit Lämmern vergleichen? Ich bekam an jenem Tage eine Ahnung davon, daß die Literatur mit der Wahrheit nur vage Beziehungen unterhält.

Oft habe ich mich nach Sinn und Grund meiner Wutanfälle gefragt. Ich glaube, daß sie sich zum Teil durch eine stürmische Vitalität und eine Neigung zu einem Extremismus erklärten, auf welchen ich niemals verzichtet habe. Da meine Abneigungen bis zum Erbrechen und meine Begierden bis zur Besessenheit gingen, trennte ein Abgrund die Dinge, die ich liebte, von denen, die mir zuwider waren. Ich war außerstande, den Sturz aus der Fülle ins Leere, aus der Seligkeit ins Grauen gelassen hinzunehmen; hielt ich diese Vorgänge freilich für schicksalgegeben, so resignierte ich; niemals habe ich meinen Groll an einem Objekt ausgelassen. Aber ich lehnte es ab, der ungreifbaren Macht der Worte zu weichen; was mich aufs tiefste empörte, war, daß ein beiläufig hingesagter Satz wie: »Man muß… man darf nicht…« im Handumdrehen meine Unternehmungen und Freuden von Grund auf vernichtete. Die Willkür der Befehle und Verbote, auf die ich stieß, schien mir ein Beweis für ihre Substanzlosigkeit zu sein; gestern habe ich einen Pfirsich geschält; weshalb nicht heute die Pflaume? Weshalb muß ich mich von meinem Spiel gerade in dieser Minute trennen? Überall traf ich auf Zwang, jedoch nirgends auf Notwendigkeit. Im Innersten des Gesetzes, das steinern auf mir lastete, ahnte ich schwindelerregende Leere. In diesem Abgrund versank ich dann unter ohrenbetäubendem Geschrei. Indem ich mich strampelnd zu Boden warf, stemmte ich mich mit dem Gewicht meines Leibes gegen die nicht zu fassende Macht, die mich tyrannisierte; ich zwang sie dazu, Gestalt anzunehmen: Man packte mich, sperrte mich in die dunkle Kammer, wo sonst nur Besen und Staubwedel waren; ich stieß dann mit Händen und Füßen zum mindesten gegen wirkliche Wände, anstatt mit ungreifbaren Willensäußerungen in Konflikt zu geraten. Ich wußte, daß der Kampf vergeblich war; in dem Augenblick, da meine Mutter mir die von Saft tropfende Pflaume aus der Hand genommen oder Louise meine Schippe und die Förmchen in ihrer Einkaufstasche hatte verschwinden lassen, war ich bereits besiegt, doch ich ergab mich nicht. Ich setzte mich mit meiner Niederlage gründlich auseinander. Mein stoßweises Schluchzen, die Tränen, vor denen ich nicht mehr sehen konnte, vernichteten die Zeit, brachten den Raum zum Erliegen, ließen gleichzeitig das Objekt meiner Wünsche, doch auch die Hindernisse verschwinden, die mich davon trennten. Ich erlitt Schiffbruch in der Nacht völliger Machtlosigkeit; es blieb nichts mehr übrig als meine nackte Gegenwart, die sich in langgezogenen Heullauten manifestierte.

Nicht nur brachen die Erwachsenen meinen Willen, sondern ich mußte mich noch dazu als eine Beute ihres privaten Bewußtseins fühlen. Dieses spielte mitunter die Rolle eines schmeichelnden Spiegels, doch hatte es auch die Macht, über mich einen bösen Zauber zu werfen; es verwandelte mich in ein Tier, in ein Ding. »Was für hübsche Waden die Kleine hat!« sagte eine Dame und bückte sich, um mich zu betasten. Hätte ich mir sagen können: »Wie dumm diese Dame ist, sie hält mich für ein Hündchen«, so wäre das meine Rettung gewesen. Doch hatte ich mit meinen drei Jahren noch nicht die Möglichkeit, mich anders dieser süßlichen Stimme, dieses genüßlichen Lächelns zu erwehren, als indem ich mich kreischend auf das

Straßenpflaster warf. Später erlernte ich ein paar Abwehrmanöver, dafür jedoch wurde ich anspruchsvoller: Um mich zu verletzen, genügte es jetzt schon, daß man mich als Baby behandelte; obwohl meine Kenntnisse und Möglichkeiten noch vielen Beschränkungen unterlagen, hielt ich mich nichtsdestoweniger für eine Persönlichkeit. Auf der Place Saint-Sulpice habe ich, während meine Hand in der von Tante Marguerite lag, die sich nicht gut darauf verstand, mit mir zu reden, mich plötzlich mit einem deutlichen Gefühl der Überlegenheit gefragt: »Was sieht sie wohl in mir?« Mir war ja mein Inneres bekannt, von dem sie gar nichts wußte; durch den Augenschein getäuscht, ahnte sie angesichts meines unfertigen Körpers nicht, daß drinnen schon alles vorhanden war; ich nahm mir vor, wenn ich selber erwachsen wäre, nicht zu vergessen, daß man mit fünf Jahren als Individualität schon voll ausgebildet ist. Das übersahen die Erwachsenen, wenn sie mir Herablassung zeigten und mich dadurch kränkten. Ich war empfindlich wie ein Mensch, der ein Gebrechen hat. Wenn Großmama beim Kartenspiel mogelte, um mich gewinnen zu lassen, wenn Tante Lili mir ein zu leichtes Rätsel aufgab, geriet ich außer mir. Oft hatte ich die Großen im Verdacht, sie spielten Komödie vor mir; ich mutete ihnen dabei nicht zu, daß sie selbst es nicht merkten, sondern nahm vielmehr an, daß sie sich untereinander verabredeten, um mich zum besten zu haben. Am Ende eines Festmahls wollte Großpapa mit seinem Glas mit mir anstoßen: Ich wand mich konvulsivisch am Boden. Louise nahm ein Taschentuch, um mir den Schweiß von der Stirn zu wischen: Ich wehrte mich erbost dagegen, ihre Geste kam mir unaufrichtig vor. Sobald ich den Eindruck bekam, man mache sich meine Arglosigkeit zunutze, um auf mich Einfluß zu nehmen, rebellierte ich. Meine Heftigkeit wirkte einschüchternd auf meine Umgebung. Ich wurde gescholten, wenig gestraft; selten kam es vor, daß jemand mir eine Ohrfeige gab. »Wenn man Simone anrührt, wird sie violett«, erklärte Mama. Einer meiner Onkel geriet so sehr außer sich, daß er darauf keine Rücksicht nahm: Ich war derart verdutzt, daß mein Anfall schlagartig endete. Man wäre vielleicht gar nicht schwer mit mir fertig geworden, aber meine Eltern nahmen meine Wutanfälle ohnehin nicht tragisch. Papa – der damit irgend jemanden parodierte – stellte fest: »Dies Kind ist unsoziabel.« Er sagte auch, nicht ohne einen Anflug von Stolz: »Simone ist eigensinnig wie ein Maulesel.« Ich machte mir das zunutze und überließ mich um so mehr meinen Launen; ich war ungehorsam einzig um des Vergnügens willen, Befehle zu mißachten. Auf Familienbildern strecke ich die Zunge heraus oder stelle mich mit dem Rükken zum Photographen auf; alles um mich her lacht. Ähnliche Siege ermutigten mich, Regeln, Riten, Routine nicht für unüberwindlich zu halten. In ihnen wurzelte auch ein Optimismus bei mir, der allen Zähmungsversuchen widerstand.

Was meine Niederlagen anbetrifft, so erzeugten sie in mir weder das Gefühl der Demütigung noch etwa nachhaltigen Groll; wenn ich, nachdem ich mich ausgeheult und -geschrien hatte, endlich kapitulierte, war ich allzu erschöpft, um meinem Verdruß noch weiter nachzuhängen; oft hatte ich dann sogar den Anlaß zum Widerstand schon vergessen. Voller Scham über einen Exzeß, für den ich in meinem Innern keine Rechtfertigung mehr fand, verspürte ich nichts mehr außer Gewissensbissen; sie verflüchtigten sich jedoch schnell, denn es fiel mir nicht schwer, Verzeihung zu erlangen. Alles in allem bildeten meine Zornanfälle einen Ausgleich für meine Versklavung durch Gesetze; sie verhinderten, daß ich meinen Groll lautlos hinunterschluckte. Niemals stellte ich die Autorität etwa ernstlich in Frage. Das Verhalten der Erwachsenen war mir nur insoweit suspekt, als es das Zweideutige meiner Lage als Kind widerspiegelte: Gegen diese im Grunde lehnte ich mich auf. Ohne jeden Vorbehalt nahm ich jedoch die mir überlieferten Dogmen und die Werturteile hin, die mir dargeboten wurden.

Die beiden obersten Kategorien, die mein Universum bestimmten, waren Gut und Böse. Ich selber bewohnte die Region des Guten, in der – unauflöslich vereint – Glück und Tugend herrschten. Ich besaß die Erfahrung unverdienter Schmerzen: Es kam vor, daß ich mich stieß oder mir die Haut abschürfte; ein Anfall von Ekthyma hatte mich entstellt: Ein Arzt brannte meine Pusteln mit Silbernitrat aus, und ich schrie. Doch gingen solche Mißgeschicke jedesmal rasch vorbei und erschütterten nicht mein Credo, daß Freuden und Leiden der Menschen ihren Verdiensten entsprechen.

Da ich in so intimem Verkehr mit dem Guten lebte, hatte ich sehr bald heraus, daß es innerhalb dieser Kategorie Nuancen und Abstufungen gibt. Ich war ein braves kleines Mädchen, aber ich beging Fehler; Tante Alice betete viel, sie würde sicher einmal in den Himmel kommen, doch hatte sie sich mir gegenüber ungerecht gezeigt. Unter den Leuten, die ich lieben und wertschätzen sollte, befanden sich auch solche, die von meinen Eltern in manchen Punkten mißbilligt wurden. Sogar Großpapa und Großmama entgingen nicht völlig ihrer Kritik: Sie hatten mit Vettern »gebrochen«, die Mama häufig besuchte und die ich selbst sehr nett fand. Dieses Wort »Bruch« mit seinem Unterton von etwas Irreparablem behagte mir durchaus nicht. Weshalb »bricht« man mit jemandem? Und wie macht man das? Es schien mir bedauerlich, mit andern gebrochen zu haben. Offen bekannte ich mich zu Mamas Handlungsweise. »Bei wem seid ihr gestern gewesen?« fragte mich Tante Lili. »Das sage ich euch nicht; Mama hat es mir verboten.« Sie tauschte mit ihrer Mutter einen langen Blick. Es kam auch vor, daß sie Bemerkungen machten, die eher abschätzig klangen: »Nun? Läuft deine Mama immer noch so viel herum?« Durch ihre Böswilligkeit setzten sie sich jedoch nur selbst in meinen Augen herab, ohne Mama zu treffen. Einfluß auf die Zuneigung, die ich ihnen entgegenbrachte, hatte das aber keineswegs. Ich fand ganz natürlich und in gewisser Weise sogar angemessen, daß diese Nebenpersonen nicht so unantastbar dastanden wie die Hauptgottheiten. Louise und meine Eltern besaßen allein das Monopol der Unfehlbarkeit.

Ein Feuerschwert trennte das Gute vom Bösen; diesem letzteren hatte ich niemals ernstlich ins Auge geblickt. Manchmal wurde die Stimme meiner Eltern hart. Aus ihrer Empörung, ihrem Zorn erriet ich, daß es in ihrer Umgebung wahrhaft schwarze Seelen gab. Ich wußte freilich nicht, welche es waren, und auch ihre Verbrechen waren mir nicht bekannt. Das Böse hielt mir gegenüber noch immer einen gewissen Abstand ein. Nur unter dem Bilde mythischer Gestalten stellte ich mir seine Repräsentanten vor: Da waren der Teufel, die böse Fee, Aschenbrödels Schwestern. Da ich ihnen in Wirklichkeit niemals begegnet war, beschränkten sie sich für mich auf ihre reine Essenz. Der Böse sündigte wie das Feuer brennt, ohne Pardon und ohne Berufungsrecht. Das Feuer war für ihn der natürliche Ort, die Höllenstrafe sein gerechtes Los, und es schien mir ketzerisch, angesichts seiner Qualen Mitleid zu empfinden. Tatsächlich erweckten die rotglühend gemachten Pantoffeln, die die Zwerge Schneewittchens Stiefmutter an die Füße zogen, oder die Flammen, in denen Luzifer schmorte, niemals eine wirkliche Vorstellung physischen Leidens bei mir. Menschenfresser, Hexen, Dämonen, Stiefmütter, Henker waren für mich unmenschliche Wesen, die eine abstrakte Macht vertraten und deren Qualen in ebenfalls abstrakter Form ein Symbol für die ihnen gebührende Niederlage waren. […]

Ich hatte keinen Bruder, also auch keinen Vergleich dafür, daß gewisse Freiheiten mir durch mein Geschlecht versagt bleiben mußten; ich schrieb den Zwang, der mir auferlegt wurde, einzig meiner Jugend zu; ich empfand als Beschränkung, daß ich noch ein Kind, niemals, daß ich ein Mädchen war. Die Jungen, die ich kannte, hatten nichts besonders Imponierendes an sich. Der aufgeweckteste war der kleine René, der ausnahmsweise am Anfangsunterricht des Cours Désir teilnehmen durfte; doch bekam ich meinerseits bessere Noten als er. Auch war ja meine Seele in den Augen Gottes nicht weniger kostbar als die der männlichen Kinder: Weshalb sollte ich sie beneiden? Wenn ich hingegen die Erwachsenen betrachtete, waren meine Erfahrungen etwas zwiespältiger Natur. Auf gewissen Gebieten kamen mir Papa, Großpapa sowie meine Onkel ihren Frauen überlegen vor. Aber im täglichen Leben spielten Louise, Mama und »die Damen« die erste Rolle. Madame de Ségur, Zénaïde Fleuriot wählten Kinder zu Helden und ordneten sie den Erwachsenen unter; die Mütter aber nahmen in ihren Büchern die wichtigste Stelle ein. Die Väter zählten nicht. Ich selbst betrachtete im wesentlichen die Erwachsenen unter dem Gesichtspunkt ihrer Beziehungen zu Kindern: In dieser Hinsicht war mir durch mein Geschlecht der unbedingte Vorrang gewiß. Bei meinen Spielen, Überlegungen, Plänen habe ich mich nie in einen Mann verwandelt; meine ganze Einbildungskraft verwendete ich stets darauf, mir mein Schicksal als Frau vorzustellen.

Dieses Schicksal stutzte ich mir auf meine Weise zurecht. Ich weiß nicht weshalb, aber Tatsache ist, daß organische Phänomene mich bald nicht mehr interessierten. Auf dem Lande half ich Madeleine beim Füttern der Kaninchen und Hühner, doch diese lästigen Pflichten langweilten mich sehr schnell, auch lag mir wenig an der Berührung mit einem weichen Fell oder Flaum. Ich habe Tiere nie geliebt. Rot und runzlig, wie sie waren, fielen mir auch Babys mit ihren wässerigen Augen eher auf die Nerven. Wenn ich mich als Krankenschwester verkleidete, so, um Verwundete auf dem Schlachtfeld aufzusammeln, nicht um sie zu pflegen. Eines Tages machte ich meiner Kusine Jeanne mit einem birnenförmigen Gummiball eine Art von Einlauf: Ihre lächelnde Passivität reizte mich zum Sadismus; ich finde in meinem Gedächtnis keine andere analoge Erinnerung. Bei meinen Spielen übernahm ich Mütterrollen nur dann, wenn ich mit der Ernährungsseite nichts zu tun bekam. Voller Verachtung den Kindern gegenüber, die sich nur dann und wann mit ihren Puppen amüsierten, hatten meine Schwester und ich unsere besondere Art, die unseren zu betrachten: Sie konnten sprechen und denken, sie lebten in der gleichen Zeit wie wir und wurden im gleichen Rhythmus täglich vierundzwanzig Stunden älter, sie waren ein Abbild unserer selbst. Im Grunde war ich eher neugierig als methodisch, eher eifrig als sorgsam im einzelnen; aber ich gab mich gern schizophrenen Träumereien über Strenge und Sparsamkeit hin und machte Blondine nutzbar für diese Manie. Als vollkommene Mutter einer musterhaften kleinen Tochter, der ich eine ihr denkbar förderliche ideale Erziehung zuteil werden ließ, faßte ich mein tägliches Dasein als eine Notwendigkeit auf. Ich akzeptierte bereitwillig die diskrete Mitarbeit meiner Schwester, der ich mit großer Autorität ihre eigenen Kinder aufziehen half. Aber ich lehnte einen Mann ab, der einen Teil meiner Verantwortung hätte an sich reißen können: Unsere Männer waren daher ständig unterwegs. Im Leben, das wußte ich, ging es freilich ganz anders zu: Eine Familienmutter hat immer einen Gatten neben sich; tausend mühselige Aufgaben fallen ihr zur Last. Wenn ich mir meine Zukunft ausmalte, schien mir diese Versklavtheit so drückend, daß ich darauf verzichtete, eigene Kinder zu haben; was mir wichtig schien, war nur die Formung ihrer Geister und Seelen. »Ich werde Lehrerin«, beschloß ich daraufhin.

Indessen gewährte die Art von Unterricht, wie »die Damen« ihn ausübten, dem Lehrenden nicht genügend Einfluß auf den Schüler; dieser müßte mir, so meinte ich, ganz ausschließlich gehören; ich würde seine Tage bis in die kleinsten Einzelheiten im voraus planen und dabei jeden Zufall ausschalten; dank einer idealen Kombination von Beschäftigung und Zerstreuung würde ich, eine Gegnerin aller Vergeudung, jeden Augenblick nutzen. Ich sah nur ein einziges Mittel, um diesen Plan erfolgreich auszuführen: Ich würde Hauslehrerin in einer Familie werden. Meine Eltern erhoben heftig Einspruch dagegen. Mir selber war noch nicht bewußt, daß eine Hauslehrerin ein Wesen zweiter Klasse ist. Da ich die Fortschritte meiner Schwester hatte mitansehen können, hatte ich auch die hohe Freude erlebt, Leere in Fülle verwandelt zu haben; ich konnte mir nicht vorstellen, daß die Zukunft mir ein höheres Ziel zu bieten haben würde, als ein menschliches Wesen formend zu bestimmen. Nicht jedes beliebige übrigens. Ich bin mir heute klar darüber, daß ich, genau wie in meine Puppe Blondine, in meine zukünftige Schöpfung bereits mich selbst hineinprojizierte. Das war der Sinn, den ich meiner Berufung gab: Wenn ich erwachsen war, würde ich meine eigene Kindheit noch einmal überprüfen und nun ein makelloses Meisterwerk daraus machen. Ich erträumte mich als die absolute Voraussetzung meiner selbst und zugleich als meine Apotheose.

So schmeichelte ich mir, in Gegenwart und Zukunft allein mein Dasein zu beherrschen. Die Religion, die Geschichte, die Mythologien wiesen mir hingegen eine andere Rolle zu. Ich stellte mir oft vor, ich sei Maria Magdalena und trocknete mit meinem langen Haar Christus die Füße ab. Die meisten wirklichen oder Sagenheldinnen – die hl. Blandina, Johanna auf dem Scheiterhaufen, Griseldis, Genoveva von Brabant – erlangten in dieser oder der jenseitigen Welt Ruhm und Glück erst nach schmerzlichen Prüfungen, die ihnen von männlichen Wesen auferlegt worden waren. Ich selbst dachte mich gern in die Rolle des Opfers hinein. Manchmal legte ich den Ton vor allem auf den nachträglichen Triumph: Der Henker war nur ein unbedeutender Mittler, der zwischen dem Märtyrer und seiner Palme stand. So veranstalteten wir beide, meine Schwester und ich, Abhärtungswettbewerbe: Wir kniffen uns mit der Zuckerzange, wir ritzten uns mit dem Haken unserer Fähnchen; man mußte sterben können, ohne abzuschwören; ich mogelte in schmählicher Weise, denn ich gab meinen Geist bereits bei der kleinsten Verletzung auf, während ich bei meiner Schwester, solange sie nicht nachgegeben hatte, behauptete, sie lebe immer noch. Als Nonne, die in einem Kerker schmachtete, trotzte ich meinem Gefangenenwärter, indem ich geistliche Lieder sang. Die Passivität, zu der mein Geschlecht mich verdammte, verwandelte ich in Widerstand. Oft indessen begann ich mir auch darin zu gefallen: Ich genoß die Wonnen des Unglücks und der Demütigung. Meine Frömmigkeit machte mich zum Masochismus geneigt; auf den Knien zu Füßen eines jungen blonden Gottes liegend oder nachts im Beichtstuhl vor dem sanften Abbé Martin erlebte ich ein wonnevolles Dahinschwinden meiner Sinne; Tränen strömten über meine Wangen, ohnmächtig sank ich den Engeln in die Arme. Ich steigerte diese Emotionen bis zum Paroxysmus, wenn ich mich im blutdurchtränkten Hemd der hl. Blandina den Klauen der Löwen oder den Blicken der Menge überließ. Oder aber ich lebte mich vollkommen, durch Griseldis oder Genoveva inspiriert, in die Rolle der verfolgten Gattin ein; meine Schwester, die dazu angelernt war, den Blaubart zu spielen, verjagte mich grausam aus dem Schloß; ich irrte im wilden Walde umher bis zu dem Tag, an dem meine Unschuld sich strahlend offenbarte. Manchmal änderte ich das Libretto ab und träumte davon, eine geheimnisvolle Schuld begangen zu haben, ich schmolz dann in Reue zu Füßen eines schönen, reinen, aber furchtbar dräuenden Mannes dahin. Von meinen Gewissensbissen, meinem Elend, meiner Liebe schließlich dennoch gerührt, legte der Gerichtsherr die Hand auf mein gebeugtes Haupt; ich fühlte, wie die Kräfte mich verließen. Gewisse meiner Phantasien vertrugen das Licht des Tages nicht; nur im geheimen durchlebte ich sie. Ich fühlte mich ungemein tief berührt durch das Los des gefangenen Königs, den ein Tyrann des Ostens als Schemel benutzte, wenn er zu Pferde stieg; es kam vor, daß ich mich zitternd, halb nackt an die Stelle des Sklaven versetzte, dem ein scharfer Sporn den Rücken zerriß.

Mehr oder weniger deutlich begann in diesen Phantasien die Nacktheit eine Rolle zu spielen. Die zerrissene Tunika der hl. Blandina enthüllte die Weiße ihrer Flanken; nur das eigene Haupthaar umhüllte Genoveva von Brabant. Ich hatte Erwachsene stets nur von Kopf bis Fuß bekleidet gesehen; mich selbst hatte man gelehrt, außer bei meinen Bädern – dann aber schrubbte Louise mich so kräftig ab, daß mir alles Behagen verging – nie meinen Körper zu betrachten und die Wäsche zu wechseln, ohne mich zu entblößen. In meinem Universum hatte der nackte Leib keinerlei Existenzberechtigung. Dennoch hatte ich die Süße des Ruhens im Mutterarm kennengelernt; im Ausschnitt gewisser Corsagen entstand eine dunkle Furche, die mir peinlich war, mich aber doch faszinierte. Ich war nicht erfinderisch genug, um den Versuch zu machen, das in der Turnstunde halb erlebte Vergnügen noch einmal herbeizuführen; manchmal aber erbebte ich leicht unter einer ganz zarten Berührung meiner Haut, unter einer Hand, die an meinem Hals entlangstrich. Zu unwissend, um Liebkosungen zu erfinden, nahm ich mit Aus- und Umwegen vorlieb. Unter dem Bilde des Mannes, der als Steigbügel diente, vollzog sich in mir die Metamorphose des Körpers zum Objekt. Ich verwirklichte sie an mir selbst, wenn ich mir vorstellte, wie ich zu Füßen eines Herrn und Meisters zusammenbrach. Um mich von meiner Schuld loszusprechen, ließ er seine richterliche Hand auf meinem Nacken ruhen: Während ich noch um Vergebung flehte, wurde mir höchste Lust zuteil. Aber wenn ich mich dieser köstlichen Selbstvernichtung überließ, vergaß ich gleichwohl nie, daß alles nur ein Spiel war. Ernstlich unterwarf ich mich niemandem: Ich war und blieb stets mein eigener Herr.

Ich muß sehr häßlich gewesen sein: verquollene Augen, ein Mund, aufgeschlitzt bis an die Ohren, kein Haar auf dem Schädel und ein riesiger Kopf, der nach allen Seiten über einen fettwülstigen Körper rollte. Achtzehn Monate, heißt es, brauchte ich, um eine Fortbewegungsmethode zu finden, schlecht und recht krochen die krummen Beine unter dem vom Brei aufgedunsenen Körper. Häßlich war ich, hatte aber vermutlich ein glückliches Temperament; meine größte Wonne bestand darin, mich auf das warme, weiche Windelpaket zu setzen, das ich soeben nicht nur schmutzig gemacht, sondern reichlich angefüllt hatte. Ich hatte etwas vom Baby des Gargantua. Es ist mir egal, wenn diese Überlegungen selbstgefällig erscheinen, es sind schließlich nichts als »Geschichten«. Mich beschäftigte das alles nicht. Man hatte mir das Leben geschenkt, ich lebte! [...]

Mit vier Jahren war ich überzeugt, daß ich an meinem Geburtstag über Nacht enorm wachsen würde, wie Alice im Wunderland. Tatsächlich ging mein Horizont kaum über eine Tischkante hinaus; und als mein Vater am 2. August 1914 einberufen wurde, waren seine roten Hosen alles, was ich sah – der Rest verschwand in der Nacht. Das ist meine früheste Erinnerung an den Vater. Gibt es noch viele andere? Ich sehe nur eine armselige, traurige, oft unterbrochene Linie! Einmal nachts die Berührung einer im Schützengraben bärtig gewordenen Wange, als ich in meinem kleinen Bett lag... ein kurzer Urlaub... Er kam, um sein Kätzchen zu besuchen, und sie war wohl sehr glücklich. Aber doch – 1915! Eine tolle, kriegerische Expedition! Die Katze machte sich auf und fuhr an die Front mit ihren Jungen. Es war im Norden, in Saint-Mihiel. Die Kanonen donnern, von fern Maschinengewehrfeuer. Man kann sich vorstellen, was im Kopf von zwei kleinen Jungen von neun und fünf Jahren mitten unter den Soldaten vorgeht: Sie glauben daran. Unsere Mutter überwindet alle Schwierigkeiten, alle Verbote, durchbricht alle Schranken. Sie wollte ihren Mann wiedersehen, sie konnte nicht widerstehen! Wir werden bei einer gutmütigen Frau untergebracht, die uns riesige Brote mit Quittenmarmelade streicht. Eine unvergeßliche Erinnerung, ich schmecke das noch heute. Quittenmarmelade liebe ich. Nur solche Erinnerungen sind gültig, die man in der Gegenwart wiederfindet – die wiedergefundene Zeit. Fünfundzwanzig Jahre später, 1940, unternahm Madeleine, ohne es zu wissen, das gleiche Abenteuer für mich.

Mit sechs Jahren erlebe ich die Tragödie. Das Unglück nimmt man wahr, wie man einen trockenen Mund bekommt, wie den Geschmack von Seife, wie etwas, wovon einem übel wird. Wir sind in Beauregard, die Mahlzeit ist beendet. Unsere Eltern sprechen in ernstem Ton miteinander. Sie streiten sich, das ist klar. Wir werden gebeten, draußen zu spielen. Es ist Sommer, die Fenster stehen offen. Wir tun so, als ob wir ums Haus liefen, halten aber »atemlos« unter den Fenstern inne, um ein paar Worte mitzubekommen. Unsere Eltern werden sich trennen... Warum? Ich begreife nichts, aber ich habe die Empfindung, daß die Mauern unseres Hauses einstürzen. Mein Herz bricht entzwei. Ich laufe weg, verstecke mich im Buchsbaumgebüsch und weine. Verstehe ich, warum ich weine? Manchmal kommen die Tränen vor dem Leid.

Das Kätzchen muß Dummheiten gemacht haben, und mein Vater versteht in Gefühlen keinen Spaß.

Er fährt ab. Der Krieg geht weiter.

Er ist Sanitäter in der vordersten Linie. Meine Mutter führt die Apotheke. Dort spiele ich mit Etiketten, mit den Oblaten für die Medikamente und den kleinen Klapptüren, die den Raum für die Kunden von den Präparierräumen trennen.

Der Geruch der Apotheke. Meine ganze Kindheit ist darin enthalten. Auch hier ist die Erinnerung gegenwärtig. Und noch andere Geruchserinnerungen: die Wachstuchdecke in der Küche des kleinen Hauses, das der Großvater in Poissy gemietet hatte. Geruch von Rübenfeldern in der Ebene von Poissy, wo man auf Rebhuhnjagd ging. Diese Gerüche verbinde ich mit diskutierenden älteren Männern, die sich noch wegen der Dreyfus-Affäre die Stühle auf den Kopf hauen. Die Frauen schlagen ihre Röcke um die Kinder und flüchten mit ihnen nach oben in die Schlafzimmer, während die bärtigen Alten sich weiter beleidigen. »Zu jung für Sedan und zu alt für die Marne« – mein Großvater ist auf diese Weise zum erbitterten Patrioten geworden.

In einer Privatschule, wo ich lesen lernte, hatten es mir die roten Haare eines kleinen Mädchens, meiner Nachbarin, angetan. Ich liebe den Duft ihres Haares, also liebe ich sie – ich möchte zärtlich sein, ich bin sechs Jahre alt. Ich soll einmal gesagt haben: »In meinem Herzen ist es so voll wie in der Métro.« Meine Mutter ist beglückt über »ihr kleines Mädchen«, ihr Kätzchen. Katzenmutter und Katzenjunges finden sich im zärtlichen Einvernehmen. Max hingegen bekommt etwas Seriöses. Er spielt den Vater, zwölf Jahre ist er alt. Ich lerne, allein für mich zu spielen – unterm Tisch. Ich habe Spaß an meinen »kleinen Hütten«.

Frühling 1918. Mein Vater steckte uns an mit seinem Sinn für Vorahnungen. Er ist ins Lazarett Le Havre der Kléber-Kaserne überführt worden. Er fühlt den Tod nahen und will seine Kinder wiedersehen. Wir werden in Pension gegeben. Ich wohne bei einer Madame Cauvin, schlafe in ihrem Schlafzimmer. Sie ist Witwe. Abends steigt sie beim furchterregenden Schein der Petroleumlampe im Nachthemd auf ihr Bett und spricht mit ihrem Ehemann – mit seinem Porträt in Uniform, das an der Wand hängt! Was für Halluzinationen! Ich verkrieche mich unter der Bettdecke. In meiner Nähe steckt auch ein Papagei unter einem Tuch, der beginnt am Morgen, wenn er aufgedeckt wird, zu schreien: »Jean-Louis, zur Schule. Schnell, schnell, schnell, schnell!« Dann macht er seinen Parademarsch, wiegt sich von einer Kralle auf die andere, rataplan, – plan, planplan…

Ich habe Angst und bin zugleich fasziniert von diesen merkwürdigen Dingen.

Wir werden regelmäßig von einer Krankenschwester abgeholt und in die Kaserne geführt. Ein riesiges eisernes Doppeltor, in dessen Spalt erscheint jetzt eine schlanke, himmelblaue, noch junge, aber weißhaarige Gestalt: mein Vater. Wir spielen mit den Soldaten. Wir warten stundenlang in den langen Sälen mit den weißen Bettenreihen. Finstere Sterbeorte, wo die väterliche Liebe nur tropfenweise rinnt.

Der Sommer kommt; er nimmt uns im Urlaub mit nach Beauregard. Mama ist nicht da. Zum ersten Mal, glaube ich, spricht er zu mir wie zu einem kleinen Mann. Ich habe ihn hoffentlich ebenfalls ernst genommen. Er holt seine guten Flaschen aus dem Keller, lehrt uns den Wein kosten. Wir gehen in die Weinberge. Wir machen die Weinlese mit. Wenn es Nacht wird, sitzen wir dicht beieinander auf der Mauer der Terrasse und hören einander zu – ich kann dort meine Stimme nie mehr ohne Schaudern hören. Er erzählt uns von den Sternen, von der Liebe, von seinem nahen Tod… von unserer Mutter, die er liebt. Zwei Verse von ihm sind mir in Erinnerung geblieben:

> »Mein Herz ist ein Greis, der auf dem Hügel sitzt
> Und auf die Wege blickt, die er durchlaufen hat.«

Er meint sich damit in diesem Augenblick: Zweiundvierzig Jahre ist er alt. Die Nächte in Beauregard, als ich acht Jahre alt war!

Wir kehren nach Paris zurück. Zwischen ihm und Marcelle bahnt sich eine Versöhnung an. Ach, wir werden ihn nie wiedersehen.

Als Sanitäter geht er an die Front zurück, er hat Verwundete zu pflegen und vor allem Soldaten, die von der Spanischen Grippe befallen sind. Es handelt sich aber einfach um Typhus. Mein Vater wurde angesteckt und innerhalb von 48 Stunden dahingerafft. Die Ironie des Schicksals wollte, daß er gerade einen Tagesurlaub hatte. Weshalb meine Mutter – verwaltungsmäßig – nie als Kriegerwitwe galt. Und keine Pension beziehen durfte.

Hier liegt ohne Zweifel ein Ausgangspunkt für meine Neigung zum Absurden, meine Verehrung für Kafka – und für meine Verachtung des Verwaltungswesens.

Jules Barrault starb am 16. Oktober 1918. Zu diesem Zeitpunkt ging ich in die Volksschule in der Rue Ampère. Meine Mutter dachte an ihr Kloster für die Reichen zurück, mein Vater war Sozialist, und mein Großvater war sparsam.

Drei Wochen später kam es zum befreienden Waffenstillstand. An diesem 11. November hatten wir Schule, und der Jubel war besonders groß, weil unser Lehrer ein ehemaliger Kriegsteilnehmer war; entlassen wegen Verwundung. Er ging am Stock.

Doch welche Überraschung, als er mitten im allgemeinen Trubel – dem ausnahmsweise erlaubten Krach zu Ehren des mit Gottes Hilfe errungenen Sieges – in einer Ecke ein Kind sah, das weinte. Und die tiefe Entrüstung des Kindes über diesen Umtrieb veranlaßte ihn, mir eine derartige Tracht Prügel zu versetzen, daß er seinen Stock auf meinem Rücken zerbrach. Mit zerschlagenem Körper kam ich nach Hause. Und die Katze zeigte ihre Krallen. Am nächsten Tag saßen wir alle im Büro des Rektors. Der Lehrer leugnete nichts. Infolgedessen verabreichte meine Mutter ihm ein paar tüchtige Ohrfeigen – einem alten Krieger, hochdekoriert mit dem Eisernen Kreuz! Was soll man dazu sagen, hatte er nicht, als er mich verprügelte, die Toten beleidigt?

Insoweit unser Charakter durch das, was wir in der Kindheit erleben, für immer geprägt wird, ist dieser Vorfall ohne Zweifel eine der Ursachen für meine späteren Verwicklungen mit Militärpersonen – von der Affäre um die ›Paravents‹ von Jean Genet ganz zu schweigen.

Jedesmal, wenn die Lebenden dieser Welt einen Krieg planen, beleidigen sie damit für mein Gefühl die Toten und meinen Vater. Jedesmal, wenn die alten Kämpfer sich an ihren Trophäen berauschen, sehe ich sie im Begriff, mir ihren Stock auf dem Rücken zu zerschlagen, und ich sehe, wie meine Mutter sie ohrfeigt – in vollem Glanz ihres Ruhmes – und im Lärm knatternder Fahnen. Ein Hund, den man geschlagen hat, vergißt niemals.

Zwei Jahre später verheiratet sich meine Mutter wieder mit einem

Jugendfreund, Louis Martin: ein junger Reserveoffizier, noch voll von seinen Kriegserlebnissen an der Spitze der Panzerwagen. Ein eleganter Mann aus guter Familie, Dekorateur und Aquarellmaler und vermutlich ein beachtliches Exemplar der männlichen Gattung. Er war um die Dreißig. Sie klimperte Klavier – er streichelte die Geige. Ihre Idylle gedieh unter den Weisen von Saint-Saëns, Chopin und Massenet. Max war eifersüchtig, er hatte mehr und mehr den »Vater« zu vertreten. Jedesmal, wenn das verliebte Paar ausgehen wollte, legte er sich mit einer plötzlichen Angina nieder. Meine Mutter setzte den Hut ab und verbrachte den Abend mit Fiebermessen. Louis biß sich auf die Lippen. Ich verzog mich unter den Tisch und malte mir aus, wie ich mich in einem Zelt tief in der Sahara mit einem Beduinen-Scheich unterhalte, ich hatte den Film ›Der Sohn des Scheichs‹ mit Rudolph Valentino gesehen.

Als die beiden heirateten, wollte Max bei der Trauung nicht dabeisein. Ich, ich gab ihnen meinen Segen. Solange meine Mutter in Liebe schwamm, war ich glücklich. Dennoch, ein Kind, das mit acht Jahren den Vater verliert, kann leicht zur Waise werden. Ich habe mein Leben lang nach dem Vater gesucht: in Dullin, in Claudel, in Rabelais, sogar bei den Jüngeren heute.

Ein Waisenkind wird nicht richtig erwachsen. Und was den berühmten Vater-Sohn-Konflikt betrifft – Freud möge mir verzeihen: Ich für meinen Teil habe nur Bitterkeit und Frustration gekannt. Bei unserer ersten Reise nach den Vereinigten Staaten kam am Ende meines Vortrags in der Universität (es war Princeton, glaube ich) ein Student zu mir und sagte ohne Umschweife: »Ich hasse meinen Vater, was soll ich tun?«

»Sie hassen Ihren Vater?«

»Ja...«

»Wirklich?«

»Ja.«

»Dann töten Sie ihn!«

Hier war die Unterhaltung zu Ende.

»Nicht jeder kann eine Waise sein«, sagte Jules Renard. Diesem Satz unterlege ich folgenden Sinn: »Nicht jeder kann die Sehnsucht nach einem Vater haben.« Ein Leben lang leidet ein Eckchen unseres Wesens furchtsam und geängstigt unter Einsamkeit.

Bald wurden meine Mutter, Louis Martin, mein endlich gezähmter Bruder und ich zu guten Kameraden. Manchmal spielten wir abends Poker... Wenn ich was auf der Hand hatte, stieg mir das Blut in den Kopf bis zu den Ohren. Wenn ich nichts hatte, wurde ich bleich und bekam starre Augen. Die anderen konnten mein Spiel klar durchschauen und bogen sich vor Lachen, und ich, der nicht verstand, wie sie alles wissen konnten, wurde wütend.

Ich war immer ein schlechter Verlierer. Wenn alles gut geht, wachsen meine Bäume in den Himmel, und ich erwecke den Neid der anderen. Wenn es schiefgeht, fange ich Streit an.

An anderen Abenden durften wir ins Kino. Die Stummfilme, in denen ständig Diebe zu sehen waren, die über Dächer liefen, durch Fenster stiegen und an Dachrinnen entlang kletterten, machten mir entsetzliche Angst. Noch heute fürchte ich mich im Dunkeln wie ein Kind. Meine streunende Phantasie stellt sich ein grauenerregendes Universum vor. Wenn ich schwimme, ist das Wasser von Ungeheuern behaust. Wenn ich durch die Nacht gehe, lauern sie mir hinter allen Ecken auf. Meine Haare stehen mir zu Berge, es läuft mir kalt über den Rücken. Wenn ich die Straße überquere, denke ich, der Autobus hätte mich überfahren können – und schon wird die Szene für mich real, meine Knie werden weich, und ich muß mich irgendwo anlehnen, um das Gleichgewicht wiederzufinden. Oft fährt mir ein Schrei aus der Kehle, und automatisch fange ich an, mir entsetzliche Greuel vorzustellen. Eine Zeitlang war ich Schlafwandler – das ist die Pubertät, hieß es. Es war vor allem Todesangst; ich hinderte mich selbst am Einschlafen aus Furcht, nicht wieder aufzuwachen.

Sonntags morgens durften wir im riesigen Bett meiner Mutter ausschlafen. Bruder Max neckte mich – ich war sein Prügelknabe. Er erstickte mich fast unter den Decken, und ich behielt mein Leben lang eine Klaustrophobie davon zurück – ein Aufzug ist für mich ein Alptraum. Max war auch mein Beschützer, keiner durfte mir ein Haar krümmen. Ich war sein Besitz, sein Spielzeug, seine »Nénette«.

Ja, vier liebenswerte, aber recht unsichere Kameraden. Louis war jung für vier Jahre eingezogen worden und hatte praktisch nie gearbeitet, hatte eine herrliche Jugend verlebt mit Reiten und Ausgehen. In Handschuhen fühlte er sich wohler als mit einem Hammer in der Hand. Mama war schwach und verliebt. Und diese liebenswürdige kleine Welt hatte kein Geld oder wußte nicht, damit umzugehen. Mein sehr sensibler Bruder hatte Schwierigkeiten in der Schule… […]

Die Schule war für mich das schönste aller Spiele. Ich verheimlichte, wenn ich krank war, um nicht fehlen zu müssen. Ich habe nie ganz begriffen, warum Leute, die um einen Bridgetisch kleben, stundenlang auf Kreuzworträtsel starren, sich auf ein Schachbrett konzentrieren, als hinge ihr Leben davon ab – warum diese Leute plötzlich solch einen überlegenen und verächtlichen Abscheu zur

Schau tragen, wenn von grammatikalischen Analysen, Geometrie-
aufgaben, Logarithmentafeln oder Geschichtszahlen die Rede ist:
Das Spiel ist das gleiche und nicht anstrengender.

Ja, wenn es darum geht, in den Wald zu laufen, Krebse zu fangen
und dabei die Mädchen zu küssen! Aber wenn es dann zu dem
kommt, was man »Spiele« nennt, ziehe ich die Schule vor.

Mein Bruder hingegen nahm die Persönlichkeit der Lehrer zu
wichtig, und als er zwei Jahre hintereinander denselben hatte, wollte
er nicht mehr weitermachen. Ich fand die Lehrer eher ulkig! Der eine
hatte einen großen Bart, der andere eine Rübe an Stelle der Nase,
dieser lispelte, jener ließ uns in der Mathematikstunde Freiübungen
machen, um uns auf diese Weise die »gemeinsamen Nenner« beizubringen und so »hervorragende Leistungen« zu erzielen.

Die Pauker tragen meines Erachtens nicht mehr Verantwortung
als Insekten, die den Blütenstaub weitertragen. Einige unter ihnen
waren sehr intelligent, andere wahre Kretins, wie überall und vor allem auch bei den Schülern. Es genügt eine kleine Auswahl an Leuten,
um sich alle Arten der menschlichen Gattung vor Augen zu führen.
Es liest sich alles gleich an den Augen ab.

Nein, der Lehrer an sich ist ohne Bedeutung. Es ist wie in den
Nachtlokalen, wo der Gast gut daran tut, selbst eine gute Stimmung
mitzubringen; die Bedeutung des Lernens, des Studierens liegt beim
Schüler, beim Studenten. Ich sage das in bezug auf die heutige Jugend, die – das wird sie wohl zugeben müssen – zuweilen (nicht immer, aber manchmal) nach einem Alibi sucht für ihr Versagen.

Ich begeisterte mich für Mathematik, und es kam vor, daß ich die
Lösungen mancher Aufgaben im Traum fand.

Ich hatte eine Vorliebe für die dreidimensionale Geometrie. Einen
Gegenstand, der nur die Projektion auf die Fläche erlaubt, in drei
Dimensionen übertragen, vom projizierten Schatten zu einer »Sache«, einem Körper übergehen – das ist, jawohl, das ist genau dasselbe, wie wenn man einen auf Papier gedruckten Text zu einer
Theateraufführung macht! Diese Poesie des Raums reizte mich. Nur
wußte ich noch nicht, daß ich es hier mit dem Theater zu tun hatte!

Studieren? Es ist, wie Valéry sagt: *»Sich weitertasten im Unbekannten mit Hilfe dessen, was man weiß...«* Und er fügt hinzu: »ist
göttlich!« Ich bin ganz seiner Meinung.

Dennoch glaube ich nicht, daß ich ein sturer Streber war. Im Gegenteil. Ich war dermaßen glücklich, in die Schule zu gehen, ich war
quicklebendig wie ein Floh. Ich störte im Unterricht, mimte den
Clown und brachte die Schulkameraden zum Lachen. Ich war elek-
trisch geladen. Manchmal wurde ich nicht Klassenerster wegen un-

gebührlichen Betragens. Stundenlang blieb ich draußen, bis ich vom Lehrer erwischt wurde. Hauptvergnügen war, den Putzfrauen den Besen zu klauen; ich lehnte ihn an die Tür zum Klassenzimmer, schlug Lärm, bis der Lehrer verärgert herbeistürzte, er öffnete die Tür... und bekam den Besen auf den Kopf. Und dann die Klassenaufseher, diese armen Kerle, diese Pappkameraden, die beauftragt waren, uns in den Pausen zur Disziplin anzuhalten – die haben wir geärgert wie die Springaffen. Ich ahnte nicht, daß ich eines Tages... aber greifen wir nicht vor. Wenn ich meinen kleinen Pudel in seiner simulierten hysterischen Wut an meinem Hausschuh zerren sehe, muß ich an jene Zeit denken.

Ich war etwas jünger als die anderen und wuchs außerdem langsam (ich hatte Polypen), so war ich der Kleinste in der Klasse. Die Großen stießen mich herum, ich wehrte mich voller Zorn wie ein Teufel – genauso wie gegen meinen Bruder.

Ich erfand eine Lernmethode und spielte mir selbst den Lehrer vor.

»Sowieso, tragen Sie die Aufgabe vor... Warum werden Sie denn rot?«

»Herr Lehrer, ich hab's nicht gelernt!«

»Ausgezeichnet, Sie kriegen eine Fünf.« (Natürlich stellte ich mir den Unsympathischsten in der Klasse vor.)

Dann lernte ich zwei Zeilen.

»Sowieso, tragen Sie die Aufgaben vor... Was, Sie können nur zwei Zeilen?«

»Herr Lehrer, ich hatte keine Zeit. Meine Mutter...«

»Basta. Sie schreiben dreimal ab...«

Wieder lernte ich zwei Zeilen und so fort. Und wenn ich die Aufgabe runterrasseln konnte, war es soweit: »Barrault, mein Kleiner, tragen Sie die Aufgaben vor.« (Ich sagte mit lauter Stimme auf.) »Gut, Barrault, Sie kriegen eine Eins.«

Ich hatte mir eine Philosophie ausgedacht: den »Harmonismus«. Demnach hat »die Laufbahn des Lebens am Tag des Todes eine schöne Kurve zu beschreiben«. Dieser ästhetischen Ader in mir widersetze ich mich auch heute nicht. [...]

Wenn der Onkel nach dem Abendessen noch die Kraft fand, dann nahmen wir uns auf eine halbe Stunde das Lexikon vor; wir wählten nach Zufall Wörter aus und untersuchten ihre eigentliche Bedeutung und etymologische Herkunft, und das brachte uns wieder auf neue Wörter. Dieses Spiel, »das richtige Wort«, spielte ich leidenschaftlich gern, und ich spiele es noch heute. Mein Onkel kaufte mir Bücher. Er lehrte mich die Meister im Louvre lieben, die Impressionisten und Kubisten. Er hat mir die Freude an Malerei und Dichtung, an Apollo und Dionysos vermittelt. Sein Vater ließ mich die Wirklichkeit kennenlernen – er den Traum. Nun blieb mir noch zu entdecken übrig, daß die Kunst ein Traum ist, den man nicht träumen darf, weil alles wirklich ist, sogar der Traum.

Bob machte sich manchmal lustig über mich. Am schulfreien Donnerstag sah er mich abends mit seinen dunklen Augen durchdringend an und fragte: »Was hast du heute gemacht?«

»Ich war im Bois de Boulogne, habe Fußball gespielt.«

»Bist du ganz sicher?«

Sein Blick durchdrang mich mit der Intensität eines Inquisitors. Ich wurde rot. »Eh... ja!«

»Aber du bist um vier Uhr an der Place Pigalle gesehen worden. Widersprich nicht!«

Ich wurde dunkelrot. Schweiß trat mir auf die Stirn. Ich wußte nicht mehr, was antworten. Ich wußte nicht einmal mehr, wer ich war. Alles verschwamm, ein Schleier verdeckte mir die Augen. Dann brach er in lautes Gelächter aus, das Leben gewann seine Konturen zurück, ich sah deutlich das Gesicht meines Onkels, der sich näherte, um mich zu küssen.

»Begreifst du denn nicht, du Einfaltspinsel, daß ich dich nur nekken wollte!« Gefährliche Spiele sind das für ein Kind: Ich habe mir dadurch einen Schuldkomplex zugezogen. Wenn ich nur einen Gendarmen oder Zöllner sehe, sofort benehme ich mich wie ein Schuldiger.

Ich wurde in die Zelle zurückgebracht. Man überhäufte mich mit
Fragen. Ich erzählte, daß Großvater nichts wisse, aber neueste Zei-
tungen mitgebracht habe. Wir fingen an zu lesen. Und – statt der lang
erhofften Amnestie prangte auf der ersten Seite eine Verfügung des
WZIK über die Verschärfung der Strafen nach Artikel 58 – 1, 2, 6,
7, 8, 9 bis zu 25 Jahren, und auf der vierten Seite stand eine unschein-
bare Meldung: Auf Grund dieser Verfügung waren schon zwei
Männer zu 25 Jahren als Spione für Deutschland verurteilt worden.
Die Stimmung in der Zelle sank. Einer bekam einen hysterischen
Anfall. Die anderen zuckten nur die Achseln und versuchten zu be-
weisen, daß eines das andere überhaupt nicht berühre und daß die
Amnestie doch kommen würde.

Nach dem Essen wurde ich hinausgerufen und nach unten gebracht, in eines dieser Zimmer, in denen ein Fotoapparat auf Holz-
beinen steht. Ich mußte mich auf einen Stuhl setzen und wurde von
vorn und im Profil fotografiert. In einem anderen Raum nahmen sie
mir die Fingerabdrücke ab. Der Korpusdirektor erklärte mir, auf
Anordnung des örtlichen NKWD käme ich in die Zelle der Minderjährigen. Ich wurde wieder hinaufgebracht, holte meine Sachen und
wurde dann auf die andere Seite des Korridors geführt, vor Nummer 21. Der Aufseher sagte zu mir: »Paß auf, laß dir nichts gefallen!«

Von drinnen hörte man Johlen, Lachen, Schimpfen. Der Aufseher
betrat hinter mir die Zelle und sagte streng zu den Anwesenden:
»Laßt es euch ja nicht einfallen, ihm was zu tun. Rührt ihr auch nur
einen Finger, stecke ich euch alle in den Karzer.« Die Jungen waren
alle, bis auf einen, kleiner als ich. Diesen größeren nannten sie
Iwan-Pop, er war der Zellenhäuptling. Alle saßen wegen kleinerer
Diebstähle. Nur Abanja und Maschka hatten Artikel 58–8. Sie kamen aus einem Waisenhaus, waren elf Jahre alt. Um sie überhaupt
verhaften zu können, hatte man ein medizinisches Gutachten anfer-
tigen lassen, das verbindlich feststellte, sie seien 13 Jahre alt. Zusammen mit drei anderen Kindern hatten sie die Wohnung des verhaßten
Waisenhausdirektors in Brand gesteckt. Das hatte sich in Astrachan
ereignet. Der Direktor war zwar nicht verbrannt, hatte aber Brand-
wunden erlitten. Die Angelegenheit kam vor Gericht, die Kinder
wurden des Terrors angeklagt.

Allein mit meinen neuen Zellengenossen, bot ich ihnen an, das Paket vom Großvater mit ihnen zu teilen. Sie nahmen das Angebot als etwas völlig Selbstverständliches an. Nach einer halben Stunde war alles aufgegessen.

Abends hörte ich, daß Sascha Agapow in die Nachbarzelle kam, auch zu Minderjährigen. Nur Jura blieb bei seinen Soldaten.

Die Nacht verlief ruhig. Morgens kam die Brotration. Einige Jungen gaben die ihre an Iwan-Pop ab. Er legte sie beiseite und begann gemächlich, zunächst mal die eigene Ration zu kauen. Die, die ihr Brot abgegeben hatten, hockten trübselig da und schielten begehrlich zu den Essenden hinüber. Neben mir saß Abanja. Ich fragte ihn: »Willst du was abhaben?«

Er nickte. Ich brach ihm die Hälfte ab, und er begann gierig zu kauen. Iwan-Pop wandte sich zu mir: »Gib diesen Schurken nichts. Die werden schon nicht verrecken.«

Später erfuhr ich, daß die Jungen, die ihm ihr Brot gaben, es im Kartenspiel gegen ihn verloren hatten.

Als die Kinder bei mir das Buch von Boris Pilnjak ›O.K.‹ sahen, fragten sie, ob ich es noch brauchte. Ich verneinte, ich hatte es schon ausgelesen.

»Oh, fabelhaft, dann gib's her, wir machen Spielkarten draus.«

Ich gab ihnen das Buch. Sie gerieten in Entzücken über das glatte, feste Papier, und die Kartenfabrikation begann. Alle mußten mitarbeiten. Die einen machten Kleister aus Brot: Sie brockten Brot in einen Becher, gossen Wasser dazu und machten einen Brei daraus. Zwei hielten ein auseinandergefaltetes Taschentuch, der dritte strich mit einem Holzlöffel den Brei durch das Tuch, und auf der Unterseite bildete sich milchiger Kleister. Andere schnitten mit selbstgemachten Messern Schablonen aus. Sie schmorten einen Gummischuh an und erhielten dadurch prächtigen Ruß zum Ausmalen der schwarzen Bilder, ein roter Kopierstift diente zum Ausmalen der roten Bilder. Sie nahmen das Buch auseinander, zerteilten jede Seite in vier Teile. Dann klebten sie jeweils zwei zusammen und legten sie zum Trocknen. Als alle trocken und gezählt waren, ergab das Buch acht Kartenspiele. Die Begeisterung war grenzenlos.

Je 52 Karten auf einem Häufchen legte der große Spezialist in Kartenfabrikation, Iwan-Pop, auf den Fußboden, preßte ein Brettchen darauf und beschnitt geschickt die überstehenden Ränder. Dann übernahmen sie die anderen Kinder, die die vorbereiteten roten und schwarzen Schablonen aufprägten – es waren fast echte Spielkarten daraus geworden.

Als die Karten fertig waren, versteckten wir einen Teil der Spiele rasch in der Ofenklappe, damit sie bei einer Filzung nicht gefunden würden. Die übrigen Spiele wurden verteilt, es ging los. Einer mußte Schmiere stehen, um zu warnen, wenn ein Aufseher kam.

Gespielt wurden hauptsächlich zwei Spiele. Kümmelblättchen und Einunddreißig oder Bura.

Mich verwunderte die Unbefangenheit der Sitten in der Zelle. Niemanden genierte es, wenn jemand den Eimer benutzte; gegen Abend begann ein Kleiner in aller Offenheit zu onanieren. Ich war sprachlos. Aber schließlich muß man ja alles einmal zum erstenmal erleben.

Als wir in den Waschraum geführt wurden, hinterließ ich eine Nachricht für Jura und Sascha. Nach ein paar Tagen erschien hinter dem Zaun am Fluß mein Großvater mit der schwangeren Sonja Radek. Uns trennten höchstens 100 Meter. Ich winkte, aber sie bemerkten mich nicht. Da kamen die anderen auf eine Idee: Ich sollte einen Zettel mit meinen Wünschen schreiben, ihn fest in ein Klümpchen Brot kneten und, ohne die Hand durch das Fenster zu stecken, den Klumpen so werfen, daß er im Zaundraht hängenbliebe. Der erste Wurf glückte. Großvater pirschte sich vorsichtig an das Kügelchen heran, zog den Zettel heraus und gab mir ein Zeichen, er habe verstanden.

Weil die meisten Kinder aus Waisenhäusern hierhergekommen oder als Landstreicher aufgegriffen worden waren, erhielten sie keinen Besuch und keine Pakete. Sie baten mich, dem Großvater zu schreiben, er solle für sie »Plan« kaufen (eine Droge aus Hanf mit Zucker) und zwei »Schlängelchen« (ganz feine Sägen, um die Gitter durchzusägen). Wie man die Sachen zu uns hereinschmuggeln könnte, das würden sie dann schon erklären, wenn erst mal alles bereit sei. Ich setzte Großvater im nächsten Brief, den ich auf dieselbe Weise schickte, alles auseinander. Großvater verstand und ging mit Sonja fort, um für mich ein Paket abzugeben. Die Gespräche in der Zelle drehten sich ausschließlich um die Themen, wer wann was gestohlen hatte, und was er mit dem Gestohlenen angefangen hatte.

Alles wurde mit viel Fantasie und natürlich mit großen Übertreibungen erzählt. Eine Hauptrolle spielten in den Geschichten Saufgelage und Mädchen. Mir ging es nicht in den Kopf, daß diese kleinen Bengel schon fähig sein sollten, Frauen zu umarmen. Aber ich irrte mich: Einer hatte sein Brot bis zum Abend aufgehoben, dann fragte er den hungrigen Maschka: »Willst du was zu fressen haben?«

Der bejahte.

»Dann zieh die Hose aus.«

Es geschah vor unser aller Augen in einer Ecke, die vom Spion in der Tür aus schwer einzusehen war. Niemand fand etwas dabei, und ich tat so, als sei das auch für mich nichts Befremdliches. Solche Szenen gab es sehr häufig. Es waren immer dieselben, die die passive Rolle übernehmen mußten, und ihnen als Parias war es nicht erlaubt, aus dem gemeinsamen Becher zu trinken; darüber hinaus gab es noch eine Reihe anderer Schikanen, um sie zu diskriminieren.

Manchmal wurde ein Wettspiel veranstaltet: Mehrere Jungen begannen gleichzeitig zu onanieren, und dem, der zuerst fertig war, mußten die anderen am nächsten Tag ein Stück Zucker geben.

Meine Zellengenossen waren unerschöpflich an Einfällen: Häufig schoben sie einem Schlafenden ein Stückchen Papier zwischen die Finger und zündeten es an. Wenn die Flamme die Hand anbrannte, wachte der Betreffende auf und fing an, mit den Händen herumzufuchteln. Dieses Spiel hieß »Balalaika«. Das gleiche am Fuß: »Fahrrad«.

Unter solchen Vergnügungen, vor allem beim Kartenspiel gingen die Tage hin. Manchmal baten sie mich, ihnen sogenannte »Fortsetzungsromane« zu erzählen. Themen und Stoffe schöpfte ich aus früher gelesenen Büchern.

Wir hatten Verbindung zur unteren Zelle, in die wir meinen Fallschirm hinabließen. Von unten schickte man uns Geld herauf. Dafür kauften wir am Kiosk 4-Kopeken-Brötchen und expedierten sie hinunter. Unten saßen nämlich politische Untersuchungshäftlinge, sie durften nicht im Kiosk einkaufen.

Zwei Tage nach unserem ersten Kontakt kam Großvater mit Sonja und Slawa an dieselbe Stelle und gab uns zu verstehen, daß sie alles besorgt hätten. Während unseres Spaziergangs im Hof glückte es ihm, ein Päckchen über den Zaun zu werfen. Der Aufseher merkte es, er jagte uns in die Zelle zurück und wollte uns das Hereingeschmuggelte wegnehmen, aber es gelang ihm nicht. In der Zelle stellten wir fest: vierzig Erbschen (erbsengroße Klümpchen »Plan«, jedes ausreichend für eine Zigarette).

Aus Großvaters Handbewegung entnahmen wir, daß er noch anderes mitgebracht hatte. Unten im Hof gingen jetzt Sascha und seine Zellengenossen spazieren. Wir machten ihnen deutlich, sie sollten die nächste Sendung in Empfang nehmen. Alles klappte, der Aufseher merkte nichts. Vier Schlängelchen hatten sie bekommen. Wir hinterließen im Waschraum einen Kassiber mit der Forderung, uns die Schlängelchen zu schicken. Aber sie gaben sie nicht heraus und erklärten, wir bekämen sie erst, wenn sie ihre eigenen Gitter durchgesägt hätten. Die nächsten drei Tage verbrachten wir in wachsender Unruhe. In der Nachbarzelle wurden die Gitterstäbe durchgesägt, und uns blieb nichts anderes zu tun, als zu warten. Der Traum zu fliehen verfolgte uns quälend. Schließlich bekamen wir eines Abends im Waschraum die Nachricht, sie seien fertig, und wir sollten so nett sein, gegen zehn Uhr Lärm zu schlagen, um den Korridoraufseher abzulenken. Wenn wir auch wütend auf sie waren, diese Hilfe konnten wir ihnen nicht verweigern. Wir fingen also um zehn Uhr einen gewaltigen Spektakel an, nicht nur der Korridoraufseher kam, auch der schichtführende Aufseher. In die Zelle hereinzukommen, davor hatten sie Angst; sie schlugen lediglich gegen die Tür und verlangten, wir sollten mit der Prügelei aufhören. Durch den Lärm hindurch, den wir vollführten, hörten wir einen Schuß; ein paar von uns rannten zum Fenster. Zu sehen war nichts, der Zaun war nur schwach beleuchtet, aber hören konnte man, daß einige die Mauer hinabkletterten. Nach dem ersten Schuß fielen noch drei. Schließlich erkannten wir, daß die gesamte Nachbarzelle floh, dreizehn Jungen: zwölf kleine Diebe und Sascha.

Zwei Tage später waren alle wieder eingefangen, nur Sascha, der einen Schuß ins Bein bekommen hatte, blieb verschwunden. Nach einem halben Jahr tauchte er in Nishne-Issetzk bei Swerdlowsk in der Nähe des Internats auf; dorthin waren alle Verbanntenkinder aus Astrachan gebracht worden, soweit man sie nicht verhaftet hatte. Als Sascha sich ein zweites Mal an das Internat heranwagte, erwischte man ihn und verurteilte ihn zu acht Jahren. Eine Zeitlang war er mit Jura Garjkawyj zusammen im Lager bei Syktywkar. Von Saschas weiterem Schicksal weiß ich nichts.

Das nächste Mal brachten Großvater und Slawa uns kurz vor Neujahr »Plan«. Wir verbrauchten nichts davon, hoben alles bis zur Neujahrsnacht auf.

Am Abend des 31. Dezember veranstalteten wir ein Gelage, rauchten »Plan«, tranken heißes, süßes Wasser dazu und sangen aus voller Kehle. Besonders laut sangen wir das alte Ganovenlied ›O Petersburger Unterwelt‹. Der Aufseher kam angerannt, wir verbarrikadierten die Tür mit unseren Betten und sangen lauthals weiter. In den Nachbarzellen stimmten einige in den Gesang ein. Gegen 1 Uhr nachts wurde die Brandwache alarmiert, mit der Feuerspritze wurden wir von oben bis unten abgespritzt, einzeln gefesselt und auf diese Weise beruhigt. Am nächsten Morgen ließ der Direktor vier von uns – Iwan-Pop, Abanja, Koljuntschik und mich – in den Korpus I des Astrachaner Gefängnisses bringen, auf dreißig Tage Karzer.

Korpus I ist ein großes dreistöckiges Gebäude mit dicken Mauern, ungefähr zweihundertfünfzig Jahre alt. Der Karzer befand sich im

Kellergeschoß und hatte die Form einer steinernen Truhe. An allen vier Ecken hatte der Gefängnisbau einen Turm, in jedem Turm gab es drei runde Zellen und einen kleinen Gang.

Karzer-Regime bedeutet 300 Gramm Brot täglich und alle drei Tage eine Schüssel Balanda.

Im Karzer war es bitterkalt, man hatte uns die Kleidung weggenommen und nur die Unterwäsche gelassen. Man führte uns auch nicht zum Waschen, nur den Eimer durften wir hinausbringen. Wir hungerten, zitterten vor Kälte und grölten Ganovenlieder.

Während unseres Aufenthaltes im Karzer ritzten wir mit einem Nagel eine Losung in die Wand: »Wer noch nicht hier war, der kommt her. Und wer hier war, vergißt es nie.«

Die Losung war tief eingeritzt und deutlich lesbar. Als der Diensthabende am 31. Januar kam, um uns herauszulassen, fragte er sofort: »Wer war das?«

Keiner antwortete. Dafür gab es noch einmal 16 Tage Karzer. In diesen 16 Tagen hämmerten wir an die Tür, krakeelten und verfaßten ein Lied:

> Die hohe Glocke schlägt dingding
> und läutet 's Neujahr rein.
> Verurteilt nur,
> sperrt uns nur ein,
> und gebt uns nichts zu fressen.
> Uns ist's egal,
> im neuen Jahr
> sind wir gar
> und hauen ab.

Am 15. Februar 1938 kamen wir aus dem Karzer in unseren alten Korpus III zurück. Man transportierte uns nicht wie sonst im Lastwagen, sondern mit dem »Schwarzen Raben«. Vor dem Korpus wurden wir getrennt. Ich kam allein nach oben in die Zelle, aus der man uns in den Karzer geholt hatte. Drinnen stieß ich statt auf die bisherige kleine Diebesgesellschaft auf lauter neue, mir unbekannte Gesichter, aber ich entdeckte unter ihnen meinen Vetter Jura. Ohne sich erst mit mir bekannt zu machen, brachten mir die Jungen sofort etwas zu essen. Sie hatten eine große Schüssel Erbsensuppe und zwei Brotrationen aufgehoben, weil sie am Morgen erfahren hatten, daß ich noch am selben Tage aus dem Karzer entlassen werden und in ihre Zelle kommen sollte. Hastig schlang ich alles herunter, bald danach fühlte ich mich sehr schlecht und wurde ohnmächtig. Im Krankenrevier wachte ich auf. Man sagte mir, es wäre möglicherweise

Darmverschlingung. Aber nach drei Tagen schon wurde ich aus dem Revier in meine alte Zelle entlassen.

Fünf der neuen Zellengenossen waren Leningrader Verbanntenkinder, die bis zu ihrer Verhaftung Schüler der 9. Klasse gewesen waren. Sie saßen wegen Artikel 58-10, 11. Die Anklage lautete: Gründung einer monarchistischen Organisation.

Außer ihnen war noch ein dreizehnjähriger Kalmück in der Zelle, er hatte bei den Wahlen zum Obersten Sowjet im Dezember 1937 mit einer Schleuder auf ein Stalinbild geschossen. Die Anklage berief sich auf Artikel 58-8, zusätzlich Artikel 19, der terroristische Absicht bestraft.

Mitte Januar waren alle minderjährigen politischen Untersuchungshäftlinge zusammengefaßt worden, Paketempfang und Einkauf im Kiosk wurden verboten, das Regime verschärft.

Nachdem wir miteinander vertraut geworden waren, gründeten wir eine Kommune, wir nannten sie »Plutonia« und gaben uns ein Statut, das wir in der Ofenklappe versteckten, dort, wo früher die Spielkarten gelegen hatten. Das Brot dritteln wir, so daß reihum jeder mal ein Eckstück, mal ein Mittelstück bekam. Zucker sparten wir jeweils fünf Tage auf und veranstalteten dann ein Festmahl: Wir zündeten den Zucker an und rauchten den gebrannten Zucker mit starker Machorka. Nachdem unsere Kommune zuverlässig funktionierte, kamen wir zu der Überzeugung, daß wir unbedingt in Hungerstreik treten müßten, um unsere Rechte wiederzuerlangen. Am nächsten Morgen wiesen wir die Verpflegung zurück und stellten unsere Forderungen:

1. Erlaubnis, Pakete zu empfangen und im Kiosk einzukaufen.

2. Information durch die Untersuchungsrichter über den Stand der Untersuchung unserer Fälle.

Nachdem wir unsere Erklärung abgegeben hatten, bekamen wir alle Augenblicke Besuch: Mal war es der Diensthabende, mal der Korpusdirektor. Erst versuchten sie, uns zu überreden, den Streik abzubrechen, dann brüllten sie herum und drohten uns (damals galt Hungerstreik der Politischen als antisowjetischer Akt, und die Erwachsenen wagten ihn daher nicht). Gegen Abend kam der Gefängnisdirektor und schrie uns an: »Euch Lumpen werden wir verurteilen. Verurteilen werden wir euch, ihr Lumpen! Was fällt euch überhaupt ein? Ist euch etwa die Behandlung nicht gut genug? Kriegt ihr vielleicht zuwenig Kascha? Ist euch das heiße Wasser zu kalt? Ich werde euch schon zeigen, wo die Krebse überwintern!«

Wir blieben unbeugsam. Am nächsten Morgen wiesen wir wieder die Brotration zurück; außer Wasser nahmen wir nichts an. Zwei

Tage lang kam niemand mehr. Der Hungerstreik verlief in vorbildlicher Disziplin. Ich stritt mit meinem Vetter. Er behauptete, alles, was im Lande geschehe, sei richtig. Wir sind eingesperrt – richtig so. Unsere Eltern sind verhaftet und erschossen – richtig so, gerecht. Und Stalin ist ein Genie. Ich war anderer Ansicht und sah die Wurzel allen Übels in dem Sadisten auf dem Thron.

Am vierten Tag fühlten wir uns schon ziemlich schlapp. Zur Hebung der allgemeinen Stimmung tanzte ich »Zyganotschka« in Vaters Hemd, das mir bis zu den Knien reichte. Mittags ging die Tür auf, eine ganze Gruppe von Funktionären kam herein: der Diensthabende, der Korpusdirektor, der Gefängnisdirektor und ein fremder Mensch in Zivil, der sich als städtischer Staatsanwalt vorstellte. Er hielt eine kleine Rede und bat uns, unsere Forderungen zu wiederholen. Das taten wir. Er antwortete, die Untersuchungsrichter würden sich unverzüglich um unsere Fälle kümmern, Einkauf im Kiosk sei wieder erlaubt, nur was die Pakete betreffe, da sei er machtlos, eine Anordnung aus Moskau habe Paketempfang für Untersuchungshäftlinge verboten.

Im Namen der Zelle führte ich die Verhandlungen. Ich sagte, wir könnten den Streik nicht abbrechen, denn Moskau habe ganz bestimmt Paketempfang für Minderjährige nicht verboten und werde solche Willküräkte gewiß nicht dulden.

Der Gefängnisdirektor schnaubte: »Dann verreckt eben vor Hunger!«

Sie gingen hinaus. Am nächsten Tag kam der Korpusdirektor und sagte, unsere Forderungen seien angenommen, die Angehörigen schon verständigt, noch heute könnten sie Pakete für uns abgeben, und morgen kämen die Untersuchungsrichter. Wir riefen im Chor hurra! und verlangten unsere heutige Ration. Man brachte uns Brot, Kascha und Zucker. Wir begannen vorsichtig zu essen, gewitzt durch meine böse Erfahrung, aßen wir in halbstündigen Intervallen nur ganz kleine Portionen. Am Nachmittag bekamen wir unsere Pakete. Was für Herrlichkeiten: Bouillon, ein Huhn, eine Ente, Süßigkeiten und allerlei zu rauchen.

Vom Fenster aus konnten wir meinen Großvater, Slawa und die Verwandten der anderen Jungen sehen, sie standen in einer Gruppe beieinander und winkten uns zu. Wir winkten zurück und warfen ein paar in Brot geknetete Nachrichten hinaus, die erklärten, was vorgefallen war. Großvater gab mir zu verstehen, daß er Besuchserlaubnis beantragt habe, sein Antrag aber abgelehnt worden sei.

Gegen Abend legte sich unsere euphorische Stimmung allmählich, man brachte uns ins Hauptgefängnis und steckte uns in die Zelle

Nr. 30 im zweiten Stock. Es war eine ähnliche Truhe wie der Karzer, in dem ich gesessen hatte. Die Mauern – das war an den Fensternischen zu erkennen – waren 2,20 m dick. Auf der Fensterbank konnten drei nebeneinander liegen, wir nannten sie das »Paradies«, die Betten »Erde« und den Platz unter den Betten »Hölle«. Dorthin verkroch sich Jura oft viele Stunden lang und beging Selbstkasteiung: Mit einer Glasscherbe schnitt er sich in die Arme, die Hände, ritzte sich ein Kreuz in die Brust usw. Wir wurden den Untersuchungsrichtern vorgeführt und unterschrieben das Untersuchungsprotokoll. Unsere »Fälle« waren, seit wir in Haft saßen, überhaupt noch nicht bearbeitet worden. Seit dem Einlieferungsverhör hatte sich niemand mehr mit unserer Angelegenheit befaßt. Auf meine Frage: »Wo ist Untersuchungsrichter Moskowkin?« antwortete der neue Untersuchungsrichter: »Das geht mich nichts an.«

Später erfuhr ich, daß Moskowkin und Lechem verhaftet worden waren; Moskowkin geriet in einen Transport mit zweien seiner früheren Untersuchungshäftlinge, ehemaligen Militärfliegern; im Durchgangslager Sysran brachten sie ihn um, indem sie ihn zweimal pfählten.

WILHELMINE VON PREUSSEN (1709–1758), älteste Tochter König Friedrich Wilhelms I. und Schwester Friedrichs des Großen, überstand ein Martyrium in ihrer Kindheit, ohne daß dadurch ihrem von den Zeitgenossen gerühmten liebenswürdigen Charakter Abbruch geschah. In den Jahren 1744 bis 1747 verfaßte die spätere Markgräfin von Bayreuth ihre ›Denkwürdigkeiten‹ in französischer Sprache unter behutsamer Schonung des hypochondrischen Vaters, dessen Erziehungsprinzipien alle kindlichen Freuden verbannten: »...Auch müßte große Sorgfalt von Nöthen seyn, daß dem Printzen kein ander divertissement verstattet würde, als welches mit einem reellen Nutzen und Vortheil verknüpfet wäre, hingegen alle solche Ergötzlichkeiten abgeschnitten würden, die nur einen blossen Zeit-Vertreib zum Zweg haben, als wodurch das Gemüht profaniret, zum Müßiggang... verleitet wird.«

Memoiren der Markgräfin Wilhelmine von Bayreuth. Aus dem Französischen. Voegels, Berlin 1928.

JEAN-JACQUES ROUSSEAU (1712–1778) sieht seine Kindheit unter dem Gebot der Erziehung zum Fühlen, zum Lieben. »Unterdrückt bis zum sechsten Lebensjahr die Vorurteile, die Autorität, das Exempel, alle Einrichtungen der Gesellschaft, sie entstellen nur die Natur«, so begründete er, Feind aller rationalen Pädagogik, in seinem Erziehungsroman ›Emile‹ die These vom gutgeborenen Menschen, den erst die Gesellschaft korrumpiere. »Lassen wir ihn seine Kindheit genießen!«

Bekenntnisse. Deutsch von Alfred Semerau. Propyläen, Berlin 1920.

GIACOMO CASANOVA (1725–1798) verfaßte fünfundsechzigjährig seine Lebensgeschichte unter dem Motto »vixi«, ich habe gelebt. »Kein angenehmerer Zeitvertreib, als mich mit meinen eigenen Erlebnissen zu unterhalten...« Casanova, ein rastloser Mensch, bot der gebildeten Gesellschaft das unterhaltsame Exempel, wie man sich durch Autosuggestion in einen Zustand dauernder Verliebtheit versetzt. »Trotz des Vorrates an trefflicher Moral als natürlicher Frucht der in meinem Herzen eingewurzelten göttlichen Prinzipien, bin ich mein Leben lang ein Opfer meiner Sinne gewesen.«

Die Geschichte meines Lebens. Deutsch von Heinz von Sauter. Ullstein, Berlin 1964.

FRANÇOIS-RENÉ DE CHATEAUBRIAND (1768–1848) rühmt sich, fünfundsechzigjährig, im Vorwort zu seinen ›Memoiren jenseits des Grabes‹: »Ich habe Geschichte gemacht und vermochte sie zu schreiben.« In der Welt der Tumulte und Katastrophen will er, der die Meere der alten und neuen Welt durchforschte und alle vier Erdteile bereiste, aber auch Armut und Gefängnis kannte, ein einsames, träumerisches Dichterleben geführt haben. »In meiner

Zeit lebend und auch wieder nicht, beeinflußte ich sie vielleicht auf dreifache Weise: in der Religion, der Politik und der Literatur.«

Erinnerungen – Mémoires d'outre-tombe. Deutsch von Sigrid von Massenbach. Nymphenburger, München 1968.

CLEMENS BRENTANO (1778–1842) verlegt die Mär seiner Kindheit nach Vaduz. Noch der Erwachsene hat sich dagegen gesträubt, »aus einem jener Träume zu kommen, welche die Pillen der sogenannten Wirklichkeit vergolden«.

Gockel, Hinkel und Gackeleia. Werke Bd. 3. Insel, Frankfurt/Main 1965.

FRIEDRICH HEBBEL (1813–1863) nannte in seinen Notizen zur Selbstbiographie die Welt der Kindheit »eine Schimmelwelt, aber Kinder vergrößern so sehr, daß der Schimmel ein Wald wird, fast größer als der spätere des wirklichen Lebens … Ich werde aufhören, wenn die Dämmerung der Kindheit aufhört«. Mit den frühen Jahren endet das Fragment.

Sämtliche Werke Bd. 10. Reclam, Leipzig o. J.

THEODOR FONTANE (1819–1898) veröffentlichte siebenundsiebzigjährig den biographischen Abriß seiner Kinderjahre. »Wie wir erzogen wurden? Gar nicht und – ausgezeichnet. Erziehung ist Innensache, Sache des Hauses, und vieles, ja das Beste, kann man nur aus der Hand der Eltern empfangen. ›Aus der Hand der Eltern‹ ist nicht das richtige Wort; wie die Eltern sind, wie sie durch ihr bloßes Dasein auf uns wirken – das entscheidet.«

Werke Bd. 3. Nymphenburger, München 1964.

PETER KROPOTKIN (1842–1921), Träger des Fürstentitels, vom Zaren Nikolaus I. zum Höfling bestimmt, seinem Nachfolger als Page dienend, stellte nach Quittierung der militärischen Laufbahn sein Leben in den Dienst der Internationale. Expeditionen und Erforschung der Geographie Zentralasiens bewahrten ihn nicht vor Festungshaft. Exil, schriftstellerische Tätigkeit während seines dreißigjährigen Englandaufenthaltes. Rückkehr nach der Oktoberrevolution. 1898 verfaßte er seine Memoiren für ›The Atlantic Monthly‹.

Memoiren eines Revolutionärs. Deutsch von Max Pannwitz. Insel, Frankfurt/Main 1969.

ALICE GRÄFIN KESSLER (gest. 1919) galt als gefeierte europäische Schönheit »von der königlichen Rasse der Engländerinnen, mit der Mischung von matter of fact, hochfliegender Leidenschaft und Phantasie und Irrationalität gewisser Shakespearischer großer Heldinnen« (Harry Graf Kessler). Bruchstücke ihrer Souvenirs aus frühviktorianischer Epoche werden in dem Buch ihres Sohnes ›Gesichter und Zeiten‹ aufgeführt, in ihrer Absonderlichkeit muten sie an »wie ein Schaustück aus einem ethnographischen Museum«.

In: Harry Graf Kessler, Gesichter und Zeiten. Fischer, Frankfurt/Main 1962.

SONJA KOWALEWSKI (1850–1891), Tochter eines russischen Generals und einer Deutschen, schrieb, noch nicht vierzigjährig, ihre Jugenderinnerungen, und nichts darin deutet auf die mehrfach ausgezeichnete Mathematikerin mit Doktorgrad der Philosophie, Dozentur in Göttingen und Professur in Stockholm. Ein merkwürdiger Umstand: Das Kinderzimmer im väterlichen Gut bei Witebsk war mangels passender Tapete mit Vorlesungen über Differential- und Integralrechnung beklebt!

Jugenderinnerungen. Deutsch von Louise Flachs-Fokschaneanu. Fischer, Frankfurt/Main 1968.

MISIA SERT (geb. um 1865), Freundin und Mäzenatin der Musiker, Literaten, Maler und Bühnenkünstler der Belle Epoque. Dramatisch, wie alles in ihrem Leben, verlief auch die Kindheit der gebürtigen Polin, die sich rühmt, Franz Liszt auf den Knien gesessen zu haben, um ihm vorzuspielen.

Pariser Erinnerungen. Deutsch von Hedwig Andertann. Insel, Frankfurt/Main 1971.

HARRY GRAF KESSLER (1868–1937), Diplomat, Mäzen, Schriftsteller, gab 1935 seinen Rückblick auf die Jugendjahre heraus. Der empfindsame Knabe, dem der Vater Pflichterfüllung und Unterwerfung abverlangte, hing in fanatischer Verehrung an der Mutter, die seine Vorstellung vom Weiblichen entscheidend prägte.

Gesichter und Zeiten. Fischer, Frankfurt/Main 1962.

BERTRAND RUSSELL (1872–1970), Zeit seines Lebens ein Unbequemer, wurde posthum der »britische Voltaire« genannt; die Synthese von Natur- und Geisteswissenschaften machte ihn zu einem Universalgenie im Sinne des 18. Jahrhunderts. Sein Nonkonformismus war aus der Tradition exzentrischer Adelsfamilien erwachsen, die zur Zeit des Viktorianismus oft abnorme Persönlichkeiten hervorbrachten. Hitziges Weltverbesserertum vererbte sich vom Vater auf den Sohn, dessen Leben »drei einfache, doch übermächtige Leidenschaften bestimmten: das Verlangen nach Liebe, der Drang nach Erkenntnis und ein unerträgliches Mitgefühl für die Leiden der Menschheit«. Spät erkannte er die Grausamkeit der konventionellen Erziehungsmethoden: »Ich staunte über den Widerwillen gegen jene, die eine gütigeres System vorschlagen.« Kinderverliebtheit war ihm jedoch ein Zeichen von Dekadenz und Senilität.

Autobiographie Bd. 1. Deutsch von Harry Kahn. Europa, Zürich 1967.

COLETTE (Sidonie-Gabrielle) (1873–1954) ist Signum für gelebte und durchlittene Existenz. Romanerzählungen und autobiographische Schriften gelten einem einzigen Thema: den menschlichen Leidenschaften und, in sie hineinverwoben, Rückbesinnung auf die Jahre der Kindheit in einem burgundischen Dorf. Gide rühmte sie als das weibliche Genie der französischen Literatur.

Die Erde mein Paradies. Deutsch von Gerlinde Quenzer. Fischer, Frankfurt/Main 1967.

ALEXANDER SUTHERLAND NEILL (1883–1972) stand bei Herausgabe seiner Erinnerungen dem neunzigsten Jahr näher als dem achtzigsten. Lehrerssohn, nicht Hätschelkind, nicht Aufmucker, »ein Feigling wie schon Vater und Großvater«, gründete er später sein kleines privates Internat von Summerhill aus Abscheu vor jenen Pädagogen, die »Angst vor der Abschaffung der Angst« haben.

Neill, Neill, Birnenstiel! Deutsch von Monika Kulow und Harry Rowohlt. Rowohlt, Reinbek 1973.

CHARLES CHAPLIN (geb. 1889–1977) drehte unter dem Titel ›Lebensgeschichte‹ seinen längsten Film, in dessen erstem Teil er die Rolle des Kid übernimmt. Kindheit als Sumpf jämmerlicher Existenzbedingungen. »Die Moral unserer Familie mit den üblichen Maßstäben zu messen, wäre ebenso falsch, wie ein Thermometer in kochendes Wasser zu stecken.«

Die Geschichte meines Lebens. Deutsch von Günther Danehl und Hans Jürgen von Koskull. Fischer, Frankfurt/Main 1964.

VALESKA GERT (gest. 1978), Tanzpantomimin und Grotesktänzerin, eine Schwierige aus großbürgerlichem Berliner Elternhaus. Jüdin, verfemt in Deutschland, verpflanzte sie ihr Kabarett nach Amerika. Nach dem Krieg zog sie sich auf die Insel Sylt zurück, in unverdrossener Dynamik an sich selber glaubend, nie ihr Geburtsdatum preisgebend.

Ich bin eine Hexe. Schneekluth, München 1968.

ILJA EHRENBURG (1891–1967), Schriftsteller und Revolutionär, fühlte sich zur Abfassung seiner Memoiren aus historischem Pflichtgefühl veranlaßt. »Wenn die Zeugen schweigen, werden Legenden geboren.« Berichte mit jähem Kulissenwechsel – zaristisches Rußland, Bolschewikenuntergrund, Pariser Bohème, Oktoberrevolution.

Memoiren Bd. 1. Deutsch von Alexander Kaempfe. Kindler, München 1962.

WALTER BENJAMIN (1892–1940), Schriftsteller, Literaturkritiker, Sammler alter Kinderbücher, sah seine Aufgabe darin, »Lüge und Brüchigkeit der bürgerlichen Gesellschaft nachzuweisen und dadurch ihren notwendigen Zusammenbruch zu beschleunigen«. Zu Beginn der dreißiger Jahre verfaßte er die Miniaturen aus einem altberliner, jüdischen Familienalbum.

Berliner Kindheit um Neunzehnhundert. Suhrkamp, Frankfurt/Main 1950.

LADY DIANA COOPER (geb. 1892), Vertreterin der englischen Feudalklasse, die europäischen Theaterruhm als Mitglied des Max-Reinhardt-Ensembles genoß und als Frau des Diplomaten und Politikers Duff Cooper in der englischen und französischen Gesellschaft zu Hause war, hatte keine Schulerziehung außerhalb des Kinderzimmers erhalten. In dem Bewußtsein, »daß nichts ewig währt«, litt sie unter Angstvorstellungen, die in sonderbarem Kontrast zu der luxuriösen Umgebung standen.

Die Memoiren der Lady Diana Cooper. Deutsch von Maria Wolff. Insel, Frankfurt/Main 1962.

JEAN-PAUL SARTRE (1905–1980) schildert sich in seinen ersten zehn Lebensjahren als Miniaturerwachsenen. »Eine bürgerliche Kindheit vollzieht sich in der Ewigkeit des Augenblicks, das heißt in der Untätigkeit.« Schon seine Frühzeit sieht er unter den Gesetzen der Existenzphilosophie, darin die Lehre von der »mauvaise foi«, der Unaufrichtigkeit, eine entscheidende Rolle spielt. »Ob die Erwachsenen meinem Gestammel lauschen oder der Kunst der Fuge, stets haben sie das gleiche Lächeln eines spöttischen, verständnisinnigen Genießens, woraus hervorgeht, was ich im Grunde bin: ein Kulturgut.« Äffchen und Wunderkind, dem der Topos vom »puer senex«, dem Knaben als Greis, angepaßt scheint, fühlt er sich schon im Krabbelalter als Mann des Geistes.

Die Wörter. Deutsch von Hans Mayer. Rowohlt, Reinbek 1965.

KLAUS MANN (1906–1949), Zweitältester im Hause Thomas Mann, empfand sich als »letzter verwöhnter Sprößling einer hochintellektualisierten Bourgeoisie«. Kindheit bedeutete ihm der Zustand vollkommener Wunschlosigkeit.

Der Wendepunkt. Ein Lebensbericht. Nymphenburger, München 1971.

PU YI (1906–1967), letzter Mandschu-Herrscher mit dem Regierungstitel Hsüan Tung, wuchs in dem Bewußtsein auf, sein Leben sei kostbarer und mehr wert als das eines jeden anderen Menschen. Im Verlauf eines langen Erkenntnisprozesses vollzog sich die Bekehrung zum Kommunismus: Der Sohn des Himmels wandelte sich zum systemtreuen Sohn des Volkes. Zweijährig auf den Drachenthron gehoben, erlebte er die absurdeste Kindheit hinter den Mauern der Verbotenen Stadt, in die das zwanzigste Jahrhundert nur durch die Ritzen einsickerte und wo sich Hofbeamte, Eunuchen, Tutoren und kaiserliche Mütter den Launen eines Puppenkaisers beugten.

Ich war Kaiser von China. Deutsch von Richard Schirach und Mulan Lehner. Hanser, München 1973.

SIMONE DE BEAUVOIR (1908–1986), Schriftstellerin und Kulturphilosophin, stellt ihre Vergangenheit unter den Satz »ich habe in der Lüge gelebt«. Auflehnung gegen die Zwänge der Außenwelt führte schon in frühestem Alter zu Eruptionen. Unkontrollierbare Revolte, als Ungezogenheit etikettiert, ist Vorbote jenes Nonkonformismus, der für sie bestimmend wurde.

Memoiren einer Tochter aus gutem Hause. Deutsch von Eva Rechel-Mertens. Rowohlt, Reinbek 1960.

JEAN-LOUIS BARRAULT (geb. 1910), Schauspieler und Regisseur, ließ sich die Souvenirs »von seinem Double ins Ohr flüstern«. Sein künstlerisches Temperament findet in den frühen Jahren noch keine Ausdrucksform.

Erinnerungen für morgen. Deutsch von Ruth Henry. Fischer, Frankfurt/Main 1973.

PETER JAKIR (geb. 1923), Sohn eines sowjetischen Armeekommandanten und Opfer der Sippenhaft Stalins, schildert Kindheit unter den Stichworten Arbeitserziehung, Häftlingskollektiv, Diebesprivilegien, Fluchtversuche, Besserungsanstalt, Folter und Prügel. Das Minderjährigendekret aus dem Jahr 1925 sah die Todesstrafe auch für Zwölfjährige vor. Ein Jahr nach Abschluß der Chronik wurde Jakir, Bibliothekar am Historischen Institut der Akademie der Wissenschaften zu Moskau, zum dritten Mal verhaftet.

Kindheit in Gefangenschaft. Deutsch von Heddy Pross-Weerth. Insel, Frankfurt/Main 1972.

Kindheiten

Das kleine Mädchen, das ich war

Schriftstellerinnen erzählen ihre Kindheit

Ingeborg Drewitz
Barbara Frischmuth
Elfriede Gerstl
Brigitte Kronauer
Jeannette Lander
Friederike Mayröcker
Margarete
Mitscherlich-Nielsen
Renate Rasp
Christa Reinig
Ginka Steinwachs
Hedi Wyss

dtv

Ingeborg Drewitz, Barbara Frischmuth und neun weitere Schriftstellerinnen erinnern sich an ihre Kindheit
dtv 10301

Kindheiten

Gesammelt aus Lebensberichten

Wilhelmine von Preußen
Jean-Jacques Rousseau
Giacomo Casanova
François-René de Chateaubriand
Clemens Brentano
Friedrich Hebbel
Theodor Fontane
Peter Kropotkin
Alice Gräfin Kessler
Sonja Kowalewski
Misia Sert
Harry Graf Kessler
Bertrand Russell
Sidonie-Gabrielle
Alexander Suther
Charles Chapli
Gert

Lady Diana Cooper
Jean-Paul Sartre
Klaus Mann
Pu Yi
Simone de Beauvoir
Jean-Louis Barrault
Peter Jakir

dtv

Aus der Biographie von Philosophen, Pädagogen, Schriftstellern und Schauspielern
dtv 1459

Heinrich Böll: Haus ohne Hüter Roman

dtv

Tausende sind vaterlos aufgewachsen. Dieser Roman schildert ihr Schicksal
dtv 1631

Katrine von Hutten: Im Luftschloß meines Vaters Erzählung

dtv

Eine Kindheit im Deutschland der fünfziger Jahre
dtv 10692

Horst Krüger: Das zerbrochene Haus Eine Jugend in Deutschland

dtv

Bilanz einer Jugend im nationalsozialistischen Deutschland
dtv 10665

Hans Werner Richter: Spuren im Sand Roman

dtv

Erinnerungen an eine Kindheit und Jugend in Pommern
dtv 10627